Abba Eban:
Mein Land

Das moderne Israel

Ergänzte Ausgabe
Mit 49 Abbildungen

Droemer Knaur

Inhalt

Dank

Autor und Verlag möchten an dieser Stelle folgenden Instituten und Personen ihren verbindlichsten Dank dafür aussprechen, daß sie für das vorliegende Werk freundlicherweise Illustrationen und Dokumentationsmaterial zur Verfügung gestellt haben: Das Zentrale Zionistische Archiv, Jerusalem 101 (unten); Keren Hayesod, Photo-Archiv, Jerusalem 100 (oben), 103 (oben), 106, 107; Jewish Agency, Photo-Archiv, Jerusalem 98 (unten), 99 (unten), 101 (oben); Israel Government Press Office 97, 103 (unten), 105, 108 (oben), 109 (unten), 110, 111, 225 (oben), 226, 229, 231 (unten), 233 (unten); IPPA 230 (unten); UN 227 (oben, links unten); Israelisches Museum, Jerusalem 99 (oben); Werner Braun 104, 228, 234, 235, 236, 237; David Harris 109 (oben), 112, 232, 233 (oben); United Press 227 (rechts unten); Ministry of Foreign Affairs, Jerusalem 230–231 (oben); Staatl. Israelisches Verkehrsbureau, Frankfurt/M. 108 (unten); Botschaft des Staates Israel, Presse-Abteilung, Bonn-Bad Godesberg 225 (unten); Dokument auf Seite 242 von Michael Howard und Robert E. Hunter (Aus: *Israel and the Arab World: The Crisis of 1967*), International Institute for Strategic Studies, London; die Tabelle auf Seite 94 wurde von der *Encyclopaedia Judaica* überprüft; Karten von Carta, Jerusalem.

Vorwort

Ich habe mir die Frage gestellt: »Gesetzt den Fall, dem Leser stünde nur ein einziges Buch über die Geschichte Israels seit 1948 zur Verfügung, welches sollte er meines Erachtens lesen?« Und zwar nicht nur lesen, sondern auch gefühlsmäßig in sich aufnehmen.
Den letzten Jahrzehnten ist – von den historischen Tatsachen abgesehen – eine ganz bestimmte Atmosphäre eigen. Die Tatsachen werden in den amtlichen Unterlagen und Dokumenten weiterleben, aber keine Enzyklopädie kann das ständige Auf und Ab von Angst und Hoffnung vermitteln. Gerade hier ist das zeitgenössische Zeugnis vonnöten, und dies wollen wir nach unserem Vermögen geben. Im Jahre 1973 kann die überwältigende Mehrheit der israelischen Staatsbürger keine lebendige Erinnerung mehr an den Tag haben, an dem ihre Unabhängigkeit verkündet wurde, an die Gefahren, die die ersten Lebenswochen ihres Staates begleiteten, an die Lasten, aber auch an das Ruhmesblatt der Masseneinwanderung in den ersten Jahren, an die Pressionen und Mangelerscheinungen zu Anfang der fünfziger Jahre oder an den quälenden Rhythmus der Grenzverletzungen vor 1956. Danach treten wir in eine Periode ein, die sich dem Bewußtsein des Lesers lebhafter eingeprägt hat. Ich habe deshalb der Anfangszeit größeren Raum gewidmet.
Ich habe mich keineswegs verpflichtet, über alles zu berichten, was von Bedeutung gewesen sein mag; eine gewisse Selektivität liegt in der Aufgabe selbst begründet. Ich bin der Meinung, daß die Strömungen, die zur Herausbildung der israelischen Gesellschaft und Kultur geführt haben, nicht weniger bedeutsam sind als die militärischen und diplomatischen Auseinandersetzungen, die in der erzählenden Literatur über dieses Thema natürlich die Hauptrolle spielen.
Mein Dank gilt besonders Elaine Varady für ihre Forschungsarbeit und für die Auswahl der Illustrationen. Schließlich möchte ich Edna Marks, Nitsa Pines und Siegfried Brandler meinen Dank dafür zum Ausdruck bringen, daß sie meine Manuskripte in allen ihren zahlreichen Entwürfen und Versionen in unermüdlicher Arbeit zu Papier gebracht haben.

Abba Eban

1 Der 14. Mai 1948

Die ewigen Sterne leuchten, sobald es dunkel genug geworden ist. *Thomas Carlyle*

Wir, die Mitglieder des Nationalrats, der das jüdische Volk in Palästina und die zionistische Bewegung in aller Welt vertritt, haben uns heute, am Tage der Beendigung des britischen Mandats für Palästina, in feierlicher Versammlung zusammengefunden und verkünden kraft des nationalen und historischen Rechts des jüdischen Volkes und der Resolution der Generalversammlung der Vereinten Nationen die Errichtung des Jüdischen Staates in Palästina – künftig Israel geheißen...
Im Vertrauen auf den allmächtigen Gott unterzeichnen wir diese Deklaration auf der Sitzung des Provisorischen Staatsrates in der Stadt Tel Aviv, an diesem Sabbat, dem fünften Tage des Ijar fünftausendsiebenhundertundacht, am vierzehnten Tage des Mai eintausendneunhundertundachtundvierzig.

Die Worte hallten, stark und trotzig, durch den bescheidenen Museumssaal. *Hatikwa*, die Hymne der Hoffnung, strömte über den Rundfunk in alle Welt hinaus. Ein paar Minuten zuvor war ein älterer Segen gehört worden: »Gesegnet seiest Du, o Herr unser Gott, König des Weltalls, der Du uns Leben eingehaucht und erhalten hast – und uns diesen Tag hast erleben lassen.«
Die über dreißig Signatare erhoben sich, einer nach dem anderen, und setzten ihren Namen auf die Pergamentrolle. Die *Proklamation der Gründung des Staates Israel* hatte Eingang gefunden in das Leben und die Gesetze der Völker.
Der kurzen Feierstunde folgte noch ein weiterer Akt. Der Provisorische Staatsrat ernannte ein aus dreizehn Mitgliedern bestehendes Exekutivorgan, das, unter dem Namen Provisorische Regierung Israels, alsbald seine erste Sitzung abhielt. Es beschloß sogleich, daß »alle unter dem Palästinensischen Weißbuch (1939) der britischen Regierung erlassenen Gesetze und alle später erlassenen, darauf fußenden Gesetze hiermit für null und nichtig erklärt werden«. Das Palästinensische Weißbuch (1939) stellte in jüdischen Augen ein anrüchiges Dokument dar. Es hatte die Einwanderung der Juden nach Palästina begrenzt und den Landkauf durch Juden im ganzen Gebiet – mit Ausnahme von fünf Prozent der Gesamt-

fläche – verboten. Palästina war im Jahre 1948 fast das einzige Land der Welt, in dem Einwanderer oder Einwohner nach den bestehenden Gesetzen nur deswegen diskriminiert wurden, weil sie Juden waren. Diese grausamen Bestimmungen waren angewandt worden, als die Juden in Europa zu Millionen umgebracht wurden, nur weil ihnen kein Land zur Verfügung stand, in das sie sich hätten flüchten können. Die neugeschaffene Regierung Israels öffnete in ihrem ersten Akt als souveräner Staat die Schleusen. »Der Staat Israel ist erstanden. Die Sitzung ist beendet«, lauteten Ben Gurions lakonische Schlußworte.

Die gesamte Zeremonie hatte nicht länger als zweiunddreißig Minuten gedauert. Die Mitglieder des Provisorischen Staatsrats zerstreuten sich langsam in den sonnendurchglühten Straßen. Sie hatten Israel eine dramatische Geburtsstunde geschenkt; jetzt kam es darauf an, den Bestand des Staates zu sichern. Im Süden, Osten und Norden gingen die Wogen arabischer Gewalttätigkeiten hoch; sie sollten nach Mitternacht mit doppelter Wucht über Israels Haupt zusammenschlagen.

Der siebente und letzte Britische Hohe Kommissar für Palästina, General Sir Alan Cunningham, befand sich, in der vollen Uniform seiner bisherigen Amtsstellung, auf dem Luftwege nach Haifa. Seine Flagge am Mast des Government House in Jerusalem war an diesem Morgen eingeholt worden. Um Mitternacht sollte er sich mit den letzten Einheiten seiner Zivilregierung an Bord der *H.M.S. Euryalus* einschiffen. Es bestanden noch einige britische militärische Enklaven und ein paar Militärlager in Haifa, sie besaßen jedoch keinerlei Rechte mehr, außer dem zu ihrer eigenen Verteidigung.

Sechsundzwanzig Jahre waren vergangen, seit Großbritannien durch ein Mandat des Völkerbundes damit beauftragt worden war, »Frieden und Sicherheit« im Heiligen Lande zu gewährleisten und die »Einrichtung der Jüdischen Nationalen Heimstatt« voranzutreiben. Es war ein hochfliegender Plan gewesen, der weder im Recht noch in der Geschichte seinesgleichen gekannt hatte; und er hatte sogar einige schöne Blüten hervorgebracht. Doch war er schon bald in einen Zustand abgesunken, den Winston Churchill als »schmutzigen Krieg« zwischen der britischen Mandatsregierung und der Jüdischen Nationalen Heimstatt, die er zu stärken und zu erhalten berufen worden war, bezeichnet hatte. Churchills harter Ausdruck war nicht übertrieben. Unter den Erlassen seines Außenministers Ernest Bevin regierte Großbritannien mit Peitsche und Galgen, um gerade das zu verhindern, was es zu fördern beauftragt worden war. Die Nationale Heimstatt der Juden sollte nicht »gefördert», sondern womöglich beschnitten und im Keime erstickt werden; und die jüdische Hoffnung auf Unabhängigkeit sollte ausgelöscht werden, damit sich die Zahl der arabischen Staaten von sieben auf acht und schließlich auf achtzehn erhöhen konnte. Und all dies geschah in einer Stunde, da das jüdische Volk durch eine Agonie hindurchging, wie sie in der Menschheitsgeschichte noch von keinem Volk erlebt worden war. Großbritannien hatte als erste Macht den Gedanken nationaler Selbständigkeit für die jüdische Gemeinschaft in Palästina unterstützt. Jetzt war es so weit gekommen, daß Großbritannien diese seine eigene Vision als eine Art Untermenschen-Doktrin betrachtete, die es mit rechtmäßiger Gewalt zu unterdrücken galt. Die ausgemergelten Überlebenden Hitlerscher Gefängnisse hatten sich in überfüllten, überhaupt nicht mehr seetüchtigen Schiffen den weißen Häusern und grünen Olivenhainen des Berges Karmel bereits auf Sichtweite genähert – sie wurden wieder in ihr Schiffsverlies zurückgedrängt und nach Europa abgeschoben. In einem Falle waren sie sogar nach Deutschland zurückbefördert worden, wo der Boden vom Blute ihrer Artgenossen getränkt und durch unzählige Erinnerungen an Leid und Vernichtung gekennzeichnet war. Bevin war persönlich für diesen Akt besonderer Brutalität verantwortlich. Weder das britische Gewissen noch das der übrigen Menschheit schien daran Anstoß zu nehmen, daß Großbritannien, das den Widerstand gegen Hitler geführt hatte, jetzt zum Krieg gegen die überlebenden Opfer des Nazismus überging. Und im Abgrund dieses moralischen Paradoxons versank das britische Mandat.

Israels Geburt und das Ende der britischen Herrschaft bildeten nicht die einzigen Ereignisse dieses bemerkenswerten Tages. Die arabischen Armeen waren aufmarschiert, um Israel den Garaus zu machen. Bei Sonnenaufgang hatten ägyptische Streitkräfte die Grenze überschritten und waren in den südlichen Teil des Negeb vorgedrungen. Eine irakische Heereskolonne bewegte sich in voller Kriegsstärke auf den Jordan zu. Die Arabische Legion Transjordaniens war entlang des Flusses aufmarschiert, mit Schwerpunkt in dem Lager von Zerqa. Am Oberlauf des Jordan stand eine syrische Brigade, bereit, die jüdischen Bauerndörfer in dem heißen, grünen Tal anzugreifen. Abgesehen von den voreiligen Ägyptern, die bereits Briefmarken zur Feier des Sieges über Israel herausgegeben hatten, warteten die übrigen arabischen Regierungen noch die letzte offizielle Stunde des britischen Mandats ab, bevor sie den Befehl zum Angriff gaben. Die sieben Regierungen der Arabischen Liga hatten sich auf einer Sitzung in Damaskus im vergangenen April gemeinsam auf diese Politik geeinigt. Ihr Ziel war es, Palästina zu okkupieren, die jüdische Bevölkerung zu unterjochen und die Eigenstaatlichkeit Israels bereits im Keime zu ersticken.

Es konnte kein Zweifel darüber bestehen, daß der Angriff unmittelbar bevorstand. Es war bekannt, daß Golda Meir, als Araberin verkleidet, ein paar Tage zuvor den Jordan überschritten hatte, um Abdullah, den König Transjordaniens, zu überreden, sich aus dem bevorstehenden Krieg herauszuhalten. Er hatte diesen Vorschlag zurückgewiesen; es war klar, daß er das ganze Land besetzen und die jüdische Bevölkerung bestenfalls als geduldete Minderheit bestehen lassen wollte. Aber er war unter allen arabischen Führern der humanste, und es ist zweifelhaft, ob sich sein Disengagement ausgewirkt hätte, falls der arabischen Invasion ein Erfolg beschieden gewesen wäre. Wahrscheinlicher ist, daß die Juden, hätten sie den Krieg verloren, jenem Massaker ausgesetzt worden wären, das in der arabischen Publizistik ganz offen angekündigt worden war. Lediglich der Verzicht auf die Proklamation der israelischen Unabhängigkeit konnte Abdullah von seinem einmal eingeschlagenen Wege abbringen; und die Nachrichten aus Kairo ließen es zweifelhaft erscheinen, ob ein solcher Verzicht die anderen arabischen Regierungen zur Aufgabe ihrer Eroberungspläne veranlaßt hätte.

Das Hauptziel der Arabischen Legion König Abdullahs war Jerusalem, wo er nicht nur jeglicher israelischen Vormachtstellung zuvorkommen, sondern auch den Plan der Vereinten Nationen durchkreuzen wollte, in der Heiligen Stadt ein internationales Regime einzurichten. Ein arabischer Sieg schien so gut wie sicher. In Kairo betrachtete Azzam Pascha, Generalsekretär der Arabischen Liga, die Karten, addierte die Streitkräfte auf beiden Seiten und verstieg sich zu folgenden Worten: »Dies wird ein Ausrottungskrieg und ein Massaker solchen Ausmaßes werden, daß man in Zukunft nur noch die Massaker der Mongolen und die Kreuzzüge zum Vergleich heranziehen wird.« Die Arroganz seiner Worte wirkte schokkierend; aber es bestand kein logischer Grund zu der Annahme, daß er nicht recht haben sollte.

Israel erlebte den Jubel der Geburt und die Angst vor dem Tode im gleichen Augenblick; und die physische Gefahr wurde durch die politische Isolierung nur noch erhöht. Die Generalversammlung der Vereinten Nationen, die sechs Monate zuvor das Recht des jüdischen Volkes auf einen eigenen Staat verkündet hatte, diskutierte jetzt einen Vorschlag, eine internationale »Treuhandverwaltung« einzurichten, statt sich für die Unabhängigkeit des jüdischen Staates einzusetzen. Unter dem Eindruck heftigen Widerstandes von arabischer Seite und skeptisch hinsichtlich der militärischen Stärke Israels, hatten die Vereinigten Staaten ihre Unterstützung für den Teilungsplan zurückgezogen und drängten jetzt die Vereinten Nationen, auch ihrerseits diesen Sinneswandel zu akzeptieren. So war Israel seit der Sternstunde des 29. November 1947 in einen Zustand der Schwäche und Vereinsamung zurückgesunken. Die moralische Kraft internationaler Anerkennung wurde Israel gerade in dem Augenblick vorenthalten, da sich der Feind zu einem massierten Angriff bereitstellte. Israel sah sich überall von drohenden Gefahren umgeben. Abgeschnitten von allen Versorgungslinien zu Lande, zur See und in der Luft, waren die 650 000 jüdischen Bürger zu einem fest entschlossen: Was immer das Schicksal ihnen diesmal an positiven Überraschungen oder verhängnisvollen Rückschlägen zudiktieren sollte, sie würden sich mit allen Wechselfällen nicht als eine namenlose Gemeinschaft, sondern als ein souveräner jüdischer Staat auseinandersetzen.

Gewiß, eine solche Einstellung zeigte nicht nur Mut, sondern auch kühle Berechnung. Die Gefahren, die sich aus der Verkündung jüdischer Eigenstaatlichkeit ergaben, ließen sich durch den Verzicht auf eine derartige Proklamation nicht aus der Welt schaffen. Die arabische Invasion würde in jedem Falle stattfinden. Besser schien es, ihr mit »fliegenden Fahnen« entgegenzutreten.

Für die um ihr Leben ringenden Juden hatte es den Anschein, als spiele die Meinung der Weltöffentlichkeit ebensowenig eine Rolle wie ein griechischer Chor, der sich in beredten und musikalisch untermalten Worten zu Ereignissen äußert, auf die er keinerlei Einfluß zu nehmen gedenkt. Doch war Israels Entschlossenheit dazu angetan, innerhalb weniger Stunden neue Gedankengänge und Aktionen in befreundeten Ländern, insbesondere in den Vereinigten Staaten, auszulösen. Es hatte den Anschein, daß Israel, wenn es sich für seine Selbständigkeit allein verantwortlich fühlen sollte, nicht mehr länger auf sich allein angewiesen sein würde. Diejenigen, die zuerst nicht bereit gewesen waren, den Unabhängigkeitswillen der Juden zu unterstützen, zeigten sich jetzt, da die Würfel gefallen waren, zur Hilfe bereit.

Das größte Fragezeichen lag über Washington. Im November 1947 hatten die Vereinigten Staaten sich politisch zur Errichtung eines jüdischen Staates bekannt. Washingtons Einfluß trug wesentlich dazu bei, den Beschluß der Vereinten Nationen herbeizuführen. Wenn die Juden Palästinas – die ihr ganzes Vertrauen auf das politische Urteil der Vereinigten Staaten setzten – jetzt von einem Krieg erdrückt würden, läge eine unerträgliche Last auf dem Gewissen der Amerikaner. Die amerikanische Führung entwarf mehrere Pläne – zusätzlich zu dem der Treuhänderschaft. Nach jedem einzelnen dieser Pläne hätte Israel seine staatliche Unabhängigkeit gegen die Möglichkeit – geschweige denn Sicherheit – hinausschieben sollen, daß sich die arabischen Regierungen dazu herablassen würden, auf ihr »mongolisches Massaker« zu verzichten.

Aber wenn irgend jemand geglaubt hatte, das jüdische Volk würde sich den Frieden auf Kosten seiner staatlichen Selbständigkeit erkaufen, so wurde diese Auffassung am 12. Mai in einer von tiefem Ernst getragenen Aussprache mit dem amerikanischen Außenminister General George

Marshall ein für allemal zerstört. Moshe Sharett, politischer Repräsentant des palästinensischen Judentums, erklärte, das jüdische Volk stehe bereit, den Traum von Jahrhunderten, für den drei Generationen in der neueren Zeit gerungen hätten, zu verwirklichen. Die Erfüllung stehe vor der Tür. »Die Geschichte wird uns schuldig sprechen, falls wir die Stunde ungenutzt vorbeigehen lassen sollten.« Außenminister Marshall, hin und her gerissen zwischen dem eindrucksvollen Ernst dieser Erklärung und seinen eigenen Zweifeln an der Fähigkeit der Juden, einen militärischen Konflikt siegreich zu bestehen, zog sich und damit natürlich auch seine Regierung in die Rolle des Zuschauers zurück:

»Es steht mir nicht zu, Ihnen zu sagen, was Sie tun sollen... Wenn es sich erweist, daß Sie recht hatten, und es Ihnen gelingt, Ihre staatliche Unabhängigkeit herzustellen, werde ich mich freuen. Aber es ist eine sehr schwere Verantwortung, die Sie da auf sich nehmen.«

Dies klang nicht sehr edel oder ermutigend. Aber die Worte unterschieden sich deutlich von der kraß ablehnenden Haltung, die in Washington noch vor wenigen Tagen gefordert worden war. Die Festigkeit der jüdischen Politik schien den Weg für neue Gedankengänge freizumachen. Sharetts an George Marshall gerichtete Worte ließen erkennen, daß sich die Juden nicht zu einer Verschiebung ihrer staatlichen Unabhängigkeit überreden lassen würden. Washington mußte also prüfen, ob die Araber unter Druck zur Aufgabe ihrer Angriffspläne gebracht werden konnten. Als diese Gedankengänge bei Präsident Truman Gestalt anzunehmen begannen, erreichte ihn am 13. Mai ein Brief des alten Zionistenführers Chaim Weizmann, der dreißig Jahre hindurch sein Volk durch alle Widrigkeiten auf dem Wege zur staatlichen Selbständigkeit geführt hatte. Seit dem 23. April war er einem Hinweis gefolgt, gemäß dem Truman nach Wegen suche, zur ursprünglichen amerikanischen Unterstützung eines unabhängigen jüdischen Staates zurückzufinden. Weizmanns Augen waren zwar fast blind, doch war sein Weitblick klar wie eh und je. Und er war wahrscheinlich der einzige, der Truman in seinen Entschlüssen wirklich beeinflussen konnte. Jetzt hatte er die Chance:

Brief von Dr. Chaim Weizmann an Präsident Truman
13. Mai 1948

Morgen um Mitternacht, am 15. Mai, wird das britische Mandat erlöschen, und die Provisorische Regierung des Jüdischen Staates... wird die volle Verantwortung für die Aufrechterhaltung von Ruhe und Ordnung innerhalb der Grenzen des Jüdischen Staates, für die Verteidigung dieses Gebietes gegen Aggression von außen und für die Einlösung der Verpflichtungen des Jüdischen Staates gegenüber den

anderen Nationen der Welt in Übereinstimmung mit dem Völkerrecht übernehmen...
Aus eben diesen Gründen hege ich die tiefe Hoffnung, daß die Vereinigten Staaten, die unter Ihrer Führung so viel zum Finden einer gerechten Lösung getan haben, die Provisorische Regierung des neuen Jüdischen Staates alsbald anerkennen werden. Die Welt wird es meines Erachtens als besonders angemessen betrachten, daß die größte lebende Demokratie als erste das neue Mitglied der Völkerfamilie willkommen heißen wird.

Der Präsident hatte sofort eine Sitzung mit Außenminister Marshall und seinen übrigen Beratern über Weizmanns Vorschlag einberufen. Die Besprechungen endeten ohne schlüssiges Ergebnis. Aber am Morgen des 14. Mai begannen Außenminister Marshall und Staatssekretär Lovett dem Gedanken einer Anerkennung näherzutreten. Clark Clifford, einer der Berater des Präsidenten, rief vom Weißen Haus aus Eliahu Elath, den Vertreter der Jewish Agency in Washington, an und sagte ihm, der Jüdische Staat würde anerkannt werden, sobald seine Errichtung der amerikanischen Regierung notifiziert werde. Ein Brief, der die Gründung eines »Jüdischen Staates« formell bestätigte, wurde in aller Eile entworfen und dem Weißen Hause mit einem Taxi zugestellt. Inzwischen war bekanntgeworden, daß sich der neue Staat »Israel« nennen würde, und unter diesem Namen wurde er auch von den Vereinigten Staaten anerkannt. Um 18.15 Uhr wurde Botschafter Warren Austin, der Vertreter der Vereinigten Staaten in der Generalversammlung der Vereinten Nationen, angewiesen, sein Eintreten für eine treuhänderische Lösung sofort einzustellen und statt dessen eine kurze Erklärung im Namen Präsident Trumans zu verlesen!

Diese Regierung ist darüber in Kenntnis gesetzt worden, daß in Palästina ein Jüdischer Staat proklamiert worden ist; die Provisorische Regierung desselben hat um seine Anerkennung nachgesucht. Die Vereinigten Staaten erkennen die Provisorische Regierung als die *De-facto*-Regierung des neuen Staates Israel an.

Es war nach Mitternacht, als die Nachricht aus Washington eintraf. Die Anerkennung konnte die Israelis zwar nicht von ihren Gefahren erlösen; sie gab aber den Verteidigungsvorbereitungen neuen Auftrieb. Ein freundlicher Lichtstrahl hatte sie in ihrer Vereinsamung erreicht.

Die in New York tagende Generalversammlung der UNO hatte die Nachricht von der Ausrufung des Staates Israel im Museumssaal erst um 2 Uhr nachmittags erhalten; dies entsprach 8 Uhr des ersten Tages »israelischer Zeit«. Der amerikanische Zionistenführer Dr. Abba Hillel Silver, als Sprecher der Jewish Agency für Palästina am Konferenztisch sitzend, hatte sich in die schleppende Diskussion über den Treuhändervorschlag mit der kurzen Bekanntgabe von der Gründung des Staates Israel eingeschaltet:

So ist das, was die Resolution der Generalversammlung im vergangenen November angestrebt hat, in bezug auf den Jüdischen Staat Wirklichkeit geworden. Und so ist ferner auch der jahrhundertealte Traum Israels, als freie und unabhängige Nation in der angestammten Heimat wiederzuerstehen, in Erfüllung gegangen.

Die Worte, die Resolution der Generalversammlung sei Wirklichkeit geworden, entbehrten nicht einer gewissen Ironie, da sich die Vereinten Nationen seit mehreren Wochen nach Kräften bemühten, die Realisierung gerade dieser Resolution zu verhindern. Es hatten sich seltsame Schwierigkeiten eingestellt. Die Vereinten Nationen hatten zunächst mitgeholfen, ein Samenkorn zu setzen, dann aber versucht, es zu zerstören. Aber das Pflänzchen wuchs hartnäckig weiter, Tag für Tag. Aus den Trümmern des britischen Mandats war so etwas wie ein selbständiger Staat erwachsen. Außerdem war der amerikanische Vorschlag, Israels Selbständigkeit durch ein internationales Treuhändergremium zu ersetzen, auf eine so massive Skepsis gestoßen, daß sogar seine Urheber ihm keinerlei Erfolgsaussichten mehr einräumten.
Das Interesse an einer treuhänderischen Regelung verebbte. Der Vorschlag entsprach nicht mehr den Realitäten, und es war nicht einzusehen, was für einen Zweck er überhaupt noch erfüllen sollte. Die Juden hatten erklärt, sie würden sich jedem Hinauszögern ihrer staatlichen Selbständigkeit widersetzen; und die Araber würden sich durch keinen irgendwie gearteten Treuhänder-Plan von ihren Invasionsabsichten abhalten lassen. Auch war Palästina kein Vakuum, das nur darauf gewartet hätte, nach dem Gutdünken der Vereinten Nationen »aufgefüllt« zu werden. In weiten Teilen des Landes, wo die britische Mandatsherrschaft praktisch zum Erliegen gekommen war, existierte bereits ein jüdischer Verwaltungsapparat. Die Vorstellung, die Vereinten Nationen könnten im Mai 1948 mit Gewalt die Verwirklichung ihrer eigenen Empfehlungen vom November 1947 zu verhindern suchen, war ein bißchen zu bizarr, sogar während jener hektischen Tage. Während sich die Nachmittagsstunden des 14. Mai in die Länge zogen, wurde aus den Verhandlungen in den Vereinten Nationen ein Kampf um Zeitgewinn. Das britische Mandat sollte um 18 Uhr erlöschen; und nur bis zu diesem Zeitpunkt blieb Palästina ein internationales Gebiet, über das die Generalversammlung verfügen konnte. Nach 18 Uhr würde Großbritannien, aufgrund seines eigenen Verzichts, keine Hoheitsrechte mehr ausüben können. Und wenn die Vereinten Nationen bis zu diesem Zeitpunkt keine neue Rechtsgrundlage geschaffen hatten,

würde die von den jüdischen Einwohnern Palästinas in ihrem Sektor eingesetzte Verwaltung die einzige im Lande sein.
Die jüdischen Vertreter in den Lobbies rangen jetzt verzweifelt um eine Vertagung aller Beschlüsse der Vollversammlung. Sie wußten, falls sich die Vereinten Nationen für eine Treuhandschaft oder für irgendeine andere Form von Nachfolge-Regime entscheiden sollten, würden die Aussichten auf amerikanische Anerkennung einer israelischen Regierung schwinden. Eine Delegationsgruppe, angeführt von Australien, Neuseeland, Uruguay, Guatemala und dem ganzen Sowjetblock, kämpfte hartnäckig gegen jeden Schritt, der die Errichtung eines jüdischen Staates hätte präjudizieren können. So fiel der Treuhandplan unter dem Eindruck der gegen ihn gerichteten schweren Angriffe – bei nur schwacher Verteidigung – endgültig durch, und die Diskussionen konzentrierten sich auf zwei Hauptprobleme. Das erste war die Ernennung eines Vermittlers zur »Erreichung einer friedlichen Lösung« aller Probleme, denen sich die Vereinten Nationen gegenübersehen würden, sobald das Mandat erloschen war. Das zweite stellte den Versuch dar, für die Heilige Stadt eine internationale Kontrolle zu gewährleisten.

Jerusalem erlebte qualvolle und chaotische Tage. Es besaß seit hundert Jahren eine jüdische Mehrheit, aber die Einnahme der Stadt durch die Arabische Legion schien unmittelbar bevorzustehen. Die Juden waren noch immer bereit, jenes internationale Regime zu akzeptieren, durch welches die Vereinten Nationen im November 1947 Jerusalem »Sicherheit, Ruhe und Ordnung« zu geben versprochen hatten. Aber die Araber kämpften gegen jede Lösung, die ihnen nicht die volle Herrschaft über ganz Palästina einräumte. Die Vollversammlung hatte sich den Standpunkt der Vereinigten Staaten zu eigen gemacht, sie müsse noch vor dem Auslaufen des Mandats um 18 Uhr desselben Tages handeln, falls sie eine Rechtsgrundlage für die Anwesenheit der Vereinten Nationen in Jerusalem herstellen wolle. Denn die Charta der Vereinten Nationen ermächtigte die UNO nur dann zur Errichtung einer treuhänderischen Regierung, wenn sie von demjenigen, der zur Zeit die Jurisdiktion über ein bestimmtes Gebiet ausübt, darum ersucht wird. Deshalb konnte nur Großbritannien, indem es die Palästinafrage vor die Vereinten Nationen brachte, eine UNO-Aktion in Jerusalem auslösen; und dieser Möglichkeit war in dem Augenblick der Boden entzogen, da Großbritannien selbst auf seine Oberhoheit verzichtete.
Hinter den juristischen Spitzfindigkeiten verbarg sich das viel tiefer gehende Problem der Verantwortung. Eine internationale Autorität, die Jerusalem keinen Schutz zu gewähren imstande war, konnte auch keinen Gehorsam erwarten. Wie hohl die Internationalisierungsformel in Wirk-

lichkeit war, trat jetzt offen zutage. Die Vollversammlung warf einen kurzen Blick auf die verzweifelte Lage Jerusalems und wusch sich über das weitere Schicksal der Stadt die Hände in Unschuld. Nach einer im abgekürzten Verfahren durchgeführten Diskussion verwarf sie zunächst einen Antrag Guatemalas, ein internationales Regime nach den im Jahre 1947 ausgearbeiteten Richtlinien einzurichten. Sie lehnte anschließend einen amerikanisch-französischen Antrag ab, der darauf abzielte, »in Jerusalem eine Interimsregierung einzusetzen, die aus einem UNO-Kommissar und weiteren, von diesem oder dem Treuhänderrat zu ernennenden Beamten bestehen sollte«. Und schließlich wurde ein australischer Vorschlag verworfen, der von Australien selbst als ein letzter Versuch bezeichnet wurde, »irgendein Bindeglied zwischen den Vereinten Nationen und Jerusalem herzustellen«. Dieser Vorschlag hätte einen »Stadtkommissar« der UNO ermächtigt, in Jerusalem Exekutivrechte auszuüben. Nicht einmal so viel Widerstand vermochten die Vereinten Nationen den arabischen Eroberungsgelüsten entgegenzusetzen.
Durch die Ablehnung aller Anträge zur internationalen Verteidigung oder Verwaltung von Jerusalem distanzierte sich die Vollversammlung nachdrücklich von ihren eigenen, früher zum Ausdruck gebrachten Absichten. Sie war durchaus bereit, Jerusalem unter arabische Kontrolle fallen zu lassen. Wohl wissend, daß der britische Parlamentsbeschluß zur Beendigung des Mandats in wenigen Minuten in Kraft treten würde, weigerte sich die Vollversammlung, in die Bresche zu treten und der arabischen Invasion eine wenn auch nur theoretische Schranke entgegenzusetzen. Rechtlich gesehen war die Lage die, daß Jerusalem am 14. Mai um 18 Uhr seine Mandatsregierung verlor und die Vollversammlung der Vereinten Nationen beschloß, der Stadt weder ein internationales Regime zu geben noch irgendeine Hilfe zuzusagen. Es war die Weigerung, Verantwortung im Augenblicke der Gefahr zu übernehmen. Um 18 Uhr, als das Mandat erlosch, stürzte der irakische Delegierte jubelnd aufs Podium und rief: »Das Spiel ist aus!« Die Vollversammlung hatte die Heilige Stadt ihrem Schicksal überantwortet; sie hatte sogar beschlossen, Jerusalems Zukunft den Wechselfällen des Krieges auszusetzen. Später, wenn sich alles wieder beruhigt hatte, würden die Vereinten Nationen auf ihre »Rechte« in der Stadt pochen, nachdem sie zuvor nicht bereit gewesen waren, die Verantwortung zu übernehmen. Die Juden in Jerusalem, von Tod und Hungersnot bedroht und um das nackte Leben kämpfend, hatten wenig Zeit, über die Gedankengänge derjenigen nachzudenken, die ihnen erst vor fünf Monaten »Sicherheit, Ruhe und Ordnung« versprochen hatten. Es war ihnen klar, daß sie zwischen folgenden Möglichkeiten zu wählen hatten: entweder untätig mitanzusehen, wie Gewalttat, Anarchie und Hunger von ihren Familien Besitz ergriffen, oder aber alle Kraft zu-

sammenzunehmen, um einen Eroberungsfeldzug abzuwehren, der sicher nicht weniger vernichtend sein würde wie jene im alten Babylon und Rom. Jeglicher Gedanke an Frieden oder auch nur an das bloße Überleben, außer in engster Gemeinschaft mit Israel, schied ein für allemal aus.

Während sich die Vollversammlung weigerte, ein Nachfolgeregime in ganz Palästina oder auch nur in Jerusalem zu errichten, wurde diese Entschlußlosigkeit durch Ereignisse außerhalb der Vereinten Nationen wiedergutgemacht. Als der amerikanische Vertreter, der auf die Errichtung einer treuhänderischen Verwaltung gedrängt hatte, seine Zuhörer – und sich selbst – mit der Bekanntmachung verblüffte, die Vereinigten Staaten hätten Israel anerkannt, war die Verwirrung im arabischen Lager unbeschreiblich. Jetzt bot der Drohung eines »Massakers mongolischen Ausmaßes« nicht nur das kleine Israel die Stirn, sondern auch die größte unter den Großmächten. Schon kurze Zeit danach sollten auch die Sowjetunion und dann Guatemala die Anerkennung Israels bekanntgeben. »Wir sind hinters Licht geführt worden«, empörte sich Dr. Charles Malik, Delegierter des Libanon, in einem wütenden Angriff auf die amerikanische Delegation. Inzwischen war es 18.15 Uhr, und das Mandat war erloschen. Ein Nachfolgeregime war in Israel entstanden und hatte den Preis der amerikanischen und sowjetischen Anerkennung ergattert, während es den Vereinten Nationen nicht gelungen war, die Rechtmäßigkeit der israelischen Proklamation zu blockieren. Der Angriff arabischer Armeen würde jetzt gegen einen anerkannten Staat erfolgen, und die Aggression würde daher das Kernstück der Charta der Vereinten Nationen verletzen.

Während die Delegierten im Gebäude der Vereinten Nationen in New York ihre Papiere einsammelten, wurde der Britische Hohe Kommissar an Bord der *H.M.S. Euryalus*, sechstausend Meilen entfernt, vom Flugzeugträger *H.M.S. Ocean* gerade außerhalb der palästinensischen Hoheitsgewässer gegrüßt. Während er an Deck stand, fiel der Schiffskapelle zur Begrüßung kein besseres Lied ein als: *»Should auld acquaintance be forgot and never brought to mind?«* Doch in Israel wurde die Bekanntschaft mit der Mandatszeit angesichts der drohenden Gefahren ebensoschnell aus der Erinnerung verbannt. Jetzt, da die britische Oberhoheit nicht mehr bestand, sandte der Außenminister Ägyptens eine Note an den Sicherheitsrat der Vereinten Nationen und erklärte, seine Regierung beabsichtige, ihren Streitkräften den Befehl zum Überschreiten der Grenze zu geben, um in einem Nachbarland »Ruhe und Ordnung wiederherzustellen«. Es war Mitternacht bei den Vereinten Nationen und Morgendämmerung in Israel, als ägyptische Flugzeuge die ersten Bomben über Tel Aviv abwarfen.

Die Geschichte hat uns eine Inschrift überliefert, die auf einem Bogen im Forum Romanum in Rom eingemeißelt ist. Sie kündet vom Ruhme des »Titus Caesar Vespasian, Vater seines Landes, der die Rasse der Juden unterjochte und ihre Stadt Jerusalem zerstörte, eine Stadt, die alle Könige, Heerführer und Nationen vor ihm entweder vergeblich angegriffen oder unberührt haben liegen lassen.« Dieser Sieg der römischen Legionen fand im Jahre 70 unserer Zeitrechnung statt. Fast neunzehn Jahrhunderte waren vom Verlust der Selbständigkeit Israels bis zur Neugründung des Staates vergangen.
Die innere Bewegung, die angesichts dieser Erneuerung die ganze Welt durchlief, wurde teilweise durch die kriegerischen Spannungen verdunkelt. Sie wurde aber auch durch den Rückblick in die Vergangenheit verstärkt. Kein Ereignis der Geschichte ließ sich mit der Erhebung eines Volkes in einem Lande vergleichen, von dem es so viele Jahrhunderte hindurch getrennt gewesen war. Das Volk war zerstreut worden – seine ursprüngliche Einheit war durch Entfernung, Zeit und eine Vielfalt von Sprachen zerfallen. Ein zähes Band zwischen dem jüdischen Volk und dem Land hatte sich in Gestalt kleiner jüdischer Siedlungen in Galiläa erhalten, während sich die Hauptströme der jüdischen Geschichte weithin auf andere Kontinente gerichtet hatten. Aber stärker als jede physische Verbindung waren die Erinnerungen und Sehnsüchte, die das geistige Leben dieses Volkes mit seiner ersten Heimstatt verbanden. Das Land hatte keine andere Nation hervorgebracht; und das Volk hatte in keinem anderen Land ein kollektives Selbstverständnis erreicht. Das Band zwischen dem Volk und dem Land in der Ferne, in Träumen und Gebeten durch die Jahrhunderte bewahrt, wurde jetzt zur greifbaren Wirklichkeit.
Für viele Millionen in aller Welt war dies ein einzigartiges und erhabenes Wunder. Israels Wiedergeburt unterschied sich deutlich von den üblichen Formen nationaler Befreiungsbewegungen. Was hier geschah, war weder der Aufstand der einheimischen Bevölkerung gegen eine Besatzungsmacht noch die koloniale Wanderung in ein unbekanntes Land, sondern die Wiedervereinigung zwischen einem Volk und dem Land, von dem es neunzehnhundert Jahre lang getrennt gewesen war. Und trotz der langen Dauer dieser Trennung sprach die wiedergeborene Nation noch immer dieselbe Sprache und folgte demselben Glauben wie vor dreitausend Jahren. Eine Welt, die Geburt und Tod so vieler Nationen erlebt hatte, wurde hier zum ersten und einzigen Male in ihrer Geschichte Zeuge einer Wiederauferstehung.
Hunderte und Tausende von Juden in Israel und Millionen in der ganzen Welt gingen an jenem Abend mit dem Gefühl zu Bett, größer und stolzer zu sein, als sie es noch am Morgen desselben Tages gewesen waren. Auf viele Dinge, die am Morgen noch ungewiß gewesen waren, war eine Ant-

wort gefunden worden – zum Guten oder zum Bösen. Würde die britische Verwaltung das Land wirklich verlassen? Rein äußerlich bestand kein Grund zum Zweifeln. Schließlich hatte sich das Mandatsregime seit Monaten allmählich selbst liquidiert, während arabische oder jüdische Kräfte in jeden von den Briten geräumten freien Winkel auf der Landkarte und in jede administrative Stelle nachgerückt waren. Doch hegten viele den Argwohn, die umfangreichen Abreisevorbereitungen dienten nur dazu, den insgeheim gefaßten Entschluß zum Bleiben zu verschleiern. Im Unterbewußtsein vieler Völker, und besonders der Juden, hatte die britische Diplomatie den Ruf gesteigerter Subtilität erworben; man glaubte, daß die britischen Absichten stets das genaue Gegenteil dessen waren, was von britischer Seite öffentlich erklärt wurde. Viele waren überzeugt, daß Großbritannien absichtlich ein Chaos erzeugt hätte, damit die Juden oder die Araber oder aber auch die Vereinten Nationen – oder alle gemeinsam – Großbritannien förmlich anflehen würden, seine Herrschaft zu verlängern. Diese Auffassung übersah die Ermüdung des britischen Volkes, das durch den Krieg und den wirtschaftlichen Niedergang erschöpft war. In London hatten sich die Menschen während des letzten Winters mehr Gedanken darüber machen müssen, wie sie bei der Kohlenknappheit ihre Häuser warm halten konnten, als über die Aufrechterhaltung imperialer Interessen im Ausland. In Wirklichkeit war der Wunsch nach Beendigung des Mandatsregimes in Palästina das einzige, was Juden, Araber und die Vereinten Nationen untereinander und mit den Briten verband. Aber erst als der Britische Hohe Kommissar tatsächlich an Bord ging, glaubte jedermann, daß es ihm mit der Abreise wirklich ernst war; und dennoch – viele Israelis wären nicht überrascht gewesen, wenn er am nächsten Morgen einen Grund gefunden hätte, wieder zurückzukehren.

In ähnlicher Weise hegten viele Menschen in aller Welt Zweifel daran, daß es den Juden wirklich ernst mit ihrer Unabhängigkeitserklärung sei. Der entsprechende Beschluß war vom Aktionskomitee der Weltzionistenorganisation am 6. April mit vierzig gegen achtzehn Stimmen gefaßt worden. Zehn der Neinstimmen stammten von der linksgerichteten Mapam, die einen eventuellen Waffenstillstand nicht von vornherein ausschließen wollte; die übrigen acht Gegenstimmen gehörten Revisionisten, die befürchteten, die Ausrufung der staatlichen Selbständigkeit in einem Teile des Landes könne als Verzicht auf die Unabhängigkeit der übrigen Landesteile aufgefaßt werden. Die anschließend vorgeschlagenen Waffenstillstandsbedingungen, die zu einer Vertagung der Unabhängigkeit geführt hätten, wurden denn auch erst nach schweren und heftigen Debatten von jüdischer Seite abgelehnt. Am 13. Mai wurde der eigentliche Text der Proklamation im Provisorischen Staatsrat mit sechzehn Stimmen bei acht Enthaltungen angenommen. Die meisten, die sich der

Stimme enthielten, hatten Bedenken gegen die Formulierung, nicht aber gegen die Errichtung des Staates an sich. Aber trotzdem blieb die Tatsache bestehen, daß der Beschluß über die Proklamation nicht einstimmig gefaßt worden war; und bis zum letzten Augenblick bestand immer noch die Möglichkeit, daß man in Washington, New York oder anderenorts irgendeinen neuen Plan entwickeln würde, der zumindest einige der führenden Juden veranlassen würde, sich die Sache noch einmal zu überlegen. Am Morgen des 14. Mai, als über die Proklamation abgestimmt wurde, wurde sie einstimmig angenommen, und man spürte förmlich die Erleichterung, die nach Augenblicken höchster Spannung die Beteiligten erlöst.

So hatten sich von der Morgendämmerung des einen bis zum Anbruch des nächsten Tages alle Unklarheiten geklärt. Die britische Herrschaft war beendet; Israel hatte seine Wiedergeburt proklamiert; Amerika hatte sich auf die Seite Israels gestellt; die arabischen Staaten hatten mit der Invasion begonnen; und die Vereinten Nationen hatten es durch ihre eigene Entschlußlosigkeit diesen einzelnen Strömungen ermöglicht, sich zu einem einzigen, historischen Strom zu vereinigen. Innerhalb eines einzigen Tages hatten Israel, Großbritannien, Amerika, die Araber und die Vereinten Nationen, jeder für sich, durch ihre Handlungen oder Unterlassungen eine folgenschwere Lage heraufbeschworen.

Und trotzdem bestand inmitten des Jubels noch immer das unbestimmte Gefühl, als sei noch nicht alles entschieden. In jener Nacht wurden die Siedler von Etzion Block bei Hebron von der Arabischen Legion gefangengenommen, nachdem Frauen und Kinder nach Jerusalem geschickt worden waren. Am nächsten Morgen um fünf Uhr, während Ben Gurion in Tel Aviv eine Rundfunkansprache hielt, wurde die Stadt mit dem Ziel bombardiert, den Flugplatz unbenutzbar zu machen; zwei ägyptische Maschinen wurden abgeschossen, ihre Piloten gefangengenommen. Die Weltpresse spiegelte den inneren Zwiespalt zwischen wirklicher Anteilnahme an Israels Wiedergeburt einerseits und Spekulationen über Israels Überlebenschancen andererseits wider. Die meisten ausländischen Korrespondenten äußerten sich hinsichtlich der zweiten Frage pessimistisch; in der britischen Presse wurde die Proklamation als eine zwar bewegende, aber letzten Endes vergebliche Geste behandelt, die schon bald einer militärischen Niederlage zum Opfer fallen würde. In der arabischen Welt war nicht eine einzige Stimme zu hören, die dem Staate Israel eine Lebensfrist von mehr als einem Monat gegeben hätte.

Die jüdischen Gemeinschaften in aller Welt befanden sich in einem qualvollen Zwiespalt der Gefühle. Sie wußten, daß die Proklamation die Gefahren, in denen Israel schwebte, nicht verringert hatte; einige glaubten, daß sich die Krise dadurch nur noch verschärft habe. Aber allen war klar, daß sich die Bedingungen, unter denen man den Gefahren begegnen konnte, grundlegend verändert hatten. War doch der bestimmende Faktor im politischen Leben des Judentums immer die Passivität gewesen: Die jüdische Geschichte war bisher eher die Summe der Leiden, Erduldungen, Widerstände und des Durchhaltevermögens des jüdischen Volkes als seiner Initiativen oder Entschlüsse gewesen. Richtschnur war bisher stets die Haltung und Politik anderer Völker. Jetzt auf einmal hatte die Welt viele Tage hindurch nur darauf gewartet, was die Juden Palästinas sagten oder taten. Zum ersten Mal entstand das beglückende Gefühl, selbst steuernd auf den Ablauf der Ereignisse einwirken zu können. Innerhalb eines bestimmten Gebietes, und war es auch noch so klein, konnten jüdische Entscheidungen Armeen in Bewegung setzen, Steuern erheben, Institutionen gründen, Rassegenossen empfangen, eine Kultur wiederbeleben und andere in nah und fern zu Reaktionen zwingen. Die nationale Geschichte war in die Phase der Autonomie getreten. Es war ein Tag, der in der Erinnerung des Volkes auf ewig weiterleben und weiterleuchten würde – ein Augenblick der Wahrheit, der Israel bis an das Ende seiner Tage bewegen würde.

2 Der lange Weg zurück

> Das Geheimnis des Erfolges liegt in dem Wissen, wie lange es dauert, ihn zu erreichen. *Montesquieu*

In der Geschichte des Zionismus laufen zwei Fäden in einen Strang zusammen. Der erste ist die Hartnäckigkeit der Juden, mit der sie sich ihre Identität bewahrt haben; diese wiederum ist eng mit den Erinnerungen an ein Land verknüpft, in dem sie vor Tausenden von Jahren eine zwar kurze, aber weithin leuchtende Zeit in Freiheit gelebt hatten. Der andere ist der Aufstieg des europäischen Nationalismus, der die verfolgten und erniedrigten Juden mit einem ganz ähnlichen Traum infizierte, wie er damals viele andere Nationen in die Freiheit und zur Bestätigung ihrer selbst geführt hat.

Die nationale Idee mußte sich einer besonderen Wandlung unterziehen, wenn sie im Falle der Juden wirksam sein sollte. Nirgendwo sonst hatte sich ein Volk im Exil durch die Jahrtausende seine Eigenart und Vitalität in so starkem Maße bewahrt, daß es schließlich zu einer Wiedergeburt kommen konnte. Das Einzigartige an Israel lag in seiner außergewöhnlichen Fähigkeit, in der Diaspora zu gedeihen. Das Gefühl der Zusammengehörigkeit und des gemeinsamen Schicksals war nicht immer und nicht überall gegen Verfallserscheinungen gefeit; aber der eigentliche Kern des Judentums war stets intakt geblieben. Hauptgrundlage des Nationalbewußtseins war die biblische Literatur. Die Juden haben nie aufgehört, über den alten Schriften zu grübeln, und zwar nicht nur im Geiste religiöser Ekstase, sondern auch in der Suche nach ihren eigenen nationalen Wurzeln. Was sich in ihren Herzen erhob, waren nicht nur die Ideen des Judaismus, sondern auch die Vorstellungen und Erinnerungen an das Land, in dem dieser sich entwickelt hatte. »Sollte ich Dich je vergessen, o Jerusalem, möge meine rechte Hand verdorren!« »Ich werde Deinen Samen aus dem Osten bringen und Dich aus dem Westen heranführen. Ich werde zu dem Norden sagen, gib auf, und zu dem Süden, halte nicht zurück. Bring meine Söhne aus der Ferne und meine Töchter vom Ende der Welt.«

Diese unzähligen Wiederholungen, tagaus, tagein, hatten das jüdische Leben im Laufe der Jahrhunderte mit einem eigenartigen Gefühl des Heimwehs durchsetzt, das stark genug war, das Aufkommen des Gedankens, der Aufenthalt in einem anderen Land könne womöglich endgültig sein, zu verhindern. Aber das alles war nicht nur eine Frage unablässiger Gebete und Hoffnungen. Das physische Band war nie gerissen. Die Kontinuität war durch kleine jüdische Siedlungen und die Akademien in Jerusalem, Acre, Haifa, Jaffa und Ramle gewahrt worden. Dieses dünne, aber zähe Bindeglied wurde später durch einen Strom frommer Einwanderer verstärkt, die weitere Akademien in Jerusalem, Safed und Hebron errichteten. Das Land wurde Opfer vieler Eroberungen – Byzanz (395), die Seldschuken (1072), die Kreuzfahrer (1099), die Mameluken (1291), das Osmanische Reich (1517) und Großbritannien (1917). Das jüdische Element geriet dabei oft in Gefahr, am stärksten durch die Kreuzzüge, es wurde aber nie überrannt. Und durch die Jahrhunderte hindurch war Palästina stets die Provinz eines Reiches, das seinen Mittelpunkt woanders hatte; es wurde nie zur Wiege einer selbständigen Nation. Jeder einzelne unter den Eroberern hatte seine Heimat oder sein Glaubenszentrum in einem anderen Teil der Welt. So wurde die innere Assoziation des Landes mit der jüdischen Geschichte nie verdunkelt oder ausgelöscht.

Endergebnis war, daß eine Vielzahl von Juden, wo immer sie lebten, ihre geistige Heimat in einem fernen Lande sahen, das sie nie mit eigenen Augen gesehen hatten und das sie kaum jemals betreten würden. Sie hatten dauernd Heimweh und führten ein Leben, das – oft armselig und zuweilen elend – von der Würde des Selbstverständnisses und der Selbstbehauptung gekennzeichnet war. Dieser Hang zur Gemeinschaft trat besonders deutlich in dem *shtetl* hervor, dem jüdischen Dorf innerhalb der Gemeindeordnung des russischen Reiches. Die Juden lebten dort, wenn auch meist unter kümmerlichen Umständen, in einer Atmosphäre relativer Autonomie. Die meisten Juden in Rußland und Polen waren unterdrückt, doch fühlten sie sich nicht entwurzelt. Ihr Leben war durch die Einhaltung religiöser Vorschriften bestimmt, und sie waren zutiefst erfüllt von den Vorbildern jüdischer Geschichte und jüdischen Glaubens. Auch wenn sie sich in weltlicher Knechtschaft vor nichtjüdischen Thronen beugten, empfanden sie sich insgeheim als Abkömmlinge von Propheten und Königen, die nur vorübergehend von ihrem angestammten Erbe getrennt worden waren.

Der Zionismus ist sowohl eine dokumentarisch belegte Ideologie als auch eine Aufeinanderfolge von Taten und Erfahrungen. Er besitzt viele verschiedene Seiten, aber alle reflektieren dasselbe Licht. Zvi Hirsch Kalischer kam durch die Umsetzung des messianischen Gedankens der Bibel in die moderne Zeit zu dem Schluß, daß das göttliche Versprechen, das jüdische Volk in das Land seiner Vorfahren zurückzuführen, durch eine organisierte Aktion Wirklichkeit werden müsse. In einer mehr säkularen Form forderte Moses Heß in *Rom und Jerusalem* (1862) die auf ethischen

Prinzipien gegründete Errichtung eines jüdischen Staates als radikale Lösung für das Elend und die soziale Diskriminierung der Juden. Leon Pinsker hielt es in seiner *Auto-Emanzipation* (1882) mit dem Untertitel »Mahnung eines russischen Juden an seine Brüder« für verfehlt, gegen den Antisemitismus zu protestieren, wo doch alle Kräfte darauf konzentriert werden müßten, die jüdische Emanzipation von physischer Verfolgung und moralischer Inferiorität zu erreichen. Durch diese visionären Gedanken entflammt, machten sich tatsächlich kleine jüdische Gruppen auf den Weg ins Heilige Land, wobei sie der Parole »Bilu« folgten (Beit Israel Lechou Ve'nelecha – Haus Israels, laß uns zurückkehren). Innerhalb weniger Jahre entstanden einige Bauerndörfer in Rishon le-Zion, Gederah und Petach Tikvah. Sie versanken in tiefe Armut, blieben aber am Leben und sahen schließlich auch bessere Tage.
Juden, die den Lockungen der Souveränität gleichgültig gegenüberstanden, aber zutiefst um die Erhaltung des jüdischen Geistes besorgt waren, wie beispielsweise Asher Ginsberg (Ahad Ha'am), fühlten sich der Bewegung, die das Ziel verfolgte, dem jüdischen Gedanken einen territorialen Ausdruck zu verleihen, innerlich verbunden. Ahad Ha'am war der Überzeugung, daß sich eine jüdische Gesellschaft auf hohe kulturelle Leistungen gründen und ihre Werte mehr aus qualitativen als aus quantitativen Ideen schöpfen müsse. Aber auch diese Vision beruhte auf der Annahme, daß es eine jüdische Gesellschaft im Lande Israels gebe.

Diese ganze geistige Agitation wäre, so bewegend sie auch gewesen sein mochte, wahrscheinlich spurlos vorübergegangen, wenn sie nicht in eine organisierte Bewegung am Ausgang des neunzehnten Jahrhunderts eingegliedert worden wäre. Unter dem Eindruck des skandalösen Antisemitismus, wie er sich in dem Fall Dreyfus manifestierte, begann Theodor Herzl, ein Wiener Journalist jüdischer Herkunft, der dem Gedanken an jüdische Solidarität bis dahin ferngestanden hatte, über die Geschichte und die Bestimmung des jüdischen Volkes nachzudenken. Das Ergebnis war ein glühendes, messianisches Dokument, das 1896 unter dem Titel *»Der Judenstaat«* veröffentlicht wurde.
Diese Schrift übte eine elektrisierende Wirkung sowohl auf diejenigen Juden aus, die nach einer Lösung aller ihrer Nöte suchten, als auch auf alle diejenigen, für die die Restauration Israels stets eine Säule des Glaubens gewesen war. Das Geniale in Herzl lag nicht nur darin, daß er der Idee einen zündenden Ausdruck verlieh, sondern auch in der Erkenntnis, daß man Organisationen und Institutionen braucht, wenn man Ideen in die Wirklichkeit umsetzen will. So beginnt Israels weltliche Geschichte zu Recht mit dem ersten Zionistenkongreß, den Herzl im Jahre 1897 nach Basel einberief.

Der Kongreß war ein großartiges Ereignis, pompös und würdevoll zugleich. Er wurde geprägt von Herzls souveräner Rede und königlicher Haltung. Seine hochaufragende Gestalt, die großen, leuchtenden Augen und das Dominierende seiner Erscheinung sprachen die Sehnsucht der jüdischen Massen nach Würde und gediegener Lebensart an, die ihnen von den Rabbinern in den trostlosen Gettos nicht gegeben werden konnten. Wer aber den Blick von den utopischen Träumereien des Kongresses auf die tatsächliche Lage in Palästina richtete, erkannte schon sehr bald den Zwiespalt, der noch lange ein charakteristisches Merkmal des Zionismus bleiben sollte; die große Differenz zwischen den zur Verfügung stehenden Mitteln und dem angestrebten Ziel. Denn das eigentliche Palästina war ein rückständiges und verlassenes Gebiet. Das Wort »stehengeblieben« umschreibt vielleicht am besten den Zustand, in dem sich das Land und seine Bewohner befanden. Nichts schien im Fluß zu sein. Es besaß keine politische oder administrative Eigenständigkeit. Einzelne Teile gehörten zu den Provinzen Beirut und Damaskus; andere zum Distrikt Jerusalem; sie alle gehörten zum korrupten und ohnmächtigen Osmanischen Reich. Es gab kaum Straßen, keine Industrie, wenig gewinnbringenden Handel und lediglich die primitivste Form der Landwirtschaft. Das Land wurde dauernd von Malaria und anderen Seuchen heimgesucht. In diesem Elend lebten etwa 25000 Juden inmitten einer Gesamtbevölkerung von 450000. Und in diese, wenig Aussichten bietende, fast abweisende Umgebung kamen die ersten zionistischen Pioniere in dem Jahrzehnt vor und nach Herzls Initiative.

Bis zum Ende des Jahrhunderts war die Zahl der Juden auf über 50000 gestiegen, von denen über die Hälfte in Jerusalem wohnten. Die Pogrome in Rußland und die Vertreibung aus Moskau hatten unerwartete Verstärkungen gebracht, obgleich eine viel größere Anzahl von Juden nach Amerika strömte, wo sie die größte und mächtigste Gemeinschaft in der jüdischen Geschichte gründen sollten. Auch angesichts der Einwanderung von Tausenden nach Palästina erschien der Kampf gegen die Natur von vornherein so ungleich, daß alles zum Erliegen gekommen wäre, hätte nicht Baron Edmond de Rothschild einige der ersten dörflichen Siedlungen übernommen und fast 120 Millionen Mark investiert, um 60000 Hektar Land zu kaufen und auf ihnen die ersten geschlossenen und ernst zu nehmenden jüdischen Siedlungen zu gründen. Aber sogar diese Wohltat schlug in ihr Gegenteil um. Die Vertreter des Barons ließen sich von philanthropischen Gefühlen leiten und zeigten sich derartig herablassend, daß sie von den Empfängern ihrer Mildtätigkeit keinen Dank erhielten.

Um die Jahrhundertwende teilte sich die kleine jüdische Gemeinde in Israel in drei Gruppen: Fromme, orthodoxe Juden, die von der Wohltätigkeit des Auslands lebten; schwer arbeitende Bauern, die den selbstherrli-

chen und oft korrupten Beamten des Barons untertan waren; und ein paar Männer mit großem Idealismus und fester Entschlossenheit, die sich Rothschilds Menschenfreundlichkeit und dem religiösen Übereifer dadurch zu entziehen suchten, daß sie im oberen Jordantal Kollektivdörfer (die sich später zu Kewuzot und Kibbuzim entwickelten) gründeten.
Herzls Vorstellungen gingen weit über den Rahmen hinaus, der für die schwer ringende jüdische Gemeinde in Palästina angemessen schien. Sieben Jahre nach dem ersten Zionistenkongreß war er tot. Das Meteorhafte seines Aufstiegs und Falls ist Teil seiner Legende. Bei seinem Tode 1904 war er erst vierundvierzig Jahre alt. Die zehn Jahre seiner Führerschaft hatten ihn völlig erschöpft, doch er hatte in dieser Zeit seinem Volke neue Energien eingeflößt.
Herzls Visionen und Persönlichkeit bildeten den größeren Teil seines Vermächtnisses. Der Rest bestand aus dem Kongreß, der Organisation, seinen Finanzierungsgesellschaften, dem Netz von Vereinigungen in aller Welt, dem vitalen demokratischen Leben darin – gefördert von der religiös orientierten Mizrachi-Partei, der Arbeiterpartei Poalei Zion und der Allgemeinen Zionistenpartei. Hinzu kam die außerordentlich bedeutsame Tatsache, daß der Zionismus aus der Anonymität hervorgetreten war; er war keine »verrückte« Idee mehr. Er hatte seinen festen Platz in der Weltpolitik.
Das nächste Jahrzehnt war eine Periode scheinbarer Erschlaffung. Herzls erste Nachfolger waren in dem leuchtenden Widerschein seiner Persönlichkeit kaum zu erkennen. Die Kongresse fanden weiter statt; die Gesellschaften diskutierten und führten Geldsammlungen durch; die Idee einer hebräischen Universität entstand; der Jewish National Fund kaufte in mühevoller Arbeit Land mit den in aller Welt gesammelten Pfennigen auf; und in Jaffa wurde ein Palästinabüro eingerichtet, das unter Dr. Arthur Ruppin die Besiedlung des Landes steuern sollte. Im großen und ganzen nahm der Zionismus jedoch eine abwartende Haltung ein, in der Hoffnung, daß das Rad der Geschichte die Idee von sich aus weiter vorantreiben würde.
Aber wenn auch die politische Einstellung des Zionismus eine statische Tendenz zeigte, so wurden andererseits in der Bewältigung praktischer Aufgaben Erfolge erzielt. Im Jahre 1904 setzte eine Einwanderungswelle (die zweite Alija) zur Verstärkung der schwachen jüdischen Gemeinde in Palästina ein. Im Jahrzehnt vor dem Ausbruch des Ersten Weltkrieges kamen etwa 40000 Juden nach Palästina, hauptsächlich aus dem von Pogromen gekennzeichneten Rußland. Viele kehrten wieder um oder zogen in andere Länder weiter. Im Jahre 1914 waren etwa 80000 Juden in Palästina, sie machten also ungefähr ein Achtel der Gesamtbevölkerung aus. Die städtischen Zentren von Tel Aviv und Haifa waren entstanden; Kol-

lektiv- und Genossenschaftsdörfer belebten das Landschaftsbild; und eine organisierte Arbeiterbewegung bildete sich heran. Es entstand eine hebräische Gesellschaft mit der ersten höheren Schule (Herzlijah Gymnasium, 1905), einem Technischen Institut in Haifa (1912), einem Kunstmuseum (Bezalel, 1906) und mehreren führenden hebräischen Schriftstellern.

Vierzigtausend Neuankömmlinge im Laufe von zehn Jahren wirken angesichts der Dimensionen unserer Zeit recht bescheiden. Doch brachte die zweite Alija Menschen von so ausgeprägtem Persönlichkeitswert und von so großer geistiger Bedeutung zu Palästinas Küsten, daß man diesen Zustrom mit Recht für eines der wichtigsten Stadien des Staates Israel halten darf. Die von ihnen ausgehenden Gedanken, ihr Niveau und ihr Lebensstil setzten die Normen der Jischuw (vorstaatliche jüdische Gemeinschaft) und des späteren Israel. Und es war vor allem ihr Beispiel, welches die Pionierarbeit zur zentralen Ethik des jüdischen Lebens in Palästina machte.

Das Leben verlief in einer Atmosphäre des Leidens. Den Einwanderern fehlte es an Geld und ärztlicher Hilfe; einige hatten nicht einmal genug zu essen. In den weit verstreut liegenden Siedlungen empfanden sie eine deutliche Isolierung auf kulturellem Gebiet sowie eine nicht faßbare, aber stets spürbare Gefahr für Leib und Leben. Die neue Gesellschaft war durch ein tiefverwurzeltes Gefühl für Probleme der Ethik gekennzeichnet. Die Siedler quälten sich mit endlosen Debatten über den Sinn ihres Lebens, den Zweck ihrer Aktionen und die Gestalt, die sie ihrer künftigen Nation einmal geben wollten. In den von ihnen gegründeten sozialisierten Gemeinschaften folgte man peinlich genau den Prinzipien der Gleichheit. Sie fühlten sich von einem wilden und unablässigen Missionsgedanken getrieben. Sie waren für ihre verschiedenen Tätigkeiten unzureichend ausgebildet und konnten zum größten Teil nur durch Erfahrungen und Fehlschläge lernen. Sie suchten nach der Erneuerung ihrer Seelen, nach einer völlig neuen Wiederaufrichtung des nationalen Willens. Sie errichteten ausdrücklich eine Gesellschaft der Elite, die aus einem puritanischen Glaubenseifer immer neue Kräfte zog. Sie hatten wenig Raum für die angenehmeren Seiten des Lebens, für Erholung, Humor, Duldsamkeit, Abwechslung, Stil oder die Auseinandersetzung mit ästhetischen Werten. Sie gaben sich auf eine fast fanatisch anmutende Art ernst und feierlich; alles Konventionelle an Kleidung, Gewohnheiten oder den Annehmlichkeiten des Daseins fiel ihrer Verachtung anheim. Aber sie wußten, wie man Ideen in die Tat umsetzen und Freiheit zu schöpferischem Wachstum entwickeln konnte.

Zunächst schien es den Zionisten, daß der Weltkrieg im Jahre 1914 ihrem Traum eher ein Ende setzen würde, als daß er ihnen neue Energie geben könnte. Der Zionismus war eine auf freiwilliger Basis beruhende Bewegung, die von den verschiedensten Gemeinden in aller Welt abhängig war. Er konnte sich nur in einer Welt ungehinderter Kommunikationsmittel frei entfalten. Doch waren jetzt die verschiedenen Sektionen der Bewegung in Europa voneinander abgeschnitten, und sie alle waren von Palästina getrennt.

Und doch kam es so, daß gerade der Krieg den Gedanken von einem jüdischen Staat in das Leben und die Gesetze der internationalen Gemeinschaft hineingebracht hat. In einem brillanten Beispiel taktisch wohlausgewogener Überredungskunst gelang es einer kleinen Zionistengruppe in England unter Führung von Chaim Weizmann, die britische Regierung im Jahre 1917 zur Veröffentlichung einer Erklärung zu veranlassen, in der sich England für »die Errichtung einer nationalen Heimstatt für das jüdische Volk in Palästina« aussprach. Diese vom Außenminister Arthur James Balfour herausgegebene Erklärung fand die Unterstützung der Vereinigten Staaten und wurde später auch von den anderen Mächten übernommen. Am ersten Tage von Chanukka, 1917, als britische Truppen unter Feldmarschall Allenby in Jerusalem einzogen, befanden sich in seiner Armee auch drei jüdische Bataillone der Jüdischen Legion, die sich aus Freiwilligen des britischen, amerikanischen, kanadischen und palästinensischen Judentums rekrutierten. Auf der Konferenz von San Remo im Jahre 1920 wurde die Balfour-Deklaration von den Alliierten ratifiziert. Premierminister Lloyd George entließ Weizmann mit den Worten: »Jetzt haben Sie Ihren Staat. Es ist jetzt Ihre Sache, das Rennen zu gewinnen.« Zwei Jahre darauf wurde die Balfour-Deklaration in ein Völkerbundsmandat eingebettet, das Großbritannien mit der Regierungsgewalt in Palästina betraute.

In späteren Jahren, als viele komplexe Probleme am Horizont auftauchten, wurde es Mode zu sagen, daß die Zionisten in der frühen Weizmann-Ära unter zwei Illusionen gelitten hätten: Sie seien ohne Berechtigung der Überzeugung gewesen, daß eine »Nationale Heimstatt« automatisch mit einem souveränen Staat gleichzusetzen sei, und sie hätten die drohenden Gefahren arabischer Opposition unterschätzt. In beiden Fällen ist das Urteil zu hart. Als die britische Treuhänderschaft begann, besaßen die Zionisten eine recht klare Vorstellung von der Zielsetzung des Mandats. Die Verfasser der Balfour-Deklaration und das Mandat gingen davon aus, daß sich eine autonome, typisch jüdische Gesellschaft herausbilden würde, bis diese stark genug war, eine selbständige Regierung zu bilden. Außerdem glaubte man nicht ohne Grund, daß der arabische Nationalismus, der in den Hauptzentren der panarabischen Idee große Erfolge erringen würde, sich mit einem selbständigen jüdischen Nachbarn irgendwie arrangieren würde. Die British Royal Commission erklärte 1937 nach Prüfung der vorhandenen Akten ganz klar, daß das Mandat eines Tages durch die Errichtung eines jüdischen Staates abgelöst werden solle und daß die Araber, »sobald sie ihren großen arabischen Staat außerhalb Palästinas gebildet haben, das kleine Palästina den Juden überlassen sollten.«

Das Schlagwort lautete: »Arabien den Arabern, Judäa den Juden.« Hier handelte es sich nicht um bloßes Wunschdenken. Der Gedanke schien durchaus wirklichkeitsnah zu sein, als Weizmann im Juni 1918 mit dem anerkannten Führer des arabischen Nationalismus, Emir Faisal, dem späteren König des Irak, zusammentraf und 1919 mit ihm eine Vereinbarung über die künftige arabisch-jüdische Zusammenarbeit entwarf. Dieses Abkommen war dazu bestimmt, nie in die Tat umgesetzt zu werden, aber es verkörperte die moralische Basis, auf der die Zionisten ihre arabisch-jüdischen Beziehungen gründeten.

Man erinnere sich, daß das Hauptziel des arabischen Nationalismus die Garantie für die Unabhängigkeit eines großen Gebietes war, welches damals Syrien, Irak und die arabische Halbinsel einschloß. Palästina war 634 den Arabern zugefallen und vier Jahrhunderte lang unter der Herrschaft der Kalifen geblieben, bis es von den Kreuzfahrern erobert und im sechzehnten Jahrhundert von den Türken in Besitz genommen wurde. Palästina war also seit dem sechzehnten Jahrhundert stets unter nicht-arabischer Herrschaft gewesen. Daß es in seinem Verhältnis zur arabischen Geschichte einen anderen Platz einnahm als die übrigen mittelöstlichen Gebiete, kam in der Haltung der arabischen Führer nach dem Ersten Weltkrieg deutlich zum Ausdruck. Die Araber Syriens und des Iraks forderten völlige Selbständigkeit. Hinsichtlich Palästinas zeigten sich die arabischen Führer zunächst einem Kompromiß geneigt. Hauptziel war zuerst, eine sichere Garantie für die Unabhängigkeit derjenigen Gebiete zu erlangen, deren arabischer Charakter außer Zweifel stand. Faisal, Sohn Husseins, König des Hedschas, der die arabische Sache auf der Friedenskonferenz vertrat, war in der Forderung nach völliger Unabhängigkeit der rein arabischen Gebiete unnachgiebig. Im Hinblick auf Palästina schien er die geschichtlichen Kräfte zu begreifen, die das Schicksal dieses Landes gekennzeichnet hatten. Sein Zusammentreffen mit Weizmann in der Nähe von Akaba im Jahre 1918 führte zu der ersten und einzigen Vereinbarung, die jemals zwischen Führern der beiden Nationalbewegungen zustande gekommen und aufgezeichnet worden ist. Faisal gab eine Erklärung heraus, die in der *Times* vom 12. Dezember 1918 veröffentlicht wurde:

Die beiden Hauptzweige der semitischen Familie, die Araber und die Juden, verstehen einander, und ich hoffe, daß als Ergebnis des Gedankenaustausches auf der Friedenskonferenz jede Nation entscheidende Fortschritte auf dem Wege zur Verwirklichung ihrer Ziele machen wird. Die Araber sind nicht eifersüchtig auf die zionistischen Juden und sind bereit, ihnen mit »fair play« entgegenzukommen, aber auch die zionistischen Juden haben ihrerseits die nationalistischen Araber ihrer Absicht versichert, in den betreffenden Gebieten »fair play« walten zu lassen.

So war es keine Übertreibung, als die British Royal Commission erklärte: »Wenn König Hussein und Emir Faisal ihren arabischen Großstaat gesichert sehen... werden sie das kleine Palästina den Juden überlassen.«
Die Sternstunde währte nur kurz. Die Araber sahen ihren »arabischen Großstaat nicht gesichert«. Sie lehnten es deshalb ab, »das kleine Palästina den Juden zu überlassen«. Großbritannien herrschte im Irak, und die Franzosen vertrieben Faisal aus Damaskus. Wütende Enttäuschung ergriff die arabische Nationalbewegung. Sie erhob jetzt die unmißverständliche Forderung nach völliger Befreiung Syriens, dessen Vereinigung mit Palästina und Opposition gegen die jüdische Nationale Heimstatt; Faisals Gedankengänge fielen der Vergessenheit anheim. Der arabische Nationalismus und der Zionismus stehen sich seither in tödlichem Zweikampf gegenüber.
Doch war die arabische Opposition nicht die einzige Herausforderung, die den Zionisten nach dem Kriege zu schaffen machte. Die Beziehungen zu der britischen Mandatsmacht verschlechterten sich entscheidend. Die britischen Behörden in Palästina schoben schon bald die Balfour-Deklaration und das Mandat in den Hintergrund. Eine Zeitlang stellte die Politik der jüdischen Führung in Palästina und der zionistischen Bewegung eine Reihe unerwiderter Gesten des guten Willens gegenüber der Mandatsmacht dar. Es bestand noch immer die Hoffnung, daß Großbritannien unter dem Eindruck der Weltmeinung dazu gebracht werden könnte, seine Verpflichtungen zu erfüllen. Diese Überzeugung wurde in zunehmendem Maße unterminiert. Die Beziehungen zwischen Großbritannien und den Zionisten verschlechterten sich laufend. Sie erreichten einen Tiefpunkt, als das Weißbuch von 1939 die jüdische Einwanderung und Landnahme drastisch drosselte und den Vorschlag machte, das Land nach zehn Jahren der »Gnade« einer arabischen Regierung zu überantworten.
Das Weißbuch von 1939 war kein Werk des Augenblicks. Es bildete den Höhepunkt einer ganzen Reihe politischer und administrativer Maßnahmen, durch die Großbritannien zunächst das Gebiet, in dem die jüdische Heimstatt sich entwickeln konnte, verkleinerte, anschließend die Einwanderung auf grausame Weise drosselte und schließlich einer selbständigen Regierung das Wort redete, die aus den Juden eine Minderheit unter arabischer Oberhoheit gemacht hätte. 1937 kam es zu einem kurzen,

einen gewissen Weitblick verratenden Akt, als die Royal Commission die Teilung Palästinas in einen jüdischen und einen arabischen Staat vorschlug. Die Kommission hatte den entscheidenden Punkt begriffen: Juden und Araber verfolgten in Palästina nicht dieselben Ziele und strebten keineswegs nach einer gemeinsamen Lösung. Es kam deshalb darauf an, entweder den einen dem anderen unterzuordnen oder für jeden den Rahmen eigener Souveränität zu errichten. Offiziell scheute sich Großbritannien, sich für die kluge und mutige Alternative zu entscheiden. Das Teilungskonzept wurde gegenüber arabischem Druck über Bord geworfen. Aber seine natürliche Logik war unabweisbar; erst ein Jahrzehnt später sollte es zu neuem Leben erwachen.

Wenn man rückschauend die Periode des britischen Mandats und alles, was über jene Zeit geschrieben und gesagt worden ist, gegeneinander abwägt und nüchtern bewertet, so lebt diese Zeit in der israelischen Erinnerung als eine Phase bedeutsamer Fortschritte auf dem Wege zur jüdischen Unabhängigkeit fort. Die Einwanderungsziffern schwankten je nach den Wechselfällen der jüdischen Position in Europa und im Verhältnis zu den sich jeweils ergebenden Möglichkeiten, die britischen Einwanderungsbeschränkungen zu umgehen. Immerhin war die Zahl der Juden gegen Ende 1947 auf 650000 gestiegen, was etwa dreißig Prozent der Gesamtbevölkerung entsprach. Die »Nationale Heimstatt« entwickelte ihre wirtschaftliche Kraft. Grundlage war die Landwirtschaft. Doch wurde, besonders während des Zweiten Weltkrieges, auch der industriellen Entwicklung neuer Auftrieb gegeben. Zu den segensreichsten jüdischen Leistungen während der Mandatsjahre gehörte der Aufbau eines Erziehungssystems, das, unter der Leitung der jüdischen Gemeinde, vom Kindergarten über die höheren Schulen in den Universitätsbereich hinaufführte. Dieser zeigte ein höheres Niveau, als es in einer Gesellschaft und Wirtschaft dieser Größenordnung zu erwarten gewesen wäre.
Beim Auslaufen des Mandats zu Ende der vierziger Jahre konnte man, nach drei Jahrzehnten, sagen, daß die Juden die ihnen gebotenen Möglichkeiten weder vergeudet noch voll genutzt hatten. Sie hatten etwas geschaffen, das im Vergleich zu den Kräfteverhältnissen im Mittleren Osten wohlfundiert war und mit dem man rechnen mußte. Was sie aufgerichtet hatten, war eine Nation im wahrsten Sinne des Wortes und ein Staat, dem nur noch der Name fehlte. Die Führung dieses Unterfangens lag fest in der Hand Chaim Weizmanns, dessen Ausstrahlungskraft, Auftreten und Persönlichkeit dazu beitrugen, den Tag der Unabhängigkeitserklärung heraufzuführen. Er bestand darauf, daß er von den anderen Regierungen so behandelt wurde, als sei er bereits Präsident eines souveränen Staates. Er wußte ebensogut wie die anderen, daß dies im eigentlichen Sinne noch

nicht der Fall war; aber irgendwie fühlten sie sich durch seine bloße Präsenz und ihre eigenen historischen Vorstellungen daran gehindert, den Zauber zu brechen.

Die britische Verwaltung einschließlich der Streitkräfte zögerte häufig, jüdisches Leben gegen arabische Angriffe zu verteidigen. Außerdem war nicht vorauszusehen, ob sie noch lange im Lande bleiben würden. In den Mandatsjahren schufen sich die Juden Palästinas einen Schild, von dem ihr Leben und Schicksal abhängen sollte. 1920 wurde die Haganah auf einer Konferenz des stärksten Flügels der Arbeiterbewegung gegründet, die gleichzeitig Maßnahmen zur Reorganisierung der Bewegung im Einklang mit den neuen Erfordernissen beschloß. Für Verteidigungsfragen wurde jetzt die jüdische Führung verantwortlich, eine zusätzliche Verpflichtung neben den Aufgaben auf den Gebieten der wirtschaftlichen, politischen und kulturellen Entwicklung. Man dachte an eine milizähnliche Bürgerwehr; die Haganah war eindeutig der von der Jewish Agency gestellten Zivilverwaltung untergeordnet. Aus einer Handvoll Wachen, die nachts hinausgingen, um die Felder zu bewachen, sollte sich die neue Organisation zu einem wichtigen Instrument entwickeln, das an Palästinas politischem Schicksal einen wesentlichen Anteil haben sollte. Drei Hauptaufgaben – Siedlungswesen, Einwanderung und Schutz für Leib und Leben – hätten sich ohne sie nicht lösen lassen. Aus ihr gingen später die israelischen Streitkräfte hervor.

Die zwischen den beiden Weltkriegen geschaffene Gesellschaft war für das jüdische Volk eine Quelle steter Freude und für die übrige Welt ein erstaunliches und noch nicht dagewesenes Ereignis. Hier, und nur hier, stellten sich die Juden dem Urteil der Geschichte als Juden schlechthin und als nichts anderes; hier waren sie keine Nebenerscheinung im Leben anderer Völker. Ein Großteil der nationalen Attribute eines Volkes war bereits, quasi durch eine Lupe gesehen, erkennbar und nahm allmählich an Vollständigkeit zu. Treibende Kraft war die Suche nach Selbstverständnis. Die Ideale und Prioritäten des palästinensischen Judentums waren kollektiver, nicht individueller Natur. Worauf es ankam, war der Dienst des einzelnen an der heranwachsenden Nation, nicht seine Tüchtigkeit im privaten Bereich. Das Leben war ernst, streng, verantwortungsbewußt, entschlossen, leicht erregbar, irgendwie irrational und – in den Augen von Fremden – ein wenig verlegen in seiner Begeisterung. Alle neugepflanzten Bäume, alle neuen Straßen, Wege, Siedlungen, Schulen, Bibliotheken, Orchester, Universitäten wurden in wilder Begeisterung gefeiert. Das jüdische Volk hatte zum ersten Mal Geschmack an seiner eigenen Schaffenskraft gewonnen. Aber das Weißbuch als Ergebnis arabischer Feindschaft und britischer Entfremdung lehrte sie, daß ihnen nicht mehr viel Zeit zur Verfügung stand und daß sich die Fronten ringsherum zu schließen begannen. Es bestand nur wenig Aussicht auf eine allmähliche Entwicklung. Das Martyrium des Zweiten Weltkrieges sollte den Boden für die Erreichung der jüdischen Eigenstaatlichkeit bereiten. Was schließlich zwangsweise zu diesem Übergang führte, war nicht so sehr irgendeine verfassungsmäßige Ungeduld im Inneren als die Gefahren von außen. Der drohende Krieg und der durch ihn verursachte Weltbrand würden die Stunde der Revolution bestimmen. Es war nicht mehr länger möglich, nur zu arbeiten und abzuwarten.

»Dunkelheit umfängt uns, und wir können nicht mehr durch die Wolken hindurchsehen.« Chaim Weizmanns Stimme erstarb, als er am 24. August 1939 auf dem einundzwanzigsten Zionistenkongreß in Genf das Schlußwort sprach. Weniger als zwei Wochen später brach die Wolkendecke auf, aber die Dunkelheit war noch tiefer als zuvor. Der bevorstehende Krieg sollte Leid und Elend über viele Nationen bringen; für das jüdische Volk drohte er zu einer Katastrophe zu werden, wie sie in der Geschichte nicht ihresgleichen hatte. Auch bestand keinerlei Aussicht, vor dem heraufziehenden Sturm irgendwo Schutz zu finden. Einige Monate vorher hatte die britische Regierung ihr Weißbuch über Palästina veröffentlicht, das aus der jüdischen Heimstatt ein Getto unter arabischer Oberhoheit machen wollte. Doch jetzt verschmolz die jüdische Tragödie mit der der ganzen Welt. Als sich die nationalsozialistischen Marschkolonnen anschickten, über Europa herzufallen, schien jedes jüdische Heim von einer Fülle unentrinnbarer Gefahren bedroht.
Es bestand noch eine gewisse Hoffnung, daß Großbritannien angesichts der Gefährdung durch denselben Feind, der auch das jüdische Volk bedrohte, schließlich doch noch einige der größten Härten des Weißbuchs abändern würde. In London und Jerusalem bot die Jewish Agency jüdische Freiwillige und die wirtschaftlichen Hilfsquellen Palästinas für die Kriegführung an. Im Mai 1939 hatten sich die Beziehungen zwischen der britischen Regierung und der jüdischen Bevölkerung in drastischer Weise verschlechtert: Der Veröffentlichung des Weißbuches folgte ein Generalstreik und Massendemonstrationen in allen jüdischen Städten und Dörfern. Damals entstand der erste Keim des Widerstands; die Haganah stellte eine Spezialeinheit auf, um Telefonlinien, Eisenbahnen und weiteres Regierungseigentum anzugreifen, falls die Unterdrückung schwerwiegendere Formen annehmen sollte. Der Ausbruch des Krieges brachte diese Aktionen zum Stillstand; doch die Pause bedeutete keinen Lichtblick für die jüdischen Hoffnungen. Großbritannien gab sich immer noch Illusionen über die arabische Unterstützung während des Krieges hin und war entschlossen, das Weißbuch zur Grundlage seiner Maßnahmen zu

machen. Als die Anzahl der aus dem nationalsozialistischen Europa nach Palästina ausreisenden Juden die magere Einwanderungsquote überschritt, beschloß die britische Regierung, sie zu deportieren. Im November 1940 wurde die *Patria* mit 1700 Passagieren an Bord gezwungen, nach Mauritius weiterzufahren, doch verhinderte ein Sabotageakt der Haganah ihr Auslaufen. Im Februar 1942 wurde die *Struma* mit Flüchtlingen aus Rumänien von den türkischen Behörden an der Weiterfahrt gehindert, nachdem die britische Regierung erklärt hatte, die jüdischen Passagiere dürften in Palästina nicht an Land gehen. Das Schiff sank im Schwarzen Meer, und 770 Flüchtlinge kamen dabei um; nur ein einziger überlebte.

Die britische Regierung führte auch die Bestimmungen über den Erwerb von Grund und Boden genau durch; sie verbot jüdischen Siedlern, sich in einem großen Teil des Landes niederzulassen. Doch der Krieg wurde gegen Hitler geführt; und darauf konnte es nur eine einzige jüdische Reaktion geben. Wie Ben Gurion sagte: »Wir werden den Krieg durchkämpfen, als gäbe es kein Weißbuch, und wir werden gegen das Weißbuch ankämpfen, als gäbe es keinen Krieg.« In einer beachtlichen Mobilmachung auf freiwilliger Basis meldeten sich 136000 palästinensische Juden zur Dienstleistung unter britischer Flagge. Das Angebot wurde zwar nicht rundweg abgelehnt, aber man ging ihm aus dem Wege; und die britische Regierung ging dazu über, der Haganah das Leben schwerzumachen. Viele jüdische Siedlungen wurden nach Waffen durchsucht. Zur selben Zeit verhandelte die Jewish Agency in London mit allem Nachdruck um die Aufstellung einer jüdischen Division. Auch diese Gelegenheit ging ungenutzt vorüber.

Im Jahre 1942, als die Gefahr bestand, daß die Deutschen alle britischen Positionen im Mittleren Osten überrennen würden, trat eine kurze Episode britisch-jüdischer Zusammenarbeit ein. Aber als sich das Kriegsglück gegen Ende 1942 gewendet hatte, verschärfte sich wieder der Konflikt zwischen der britischen Regierung und den palästinensischen Juden. Aus Gründen der politischen und militärischen Zweckmäßigkeit hatte die britische Regierung die Aufstellung einer arabischen Liga gefördert, in der alle arabischen Staaten vertreten waren und die sich auf ihrer ersten Konferenz verpflichtete, die Rechte der palästinensischen Araber zu verteidigen. Zur gleichen Zeit erhielt Weizmann von Winston Churchill die feste Zusage, daß Großbritannien nach siegreicher Beendigung des Krieges seine Politik auf die Grundlage der Balfour-Deklaration stellen würde. Im November 1944 erörterte ein britischer Kabinettsausschuß tatsächlich einen Teilungsplan, der einen jüdischen Staat ungefähr in den vom Peel-Report des Jahres 1937 vorgeschlagenen Grenzen vorsah.

Die Möglichkeit einer günstigen Wendung in der britischen Politik schien

1944 wieder neue Nahrung zu erhalten, als Winston Churchill das Kriegsministerium anwies, Dr. Weizmanns Vorschlag zur Aufstellung einer jüdischen Brigade, bestehend aus jüdischen Infanterie-, Artillerie- und Versorgungseinheiten aus Palästina, zu akzeptieren. Doch setzte paradoxerweise die Regierung ihre Kampagne gleichzeitig gegen die Haganah fort, obwohl gerade von ihr die jüdischen Kampftruppen gestellt werden sollten.
Doch was das palästinensische Judentum in den Abgrund der Verzweiflung stürzte, waren die schrecklichen Nachrichten, die im Jahre 1943 aus Europa über die Judenverfolgungen einzutreffen begannen. Zuerst wollte keiner an das Ausmaß der Katastrophe glauben. Aber es gab zu viele Zeugen, die aus Europa kamen, als daß man sich beschwichtigenden Illusionen hätte hingeben können. Die Tatsachen waren furchtbar: Millionen von Juden – Männer, Frauen und Kinder aus dem von den Nazis besetzten Europa, von Norwegen bis Griechenland, und besonders in den dicht besiedelten jüdischen Zentren in Polen, Rumänien und der Sowjetunion – wurden wie Vieh in Güterwagen verladen, in Sonderlager transportiert und dort wie nutzloser Kehricht einfach beseitigt. Ein Jude in Europa zu sein war in jenen Tagen gleichbedeutend mit aus seiner Wohnung verschleppt, mit Tausenden von anderen auf Viehwaggons verladen und in irgendein Lager abtransportiert zu werden – mißhandelt und erniedrigt, nach Wochen oder Monaten der Zwangsarbeit ausgemergelt und entkräftet in eine Gaskammer verfrachtet und nach wissenschaftlichen Grundsätzen erstickt zu werden, worauf die Haare zur Matratzenherstellung abrasiert und die Knochen zur Seifenproduktion eingeschmolzen wurden. Die Goldfüllungen der Zähne wurden eingesammelt, um die Kriegswirtschaft der Nazis zu entlasten. In der Zwischenzeit wurden die Frauen und Kinder der Häftlinge in eigens dafür eingerichteten Lagern ähnlichen Tortouren und Mißhandlungen ausgesetzt. Es war insbesondere unglaublich und doch die reine Wahrheit, daß ein Million jüdischer Kinder in die Verbrennungsöfen geworfen und verbrannt wurden. Noch Jahre danach zeugten in den Museen die Berge ihrer kleinen Schuhe davon, daß das Unmenschliche im Menschen keine Grenze kennt.

Nicht einmal diese entsetzlichen Ereignisse übten auf die britische Verwaltung in Palästina irgendeine Wirkung aus; sie umwarb weiter eine arabische Welt, die sich zum größten Teil auf die Seite der Gegner Großbritanniens geschlagen hatte. Das über die Juden hereingebrochene Unglück fand in London tiefes Mitgefühl, als sich das Unterhaus in einem Augenblick, der in seiner parlamentarischen Geschichte nicht seinesgleichen hatte, in Trauer um die europäischen Juden von den Sitzen erhob. Aber ungeachtet dessen ging der Kampf gegen die jüdische Heimstatt

weiter, die für die Juden die einzige Hoffnung auf Zuflucht und Asyl geblieben war.
Und was die Sache noch verschlimmerte, war die Tatsache, daß sich die jüdischen Führer schon wenige Wochen nach dem Siege über die Nazis davon überzeugen konnten, daß nicht einmal dieser Sieg den eigentlichen Opfern des Nazismus automatisch Hilfe und Erleichterung bringen würde. Große Hoffnungen hatte man auf Churchill und Roosevelt gesetzt, die damals mit ihrer ungeheuren Macht die Weltbühne beherrschten. Wenige Monate vor dem Sieg der Alliierten war Roosevelt gestorben, und bald danach trat Churchill zurück. Gewiß, die Labour Party, die damals die Regierung in Großbritannien bildete, hatte sich eindeutig auf eine prozionistische Politik festgelegt; aber am 13. November 1945 offenbarte der Außenminister, Ernest Bevin, eine Seite des britischen politischen Charakters, den viele einfach nicht für möglich gehalten hätten. Er gab die Absicht bekannt, den Inhalt des Weißbuchs, das die jüdische Einwanderung auf ein bloßes Minimum beschränkte, in die Tat umzusetzen. Und es klang wie ein Hohn, als er warnend hinzufügte, daß – falls jüdische Nazi-Opfer versuchen sollten, »sich an die Spitze der Warteliste zu setzen« – eine solche Handlungsweise antisemitische Gefühle auslösen würde. Nach seiner verschrobenen Auffassung lag die Hauptaufgabe der Juden darin, »ihre Fähigkeiten beim Wiederaufbau Europas einzusetzen«. Damit hatte Europa die Juden, die keinen Gefallen daran fanden, ihren Henker »wiederaufzubauen«, ganz einfach abgeschrieben. Ohne darauf Rücksicht zu nehmen, daß Großbritannien auf amerikanische Unterstützung angewiesen war, lehnte Bevin in beleidigender Weise einen Vorschlag des Präsidenten Truman ab, 100000 jüdischen Flüchtlingen die Einwanderung nach Palästina zu gestatten. »Sie wollen jetzt auswandern«, sagte Präsident Trumans Emissär, Earl Harrison, »Palästina ist ganz entschieden und vor allem anderen ihre erste Wahl; nur dort werden sie willkommen sein und unter friedlichen Verhältnissen Gelegenheit finden, ihren Lebensunterhalt zu verdienen.

In dem Bemühen, die Vereinigten Staaten zu einem Einschwenken auf seine restriktive Politik zu bewegen, trat Bevin für die Einberufung eines anglo-amerikanischen Ausschusses ein, der über die Lage in Palästina berichten und Empfehlungen vorlegen sollte. Sehr zu Bevins Leidwesen befürwortete der Ausschuß einstimmig die sofortige Zulassung von 100000 Einwanderern in Palästina und außerdem die Aufhebung der antijüdischen Bestimmungen über den Landerwerb. Er empfahl ferner, vorläufig weder Juden noch Arabern die Errichtung eines eigenen Staates in Palästina zu gestatten. Bevin lehnte sogar diesen Kompromißvorschlag ab und fuhr fort, die jüdische Bevölkerung zu entwaffnen. So machte die Labour-Regierung alle Hoffnungen auf Rettung zunichte, die der *Anglo-American Report* in den Herzen von Zehntausenden jüdischer Flüchtlinge erweckt hatte. Die im Bewußtsein der Juden angestaute Bitterkeit brach auf dem Zionistenkongreß in Basel im Dezember 1946, dem letzten Kongreß, dem der große Weizmann persönlich beiwohnte, offen hervor. Die Kongreßteilnehmer fühlten sich hin und her gerissen zwischen einer tiefen Zuneigung für seine Person und der Überzeugung, daß sein Name Symbol einer Politik war, die weder sie noch er in Zukunft weiterverfolgen konnten. In Wahrheit bezog er noch schärfer Stellung gegen Großbritannien als sie. Aber ein Staatsmann bleibt oft Symbol einer politischen Einstellung, auch wenn diese selbst schon lange vergangen ist. Die Zionistenbewegung ging ohne Weizmann und ohne einen Nachfolger in der Präsidentschaft aus dem Kongreß hervor. Und das Jahr 1946 führte zum offenen Kampf zwischen der britischen Mandatsregierung und der jüdischen *Résistance*. Inzwischen war die britische Bevölkerung des Einsatzes personeller und materieller Mittel in Palästina in zunehmendem Maße müde geworden. Sie war einfach dagegen, daß britische Soldaten ohne Sinn und Zweck ihr eigenes und das Leben anderer aufs Spiel setzten. Man neigte immer mehr einem *disengagement* zu. Am 2. April 1947 trat ein historischer Wendepunkt ein, als Großbritannien die Palästinafrage vor die Vollversammlung der Vereinten Nationen brachte.

Die Vereinten Nationen bildeten in der Weltpolitik noch eine unbekannte Größe, und die Aussichten der Juden schienen zweifelhaft. Die Waage schien sich eher zuungunsten eines jüdischen Erfolges zu neigen. Schließlich verfügte die Arabische Liga über fünf vollgültige Mitglieder in der Vollversammlung, deren gesamte Mitgliederzahl sich damals auf siebenundfünfzig belief. Andere Moslemstaaten würden sich sicher der Sache der Araber anschließen. Es bestand kein Grund zu der Annahme, daß die Sowjetunion von ihrem traditionell antizionistischen Kurs abweichen würde. Großbritannien würde mit Sicherheit seinen Einfluß auf die westeuropäischen und Commonwealth-Delegationen zum Tragen bringen. Trotzdem konnten die Juden davon ausgehen, daß ihre Frage zu einer internationalen geworden war und daß sich ihre Diplomatie auf einer breiteren Grundlage entfalten konnte als zu der Zeit, da jedes Problem nach der britischen Interessenlage entschieden wurde.
An diesem Punkt nahm das politische Schicksal der Juden eine unerwartete Wendung zum Besseren. Die Vereinten Nationen waren sich zu dieser Zeit noch durchaus ihres ursprünglichen Charakters als einer gegen die Nazis gerichteten Allianz bewußt. Es herrschte ein tiefverwurzeltes Mitgefühl für die jüdischen Führer, die mit tiefem Ernst die Not ihres Volkes und sein Streben nach einer Wiedergeburt in Freiheit vortrugen.

Im April 1947 wurde der Jewish Agency im politischen Ausschuß der Vollversammlung eine umfassende Diskussion zugebilligt, wodurch sich die künftige internationale Anerkennung des jüdischen Staates ankündigte. Ein Sonderausschuß (UNSCOP) wurde eingesetzt, der sich mit der palästinensischen Frage befassen sollte. Gegen starke arabische Opposition beschloß der Ausschuß, seine Nachforschungen mit einer genauen Untersuchung des Schicksals der jüdischen Flüchtlinge in Europa zu verbinden. Und der eigentliche Durchbruch im Sinne des Zionismus war im April 1947 eine vorsichtig formulierte Erklärung der Sowjetunion, die unter Hintansetzung einer langjährigen ideologischen Tradition die Möglichkeit andeutete, daß Moskau einen unabhängigen jüdischen Staat unterstützen würde.

Am 1. September 1947 wurde ein wichtiger Meilenstein erreicht: Der UNSCOP empfahl durch Mehrheitsbeschluß einen Teilungsplan, der die Errichtung eines jüdischen Staates am Oberlauf des Jordan, im Beisan-Tal, im Tal von Jezreel, in der Küstenebene und im Negeb vorsah. Dem Zionismus war seit den Tagen der Balfour-Deklaration noch kein vergleichbarer politischer Sieg zuteil geworden. Das Ausmaß dieses Vorschlags und die hinter ihm stehende internationale Autorität stellten sogar noch den Royal Commission Report von 1937 als entscheidenden Urteilsspruch im Sinne der nationalen Unabhängigkeit des Judentums in Palästina in den Schatten.

Es war ein wichtiger Wendepunkt – gewiß, aber vorläufig nicht mehr. Hätte der Ausschuß sich gegen die Errichtung eines jüdischen Staates ausgesprochen, wären die Vereinten Nationen nie dahin gekommen, eine projüdische Empfehlung zu beschließen. Jetzt, da der Ausschuß die Errichtung eines jüdischen Staates befürwortete, bestand eine gewisse Chance – aber eben nicht mehr als eine Chance –, daß die Vollversammlung sich ebenfalls in diesem Sinne entscheiden würde. Die politische Aktivität für einen jüdischen Staat verlagerte sich jetzt auf die Vollversammlung in New York. Gegen Mitte Oktober stand bereits fest, daß mit amerikanischer und sowjetischer Unterstützung für den Mehrheitsbeschluß des Ausschusses gerechnet werden konnte. Am 29. November 1947 nahm die Vollversammlung die Resolution für die Teilung Palästinas an. Das Stimmenverhältnis lautete 33 zu 13, bei 10 Enthaltungen. Für den Antrag stimmten die Vereinigten Staaten, die Sowjetunion, viele europäische Staaten, die meisten lateinamerikanischen Länder sowie die vier Mitglieder des britischen Commonwealth. Großbritannien, auf dessen Initiative hin die Vereinten Nationen die Palästinafrage auf die Tagesordnung gesetzt hatten, enthielt sich der Stimme.

Eine Woge der Begeisterung ergriff das palästinensische Judentum, als die Nachricht eintraf.

Doch der Jubel sollte nur von kurzer Dauer sein. Die palästinensischen Araber und die arabischen Staaten hatten gedroht, sie würden sich mit Gewalt über die Resolution hinwegsetzen. Sie handelten auch dementsprechend. Am Morgen nach der Abstimmung in der Vollversammlung rief das *Arab Higher Committee* den Generalstreik aus, und der arabische Mob zog plündernd und brennend durch Jerusalem. Es war klar, und niemand zweifelte daran, daß – die UNO-Deklaration hin oder her – die jüdische Unabhängigkeit, wenn überhaupt, nur durch einen schweren Blutzoll errungen und gesichert werden konnte.
Als die jüdische Führung in Palästina und im Ausland die Lage überdachte, schien ihr die eigene Entscheidungsfreiheit durch den Ablauf der Ereignisse fast völlig aus der Hand genommen. Die Erinnerung an die jüngste Vergangenheit trübten dunkle Schatten – die Asche von Millionen ihrer Rassegenossen, die fassungslosen Schreie jüdischer Kinder in den Folterkammern der Nazis, die Erkenntnis, daß zahllose Juden mit einer Brutalität hingemetzelt worden waren, wie man sie in den meisten zivilisierten Ländern nicht einmal gegenüber Tieren an den Tag gelegt hätte. Und auf einer anderen Ebene der Erinnerung standen der Kampf des palästinensischen Judentums und die Erkenntnis, daß all die Mühsal, all die Träume und Opfer, die zu seinem Entstehen beigetragen hatten, jetzt entweder aus dem Bilde der Geschichte gelöscht werden oder durch noch größere Opfer und höher fliegende Träume bestätigt werden müßten. Trotz der Gewalttaten, die allerorten die Gemüter erregten, gab es Stimmen, die der Zurückhaltung das Wort redeten und dem Judentum rieten, sein schwindendes Vertrauen in Mächte außerhalb seines Bereiches zu setzen. Die nackte Angst, die Ausrufung eines jüdischen Staates würde zu einem sonst vermeidbaren Massaker führen, hatte von einigen Männern und Regierungen, die der jüdischen Sache wohlwollend gegenüberstanden, Besitz ergriffen. Und innerhalb des jüdischen Lagers gab es Menschen, die sich davor fürchteten, die Außenwelt von jeglicher Verantwortlichkeit für das Schicksal der Juden zu entbinden. Zur Zurückhaltung mahnende Stimmen waren sogar aus der jüdischen Arbeiterbewegung zu hören, der damals und auch noch später ein entscheidendes Mitspracherecht zukam. Aber die Mehrheit, um Ben Gurion geschart und aus der Ferne von dem alternden, aber unbezähmbaren Weizmann mit drängender Ungeduld angespornt, war davon überzeugt, daß, falls die Sonne am 15. Mai ohne die Erneuerung jüdischer Selbständigkeit untergehen sollte, sie nie wieder aufgehen würde.

Was für eine lange, mühselige und blutgetränkte Fahrt hatte das Judentum durch die Unendlichkeit von Raum und Zeit zurückgelegt, seit die Nation unter eben diesem Himmel ihre erste Geburtsstunde erlebt hatte!

Da waren die Generationen, in denen Könige und Propheten in vollem Glanze erstrahlten, und dann das scheinbar endgültige Ende, als Jerusalem unter den Legionen eines Titus Vespasian zusammenbrach. Und in all den darauffolgenden Jahrhunderten hatten jüdische Herzen beim Gedanken an die Rückkehr höher geschlagen! Jetzt war die Stunde der Entscheidung gekommen. Und wie auch immer diese Entscheidung ausfallen würde, ein Entschluß von enormer Tragweite würde gefaßt werden müssen, ein Entschluß, von dem künftige jüdische Generationen reden und träumen würden.

So zog der 14. Mai 1948 herauf, strahlend und klar, mit ungezählten Chancen, die in der Frühlingsluft flimmernd erkennbar waren. Es war ein langer Weg zurück gewesen. Aber jetzt war die Reise zu Ende und eine neue würde beginnen. Kein Wunder, daß sich ein andächtiges Schweigen über den Museumssaal legte, bis die letzten Worte der Proklamation verklungen waren:

Im Vertrauen auf den Allmächtigen Gott unterzeichnen wir diese Deklaration... in der Stadt Tel Aviv... dem fünften Tage des Ijar... am vierzehnten Tage des Mai eintausendneunhundertundachtundvierzig.

3 Der Unabhängigkeitskrieg

> Dies ist nicht das erste Mal, daß die arabischen Staaten, die die Invasion Palästinas durchführten, einen Beschluß des Sicherheitsrats oder der Vollversammlung mißachtet haben.
> *Andrej Gromyko, Chef der sowjetischen Delegation im Sicherheitsrat, am 29. Mai 1948.*

»Jede von den Vereinten Nationen gezogene Linie wird nichts als eine Linie aus Blut und Feuer sein.« Der arabische Vertreter, der diese Erklärung im November 1947 abgab, wußte, was er sagte. Innerhalb weniger Tage war die Teilungsresolution angenommen worden; eine Woche später waren Hunderte von Juden getötet worden. Es war auf brutale Weise klargeworden, daß den Juden ihr Staat keineswegs »zugestanden« oder durch internationalen Beschluß »errichtet« werden würde. Die UNO-Resolution zeigte in ihrer Auswirkung bedeutsame Begrenzungen. Sie hatte entscheidend zum Abzug der Briten beigetragen. Sie hatte den Kampfgeist der Juden gestärkt. Sie hatte von Anbeginn an einen jüdischen Staat legitimiert, der aus eigener Verantwortlichkeit und eigenen Opfern entstehen sollte. Sie enthielt aber keinerlei Garantien für den Fortbestand dieses Staates.

Israel würde also seine Existenz nicht der Außenwelt zu danken haben. Diese Tatsache sollte noch auf Jahre hinaus dazu beitragen, die israelische Mentalität zu formen. Die Erinnerung, Geburt und Fortbestand durch einen einsamen Entschluß errungen zu haben, sollte sich auf das Leben und die Politik Israels in mancherlei Hinsicht auswirken. Der Unabhängigkeitskrieg würde in Zukunft stets als Appell an die nationale Einheit und als Warnung vor jeder Überbewertung eines wie auch immer gearteten Druckes von außen angerufen werden. Dies traf ganz besonders auf die Vereinten Nationen zu, die den Israelis wie ein Alligator erschienen, der nach den Worten der Zoologen seine Jungen mit großer Zärtlichkeit auf die Welt bringt, nur um sie dann ungerührt und teilnahmslos wieder aufzufressen. Sich nur auf sich selbst zu verlassen war die unvermeidliche Folge für ein Volk, für das niemand auch nur den kleinen Finger krümmen würde, und nicht einmal dann, wenn es der völligen Vernichtung ins Auge starrte. Dieses Gefühl des Verlassenseins stärkte Israels Glauben an seine Souveränität.

Der sogenannte Unabhängigkeitskrieg Israels war in Wirklichkeit schon über fünf Monate im Gange, als die Unabhängigkeit ausgerufen wurde. Seine erste Phase hatte am 2. Dezember 1947 mit der Ermordung von Juden in Jerusalem eingesetzt und bis zum Ende des britischen Mandats und der Errichtung des Staates am 14. Mai 1948 seinen Fortgang genommen. Die zweite Phase begann am 15. Mai mit der bewaffneten Invasion Palästinas durch die arabischen Nachbarländer und erreichte sein militärisches Ende am 7. Januar 1949, als sich Ägypten zur Aufnahme von Waffenstillstandsverhandlungen bereit erklärte.

In der ersten Phase war der Angriff durch die in Palästina ansässigen Araber geführt worden. Sie wurden durch Freiwillige aus den umliegenden arabischen Ländern unter dem Oberbefehl von Fawzi el-Kawakji und der Einsatzleitung durch die Arabische Liga unterstützt. Die Freiwilligen nannten sich Befreiungsarmee, aber sie befreiten niemanden und gaben den palästinensischen Arabern nur wenig Anlaß, ihrer danach in Liebe zu gedenken. Gegen sie aufgeboten waren jüdische Einheiten, vor allem die Haganah, deren Kampfstärke aus den vier Bataillonen der Palmach-Kommando-Einheiten mit etwa 2100 Soldaten und 1000 Reservisten bestand. Hinzu kam die Chel Sadeh (Feldarmee) mit ungefähr 1800 aktiven Mitgliedern und 10000 Reservisten. Die Haganah konnte außerdem mit der Chel Hamishmar (Territorialarmee) und ihren 32000 Angehörigen rechnen, von denen viele zur Verteidigung ihrer Wohngebiete abgestellt waren. Und schließlich war da die Gadna; sie bestand aus Jugendlichen, die zur Erfüllung von Hilfsaufgaben ausgebildet waren und den Ehrgeiz hatten, einmal in die Palmach eintreten zu können. Neben der Haganah, und nicht immer im Einklang mit ihr, gab es noch zwei kleinere Widerstandsgruppen: die Irgun Zvai Leumi mit 5000 Mann und die Lochamei Herut Israel (Lechi) mit ungefähr 1000 Mann. Die IZL und Lechi agierten als selbständige militärische Verbände. Erst während der späteren Phasen des Krieges verschmolzen sie mit der Haganah zu dem breiten Strom der israelischen Streitkräfte.

Das jüdische Menschenpotential war dürftig und die Bewaffnung völlig unzureichend. Sie bestand zunächst nur aus Gewehren sowie aus leichten und mittleren Maschinengewehren, keine Artillerie, keine Luftunterstützung. Kommandostruktur und Organisation waren primitiv und haben sich erst gegen Ende des Krieges zu einem geordneten System entwickelt.

Als im Dezember die jüdischen Verluste immer bedenklicher wurden, sah es so aus, als würde die Schwelle zur völligen Unabhängigkeit nie überschritten werden. Die Juden befanden sich in der Defensive. Arabische Kräfte in eindrucksvoller Stärke griffen nicht nur ihre verstreut liegenden Siedlungen, sondern auch die jüdischen Viertel in Städten mit gemischter Bevölkerung an. Dem arabischen Angriff lagen keine besonderen territorialen Ansprüche zugrunde. Es kam ihnen einfach nur darauf an, möglichst viel Blut zu vergießen, um auf diese Weise der jüdischen Bevölkerung vor Augen zu führen, daß sie nicht einmal das nackte Leben retten kann. Außerdem wollten die Araber mit dieser Methode die Vorstellung ins Lächerliche ziehen, ein jüdischer Staat könne sich gegen den Willen der Araber behaupten. Hinzu kam, daß die Geographie nicht neutral war. Die Araber bewohnten und kontrollierten hauptsächlich die höher gelegenen Landesteile und die wichtigsten Verbindungswege. Sie befanden sich in einer guten Ausgangsposition, um der jüdischen Zivilbevölkerung schwere Verluste beizubringen und die Verbindung zwischen den verschiedenen jüdischen Siedlungsgebieten untereinander zu unterbrechen. Es war gewiß nicht zu erwarten, daß der Krieg die von der Vollversammlung empfohlenen Grenzen respektieren würde. Im Gegenteil, gerade in dem den Juden zugesprochenen Gebiet war der arabische Angriff besonders schwer. Das erste Operationsziel der jüdischen Kräfte bestand darin, dreiunddreißig Siedlungen zu halten, die nach dem Teilungsplan dem arabischen Staat zugefallen wären. Jedes dieser Dörfer wurde von den Arabern pausenlos angegriffen; es wurde mit dem gleichen Mute der Verzweiflung verteidigt.

Hauptziel des arabischen Angriffs war der Etzion-Block südostwärts von Jerusalem. Der Angriff wurde abgeschlagen; aber der Bevölkerung von Etzion, von jeglicher Unterstützung durch andere jüdische Einheiten abgeschnitten, fehlte es ständig an Waffen und Nachschub. Am 17. Januar 1948 fielen fünfunddreißig junge Männer der Palmach und Chel Sadeh, die zur Verstärkung der Siedlungen nach Etzion unterwegs waren, einem arabischen Hinterhalt zum Opfer. Ihre Leichen wurden brutal verstümmelt; die Araber waren nicht einmal bereit, die Würde des Todes zu achten.

Aber trotz ihrer zahlenmäßigen Überlegenheit gelang es den arabischen Truppen nicht, in der ersten Phase des Krieges auch nur eine einzige jüdische Siedlung zu erobern. In ihrem ohnmächtigen Zorn gingen sie zum Angriff auf die jüdischen Viertel in den Städten über, besonders in Haifa und Jerusalem. Schon bald waren jüdische Außenbezirke in Jerusalem von dem Stadtkern abgeschnitten, und der normale Verkehr kam in der Stadt und auf den Zufahrtswegen zum Erliegen. Die arabischen Erfolge in dieser Phase lagen hauptsächlich darin, daß es ihnen gelang, Vorstädte und Dörfer durch Blockierung der Verbindungswege abzuschneiden. Ende März sah es so aus, als würde ihre Taktik Früchte tragen. Der Negeb war vom Hauptteil des Landes isoliert. Jerusalem war von der Küste abgeschnitten. Und die Dörfer im westlichen Galiläa hatten keine Verbindung mehr mit den übrigen jüdischen Siedlungsgebieten.

Verständlicherweise wurden die Militärstrategen und politischen Beobachter in aller Welt allmählich skeptisch hinsichtlich der Frage, ob die Juden überhaupt noch Erfolgsaussichten hatten. Und diese Skepsis fand in dem politischen Klima schon sehr bald ihren Niederschlag. Jetzt begannen diejenigen, die sich ursprünglich für den Teilungsplan eingesetzt hatten, schwankend zu werden, und die Suche nach Alternativlösungen setzte ein. Aber alle diese Bemühungen hätten zu einer Verschiebung der jüdischen Unabhängigkeit auf unabsehbare Zeit geführt. Bei der jüdischen Führung konnte kein Zweifel darüber bestehen, daß ihr politisches Schicksal einzig und allein von einer Wende des Kriegsglücks abhing.

April war der Monat des Gegenangriffs. Die Haganah zog alle verfügbaren Kräfte zusammen und ergriff die Initiative mit dem Ziel, alle Gebiete, die dem jüdischen Staat durch die Teilungsresolution zugesprochen worden waren, fest in den Griff zu bekommen. Ein weiteres Ziel war es, die Verteidigung gegen die Invasion regulärer Streitkräfte benachbarter arabischer Staaten vorzubereiten und gleichzeitig die Verbindungslinien zwischen den zersplitterten jüdischen Siedlungsteilen zu sichern.

Während dieser ganzen Zeit lag der Schwerpunkt eindeutig auf Jerusalem. Es war von lebenswichtiger Bedeutung, die Straße von der Stadt zur Küste zu öffnen und offenzuhalten. Zu diesem Zweck wurde die »Operation Nachshon« durchgeführt. Ziel war die Gewährleistung eines nach Jerusalem führenden Korridors, der den ungehinderten Verkehr nach Jerusalem in beiden Richtungen sicherstellen sollte. Dies wiederum machte es notwendig, daß einige arabische Dörfer entlang des Korridors besetzt wurden. Einige dieser Gefechte, besonders die bei Kastel, forderten viel Blut. Noch heute kann der Reisende auf der Straße zwischen Jerusalem und Tel Aviv die verkohlten Überreste von Lastwagen und gepanzerten Fahrzeugen sehen, die ein stummes, aber beredtes Zeugnis von dem Kampf um die Lebensader Jerusalems ablegen. Ungezählte junge Männer fanden in dieser Flammenhölle den Tod.

Die »Operation Nachshon« wurde am 6. April erfolgreich abgeschlossen: Die erste Fahrzeugkolonne erreichte mit Versorgungsgütern Jerusalem. Es war eine Leistung, die weitreichende Folgen haben sollte, linderte sie doch das Leid der bisher von der Außenwelt abgeschnittenen jüdischen Gemeinde, ganz abgesehen von der Erleichterung für die hart bedrängte Armee.

Die Haganah befreite sich vom reinen Festungsdenken. Sie lernte mehr zu tun, als nur arabische Angriffe abzuwehren. Die Juden warteten nicht mehr, bis der Feind auf der Bildfläche erschien und ihnen an die Gurgel sprang. Man versuchte jetzt außerhalb von Jerusalem eigene Operationen unter Verwendung komplexer technischer Methoden und weitreichender Truppenbewegungen durchzuführen. Tiberias wurde am 18. April genommen, und eine rasche Einschließungsoperation führte am 24. April zum Fall von Haifa. Die siebzigtausend Araber von Haifa flohen zum größten Teil in den Libanon, denn die arabische Führung in Beirut war voller Zuversicht, daß sie zurückkehren würden, sobald die arabischen

Armeen ganz Palästina besetzt haben würden. Und gerade in Haifa unternahmen die jüdischen Führer unbestreitbar die größten Anstrengungen, die Hoffnung auf eine friedliche Koexistenz dadurch aufrechtzuerhalten, daß sie das arabische Bevölkerungselement ungeschoren ließen. Aber die Flucht ging weiter. Auf den ersten Blick schien es für die Araber von Vorteil zu sein, einen Zufluchtsort zu haben, auf den sie zusteuern konnten. In einem tieferen Sinne wurde aber die Möglichkeit der Flucht zur eigentlichen Quelle ihrer Schwäche. Wer nirgendwohin fliehen kann, klammert sich um so verbissener an seinen Grund und Boden. Darin lag die Stärke der Juden.

Nach der Einnahme von Tiberias und Haifa konnte die Führung der Haganah jetzt darangehen, die jüdischen Einheiten im oberen Galiläa, insbesondere in Safed und Rosh Pinah, zu verstärken und arabische Dörfer in jenem Gebiet in Besitz zu nehmen. Tel Aviv, das Zentrum israelischer Kraft, war vom benachbarten Jaffa aus ständig bedroht worden. Jaffa wäre der Haganah schon Mitte April in die Hand gefallen, wenn die Briten nicht interveniert hätten. Es war seither ein Pfahl im Fleische Tel Avivs. Das Ringen um die Vorherrschaft zog sich vom 26. April bis zum 13. Mai hin; dann zogen die britischen Truppen ab, und die Araber in Jaffa legten die Waffen nieder.

Aber die Hauptsorge der Juden wandte sich immer wieder Jerusalem zu. Es sollte Israels empfindlichster Nerv bleiben. Es stand fest, daß es nach dem Abzug der britischen Streitkräfte schwer sein würde, innerhalb der Stadt für Ruhe und Ordnung zu sorgen. So wurde die Harel-Brigade aus dem Korridor in das Zentrum von Jerusalem verlegt. Diese Maßnahme veranlaßte die Araber zu dem Versuch, die Kontrolle über die westlichen Zugangswege der Stadt zurückzugewinnen und das jüdische Jerusalem erneut zu isolieren. Die Haganah kämpfte mit dem Mute der Verzweiflung um die Wiederherstellung der Verbindungslinien zu den weiter außerhalb liegenden Siedlungen. Einige dieser Stützpunkte konnten auch genommen und gehalten werden, aber der Zugang zu Jerusalem blieb immer gefährdet und unsicher.

Es war bis jetzt ein seltsamer Krieg gewesen, ohne Fronten und ohne scharfe Trennung zwischen Armeen und Zivilisten. Hunderte von Juden, meist Zivilisten, waren in der Woche nach der Teilungsresolution ermordet worden. Das Blutvergießen schien kein Ende zu nehmen. Am 31. Dezember wurden dreißig Juden in der Ölraffinerie von Haifa von arabischen Arbeitern erschlagen. Am 22. Februar 1948 kamen über fünfzig Juden ums Leben, als in der Ben-Yehuda-Straße von Jerusalem ein mit Dynamit beladener Wagen in den Morgenstunden in die Luft flog. Am 11. März wurden dreizehn Juden getötet und weitere vierzig verletzt, als eine Bombe im Hof der Jewish Agency explodierte. Im März beruhte die pessimistische Einstellung der Weltöffentlichkeit zum jüdischen Schicksal hauptsächlich darauf, daß gewöhnliche Bürger jederzeit mit Tod oder Verstümmelung rechnen mußten. Einige Wochen danach begann die arabische Bevölkerung unter der zunehmenden Härte des Kampfes zu leiden. Am 9. April eroberte eine aus IZL- und Lechi-Angehörigen bestehende Einheit das Dorf Dir Yassin und tötete über 250 Männer, Frauen und Kinder. Die Jewish Agency sowie mehrere andere offizielle Stellen brachten ihren Abscheu über eine Tat zum Ausdruck, die ihrer Auffassung nach über die unvermeidbare Barbarei des Krieges hinausging und die Ehre des militärischen Kampfes unnötig befleckte. Am 13. April griffen arabische Einheiten einen aus Ärzten, Schwestern und Medizindozenten bestehenden Konvoi an, der sich auf dem Wege zum Hadasah Medical Centre auf dem Berg Scopus befand, und ließen siebenundsiebzig Tote zurück. Dies war glatter Vandalismus. Das Empfinden, der Krieg, der das Erstehen Israels verhindern sollte, sei ein Krieg der Volksmassen und nicht der Armeen, trug dazu bei, die Flucht von Arabern aus ihren eigenen Siedlungsgebieten zu fördern, auch wenn manche dieser Flüchtlinge nie einen Schuß gehört hatten.

Am Unabhängigkeitstag war die Lage der Juden, wenn auch immer noch heikel, so doch wesentlich gefestigter, als man es noch vor sechs Wochen hätte erwarten können. Haifa, Safed, Tiberias und Acre befanden sich sicher in ihrer Hand. Etwa hundert arabische Dörfer waren ihnen in die Hand gefallen. Der jüdische Teil Jerusalems hatte sich behauptet und war von den umliegenden Siedlungsgebieten nicht vollständig abgeschnitten. Die Arabische Befreiungsarmee und Kawakjis Einheiten waren im Norden geschlagen worden. Das gesamte Galiläa, der östliche wie der westliche Teil, befanden sich fest in jüdischer Hand. Die Lage im Negeb war für die Juden zwar weniger stabil, aber die Straßenverbindungen waren wenigstens offen: Und die jüdischen Streitkräfte waren überall durch die allgemeine Rekrutierung und durch die Lieferung tschechischer Waffen verstärkt worden. Zur Zeit standen 50000 Bewaffnete an der Front, wobei die IZL und Lechi unter dem Kommando der Haganah kämpften und nur in Jerusalem eine gewisse Aktionsfreiheit besaßen. Aus Veteranen des Zweiten Weltkrieges war eine behelfsmäßige Artillerieeinheit zusammengestellt worden. Die Menschenreserven der palästinensischen Juden wurden ständig durch die Ankunft jüdischer Freiwilliger (Machal) aus dem Ausland aufgefüllt. Diese Neuzugänge waren besonders für die Ausbildung von Flugzeugführern für die erst im Entstehen begriffene winzige Luftwaffe von entscheidender Bedeutung. Man hatte sogar eine kleine Marine aufgestellt und hauptsächlich mit ausländischen Freiwilligen bemannt. So konnte sich denn die jüdische Führung dazu beglückwünschen,

daß sie sich nicht zu defätistischen Lösungen hatte zwingen lassen, als die militärischen Aussichten im März einen Tiefpunkt erreicht hatten. Wenn es sich jetzt nur um die Auseinandersetzung zwischen Israel und den palästinensischen Arabern einschließlich der »Befreiungsarmee« gehandelt hätte, wären die Siegesaussichten der Juden durchaus nicht schlecht gewesen. Doch wußte natürlich jeder, daß die Lage eine ganz andere war. Das Kriegsbild sollte sich jetzt entscheidend ändern. Im Vergleich mit den improvisiert aufgestellten jüdischen Verbänden und den arabischen Guerillabanden in Palästina boten die zum Angriff auf Israel bereitgestellten arabischen Armeen den bedrückenden Anblick einer professionell-militärischen Schlagkraft. Wenn sich diese Armeen nicht vom Paradeplatz auf das Schlachtfeld gewagt hätten, wäre ihnen wahrscheinlich ihre eindrucksvolle militärische Reputation erhalten geblieben.
So schien die zweite Phase des Krieges, die mit der Invasion arabischer Armeen ihren Anfang nahm, zunächst unter einem ungünstigen Vorzeichen für die Sache Israels zu stehen. Die erste Gefahr kam aus dem Norden, wo syrische, libanesische, irakische und jordanische Armeen den Vormarsch auf Haifa planten, dessen Hafen und Ölraffinerien besetzt werden sollten. Inzwischen gingen die Ägypter an der Küste zum Angriff vor, während die Reste der arabischen Befreiungsarmee Jerusalem in Schach hielten und Überfälle auf jüdische Siedlungen in anderen Teilen des Landes durchführten.
Die Kämpfe hätten zu einem anderen Ergebnis geführt, wenn alle diese arabischen Unternehmungen, die stets von hoher Intensität und großer zahlenmäßiger Überlegenheit gekennzeichnet waren, besser organisiert gewesen wären. Die für das tägliche Leben und für die Politik der Araber typischen Zwistigkeiten verhinderten das Zustandekommen eines einheitlichen Oberbefehls. Der arabische Hang zum Individualismus und zur Zersplitterung der Energien kam Israel in vielen künftigen Krisenlagen zustatten.

Der syrische Angriff im Norden begann in voller Stärke am 16. Mai. Bis zum 20. Mai hatten syrische Verbände mehrere Siedlungen erobert und den Kibbuz Degania erreicht. Eine weitere syrische Kolonne marschierte im östlichen Galiläa auf Mishmar Hayarden zu. Degania besaß nicht nur eine symbolische, sondern eine durchaus reale Bedeutung für die israelischen Bauernsiedlungen im Norden. Degania ist das »Flaggschiff« der Kibbuz-Bewegung, und sein Fall hätte schwerwiegende Rückwirkungen auf die Kampfmoral der jüdischen Truppen gehabt. Mit Hilfe einiger weniger leichter Feldgeschütze, die gerade erst am Tage vorher ausgepackt worden waren, gelang es der Besatzung des Kibbuz, den syrischen Angriff abzuschlagen.

Aber im nördlichen und zentralen Abschnitt gab es noch weitere Gründe zur Sorge. Die irakische Armee fiel in Palästina im Gebiet des Kibbuz Gesher bei Kaukab el-Hawa ein. Nachdem es ihr nicht gelungen war, dieses Gebiet zu erobern, konzentrierte sie ihre Anstrengungen auf die Eroberung des arabischen Dreiecks: Nablus, Jenin, Tulkarem. Die transjordanische Arabische Legion errang einen Erfolg durch die Besetzung der Einrichtung der *Palestine Electric Corporation* am 14. Mai. Es war jetzt deutlich geworden, daß der arabische Krieg gegen Israel eine unterschwellige Komponente inter-arabischer Rivalitäten besaß. Man neidete sich gegenseitig jeden Erfolg und stritt sich schon von vornherein darüber, wie das Fell des Bären verteilt werden sollte. Die irakischen und transjordanischen Verbände machten keinen Hehl daraus, daß es ihnen vor allem darauf ankam, das Dreiecksgebiet zu besetzen, um von dort aus zur Küste vorzustoßen, bevor die Ägypter dorthin gelangten. Aber von Mitte Mai an lag die Hauptgefahr für die Israelis in Jerusalem. Am 19. Mai schloß die Arabische Legion den Berg Scopus ein und drang in die Altstadt ein.
Es war ein schwarzer Tag in der jüdischen Geschichte. Innerhalb der Stadtmauern lebten etwa 2500 Juden, und man mußte befürchten, daß alle hingemetzelt werden würden, wie es mit den jüdischen Gefangenen im Etzion-Block geschehen war. Haganah und IZL unternahmen verzweifelte Versuche, das jüdische Viertel zurückzuerobern. Obwohl den Israelis ein Durchbruch am Ziontor gelang, mußte die Position bald darauf aufgegeben werden. Schließlich fiel die Altstadt völlig in die Hand der Arabischen Legion, während sich israelische Kräfte noch in Randgebieten wie Ramat Rachel und den Vierteln um das Mandelbaumtor und Notre Dame halten konnten. Aber das Schicksal der Stadt würde sich nicht so sehr durch die Kämpfe im Stadtinnern als durch die Bemühungen der Araber entscheiden, die gesamte Stadt von der Außenwelt abzuschneiden. Die Gewinne der »Operation Nachshon« waren jetzt weitgehend zunichte gemacht, und es bedurfte neuer Opfer, die alte Lage wiederherzustellen. Denn die Arabische Legion kontrollierte den Küstenstreifen und schnitt dadurch Jerusalem von den übrigen jüdischen Bevölkerungsteilen und dem Nachschub an Versorgungsgütern ab. Gegen Ende Mai mußte sogar ernsthaft damit gerechnet werden, daß sich auch der westliche Teil Jerusalems mit seiner jüdischen Mehrheit nicht würde halten können, falls es nicht gelänge, neue Nachschubwege zu öffnen. Unter Beibehaltung ihres starken Druckes auf die Hauptküstenstraße versuchten jüdische Kräfte gleichzeitig eine Alternativverbindung zu schaffen. Insgeheim verwandelte die Haganah einen sandigen Pfad, der sich um den Süden von Latrun herumwand, in eine Straße, die später den Namen »Burma-Straße« und dann Kwish Hagenurah – Straße der Helden – erhalten sollte.

In Jerusalem waren die letzten Brot- und Wasservorräte schon fast erschöpft, als die ersten Konvois, die Hauptstraße umgehend, triumphierend ihren Einzug in die Stadt hielten. Auf den ersten Fahrzeugen der Konvois sah man in großen Buchstaben die Inschrift: »Sollte ich Dich je vergessen, o Jerusalem, möge meine rechte Hand verdorren!« Die Juden in Jerusalem waren nicht vergessen und nicht mehr allein.

Neue Gefahren brachen im Süden hervor. Zuerst erzielten die ägyptischen Streitkräfte keine Erfolge, die auch nur annähernd ihrer zahlenmäßigen Überlegenheit oder ihrer überlegenen Ausrüstung entsprochen hätten. Die Lage wurde jedoch bedrohlicher, als sie eine Zangenbewegung einleiteten, wobei eine Marschkolonne in nördlicher Richtung die Küste entlang vorrückte und die andere über Beerscheba und Hebron in Richtung Jerusalem marschierte. Der Widerstand in den jüdischen Dorfkommunen von Yad Mordechai, Kfar Darom und Nitzanim verzögerte den ägyptischen Vormarsch. Aber es drohte Unheil, als die ägyptischen Angriffsspitzen Isud (Ashdod), 40 km von Tel Aviv entfernt, erreichten. Zwar hatte auch die östliche Angriffskolonne der Ägypter nur geringe Erfolge bei der Eroberung jüdischer Dörfer, doch durch die Besetzung von Straßenknotenpunkten gelang es ihr, den Negeb mit seinen neunundzwanzig jüdischen Dörfern von dem übrigen jüdischen Territorium abzuschneiden.
Die Gefechtstätigkeit hatte sich bisher hauptsächlich zu Lande abgespielt, aber es zeichnete sich schon jetzt ein Kriegsbild ab, an dem alle drei Teilstreitkräfte beteiligt waren. Die israelische Luftwaffe setzte Ende Mai und Anfang Juni ihre umgebauten Messerschmitts ein, um die Operationen des Heeres zu unterstützen und gleichzeitig Damaskus und Amman zu bombardieren sowie ägyptische Truppentransporter anzugreifen. Und völlig veraltete Kanonen, die mit viel Geschick auf »illegalen« Einwandererschiffen in Stellung gebracht wurden, machten den Ägyptern viel zu schaffen, die sonst in den Küstengewässern frei hätten schalten und walten können.

Während dieser ganzen Zeit waren die Großmächte und die Vereinten Nationen nicht in der Lage gewesen, den Krieg zu verhindern oder seinen Ablauf zu beeinflussen. Die arabischen Regierungen hatten ihre Invasion sogar in krasser Mißachtung einer gemeinsamen amerikanisch-sowjetischen Stellungnahme begonnen. Die Vorstellung, daß kleine Nationen immer zittern und nachgeben, wenn Washington und Moskau gemeinsame Sache machen, hatte jetzt ihren ersten Rückschlag erlitten. Washington und Moskau, die zu jener Zeit über kaum etwas anderes in der Welt gleicher Meinung waren, verurteilten den arabischen Überfall als einen Akt der Aggression. Doch die Aggression ging weiter. Während der Krieg immer weitere Opfer forderte, veranlaßte die Möglichkeit, daß die beiden kriegführenden Parteien bald am Zustandekommen eines Waffenstillstands interessiert sein könnten, den Sicherheitsrat zu einer erneuten Anstrengung, seine Existenzberechtigung nachzuweisen. Am 20. Mai war Graf Folke Bernadotte zum Vermittler für Palästina ernannt worden, um »die Aufrechterhaltung lebenswichtiger Einrichtungen zu gewährleisten, die Heiligen Stätten zu schützen und eine friedliche Lösung des Konflikts herbeizuführen«. Am 24. Mai erneuerte der Sicherheitsrat seinen Appell für eine Feuereinstellung, der von Israel akzeptiert, von den arabischen Staaten aber abgelehnt wurde, da sie noch immer der Meinung waren, ihre zahlenmäßige Überlegenheit und bessere Bewaffnung beginne gerade, die ersten Früchte zu bringen. Sie wollten ihre Angriffsoperationen erst dann einstellen, wenn sie ihr Ziel erreicht hätten: Sobald Israel auf seine Unabhängigkeit verzichtete, würden die Araber den Kampf einstellen. Die israelische Antwort im Sicherheitsrat am 16. Mai war kurz und knapp gewesen: »Wenn die arabischen Staaten Frieden mit Israel haben wollen, können sie ihn haben. Wenn sie Krieg wollen – können sie auch den haben. Aber ganz gleich, ob sie Krieg oder Frieden wollen, sie können beides nur mit dem Staat Israel erreichen.«

Die Erwiderung der arabischen Staaten klang höhnisch. Aber schon in der zweiten Juniwoche dachten sie anders. Unbestreitbare Tatsache war, daß sie zwar von Anbeginn an gewaltige Vorteile gehabt hatten, aber nicht imstande gewesen waren, ihre Überlegenheit in handfeste militärische Erfolge umzumünzen. In der ersten Kriegsphase war ihr einziger Geländegewinn der Sieg der Arabischen Legion am Etzion-Block. Jüdische Dörfer in anderen Gegenden blieben intakt, die »gemischten« Städte waren fest in der Hand jüdischer Verbände, und die Verbindungslinien waren zwar gefährdet, aber nicht abgerissen. In den drei Wochen seit dem Beginn der Invasion hatten sich die arabischen Vorstöße zum größten Teil auf solche Gebiete beschränkt, die Israel nicht als Teil seines Staatsgebiets betrachtete. Arabische Kräfte hatten die Altstadt von Jerusalem besetzt sowie einen kleinen Bezirk um Sheikh Jarrah. Ägyptische Truppen hatten im Negeb nur drei Siedlungen eingenommen, obgleich ihr Vorstoß bis zu dem weit im Norden gelegenen Isdud der israelischen Führung große Sorgen bereitete. Syrische Kräfte waren geringfügig auf israelisches Territorium vorgedrungen, und die Arabische Legion hatte alle israelischen Durchbruchsversuche bei Latrun vereitelt. Aber diese Erfolge führten noch lange nicht zu dem Massaker »mongolischen Ausmaßes«, welches die Araber geplant hatten. Dschingis Khan wäre mit derartig mageren Resultaten sicher nicht zufrieden gewesen.

Der von Graf Bernadotte im Namen des Sicherheitsrats ausgehandelte

Waffenstillstand trat am 11. Juni 1948, um 10 Uhr, in Kraft. Er sollte einen Monat dauern. Die dreißig Tage, die jetzt folgten, waren zwar eine Gnade, weil kein Blut vergossen wurde, aber sie erwiesen sich für Israel auf anderen Gebieten als höchst alarmierend. Der Sicherheitsrat hatte in der entscheidenden Klausel festgelegt, daß keine der beiden Seiten »aus dem Waffenstillstand militärische Vorteile ziehen dürfte«. Warum zwei kriegführende Parteien eine Feuereinstellung akzeptieren sollten, wenn sie sich davon nicht eine Verbesserung ihrer Positionen erwarten können, scheint für den Normalverstand unbegreiflich. Aber die Rhetorik der Vereinten Nationen bewegt sich offenbar im luftleeren Raum und besitzt nur noch geringe Beziehungen zu den Realitäten des wirklichen Lebens.
Israel nutzte die Wochen der Waffenruhe für Umgruppierungen und Reorganisationen. Die Armee hatte ihren Amateurstatus verloren. Ihre Kommandeure, die sich hauptsächlich aus dem Führerkorps der Haganah mit einigen Zugängen aus der IZL und Lechi rekrutierten, hatten Ende Mai ihr Treuegelöbnis abgelegt und waren aus der bisherigen Anonymität aufgetaucht, um bald eine nicht mehr zu übersehende Bedeutung zu erlangen. Die Streitkräfte Israels waren am 26. Mai 1948 durch einen Erlaß der Provisorischen Regierung offiziell gebildet worden. Dienstgrade wurden eingeführt, und alle übrigen militärischen Organisationen wurden für illegal erklärt. Aber die tatsächliche Lage spiegelte das gesetzliche Monopol der Streitkräfte noch nicht wider. Die IZL hatte die Waffenruhe abgelehnt und blieb in Jerusalem weiter bestehen, bis die Stadt vollkommen unter jüdischer Regierung stünde.
Die Anomalie einer geteilten militärischen Verantwortlichkeit führte am 22. Juni zum Eklat, als die IZL ein 5000 Registertonnen großes Schiff mit Namen *Altalena* an die Küste nördlich von Tel Aviv brachte. An Bord waren 800 Einwanderer, 250 leichte Maschinengewehre, 5000 Gewehre und eine große Menge Munition. Die Regierung verlangte, daß das Schiff ihren Weisungen zu folgen habe. Die IZL weigerte sich, den Anordnungen der Regierung nachzukommen, und verlangte eine Regelung, derzufolge ein erheblicher Teil der Waffen an sie hätte übergehen sollen. In einer seiner schwerwiegendsten Entscheidungen befahl Ben Gurion der Palmach-Brigade der israelischen Streitkräfte, unter Anwendung von Gewalt sicherzustellen, daß die *Altalena* den Anordnungen der Regierung nachkomme. Einige IZL-Einheiten leisteten Widerstand, und fünfzehn Todesopfer waren auf beiden Seiten zu beklagen. Die *Altalena* sank unter schwerem Granatwerferfeuer.
Ben Gurions Entscheidung wurde von dem Provisorischen Staatsrat mit einem Stimmenverhältnis von vierundzwanzig zu vier gutgeheißen. Gewiß blieb ein Gefühl der Bitterkeit zurück, und einige wertvolle Waffen gingen verloren. Aber von einer höheren Warte aus gesehen kann man

sagen, daß die israelische Souveränität an jenem Tage geboren wurde. Es ging um zweierlei: Konnte die Regierung ihre Machtmittel wirkungsvoll einsetzen und dadurch beweisen, daß sie eine Regierung im eigentlichen Sinne war? Und besaßen die von der israelischen Regierung übernommenen internationalen Verpflichtungen irgendeinen realen Wert angesichts der Bemühungen um weltweite Anerkennung? Ben Gurion begriff, daß die Deklaration vom 14. Mai ein wertloses Stück Papier bleiben würde, wenn auf diese beiden Fragen keine positive Antwort gegeben werden konnte.

Besorgnis erregte ein Bericht, den Graf Bernadotte am 1. Juli den israelischen und arabischen Vertretern auf seinem Amtssitz in Rhodos überreichte. Der Bericht ging von der Annahme aus, daß ein souveräner Staat Israel noch nicht existierte und daß die Grenzen zwischen einem jüdischen Staat und seinen Nachbarn von den Vereinten Nationen neu festgelegt werden könnten. Bernadotte schlug vor, die ursprünglich einem arabischen Staat in Palästina zugewiesenen Gebiete mit Transjordanien zu vereinigen, einschließlich der ganzen Stadt Jerusalem und dem Negeb. Haifa und Lydda sollten zu Freihäfen erklärt werden, während sich der »Jüdische Staat« auf das westliche Galiläa beschränken würde. Der Jüdische Staat und Großtransjordanien würden eine gemeinsame Wirtschafts-, Militär- und Außenpolitik haben, so daß beide nicht vollständig unabhängig voneinander sein würden. Nach zwei Jahren sollte die jüdische Einwanderung der Genehmigung durch den Wirtschafts- und Sozialausschuß der Vereinten Nationen unterliegen; aber arabische Flüchtlinge würden repatriiert und sollten ihr Besitztum zurückerhalten.
Der Plan wurde von Israel abgelehnt, weil er den Juden zu wenig gab, und von den Arabern ebenfalls, weil er den Juden zu viel zugestand. Schließlich gestattete er den Juden, einen eigenen Staat zu gründen. Die meisten arabischen Regierungen waren auch gegen den Versuch, Transjordanien zu einem Staat von größerer internationaler und regionaler Bedeutung aufzublähen, als es objektiv gerechtfertigt oder subjektiv akzeptabel war. Auf der anderen Seite wurde der Plan mit gedämpftem Enthusiasmus von Großbritannien und weniger freudig vom State Department in Washington begrüßt. Da Transjordanien noch immer eine Art britischen Protektorats war, konnte man sich des Verdachts nicht erwehren, der Plan sei von strategischen Interessen der Briten initiiert worden, denen sich viele Europäer aus Bernadottes Generation zu beugen gewohnt waren. Er war außerdem in gewisser Weise eine Mißachtung aller jener Regierungen, die aus ehrlicher Überzeugung für den Teilungsplan von 1947 gestimmt hatten. So kam der Plan unter dem Druck dieser negativen Fakten zu Fall. Aber noch viele Jahre danach sprach man gelegentlich vom »Bernadottis-

mus« und meinte damit eine Einstellung, die Israels Souveränität nicht als a priori gegeben ansah und von der Voraussetzung ausging, daß ein jüdischer Staat einem höheren Maß an Bevormundung und äußerer Einwirkung ausgesetzt sein müsse als irgendein anderer Staat. Israel war nicht mehr bereit, sich in irgendeiner Weise mit der Rolle eines internationalen Mündels abzufinden. Vielleicht wären die Vorschläge der Vereinten Nationen in Tel Aviv auf größeres Verständnis gestoßen, wenn sie sich wirksamer für die Erhaltung jüdischen Lebens und für den Schutz jüdischer Interessen eingesetzt hätten. So wie die Dinge lagen, mußten die Vereinten Nationen in der fragwürdigen Rolle eines Mannes erscheinen, der sich Hoheitsrechte anmaßt, aber nicht bereit ist, dafür Verantwortung oder Opfer auf sich zu nehmen.

Würde der Waffenstillstand verlängert werden oder ein Ende finden, wenn der dafür vorgesehene Monat vorüber war? Am 7. Juli rief der Sicherheitsrat zu einer Ausdehnung der Waffenruhe auf. Die arabische Ablehnung war kategorisch. Sie beruhte auf der Vorstellung, daß sich Israels Existenz, falls der Krieg zu diesem Zeitpunkt beendet würde, so weit gefestigt haben würde, daß sie von Dauer sein müßte. Die einzige Hoffnung der Araber bliebe dann, die Entwicklung Israels durch Anwendung politischen und wirtschaftlichen Druckes zu hemmen. Sie waren nicht bereit, sich mit dem kleineren Übel abzufinden. Ihr Ziel war »alles oder nichts«. Israel sollte in jeder Phase seiner Geschichte vieles der arabischen Unersättlichkeit verdanken.
Ägypten nahm am 8. Juli, einen Tag vor dem Auslaufen des Waffenstillstands, die Kampfhandlungen wieder auf. Dies war die erste aus einer langen Reihe verhängnisvoller und selbstmörderischer Entscheidungen, die die arabische Führung im ersten Vierteljahrhundert israelischer Unabhängigkeit noch treffen sollte. Die Araber erlitten in der jetzt folgenden sogenannten »Zehn-Tage-Offensive« schwere Niederlagen und machten sich außerdem die Weltmeinung zum Feind. Sie hatten sich in die Lage eines unpopulären Verlierers hineinmanövriert. Graf Bernadotte hatte selbst erklärt, daß »ein Entschluß, die Kämpfe wiederaufzunehmen, in der ganzen Welt verurteilt würde und jede Seite, die einen derartigen Entschluß fassen sollte, damit eine Verantwortung auf sich nähme, die von der Welt als außerordentlich ernst angesehen werden müßte«.
Im Laufe der nächsten zehn Tage wurde der ägyptische Vorstoß entscheidend und endgültig zerschlagen. Ägypten hatte über 700 Tote, 1000 Verwundete und Hunderte von Gefangenen. Israelische Kräfte unter Oberst Moshe Dayan gingen zum Angriff über, nahmen am 11.–12. Juli Lydda und Ramle und wehrten einen transjordanischen Gegenangriff bei 600 Feindtoten ab. Im Norden trieb Oberst Moshe Carmel, der auf die Lage

in Haifa keine Rücksicht mehr zu nehmen brauchte, die Truppen Kawakjis über die libanesische Grenze zurück und eroberte Nazareth. Bei Jerusalem gelang es Oberst David Shaltiels Verbänden, die Ägypter aus dem Süden der Stadt zu vertreiben und Ein Karem, weiter westlich, einzunehmen. Israel war jetzt sogar im Besitze einer gewissen offensiven Luftstreitmacht, und zwar in Gestalt einiger alter und langsam fliegender »Flying Fortress«, die Kairo und Damaskus bombardierten und damit der arabischen Kampfmoral einen weitaus größeren Schaden zufügten als den betroffenen Städten. Als der Sicherheitsrat am 15. Juli zusammentrat, richtete sich der ganze Zorn der amerikanischen und sowjetischen Delegation einhellig gegen die arabischen Regierungen. Eine Entschließung wurde angenommen, die nicht nur eine Feuereinstellung »befahl«, sondern auch eine »Bedrohung des Friedens« für gegeben ansah und den arabischen Regierungen Sanktionen laut Kapital VII der Charta androhte, falls sie sich der Feuereinstellung widersetzen sollten. Ferner sollte der Waffenstillstand nicht auf ein bestimmtes Datum begrenzt bleiben, sondern andauern, bis eine »friedliche Lösung« erreicht war.
Diese Sprache war klar und eindeutig. Wenn die Araber aber jetzt den Waffenstillstand akzeptierten, dann wurde ihr Entschluß vermutlich mehr durch den Zusammenbruch ihres militärischen Widerstandes als durch das Ausmaß des internationalen Druckes bestimmt. Am 18. Juli trat der Waffenstillstand nunmehr endgültig in Kraft.
In den Herbst- und Wintermonaten von 1948 sowie im Januar 1949 kam es zwar noch zu einzelnen Kämpfen, als Israel zuschlug, um eine ägyptische Blockade ihrer Siedlungen im Negeb zu brechen und einige Widerstandsnester arabischer Truppen in Galiläa auszuheben. Die erste dieser Operationen brachte Beerscheba unter israelische Kontrolle und ermöglichte es den israelischen Truppen unter General Yigal Allon, den Negeb ganz und schließlich im März 1949 Eilat ohne Widerstand zu besetzen.

Die Kämpfe hatten zwischen Dezember 1947 und Januar 1949 zusammen etwa sechzig Tage in drei getrennten Feldzügen gedauert. Israels Verluste – 4000 Soldaten und 2000 Zivilpersonen – muten geringfügig im Vergleich zu den gewaltigen Veränderungen an, die sich für das Wesen und die Entwicklungsrichtung der jüdischen Geschichte ergeben hatten. Und wir sollten nicht vergessen, daß die jüdische Bevölkerung, die diesen Preis gezahlt hat, nur 650000 Menschen zählte. Auf die Vereinigten Staaten übertragen entspräche das einem Verlust von anderthalb Millionen Menschenleben. Dabei gab es noch andere Lasten und Gefahren. Ein feindlicher Keil schnitt in das israelische Landwirtschaftsgebiet in Obergaliläa. Der Berg Scopus war isoliert. Jerusalem war geteilt. Der Zipfel von Latrun befand sich noch immer in arabischer Hand. Nach einer groben Schätzung

hatte Israel, dessen Exporteinkünfte sich auf weniger als 50 Millionen Dollar beliefen, für den Krieg mehr als 500 Millionen ausgegeben.
Aber alle diese negativen Fakten waren kaum mehr als kleine Schönheitsfehler auf dem strahlenden Antlitz des israelischen Triumphes. Der neue Staat war fest verankert. Nach den Worten von Ralph Bunche, Graf Bernadottes Stellvertreter und späteren Nachfolger, war Israel im Herbst 1948 eine »pulsierende Realität«. Seine Herrschaft dehnte sich jetzt über ganz Galiläa, den gesamten Küstenstreifen mit Ausnahme des Gazastreifens, den Negeb und den Westteil von Jerusalem aus. Von der Stadt führte ein beträchtlicher Korridor bis zur Küste. Ihm unterstand damit effektiv ein Gebiet von über 8000 Quadratmeilen. Die Araber hatten die Errichtung eines eigenen arabischen Staates auf dem Westufer des Jordan verhindert und sich außerdem der Internationalisierung von Jerusalem widersetzt. Die Teile Westpalästinas außerhalb israelischer Oberhoheit befanden sich unter transjordanischer oder ägyptischer Kontrolle. Vor allem aber hatten sich jetzt die Tore geöffnet, und der Strom jüdischer Einwanderer nahm ständig zu. Israel war frei, seine eigene Zukunft zu gestalten; und es hatte sich diese Freiheit, ganz allein auf sich gestellt, errungen.

Was auch immer geschehen sollte, das Bild dieses Krieges würde weiterleben und nicht mehr aus dem Gedächtnis der Nation ausgelöscht werden können. Die schwierige Lage hatte der jungen Nation zum besseren Verständnis ihrer selbst verholfen und eine ganze Reihe von Qualitäten zutage gefördert, die in späteren Auseinandersetzungen noch auf eine schwere Probe gestellt werden sollten. Trotz aller Verschiedenheiten und trennenden Elemente, die die israelische Bevölkerung kennzeichneten, bestand ein inneres Zusammengehörigkeitsgefühl. Israel besaß die Fähigkeit, seine Aktionen wohlorganisiert durchzuführen; es hatte die Gabe, das Beste aus wenigen Hilfsmitteln herausholen zu können, und es hatte eine Bereitschaft zu Gemeinsamkeit, an die in Notzeiten appelliert werden konnte. Vor allem aber herrschte die Überzeugung, daß die Hauptziele der Nation jedes Opfer wert waren und daß sich der Nutzen des einzelnen, wenn nötig, den Bedürfnissen der Allgemeinheit unterzuordnen habe.
Als der Waffenlärm verstummte, richtete die Nation den Blick zurück und betrachtete mit Stolz und Rechtschaffenheit die Leistungen jener sechzig Tage. Die Gräber, die ausgehoben worden waren, die Tränen, die über ihnen vergossen waren, der Kummer, den viele erlitten hatten, die Gefahren, deren man Herr geworden war, und die unaussprechlichen Hoffnungen, die erweckt worden waren – das alles würde tief im Herzen der Israelis bis an das Ende ihrer Tage weiterleben.

4 Jahre der Konsolidierung 1948–1951

> Jeden Tag erleben wir die Schaffung eines neuen Himmels und einer neuen Erde. *Thomas Paine*

Wir können den 18. Juli 1948 als den Zeitpunkt betrachten, von dem an sich die Gedanken Israels – nach der Sorge um das nackte Leben – denjenigen Aufgaben zuzuwenden begannen, für deren Erfüllung es um sein Leben gerungen hatte. Die arabischen Staaten hatten, erschöpft und besiegt, die Waffen niedergelegt, aber im Geiste hatten sie keineswegs kapituliert. Sie würden jetzt alles daransetzen, Israel durch politischen und wirtschaftlichen Druck in die Knie zu zwingen. Sie konnten immer noch darauf hoffen, daß sich die Welt nicht so schnell an die Vorstellung gewöhnen würde, Israel sei ein souveräner Staat. Und sie hielten begierig nach jedem Anzeichen Ausschau, daß Israels Sozialgefüge unter der Last der Masseneinwanderung und wirtschaftlicher Schwierigkeiten zusammenbrechen würde.

Die Provisorische Regierung schritt rasch zu Taten, um Israels Position in der Welt fest zu verankern. Die militärischen Erfolge hatten dem politischen Kampf neuen Auftrieb verliehen. Aber Israel war noch nicht Mitglied der Vereinten Nationen oder einer ihrer Untergliederungen; und nur wenige ausländische Regierungen unterhielten mit Tel Aviv diplomatische Beziehungen. Die Mitgliedschaft in den Vereinten Nationen würde mit Sicherheit eine doppelte Wirkung zeitigen: Sie würde einerseits die arabische Doktrin von Israels Illegitimität auf eindrucksvolle Weise widerlegen und andererseits die meisten Regierungen veranlassen, Israel anzuerkennen und mit ihm zusammenzuarbeiten.

Diesen Aussichten stand als größtes Hindernis der Bernadotte-Bericht im Wege. Seit Juli hatte man wenig von ihm gehört. Aber er würde jetzt sicher in den Brennpunkt einer internationalen Debatte über die Friedensregelung rücken. Es bestand keine Aussicht, daß Israel den Bericht akzeptieren würde. Aber es war durchaus möglich, daß Israel, wenn es in seiner ablehnenden Haltung allein dastand, in Konflikt mit den Vereinten Nationen geraten würde, bevor es noch gelungen war, ein Alternativsystem bilateraler Beziehungen auf möglichst weltweiter Basis zu entwickeln. Anfang September 1948 eröffnete die israelische Regierung eine politische Offensive mit doppelter Zielsetzung: endgültige Ablehnung der Vorschläge Bernadottes und Aufnahme Israels in die Vereinten Nationen.

Alle diese Bemühungen erhielten einen schweren Rückschlag, als die Vollversammlung der Vereinten Nationen in Paris zusammentrat. Am 17. September wurden Graf Bernadotte und sein Gehilfe, Oberst Sarault, in Jerusalem ermordet. Das Verdienst, wenn man es so nennen darf, für diese Tat beanspruchte eine Untergrundorganisation, die sich *Fatherland Front* nannte und aus ehemaligen Angehörigen der Lechi bestand. Für die israelische Regierung bedeutete das Attentat eine neuerliche Bedrohung ihrer Souveränität, schien es doch hinreichend zu beweisen, daß bewaffnete Gruppen in Gebieten existierten, für die Israel sich rechtlich zuständig fühlte. Über zweihundert Mitglieder illegaler Organisationen wurden festgenommen, und der IZL wurde ein Ultimatum gestellt, ihre Waffen abzuliefern und alle ihre in Jerusalem noch bestehenden Verbände unverzüglich aufzulösen.
Die Mörder des Grafen Bernadotte wurden nicht aufgespürt. Zur damaligen Zeit stand die israelische Autorität in Jerusalem noch auf schwächeren Füßen als andernorts. Aber der Mord setzte den letzten Resten jener geteilten Autorität ein Ende, die noch aus der Zeit vor der Staatsgründung stammte und Israels Ansehen im Inneren und nach außen hin zu unterminieren drohte.
Man mußte befürchten, daß Bernadottes Tod seinem Plan den geheiligten Charakter eines von einem Märtyrer hinterlassenen Testaments verleihen würde. Es war deshalb nur wahrscheinlicher geworden, daß sein Bericht zur Grundlage der internationalen Politik gegenüber Israel gemacht werden würde. Man befürchtete außerdem, daß die durch das Attentat entstandene drückende Atmosphäre eventuell Israels Antrag auf Mitgliedschaft in den Vereinten Nationen zu Fall bringen könnte. Am Ende bewahrheiteten sich jedoch nicht alle diese Befürchtungen. Wenn sich auch die Vereinigten Staaten auf die Seite Großbritanniens stellten und den Bernadotte-Plan unterstützten, spürte man in Washington dennoch manche Vorbehalte gegenüber einer Politik, die schließlich zur Lostrennung desselben Negebs führen sollte, dessen Zugehörigkeit zu Israel Präsident Truman im November 1947 gegenüber Dr. Weizmann ausdrücklich bestätigt hatte. Hinzu kam, daß sich die Vereinigten Staaten am Vorabend der Präsidentschaftswahlen befanden. Der von den Republikanern als Secretary of State vorgesehene John Foster Dulles machte aus seiner klaren Opposition gegen den Bernadotte-Plan keinerlei Hehl, da er in ihm das genaue Gegenstück zu Bevins provinziellen Anschauungen über britische Interessen sah. Nach einer turbulenten Debatte im Politischen Ausschuß der Vollversammlung wurde der gesamte Bernadotte-Plan, Stück für Stück, niedergestimmt. Die einzelnen Teile waren in das Kreuzfeuer einer merkwürdigen Koalition geraten. Sie stießen auf den Widerstand Israels, weil sie sein Staatsgebiet zu verstümmeln drohten.

Sie wurden von den arabischen Staaten abgelehnt, weil sie die Existenz eines jüdischen Staates vorsahen. Andere Regierungen, die sich weder von besonderen Sympathien für Israel noch für arabische Staaten leiten ließen, stimmten gegen den Plan, um ihr Gesicht zu wahren, weil sie nämlich erst ein Jahr zuvor für den Teilungsplan gestimmt hatten. Es kam ihnen wie eine Anmaßung vor, daß ein einzelner Vermittler einfach mit einem Federstrich beiseite schieben sollte, was die gesamte Vollversammlung feierlich bekräftigt hatte. Und schließlich war die Sowjetunion nicht ganz ohne Grund der Auffassung, daß der Bernadotte-Plan dem Wunsche Großbritanniens entgegenkam, seine strategische Position im Mittleren Osten durch die Errichtung einer Basis im Negeb mit ständiger Verbindung zu Ägypten und Transjordanien, wo Großbritannien durch Beistands- und Verteidigungsabkommen eine Sonderposition innehatte, zu verstärken. Im mittelöstlichen Konflikt kann man jederzeit das Mißfallen praktisch aller beteiligten Parteien erregen. Der Bernadotte-Plan hat, trotz der ehrlichen Absichten seines Urhebers, diese vielschichtige Entfremdung zustande gebracht.

Als am 29. November 1948 über Israels Antrag auf Aufnahme in die Vereinten Nationen abgestimmt wurde, endete die Debatte mit fünf Stimmen für Israels Aufnahme – den Stimmen der Vereinigten Staaten, der UdSSR, der Ukraine, Argentiniens und Kolumbiens. Dies waren nach der Charta zwei Stimmen zuwenig. Aber es stand zu hoffen, daß noch einige weitere Stimmen hinzukommen würden, wenn der Sicherheitsrat im Januar 1949 in neuer Zusammensetzung wieder zusammentreten sollte. Man erwartete allgemein, daß zum Beispiel Frankreich und Kanada ihre Meinung ändern würden.

Die Vollversammlung beendete ihre Sitzungsperiode am 11. Dezember 1948 mit der Einsetzung einer Kommission zur Befriedung Palästinas. Ihre Aufgabe sollte sein, einen dauerhaften Frieden durch Verhandlungen, entweder direkt oder durch die Kommission selbst, herbeizuführen. Ausgehend von der Annahme, daß eine Friedensregelung schon bald zustande kommen würde, empfahl die Vollversammlung, daß Flüchtlinge, die in ihre Heimat zurückzukehren wünschten, die Erlaubnis hierzu erhalten sollten, vorausgesetzt, daß sie mit ihren Nachbarn in Frieden leben würden. Alle arabischen Staaten stimmten einheitlich gegen die Resolution. Später allerdings sollten sie zu ihrem eigenen Nutzen und Frommen einige Teile der Resolution geltend machen. Aber zur damaligen Zeit betrachteten sie die Resolution als ein Teufelswerk, das nur dazu dienen sollte, Israels Souveränität zu bestätigen und Tel Aviv als gleichberechtigten Partner in die internationalen Verhandlungen aufzunehmen. Die Resolution ging im Grunde von der Annahme aus, daß der Friede im Mittleren Osten nicht vom grünen Tisch verordnet werden konnte, sondern sich nur durch Verhandlungen der beteiligten Staaten untereinander erreichen ließe. In jenen Tagen war im Vokabular der UNO, wenn es um den Frieden im Mittleren Osten ging, das Wort »Verhandlungen« noch zugelassen.

Gegen Ende des Jahres 1948 kam es zu anderen Ereignissen, die für Israels Zukunft von Bedeutung sein sollten. Trotz skeptischer Voraussagen in der Weltpresse wurde Harry S. Truman als Präsident der Vereinigten Staaten wiedergewählt. Hierdurch war sichergestellt, daß die amerikanische Israelpolitik weiter in der Hand des Mannes liegen würde, der sich so vorbehaltlos für den Teilungsplan und schon wenige Minuten nach der Unabhängigkeitsproklamation für die Anerkennung Israels eingesetzt hatte. Zwei Wochen später konnte Israel einen weiteren politischen Erfolg auf der internationalen Bühne für sich buchen, als am 16. November 1948 der Sicherheitsrat nach langwierigen Diskussionen, ob israelische Truppen in Beerscheba sein dürften und ob Israel das Recht gehabt habe, die ägyptische Abschnürung der Siedlungen im Negeb zu durchbrechen, den Beschluß faßte, eine neue Phase zu eröffnen. Auf kanadische Initiative hin schlug er vor, die bisherige Waffenruhe durch einen richtigen Waffenstillstand zu ersetzen, der durch Verhandlungen zwischen Israel und den arabischen Staaten erzielt werden sollte. Aufgrund einer solchen Vereinbarung sollten Demarkationslinien festgelegt werden, die dem fließenden Stellungsverlauf, wie er sich unter einer bloßen Feuereinstellung herausgebildet hatte, ohne auch nur den Anschein einer rechtlich fundierten Grenzziehung zu erwecken, ein Ende setzen sollten.

Die erste arabische Reaktion auf diesen Gedanken war feindselig. Aber nachdem Anfang Januar 1949 die ägyptische Besetzung des israelischen Negeb zusammengebrochen war und israelische Kräfte sich anschickten, die Straße in den Negeb zu öffnen und sich im nordöstlichen Sinai bereits im Vormarsch auf Rafah befanden, stiegen britische Flugzeuge zur Unterstützung der Ägypter auf; sechs von ihnen wurden durch israelische Flak abgeschossen. In kluger Voraussicht gab Ägypten jetzt seine militante Haltung auf. Es benutzte die Resolutionen vom 16. November als goldene Brücke, um, ohne das Gesicht zu verlieren, an den Verhandlungstisch zu kommen. So war, alles in allem, das Jahr 1948 für Israel ein Jahr voller Wunder gewesen. Als es zu Ende ging, fragten sich die meisten Israelis und Juden, ob sie wohl jemals wieder ein solches Jahr erleben würden.

Die Waffenstillstandsverhandlungen zwischen Israel und Ägypten wurden am 13. Januar 1949 auf Rhodos unter Beteiligung des stellvertretenden UNO-Vermittlers Dr. Ralph Bunche eröffnet. Beide Delegationen sowie der UNO-Stab waren im Hôtel des Roses untergebracht. Am ersten Tag fanden die Verhandlungen getrennt zwischen Dr. Bunche und jeder

der beiden Delegationen statt. Doch erwies sich diese Trennung schon bald als so unpraktisch und absurd, daß sich vom 15. Januar ab die Delegierten unter dem Vorsitz des tüchtigen Dr. Bunche am Verhandlungstisch gegenübersaßen.
Die Verhandlungen waren schwierig und manchmal voller Bitterkeit. Ein toter Punkt nach dem anderen mußte überwunden werden. Zu einer Krise kam es, als die ägyptische Delegation die Einsetzung eines ägyptischen Militärgouverneurs für Beerscheba, von wo die ägyptischen Truppen erst vor kurzem vertrieben worden waren, forderte. Mit viel Geduld wurden alle Hindernisse aus dem Wege geräumt, bis am 24. Februar 1949 in einer Atmosphäre internationaler Begeisterung das Waffenstillstandsabkommen unterzeichnet werden konnte.
Als der Text in den Hauptstädten der Welt geprüft wurde, stellte es sich heraus, daß das System der beiderseitigen Beziehungen über den Rahmen eines normalen Waffenstillstands hinausging. Der Text sah natürlich auch die Feuereinstellung vor, doch enthielt er gleichzeitig die eindeutige Abmachung, daß die Waffenruhe unbegrenzt sein und so lange dauern solle, bis eine endgültige Friedensregelung erreicht worden sei. Es fehlte also in dem Abkommen jegliche unterschwellige Neigung zur Wiederaufnahme der Feindseligkeiten, wie sie meistens im klassischen Konzept eines Waffenstillstands enthalten ist. Im Gegenteil, als Ziel des Abkommens wurde klar die »Rückkehr eines dauerhaften Friedens nach Palästina« bezeichnet. Es war als »ein unumgänglich notwendiger Schritt auf dem Wege zur Ausschaltung bewaffneter Konflikte und zur Wiederherstellung des Friedens« konzipiert worden. Die Demarkationslinien waren keine endgültigen. Im Absatz V(2) hieß es sogar ausdrücklich, die Waffenstillstandslinien seien keineswegs als »politische oder territoriale Grenze anzusehen und ihr Verlauf präjudiziere weder Rechte, Ansprüche noch Positionen beider Parteien in bezug auf eine endgültige Regelung der Palästinafrage«.
Als Dr. Bunche das Abkommen im späteren Verlauf des Jahres dem Sicherheitsrat zur Genehmigung vorlegte, fügte er einen Satz hinzu, der in den künftigen Krisen der Jahre 1956 und 1967 widerhallen sollte: »Der legitime Warenverkehr sollte frei und ungehindert sein, und keine Spur der Kriegsblockade darf übrigbleiben, da dies sowohl dem Buchstaben als auch dem Geiste des Waffenstillstandsabkommens zuwiderlaufen würde.«
Das Abkommen konnte innerhalb eines Jahres im beiderseitigen Einvernehmen revidiert werden. Die Unterzeichner, ebenso wie der UNO-Beauftragte, waren überzeugt, daß sie ein zwar vorübergehendes, aber festes Gebäude aufgerichtet hatten, das bald durch ein Friedensabkommen ersetzt werden würde. Eine in Waffenstillstandsvereinbarungen selten vor-

kommende Bestimmung sah den Austausch aller Kriegsgefangenen vor; und ein Mechanismus, der die Ausführung des Abkommens überwachen und Klagen entgegennehmen sollte, wurde in Gestalt einer Gemischten Waffenstillstandskommission, in der beide Regierungen unter einem UNO-Vorsitzenden vertreten waren, gebildet.

Das israelisch-ägyptische Abkommen sollte die militärische Lage einfrieren, so wie sie im Negeb zum Zeitpunkt des Inkrafttretens der Feuereinstellung am 7. Januar bstanden hatte. Ägypten blieb also im Besitz des Gazastreifens, der etwa 42 Kilometer lang und 7 Kilometer breit war. Das strategische Gebiet von El Auja, das auf der palästinensischen Seite der Demarkationslinie lag, sollte entmilitarisiert werden; und eine im Faluja-Kessel im Negeb eingeschlossene ägyptische Brigade sollte freien Abzug erhalten und mit militärischen Ehren nach Ägypten zurückkehren dürfen.

Zu den Offizieren der eingekesselten Brigade gehörte ein junger Absolvent der ägyptischen Generalstabsakademie, Major Gamal Abdul Nasser. Er hatte sich bei mehreren Gefechten in Palästina ausgezeichnet. Sechs Jahre später schrieb er, er hasse den Krieg. Er hatte sich selbst gesagt, »daß die Menschheit nicht verdiene, weiterzuleben, wenn sie nicht all ihre Kräfte für den Frieden einsetze«. Im Rückblick auf den Krieg von 1948 fügte Nasser hinzu: »Als ich erfuhr, daß einer meiner Freunde gefallen war, schwor ich mir, falls ich mich je in einer verantwortungsvollen Position befinden sollte, daß ich es mir tausendfach überlegen würde, unsere Soldaten in den Krieg zu schicken. Ich würde es nur tun, wenn es absolut notwendig war, wenn dem Vaterland Gefahr drohte und keine andere Rettung mehr bestand, als in den Kampf zu ziehen.«

Bevor noch die ägyptisch-israelischen Waffenstillstandsverhandlungen zu einem Ende gekommen waren, wurde bekannt, daß auch der Libanon und Jordanien Kairos Beispiel folgen würden. Am 3. April unterzeichneten Israel und Jordanien nach vierjährigen Verhandlungen ein Waffenstillstandsabkommen, das eine 530 Kilometer lange Grenzlinie zog und das dicht besiedelte arabische Bergland auf dem Westufer unter jordanischer Besetzung beließ. Der Waffenstillstand zog auch eine scharfe Trennungslinie quer durch Jerusalem. Die Grenze verlief durch die Mitte des Toten Meeres bis zum Golf von Akaba, wobei der jordanische Hafen Akaba und der israelische Hafen Eilat, wenige Kilometer voneinander entfernt, durch die Demarkationslinie voneinander getrennt wurden.

Die Szene wechselte jetzt zur libanesisch-israelischen Grenze, wo am 23. März in Rosh Hanikrah ein Waffenstillstandsabkommen unterzeichnet wurde. Die Demarkationslinie entsprach der früheren internationalen Grenze. Und die israelischen Truppen zogen sich aus allen von ihnen besetzten libanesischen Dörfern zurück. Dadurch entstand die vielleicht etwas zu naive Hoffnung, dieser Rückzug würde nicht ohne Nachwirkungen bleiben, als Israel seinerseits den syrischen Rückzug aus den Gebieten westlich der syrisch-palästinensischen Grenze forderte, die während der Kämpfe des Jahres 1948 besetzt worden waren.

Irak, dessen Truppen in starker Massierung auf dem Westufer des Jordan standen, lehnte es ab, eine internationale Vereinbarung mit Israel zu unterzeichnen. Diese Starrköpfigkeit wurde dadurch ausmanövriert, daß die irakischen Truppen durch Verbände der Transjordanischen Arabischen Legion abgelöst wurden.

Die syrische Regierung trat als letzte in Waffenstillstandsverhandlungen ein. Sie war wie immer unberechenbar; lediglich die Unberechenbarkeit ihrer Entschlüsse ließ sich voraussagen. Die Gespräche zeigten mancherlei Tücken und gerieten oft an den Rand des Zusammenbruchs. Am 20. Juli kam schließlich eine Vereinbarung zustande. Diese bestimmte, daß sich die Syrer aus einem Landgürtel westlich der internationalen Grenze zurückziehen würden und die Israelis ihrerseits damit einverstanden waren, dieses Gebiet zu entmilitarisieren. Israel hatte sich damit die Kontrolle über den wesentlichsten Teil seiner Wasserversorgung gesichert: Der gesamte See von Galiläa und der Huleh-See unterstanden seiner Jurisdiktion. Aber die syrische Regierung hatte sich nie wirklich dazu entschlossen, Israel in Frieden zu lassen. Syrien störte und bedrohte ständig die israelischen Entwicklungsprojekte in der entmilitarisierten Zone und schuf damit ein Gefühl der Unsicherheit in dem kleinen, evakuierten Gebiet.

Achtzehn Jahre lang sollten die Waffenstillstandsabkommen den einzigen anerkannten Rahmen für die Beziehungen zwischen Israel und seinen Nachbarn abgeben. Aber obwohl die Demarkationslinien keine Dauerlösung darstellen sollten, verlieh ihnen die Tatsache, daß sie nur im beiderseitigen Einverständnis geändert werden konnten, doch irgendwie den Charakter einer endgültigen Grenzziehung. Jedenfalls hatten sie die Grenzen des Teilungsplans von 1947 ersetzt. Der arabische Überfall hatte Israel von jeglicher Verpflichtung im Sinne des ursprünglichen Teilungsplans entbunden. Die arabischen Regierungen hatten ihr Geschick dem Kriegsglück anvertraut; so konnten sie sich jetzt nicht einem Urteilsspruch entziehen, den sie selbst gesucht hatten.

So wie Wasser in einen Kanal fließt, so wuchs und entwickelte sich das israelische Leben innerhalb der Waffenstillstandsgrenzen, bis sich deren merkwürdige Umrisse zur allgemein bekannten Gestalt Israels verdichteten. Aber die arabischen Regierungen glaubten, daß künftige Veränderungen für sie nur von Vorteil sein könnten, und weigerten sich, die Unverrückbarkeit der Waffenstillstandsgrenzen anzuerkennen. In Reden und Rechtsprechung betonten sie immer wieder den provisorischen Charakter dieser Regelung. Sie sprachen Israel sogar das Recht ab, Hoheitsrechte in dem Gebiet, das früher einmal Palästina gewesen war, auszuüben, und sie nährten ständig die Hoffnung, daß die Waffenstillstandslinien und Israel mit ihnen eines Tages gewaltsam weggewischt werden würden. Spätestens seit dem Jahre 1967 haben die arabischen Staaten wahrscheinlich selbst die Hartnäckigkeit bedauert, mit der sie gegen die Endgültigkeit der Waffenstillstandslinien zu Felde gezogen sind.

Die Abkommen des Jahres 1949 sind bis auf den heutigen Tag das einzige erfolgreiche Beispiel für einen arabisch-israelischen Kompromiß geblieben, der zu bindenden Verpflichtungen für beide Seiten geführt hat. Am 11. August 1949 wies der Vertreter einer der Großmächte auf den Hauptgrund für den Erfolg der Waffenstillstandsverhandlungen hin: »Da die Erfahrung gezeigt hat, daß direkte Verhandlungen zwischen den beteiligten Parteien solch gute Ergebnisse gezeitigt haben, nämlich die Einstellung der militärischen Operationen und eine vorläufige Regelung in Palästina, warum sollten sie nicht auch in Zukunft dieses nützliche Verfahren anwenden und den Parteien gestatten, noch offene Fragen unter sich zu regeln, und zwar durch die bisher angewandte Methode direkter Verhandlungen ohne Einmischung Dritter?« Diese Erklärung stammte vom Chef der sowjetischen Delegation, Botschafter S. Tsarapkin. Seine Worte erhielten wenige Jahre später einen merkwürdigen Klang.
Abgesehen von ihrer stabilisierenden Wirkung im regionalen Bereich, verliehen die Waffenstillstandsvereinbarungen den israelischen Bemühungen um internationale Anerkennung starken Auftrieb. Im Spätsommer 1948 waren amerikanische und sowjetische Botschaften in Tel Aviv eingerichtet worden. Bei einer messianisch anmutenden Gelegenheit wehten die beiden Flaggen einträchtig nebeneinander auf dem bescheidenen Hotel, wo beide Botschafter zufällig zur gleichen Zeit abgestiegen waren. Der amerikanische Botschafter James G. Macdonald und sein sowjetischer Kollege Pawel Yershow wurden zu allgemein bekannten Gestalten in Israel. Man betrachtete sie mit dem ungläubigen Staunen, mit dem israelische Bürger die Tatsache registrierten, daß die Großmächte ihren unabhängigen Staat anerkannt und ihre Beglaubigungsschreiben dem erlauchten Präsidenten Chaim Weizmann überreicht hatten. Es war viel jüdischer Stolz in jenen Tagen zu spüren.
Eine Welle der Anerkennung flutete über den größten Teil Westeuropas, das Commonwealth und das gesamte Lateinamerika. Am 4. März 1949 empfahl der Sicherheitsrat die Aufnahme Israels in die Vereinten Nationen. Frankreich und Kanada hatten sich auf die Seite der fünf gestellt, die bereits vor zweieinhalb Monaten in diesem Sinne gestimmt hatten. Norwegen und China stimmten ebenfalls dafür, während Syrien als einziges

Land bei seiner Ablehnung beharrte und das Vereinigte Königreich sich in betretenem Schweigen der Stimme enthielt.
Und doch war es klar, als die Vollversammlung im April 1949 in New York zusammentrat, daß das Aufnahmegesuch nicht glatt durchgehen würde. Auch den arabischen Regierungen war inzwischen der entscheidende Charakter dieser Frage klargeworden. Die Charta der Vereinten Nationen ist in Wirklichkeit ein zwischen den Mitgliedsstaaten abgeschlossener Vertrag mit der Verpflichtung, die Souveränität der anderen zu achten und im Interesse aller zusammenzuarbeiten. Wer würde nach einer Aufnahme Israels der arabischen Doktrin noch Glauben schenken, Israel sei entweder nicht existent oder rechtswidrig gegründet worden? Wer außer den Arabern und einigen mit ihnen eng verbundenen Staaten würde sich noch weigern, Israel anzuerkennen? Und was für Erfolgsaussichten bestanden dann noch für einen Boykott, wenn Israel allein schon durch seine Aufnahme in die Vollversammlung Mitglied der Weltbank, der Weltgesundheitsorganisation, der Internationalen Postunion, der FAO und anderer Untergliederungen geworden war, die im Weltmaßstab tätig waren und die souveränen Mitgliedsstaaten im Interesse der Entwicklung und des Friedens aneinander banden?
So setzten die arabischen Regierungen eine starke Offensive gegen Israels Aufnahme in Gang. Es gelang ihnen, den Verfahrensweg im Anfangsstadium zu blockieren. Sie inszenierten ein Spektakel, das in der Geschichte der UNO nicht seinesgleichen hat: Der israelische Vertreter wurde durch einen Ausschuß der Vollversammlung öffentlich zu der Einstellung und den politischen Absichten der israelischen Regierung verhört. Die israelische Regierung lehnte es ab, ihren Beitritt durch einen Rückzug auf die Grenzlinien vom November 1947 zu erkaufen, da sich die Lage durch arabische Gewaltakte inzwischen geändert hatte. Sie bot ihre Unterstützung zur Lösung des Flüchtlingsproblems an, war aber nicht bereit, die gesamte Last allein zu tragen; und sie schlug vor, daß sich die Internationalisierung in Jerusalem nicht auf die gesamte Verwaltung der Stadt, sondern nur auf die Heiligen Stätten und die Ausübung religiöser Rechte beziehen solle.
Trotz dieser Vorbehalte errang Israel am 11. Mai 1949 einen Triumph. Er war nicht so spektakulär, aber dafür international wirkungsvoller als der Sieg am 29. November 1947. Der Teilungsplan hatte lediglich die Errichtung eines jüdischen Staates vorgesehen. Er verlieh diesem Staat jedoch keinen internationalen Status und garantierte nicht dessen Aufnahme in die internationale Gemeinschaft. Aber als Israel am 11. Mai 1949 einen Sitz als neunundfünfzigstes Mitglied der Vereinten Nationen einnahm, hatte es sich damit einen Platz gesichert, der ihm die gleichen Rechte wie den arabischen Staaten verlieh. Am 12. Mai erschienen Bilder,

die die israelische Delegation zeigten, wie sie hinter einem Tisch saß, auf dem ein Schild mit der Aufschrift »ISRAEL« stand, und später weitere Bilder, die das Hissen der israelischen Flagge im Hof des UNO-Gebäudes festhielten; all dies verlieh dem israelischen Volk ein neues Gefühl wiedergewonnener Würde. »Ein Traum wird wahr«, sagte Außenminister Sharett vor der Knesset, »Israel in der Gemeinschaft der Nationen! Ein souveräner jüdischer Staat fest in der Völkerfamilie verankert. Worte können das Ausmaß dieses Wandels nicht zum Ausdruck bringen.« In späteren Jahren sollte Israel von seiten der Vereinten Nationen noch viele Enttäuschungen und schmerzliche Einbußen erleben; aber es würde nie aufhören, Würde und politisches Selbstbewußtsein aus der bloßen Tatsache seiner UNO-Mitgliedschaft abzuleiten.

Wir müssen jetzt zum Ende der Kampfhandlungen im Juli 1948 zurückkehren und Israels Maßnahmen zur Konsolidierung seiner inneren Struktur und seiner Wirtschaft betrachten. Der Krieg und die politischen Auseinandersetzungen hatten die Erfüllung dieser Aufgaben verzögert. Wenn Israels Souveränität keinen Bestand haben sollte, bestand wenig Aussicht auf Errichtung einer sozialen Ordnung. Da aber jetzt die nächstliegenden politischen und militärischen Ziele erreicht waren, konnte man an die eigentlichen Aufgaben herangehen. Es bestand kein Zweifel darüber, worauf es in erster Linie ankam. Israel mußte seine Tore öffnen, die Wunden heilen und die düsteren Erinnerungen zerstreuen, die sich an die Reste des europäischen Judentums knüpften. Israel konnte auch auf die Woge der Begeisterung aus anderen Teilen der jüdischen Welt reagieren, wo die Geburt eines jüdischen Staates wie ein Trompetenstoß wirkte, der die Juden dazu aufrief, Sinn und Zweck ihres Lebens zu ändern und sich dem souveränen Israel beim Aufbau einer jüdischen Gesellschaft anzuschließen. So sahen jedenfalls die Juden in arabischen Ländern, im Lichte uralter Prophezeiungen, die israelische Wiedergeburt. An ihren Lebensumständen hatte sich nichts geändert; neu war jetzt lediglich, daß sie diesem Leben entrinnen konnten.

In den ersten vier Monaten israelischer Unabhängigkeit, als das Schicksal des Landes noch in der Schwebe war, landeten über fünfzigtausend Einwanderer an Israels Küsten. Bis zum September 1948 war dieser Strom zu einer Sturmflut angewachsen. Bis Oktober 1951 hielt dieser gewaltige Zustrom an. Innerhalb von drei Jahren, von Mai 1948 bis Dezember 1951, waren 687000 Neuankömmlinge in Israel gelandet: 101828 im Jahre 1948, 239576 im Jahre 1949, 170249 im Jahre 1950 und 175095 im Jahre 1951. Unter der britischen Mandatsherrschaft hatte die jüdische Bevölkerung dreißig Jahre gebraucht, um auf 600000 anzuwachsen. Diese Zahl zu verdoppeln hatte der souveräne Staat Israel in weniger als drei Jahren erreicht und sogar noch übertroffen.

In den Strom mündeten verschiedene Nebenströme ein. Zuerst kamen die Überlebenden des nationalsozialistischen Fegefeuers. Hunderttausende von Juden lebten zerstreut in deutschen Flüchtlingslagern sowie in Österreich und in Italien. Bis zum Juli 1949 waren zweiundfünfzig Flüchtlingslager evakuiert worden. Noch früher, im Winter 1948/1949, waren die Lager auf Zypern, wohin die britischen Behörden Tausende »illegaler« Einwanderer deportiert hatten, geräumt und ihre Insassen heimgeführt worden. Zur selben Zeit wanderten die jüdischen Gemeinden von Bulgarien und Jugoslawien sowie der größte Teil des türkischen Judentums nach Israel aus. Polen und Rumänien hatten einigen ihrer jüdischen Bürger die Ausreise gestattet; bis 1951 waren 100000 Juden aus Polen und 120000 aus Rumänien an Israels Küste eingetroffen.

Der junge Staat war jetzt zum Zufluchtsort für das gequälte europäische Judentum geworden. Wenn man die Zehntausende hinzurechnet, die mit der vierten und fünften Alija gekommen waren, nach der Machtübernahme durch Hitler in Deutschland, dann ergibt sich klar, daß die Masse der israelischen Bevölkerung aus Juden bestand, die unter Verfolgungen in ihrer schärfsten Form zu leiden gehabt hatten. Das Problem bestand nicht nur darin, ihre körperlichen Wunden zu heilen, sondern ihrem Leben auch einen neuen Inhalt zu geben, der sie vor einem lähmenden Nihilismus bewahren konnte. Es ging nicht nur darum, daß Millionen von Juden ermordet worden waren, sondern daß Zehntausende von Überlebenden noch immer von den schrecklichsten Erinnerungen verfolgt wurden. Doch hatten die meisten das richtige Verständnis für ihre Lage bewahrt. Dies erklärte mehr als alles andere, warum sie gerade Israel als Ziel ihrer Reise gewählt hatten. Nach den körperlichen Qualen der russischen Pogrome am Ende des neunzehnten Jahrhunderts zog es unter hundert Auswanderern, die der reichen Neuen Welt Amerikas zustrebten, nur einen in die alte Heimat, in das Land Israel. Das Verhältnis war inzwischen umgekehrt, denn die jüdische Tragödie in Europa hatte derartig erschütternde Nachwirkungen gezeitigt, daß physische Rehabilitierung allein nicht genügte, um den inneren Frieden wiederzufinden. Israel mochte vielleicht weniger Sicherheit und äußeren Wohlstand als manche anderen Länder bieten, aber was die Juden allein hier finden konnten, war die Chance, nicht nur seelisches Gleichgewicht, sondern den Sinn ihres Lebens überhaupt wiederzugewinnen.
Während die europäischen Einwanderer in die Aufnahmezentren und Transitlager strömten, trafen sie unerwartet mit zwei weiteren Einwanderungsgruppen zusammen. Die beiden ältesten jüdischen Gemeinden der Welt, die schon existiert hatten, lange bevor die arabische Nation geboren oder die arabische Sprache überhaupt entstanden war, erhoben sich

jetzt und kehrten in das Land ihrer Väter zurück. Die jüdischen Minderheiten des Jemen und des Irak wurden innerhalb dieser Zeitspanne fast vollständig evakuiert. Ihre düstere und wechselvolle Geschichte sowie ihr Sinn für romantische Zusammenhänge fanden Ausdruck in den Namen, die ihrer Heimkehr gegeben wurden. Die Einwanderung der jemenitischen Juden hieß »Operation Fliegender Teppich«, und die Flucht der Juden aus dem Irak wurde »Operation Ezra und Nehemia« genannt.
Der »Fliegende Teppich« brachte in den Jahren 1949 und 1950 49000 jemenitische Juden nach Israel. Sie waren jedoch nicht die ersten, die von dort nach Israel kamen. Schon nach 1881, noch bevor die erste Alija aus Europa einsetzte, waren jemenitische Juden in das Heilige Land zurückgewandert. Doch 1948 war die jemenitische Einwanderung vollständig zum Erliegen gekommen, da keine Einwanderungspapiere verfügbar waren. Ausreisehafen war die britische Kolonie Aden gewesen, wo sich die ablehnende Haltung der Briten gegenüber der jüdischen Einwanderung nicht so leicht umgehen ließ wie in Europa. Aber 1949 hatte Großbritannien den Kampf aufgegeben, und die Juden im Jemen waren überzeugt, daß die Prophezeiung in Erfüllung gegangen und Israels Knechtschaft aufgehoben worden sei. Ihre Leiden im Jemen waren allgemein bekannt. Neu war die Möglichkeit, ihnen zu entfliehen.
Da Ägypten den Suezkanal für israelische Schiffe gesperrt hatte, konnten die jemenitischen Flüchtlinge nicht über das Rote Meer antransportiert werden. Einzige Alternative war eine Luftbrücke nach Israel. Die Jewish Agency im Verein mit dem *American Jewish Joint Distribution Committee* schloß mit den American Alaska Airlines und der Near-East Air Transport Company einen Vertrag und organisierte einen Pendelverkehr, um die jemenitischen Einwanderer nach Israel zu befördern. Da sich die Feindseligkeiten zwischen Israel und den arabischen Staaten auch auf den Luftraum ausgedehnt hatten, mußten diese Flüge oft auf Umwegen durchgeführt werden. Während der ersten Phase der »Operation Fliegender Teppich« (Dezember 1948 bis März 1949) fanden fünfundfünfzig Flüge statt; jede Maschine transportierte zwischen 90 und 150 Passagiere. Die zweite und größere Phase des »Fliegenden Teppichs« begann im Mai 1949. Der Imam des Jemen hatte inzwischen das Verbot jüdischer Auswanderung aufgehoben. Viele Juden beabsichtigten, die Reise nach Israel zu Fuß oder auf Eselsrücken zu unternehmen. Mit der Genehmigung arabischer Fürstentümer, deren Gebiet die Juden durchqueren mußten, und jetzt auch mit britischer Unterstützung in Aden konnte die Luftbrücke erweitert werden. Die meisten im Jemen und in Aden zurückgebliebenen Juden wurden Ende 1949 nach Israel geflogen. 9000 wurden in den ersten neun Monaten des Jahres 1950 evakuiert. Die »Operation Fliegender Teppich« endete offiziell am 24. September 1950, als die letzte Transport-

maschine mit 177 Passagieren auf dem Flughafen Lydda landete. Die Juden hatten im Jemen jahrhundertelang im Zustand relativer Rechtlosigkeit gelebt. Sie konnten kein Land erwerben, und sie mußten vom Bürgersteig heruntertreten, wenn ein Moslem vorbeikam. Zuweilen wurden sie von den Imams im Zeichen eines feudalen Patriarchats geduldet. Dank starker Religiosität und in Erinnerung an vergangenen Ruhm hatten sie sich über die Widrigkeiten des Alltags hinweggesetzt. Im Jemen durften sie lediglich kleine Läden unterhalten und als Handwerker, wie zum Beispiel als Silber- und Kupferschmiede, arbeiten. Als sie das Flugzeug nach Israel bestiegen, waren die meisten von ihnen in ihrem ganzen Leben noch nicht einmal in Fahrzeugen zu Lande gereist. Und als sie dann in Lastwagen und Autobussen von Lydda in die Dörfer gebracht wurden, wo sie sich niederlassen sollten, empfanden sie ein Gefühl höchster Besorgnis, da die Fahrzeuge sich nicht in die Lüfte erhoben. In ihren einfachen Gedankengängen fiel ihnen die Prophezeiung aus der Heiligen Schrift ein: »Ich werde sie auf Adlerschwingen tragen und zu mir bringen.« Ähnlich wie bei den jemenitischen Juden, die im neunzehnten und zu Anfang des zwanzigsten Jahrhunderts ihre Vorläufer gewesen waren, verlief die Assimilierung in der israelischen Gesellschaft rasch und reibungslos. Die hebräische Sprache war ihnen durchaus geläufig, und ihre althergebrachte Frömmigkeit gedieh unter einem kongenialen Himmel. Zur selben Zeit kamen die irakischen Juden in noch größeren Scharen nach Israel. »Operation Ezra und Nehemia« hieß die Luftbrücke nach Israel in der Zeit zwischen Mai 1950 und Dezember 1951. Die Verhältnisse lagen hier weniger günstig als im Jemen. Von 1948 bis 1950 galt die Auswanderung von Juden nach Israel als Kapitalverbrechen. Im Mai 1950 verabschiedete das irakische Parlament dann ein Gesetz, das die jüdische Auswanderung nach Palästina zwar gestattete, es beraubte jedoch die jüdischen Emigranten ihrer irakischen Staatsbürgerschaft, ordnete die Beschlagnahme ihres Besitzes an und beschränkte drastisch die bewegliche Habe, die sie mitnehmen durften. Die Near East Air Transport Company, die an der »Operation Fliegender Teppich« beteiligt gewesen war, führte auch diese Lufttransporte durch. Die irakische Regierung hatte gefordert, daß die Maschinen nicht direkt nach Israel, sondern zunächst in ein »neutrales Land« fliegen sollten. Mit Rücksicht hierauf wurde eine Zwischenlandung in Nikosia auf Zypern eingelegt, wo die Einwanderer in Flugzeuge nach Israel umstiegen. Der März 1951 war von der irakischen Regierung als letzter Termin für die Beantragung der Auswanderung festgesetzt worden. Bis zu diesem Zeitpunkt hatten sich über 100000 Juden in den Auswanderungslisten registrieren lassen, gegenüber etwa 25000, die sich in unglückseliger Verkennung der Lage entschlossen hatten, im Irak zu bleiben.

Jetzt wurden alle Juden, die irgendwo unter mohammedanischer oder arabischer Herrschaft lebten, von einem wilden Gärungsprozeß ergriffen. Ein jüdischer Einwandererstrom erreichte Israel aus den jüdischen Gemeinden von Nordafrika, Marokko, Algerien, Tunesien und Libyen. Hier war die treibende Kraft nicht nur die Liebe zu Zion, wie sie sich aus der religiösen Erziehung ergab, sondern auch der kalte Wind, der vom arabischen Nationalismus ausging. In weniger als zehn Jahren waren die jüdischen Gemeinden in Libyen, Tunis, Algerien und Marokko so gut wie verschwunden; nur eine relativ kleine Anzahl von Juden blieb zurück. Der Exodus aus Europa konzentrierte sich hauptsächlich auf die Jahre 1948 und 1949. Die Jahre 1949 und 1950 standen im Zeichen der Rückkehr der orientalischen Juden. Am 15. Mai 1948 hatte es 650000 Juden in Palästina gegeben. Bis Ende 1953 war ihre Zahl auf 1484000 angewachsen.

In schwere Kämpfe verwickelt und um ihr Leben ringend, konnte sich die Nation im Jahre 1948 noch nicht voll um die Eingliederung der Einwanderer kümmern. Ebenso wie die Weigerung der jüdischen Massen, in die Heimat zurückzukehren, das nationale Prestige Israels diskreditiert hätte, so konnte auch ein Versagen bei der Eingliederung der Einwanderer in den Arbeitsprozeß, etwa hervorgerufen durch Naturkatastrophen wie Hungersnot, Seuchen oder dergleichen, verheerende Folgen haben. Und es gab genug handfeste Gründe für derartige Befürchtungen. Daß ein kleines Land ebenso viele Einwanderer aufnehmen sollte wie seine bisherige Gesamtbevölkerung ausmachte, ohne daß auch nur ein einziger Neuankömmling auf dem Straßenpflaster schlafen oder Hunger leiden mußte und ohne daß die Kinder auch nur eine Woche nicht zur Schule gehen konnten, diese Vorstellung schien zunächst alle zu überfordern. Aber es wurde geschafft.

Hauptproblem war zunächst die Wohnungsnot. Anfänglich wurden die Einwanderer in Vorstädten und Dörfern untergebracht, die von den Arabern bei ihrer Flucht verlassen worden waren. Als diese Möglichkeiten erschöpft waren, gab es keine andere Wahl, als Transitlager einzurichten, bis genügend neue Häuser gebaut werden konnten. Ehemalige britische Militärlager, in mehr oder weniger heruntergekommenem oder vernachlässigtem Zustand, wurden ebenfalls mit herangezogen. Zelte und Baracken wurden zu Tausenden in aller Eile errichtet. Der Einwandererstrom war so stark, daß zuweilen Tausende in irgendeinem Lager einquartiert werden mußten, bevor auch nur die primitivsten Unterbringungsmöglichkeiten geschaffen werden konnten.

In jenen Jahren wollten die Schwierigkeiten für Israel kein Ende nehmen. Die Transitlager lagen häufig in Gegenden, die von größeren Ortschaften weit entfernt waren. Ihre Insassen waren zum größten Teil arbeitslos. Ihr Existenzminimum wurde von der öffentlichen Hand bereitgestellt, aber weder die Regierung noch die Jewish Agency verfügte über die Mittel, die erforderlich waren, um alle Einwanderer endgültig unterzubringen und in den Arbeitsprozeß einzugliedern. Das Vorhandensein dieser Lager mußte bereits als ein Triumph der Organisation gewertet werden. Aber solche Notunterkünfte führten zu erzwungenem Nichtstun und verlangsamten die Integration der Einwanderer. Außerdem waren sie unwirtschaftlich und bedeuteten für Israels ohnehin angespannte Finanzlage eine schwere Last. Die schnellste Lösung war auch die kostspieligste. Neue und bessere Lösungsmöglichkeiten mußten gefunden werden.

Etwa um die Mitte des Jahres 1950 wurde unter Levi Eschkols einfallsreicher Führung ein neues System der Eingliederung und Unterbringung entwickelt. Das *ma'abarah* (Übergangszentrum) war ein ureigenes israelisches Experiment. Es sollte den Eingliederungsprozeß dadurch beschleunigen, daß es den Einwanderern nahelegte, schon bald nach ihrem Eintreffen auf eigenen Füßen zu stehen. Zuerst wurden sie in Aufnahmelager gebracht; bald darauf wurden sie in das *ma'abarah* verlegt, das sich in der Nähe von Ortschaften oder Siedlungen befand, wo sie Arbeit finden oder bei Bauvorhaben der öffentlichen Hand eingesetzt werden konnten. Allmählich bildeten sich zwei Typen von *ma'abarot* heraus: Einige wurden zu ständigen Einrichtungen, andere wurden wieder aufgelöst, sobald die Insassen Arbeitsplätze gefunden hatten. Die Einwanderer lebten innerhalb der *ma'abarot* in Zelten oder in Holz- oder Blechbaracken, aber jede Familie hatte für sich selbst zu sorgen. Öffentliche Einrichtungen wie Kliniken, Sanitätsstationen, Schulen, Arbeitsvermittlungen und dergleichen wurden von der Regierung oder der Jewish Agency zur Verfügung gestellt. Bis zum Ende des Jahres 1952 wurden 113 *ma'abarot* mit fast 250000 Insassen gegründet. Das Leben dort war weniger entbehrungsreich als in den früheren Lagern, aber trotzdem noch schwer. Die *ma'abarot* waren primitiv und überbelegt. Während der Regenzeit im Winter standen sie zum Teil unter Wasser; gegen die Sommerhitze boten sie nur wenig Schutz; und außerdem waren sie von den größeren Ortschaften und Dörfern abgeschnitten. Im Winter 1950 wurde die Lage in einigen *ma'abarot* so kritisch, daß die Armee aufgeboten werden mußte, um Lebensmittel heranzubringen und die von ständigen schweren Regenfällen fortgeschwemmten Zelte und Hütten wieder aufzurichten.

Daß es angesichts der Mißhelligkeiten und Nöte in den Lagern und *ma'abarot* nie zu feindseligen Demonstrationen oder zu einer Auswanderungswelle gekommen ist, liegt allein daran, daß der Atmosphäre in Israel in jenen ersten Jahren etwas Einzigartiges anhaftete. Physische Härten wurden durch ein Gefühl der Solidarität gemildert. Die Einwanderer mochten arm und leidgeprüft sein, aber sie spürten, daß sie gebraucht wurden. Sie wußten außerdem, daß die ganze Nation ihre Integrierung in die israelische Gesellschaft als vordringliche Aufgabe betrachtete. Ein Gefühl des kollektiven Abenteuers, das in Pionierzeiten so deutlich hervortritt, kam Israel jetzt zu Hilfe. Dienstleistungen auf freiwilliger Basis waren in weiten Bereichen der Gemeinschaft an der Tagesordnung. Hinter jedem einzelnen, der erlöst werden konnte, stand die Erinnerung an hundert andere, deren Leben ausgelöscht worden war. Aufnahme und Unterstützung der Einwanderer war ein nationales Mysterium. Alles andere trat in Israel gegenüber dieser Aufgabe zurück. Nicht einen einzigen Augenblick hätte jemand ernsthaft daran gedacht, den Einwandererstrom zu drosseln, um die bestehende Gesellschaftsordnung gegen die nachteiligen Wirkungen dieser Masseneinwanderung zu schützen. Die jüdischen Gemeinden in der Diaspora, besonders in den Vereinigten Staaten, wandten sich voller Eifer dieser Sache zu. Auf freiwilliger Grundlage entstandene Hilfsorganisationen zur finanziellen Unterstützung wuchsen empor, wie zum Beispiel die United Jewish Appeal, deren Teilhaber sich nicht nur von finanzieller Großzügigkeit, sondern vor allem von großer Sorge und vom Gefühl der Verantwortung für Israel leiten ließen, eine Einstellung, die auch im Bereich der Politik ihren Niederschlag fand. Der größte Teil der zivilisierten Welt beobachtete voller Hochachtung diesen Versuch einer Nation, sich selbst aus Schutt und Asche wiederaufzubauen. Die Flut mußte früher oder später wieder abebben. Etwa Mitte 1952 gingen die Einwandererzahlen stark zurück. 1953 kamen kaum mehr als 10000 nach Israel. Während der Jahre 1952 bis 1954 wurden nur 50000 Einwanderer gezählt. Dieser Rückgang führte zu depressiven Nachwirkungen, die im Verein mit anderen Entwicklungen die Zeitspanne von 1952 bis 1956 als eine Art Scheinruhe in Israels erstem Vierteljahrhundert erscheinen ließen. Ein gewisser Ausgleich ergab sich natürlich dadurch, daß dieses Nachlassen Regierung und Jewish Agency in die Lage versetzte, verschiedene Arbeitsmethoden neu zu ordnen und bessere Systeme für die Unterbringung und Eingliederung in der Zukunft zu entwickeln.

Während dieser bemerkenswerten vierzig Monate der Masseneinwanderung war Israel eine einzige, riesige, geräuschvolle Werkstatt, in der fortwährend das Geklirr zahlloser Werkzeuge widerhallte, mit denen Häuser, Straßen und Schulen in kürzester Zeit gebaut wurden. 87000 Gebäude mit 165000 Zimmern wurden fertiggestellt, 345 neue Dörfer, Kibbuzim, *moshavim* und *moshavot*, von 1948 bis 1951 errichtet, das waren fünfzig mehr als in den vergangenen siebzig Jahren. Die Übersichtskarte jüdischer Siedlungen, die noch 1948 voller Lücken gewesen war, zeigte jetzt eine viel größere Dichte mit vielen neuen Ortsnamen. Nur im Westteil

Galiläas, im Negeb und in den Bergen von Judäa blieb die Besiedlung relativ dünn.
Die Einwanderer wurden schließlich zu Israels hauptsächlicher Wirtschaftsquelle. Wirtschaftswissenschaftler erblickten in ihnen jedoch zunächst nur eine Masse unproduktiver Verbraucher. Die Regierung hatte von dem Mandatsregime hohe Lebenshaltungskosten, steigende Preise und inflationäre Tendenzen im ganzen Bereich der Wirtschaft übernommen. Die Finanzierung des Krieges hatte diese Lage nur noch verschärft. Und vor allem bedeutete die Masseneinwanderung, daß sich die Anzahl der Konsumenten erheblich vergrößert, die der produktiven Kräfte als Folge der Mobilmachung aber verringert hatte. Da Verbrauchsgüter nur in geringen Mengen eingeführt werden durften, stiegen die Preise für alle Waren ins Unermeßliche. Israel war von Anbeginn an als Wohlfahrtsstaat gegründet worden, in dem sich die Regierung verpflichtet sah, der Bevölkerung alle nur möglichen Sozialleistungen zugänglich zu machen. Dies führte zu einer raschen Vergrößerung des Verwaltungsapparats. Als sich die Einwanderer den Soldaten und Beamten zugesellten, wurden die für die tatsächliche Produktion verfügbaren Arbeitskräfte relativ gesehen noch weniger. Auf den Schultern dieses kleinen Arbeiterheeres lag die Last des Straßenbaus, der Urbarmachung, Bewässerung und Kultivierung des Bodens. Das Wohnungsbauprogramm spannte den Haushalt bis zum äußersten an und belastete den Arbeitsmarkt bis zur Erschöpfung. Bis Mitte 1949 kletterten Löhne und Preise steil hinauf, und Israels ohnehin anfällige Wirtschaft wurde vom völligen Zusammenbruch bedroht. Es war jetzt unabdingbar, daß sich die Regierung entschlossen und unverzüglich in den Ablauf der Ereignisse einschaltete.
Der erste Schritt bestand aus einem eisernen Sparprogramm für das ganze Land. Diese undankbare, aber notwendige Aufgabe wurde Dr. Dov Joseph übertragen, dessen Tätigkeit als Militärgouverneur von Jerusalem während der Belagerung ihn prädestiniert für die Anordnung unbequemer, aber heilsamer Maßnahmen erscheinen ließ. Das Finanzministerium unter Eliezer Kaplan und das Ministerium Dov Josephs verfolgten ein dreifaches Ziel: Zuerst mußten die Preise heruntergesetzt werden. Zweitens mußten die Devisenvorräte durch Drosselung der Importe aus dem Ausland gesichert werden. Und drittens war es im Gleichklang mit diesen Maßnahmen notwendig, die industrielle und landwirtschaftliche Produktion im Lande zu steigern.
Das allgemeine Sparprogramm geriet aus verschiedenen Richtungen unter politischen Beschuß. Die Interessen von Handel und Industrie mußten unter einer gelenkten Mangelwirtschaft leiden. Aber die Urheber und Exponenten des Sparprogramms sahen in ihrem Kurs nie ein Dogma, das unter allen Umständen aufrechterhalten werden mußte. Ihr Argument

war, daß ihnen unter dem Druck der Masseneinwanderung gar keine andere Wahl geblieben war. Vom linken Flügel der Arbeiterbewegung wurde Klage darüber geführt, daß die Arbeiter automatisch zu Opfern der Rationierungsmaßnahmen wurden, während es anderen gelang, vom schwarzen Markt und anderen Ausweichmöglichkeiten zu profitieren. Im großen und ganzen jedoch waren die Israelis der Auffassung, die wirtschaftlichen Einschränkungsmaßnahmen seien kein zu hoher Preis dafür, daß man den militärischen Sieg errungen hatte und jetzt in überschwenglicher Freude mitansehen konnte, wie sich die Flüchtlingslager in Europa leerten und unterdrückte Juden aus mohammedanischen Ländern durch die Eingangstore des Heiligen Landes strömten. Außerdem erwies sich die Politik wirtschaftlicher Zurückhaltung als durchaus erfolgreich: Innerhalb des Jahres 1949 fiel der Lebenshaltungsindex von 493 auf 378 Punkte.

Die israelische Wirtschaft hatte sich an Aufgaben herangewagt, die weit über ihr eigenes Vermögen hinausgingen. Im Jahre 1951 berief Ministerpräsident Ben Gurion eine Konferenz israelischer Führer mit führenden Persönlichkeiten des amerikanischen und Weltjudentums ein. Zielvorstellungen, die man damals für utopisch hielt, wurden als Herausforderung an die Solidarität und den Unternehmungsgeist der Juden in aller Welt niedergelegt. Die Einkünfte des United Jewish Appeal sollten vergrößert werden. Eine israelische Staatsanleihe sollte in den Vereinigten Staaten und in anderen Ländern die Mittel für Entwicklungsaufgaben, den Wohnungsbau und die Erweiterung der landwirtschaftlichen Produktion bereitstellen. Neben den jüdischen Eigenmitteln sollten langfristige Kredite von der amerikanischen Regierung ausgehandelt werden. Trotz stürmischer, von Bitterkeit geprägter Auseinandersetzungen in Israel wurde ferner beschlossen, die Bundesrepublik Deutschland zu veranlassen, Zahlungen an den Staat Israel zu leisten, um wenigstens einen Teil der von den Juden erlittenen materiellen Verluste wiedergutzumachen. Die geforderte Summe war 3 000 000 000,– DM. Weitere 450 000 000,– DM wurden von der Konferenz über jüdische Wiedergutmachungsanträge gefordert, auf der das Judentum in der Diaspora und die Juden außerhalb Israels vertreten waren, die für ihre Leiden unter den Nazis entschädigt werden sollten. Im September 1952 war das Wiedergutmachungsabkommen mit der Bundesrepublik abgeschlossen worden. Die United Jewish Appeal hatte mehr als erwartet erreicht. Die Anleihe war ein Erfolg geworden, ganz gegen die Voraussagen der Skeptiker. Und die Regierung der Vereinigten Staaten hatte vom Kongreß 65 Millionen Dollar erhalten, um Israel bei der Unterbringung und Eingliederung der Einwanderer und Flüchtlinge zu unterstützen. Zusammen mit den israelischen Stützungskrediten und langfristigen Darlehen verliehen diese

Maßnahmen der Finanzsituation Israels ein gesünderes Aussehen, als man es noch vor einem Jahr für möglich gehalten hätte. Die Entlastung war in der Tat so groß, daß Tel Aviv zu einer neuen Politik der Wirtschaftsankurbelung übergehen konnte. Mit der Beseitigung starrer Kontrollen ließ man die Preise sich auspendeln, und der Index stieg um fünfzig Prozent. Es war klar, daß eines der schwierigsten Probleme für Israel die wirtschaftliche Konsolidierung sein würde, und die gesamte Planung stieß insofern auf besondere Schwierigkeiten, als viele für das Wirtschaftsleben bestimmende Faktoren außerhalb der nationalen Kontrolle lagen. Der israelische Verteidigungshaushalt wurde von der Feindschaft und Wiederaufrüstung der arabischen Staaten diktiert. Die Einwanderung, und damit das Problem der Unterbringung, Erziehung und der Sozialleistungen, hing von dem Druck, der auf die im Ausland lebenden Juden ausgeübt wurde, und vom Ausmaß ihres Strebens nach der Wiedervereinigung mit Israel ab. Jedenfalls war der Staat durch das erste, noch am Unabhängigkeitstage verkündete Gesetz verpflichtet, seine Tore bedingungslos jedem Juden zu öffnen, der die Absicht hatte, innerhalb des Staates Israel eine neue Heimat zu suchen.

Als Israels Unabhängigkeitstag sich im Jahre 1951 zum dritten Mal jährte, konnte das Land auf drei entscheidende Leistungen zurückblicken: Es hatte einen Krieg gegen arabische Armeen, die ihm an Zahl und Bewaffnung überlegen waren, gewonnen. Es hatte sich den Weg in die internationale Völkerfamilie freigekämpft, deren Mitglieder Israel inzwischen in der Mehrheit voll anerkannt hatten. Und es hatte die Riesenlast jüdischen Elends und jüdischer Sehnsucht auf sich genommen, indem es Hunderttausende von Artgenossen aufgenommen hatte. Wenn man diese Errungenschaften mit der Ohnmacht verglich, die für die Lage des Judentums am Ende des Krieges kennzeichnend gewesen war, so konnte man die ersten vierzig Monate der Eigenstaatlichkeit mit Recht als einen revolutionären Wandel bezeichnen.
Die gesamte jüdische Geschichte ist ein ewiger Triumph elastischer Anpassung. Sie lehrt, daß es keine Situationen gibt, aus denen nicht doch noch ein Ausweg gefunden werden kann. Diese Eigenschaft des Judentums hat selten einen schöneren Ausdruck als in der Art und Weise gefunden, in der Israel zwischen 1948 und 1951 die sich ihm bietenden Gelegenheiten ergriffen und genutzt hat. Es hatte sich steuernd in den Ablauf der Ereignisse und des geschichtlichen Entwicklungsprozesses eingeschaltet. In einer kurzen Zeitspanne waren wir aus einer Welt, in der die Existenz eines jüdischen Staates als unvorstellbar gegolten hatte, in eine Welt eingetreten, die ohne Israel ebenso unvorstellbar gewesen wäre.

5 Der Friede – ein Mißerfolg

Der Krieg ist ein Schutz, aber kein Schöpfer.
Whitehead

Nach vier solchen Jahren schien es vielen Israelis, als sei alles möglich, wenn man nur genügend Energie auf die Erreichung der verschiedenen Ziele verwendete. Aus eben diesem Grunde war es für viele eine herbe Enttäuschung, daß sie ihr Hauptziel nicht erreicht hatten. Der Friede schien greifbar nahe, als 1949 das Waffenstillstandsabkommen unterzeichnet wurde; doch schon bald danach schwanden die Aussichten auf einen Frieden dahin.

Die internationalen Gremien und Großmächte vermochten in den Waffenstillstandsabkommen nicht das Sprungbrett zu einem dauerhaften Frieden zu sehen. Nach der Unterzeichnung der Abkommen von 1949 schien die internationale Politik die arabischen Regierungen in ihrer Annahme zu bestärken, daß die Welt eine kriegerische Haltung bis zu einem gewissen Grade dulden würde. Dr. Bunches Erfolg bei den Waffenstillstandsverhandlungen folgte das Fiasko der *Palestine Conciliation Commission*. Dieses Gremium war durch Beschluß der Vollversammlung im Dezember 1948 ins Leben gerufen worden. Es setzte sich aus Delegierten der Vereinigten Staaten, Frankreichs und der Türkei zusammen. Amerikanischer Vertreter war Mark Etheridge, Herausgeber einer Zeitung in Louisville, Kentucky. Frankreich war durch einen Diplomaten von entgegenkommendem Wesen und angenehmen Umgangsformen vertreten, den niemand in Paris für die bedeutendste Figur der französischen Diplomatie hielt. Der türkische Vertreter, Mr. Yalcin, war ein wohlwollender und feinfühliger Journalist fortgeschrittenen Alters. Vom ersten Tage seiner Tätigkeit an, bis es in der Vergessenheit verschwand, wie es bei Ausschüssen der UNO oft der Fall ist, hat sich das Komitee in stiller und ständig zunehmender Unfähigkeit mit Problemen abgerungen, die es zu meistern einfach nicht imstande war. Ihm fehlte der innere Schwung, mit dem Bunche auf die sich ihm bietenden Gelegenheiten reagiert hatte. Tatsache ist, daß Triumvirate sich in der Geschichte noch nie durch einheitliches Denken und Zielstrebigkeit ausgezeichnet haben.

Die Kommission beging ihren ersten Fehler damit, daß sie alle arabischen Staaten zusammenrief – und zwar getrennt von Israel. Dr. Bunche hatte seinen Erfolg hauptsächlich der Tatsache zuzuschreiben, daß Israel mit

jedem arabischen Staat getrennt und unmittelbar über die beide Seiten interessierenden Fragen verhandelt hatte. Israels »Nicht-Existenz« und »Illegitimität« gehörten seit mehr als einer Generation zum arabischen Glaubensbekenntnis. Daraus folgte, daß sogar dann, wenn die Interessen eines einzelnen arabischen Staates für eine friedliche Regelung sprachen, der gemeinsame Nenner für alle nur der traditionelle Haß sein konnte. Bald stellten wir fest, wie sich die einzelnen arabischen Regierungen mit Argusaugen beobachteten, um zu sehen, wer als erster die geheiligten Prinzipien des Anti-Zionismus verletzte.
Die arabischen Delegationen begannen damit, ein Zusammentreffen mit den israelischen Vertretern abzulehnen. Sie bestanden dann darauf, daß die Rückkehr aller Flüchtlinge eine Voraussetzung für weitere Verhandlungen sei. Als auf Einladung der Kommission alle beteiligten Regierungen ihre Auffassung zu einer Grenzregelung gegenüber der Grenzziehung von 1947 zum Ausdruck bringen sollten, begriffen die arabischen Regierungen sehr schnell, daß damit eine Abwertung der Waffenstillstandslinien gemeint war; diese galten nicht einmal als Diskussionsgrundlage für die Regelung der territorialen Frage. Die arabischen Regierungen schlugen vor, Israel auf die Grenzen des Teilungsplans von 1947 abzüglich des gesamten Gebiets von Galiläa und Negeb zurückzubeordern! Nach diesem Plan wäre Israel nichts außer einem kleinen Küstenstreifen geblieben. Dies wäre sogar dann eine drakonische Lösung gewesen, wenn Israel den Krieg von 1948 verloren hätte. Warum ein Sieger an seiner eigenen Verstümmelung mitwirken sollte, haben sich die arabischen Regierungen nie die Mühe genommen, näher zu erklären.
Israel beantragte, wie auch die ganzen folgenden achtzehn Jahre hindurch, daß die Waffenstillstandslinien als endgültige Grenzen übernommen werden sollten. Das einzige, was die *Conciliation Commission* tun konnte, war, die Unterschiedlichkeit der beiderseitigen Standpunkte festzuhalten. Sie beging dann einen entscheidenden Fehler, als Israel sich bereit erklärte, 100000 arabische Flüchtlinge im Rahmen einer Friedensregelung aufzunehmen. Wir dürfen nicht vergessen, daß damals die Zahl der arabischen Flüchtlinge nicht über 650000 hinausging. Wenn auch andere mittelöstliche Staaten dem israelischen Beispiel gemäß ihrer jeweiligen Aufnahmekapazität gefolgt wären, wäre das ganze Problem aus der Sackgasse befreit und einer vernünftigen Lösung näher gebracht worden. Die Reaktion der *Palestine Conciliation Commission*, die israelische Geste als bedeutungslos hinzustellen, führte zur Ablehnung des Vorschlags durch die arabischen Regierungen. In Israel herrschte der Eindruck vor, daß man leichter zu einem Übereinkommen durch direkte Verhandlungen mit den arabischen Regierungen als über die UNO-Diplomaten gelangen könne, obwohl letztere eigens zu dieser Aufgabe eingesetzt waren.

1950 hatte die *Palestine Conciliation Commission* ihren Mißerfolg praktisch selber zugegeben. Während der nächsten beiden Jahrzehnte tat sie nichts, als jedes Jahr einen Bericht über ihre Friedensbemühungen vorzulegen, obwohl sie überhaupt nichts unternommen hatte. Der Schwung eines Bunche war vollkommen vertan worden.
Eine ähnliche Geschichte verpaßter Gelegenheiten ergab sich Ende 1949 in der Vollversammlung, als das Problem Jerusalem zur Debatte stand. Nach den Waffenstillstandsvereinbarungen übten Israel und Jordanien in den beiden Teilen der Stadt ihre Hoheitsrechte aus. Die Bevölkerung der geteilten Stadt war jeweils der Nation gegenüber loyal, zu der sie gehörte. Die Situation schien geradezu reif zu sein für einen Kompromiß, der einer internationalen Behörde die Verantwortung für die Heiligen Stätten übertragen und die zivile Verwaltung Jerusalems von einer Vereinbarung zwischen den beteiligten Staaten abhängig gemacht hätte. Die Vollversammlung, die Jerusalem und seine Bevölkerung bereits während des Krieges sich selbst überlassen hatte, regte statt dessen die Einsetzung eines internationalen Regimes an, was zum damaligen Zeitpunkt sowohl Israelis wie Araber entrechtet und in der Wahrnehmung ihrer Hoheitsrechte bevormundet hätte. In der UNO-Charta steht viel über die Befreiung von Kolonialländern geschrieben. Sie sieht aber umgekehrt nicht die Überführung selbständiger Völker in die unerprobte Form eines internationalen Kolonialismus vor.
Die Internationalisierung wurde von Jordanien noch heftiger als von Israel zurückgewiesen, denn die Jordanier waren sogar gegen die Einsetzung einer internationalen Behörde zur Verwaltung der Heiligen Stätten. Israel war für eine internationale Kontrolle der Heiligen Stätten, die Jerusalem für die Weltöffentlichkeit so besonders interessant machten, aber ohne damit die säkulare Gewaltenteilung in der Stadt zu präjudizieren. Es wurde bald klar, daß die Vollversammlung die Resolution zur Internationalisierung angenommen hatte, ohne auch nur im geringsten daran zu denken, sie auch in die Tat umzusetzen. Die Tatsache, daß die Vereinigten Staaten, Großbritannien und die nichtkatholischen Länder Europas dagegen gewesen waren, bewies, daß sogar im christlichen Lager die Meinungen geteilt waren. Die einzige Wirkung von Dauer war eine entschlossene israelische Reaktion. Die Knesset und die Ministerien waren in Tel Aviv untergebracht, und zwar aus Sicherheitsgründen und weil Israel 1947–1948 gewillt war, einer Internationalisierungsformel keine Hindernisse in den Weg zu legen. Die Resolution der Vollversammlung von 1949 setzte sich jedoch so hochfahrend über Israels Geschichtsempfindlichkeit und die von Israel gebrachten Opfer hinweg, daß die Regierung auf Ben Gurions Antrag hin beschloß, die Hauptstadt nach Jerusalem zu verlegen. Am 11. Dezember 1949 trat die Knesset in Jerusalem zusammen und legte

den feierlichen Eid ab, die Hauptstadt nie wieder zu verlassen. Gleichzeitig wiederholte sie Israels Bereitschaft, an dem Zustandekommen vernünftiger Lösungen mitzuwirken, die dem weltweiten Interesse an den Heiligen Stätten Rechnung trugen.

Die Tatsache blieb jedoch bestehen, daß Israels Aufbauleistungen in der Heimat und seine politischen Erfolge im Ausland noch nicht durch Frieden gekrönt worden waren. Man redet gern so, als hinge der Friede vom Zusammenspiel und Geschick diplomatischer Initiativen ab. Wenn man die Lage unvoreingenommen betrachtet, stellt sich jedoch heraus, daß es vor 1967 für die arabischen Staaten keinen starken Anreiz gab, Frieden zu schließen. Sie hatten unter dem Nichtzustandekommen des Friedens nicht wesentlich zu leiden. Israel hatte seine Stärke im Kriege bewiesen; aber es besaß weder den Willen noch die Fähigkeit, den besiegten arabischen Staaten seine Bedingungen aufzuzwingen. Der von den Großmächten und den Vereinten Nationen ausgeübte Druck sowie Israels Sorge um seine eigenen Entwicklungsprojekte schienen die arabischen Staaten zu beruhigen, daß sie nicht Gefahr liefen, Israel würde über die Waffenstillstandsgrenzen hinaus vorstoßen. Nicht einmal das Flüchtlingsproblem wurde als besonders schwerwiegend empfunden; die arabischen Regierungen hatten die ganze Last der Sorge für die Flüchtlinge von ihren eigenen Schultern auf die der internationalen Körperschaften abgeschoben. Ägypten besaß kein derartiges Problem. Die in seinen Grenzen lebenden Flüchtlinge wurden einfach aus der ägyptischen Gesellschaft und Wirtschaft ausgeschlossen und im Gazastreifen unter elenden Lebensumständen abgesondert, wo sie von den ägyptischen Bevölkerungszentren durch die leere Wüste Sinai getrennt waren. Syrien hatte nur 70000 bis 80000 Flüchtlinge aufgenommen, mit denen es je nach politischem Kalkül verfahren konnte, wie es wollte. Der Libanon stand vor schwierigeren Problemen, da seine Bevölkerung durch 80000 Flüchtlinge, hauptsächlich Moslems, stark angeschwollen war. Aber der Libanon mit seinem empfindlichen Gleichgewicht zwischen Christen und Moslems und seinem dauernden Bemühen, jeglichen Verdacht zu zerstreuen, es fehle ihm an Nationalgeist, hatte in der arabischen Welt wenig zu sagen, wenn es um Krieg oder Frieden ging. Nur Jordanien sollte die Flüchtlinge als vollgültige Staatsbürger anerkennen und benutzte diese günstige Gelegenheit auch geschickt dazu, seine vergrößerte Bevölkerungszahl als Symbol für seine wachsende Bedeutung in der arabischen Völkerfamilie heranzuziehen. Nur Jordanien konnte durch einen baldigen Friedensschluß etwas gewinnen, und dieses Interesse sollte noch mit dramatischen Ereignissen zum Ausdruck kommen.
Im allgemeinen blieb jedoch die Tatsache bestehen, daß die arabischen

Regierungen in dem Übergang zum Frieden eine Entwicklung sahen, die gewaltige Risiken in sich barg. Die Araber befanden sich in einer Krise verletzten Stolzes. Sie waren in der prahlerischen Erwartung eines raschen und leichten Sieges in den Krieg gezogen. Sie hielten sich von Natur aus ihrem verhaßten Feinde gegenüber für weit überlegen. Was auch immer die Außenwelt von ihnen halten mochte, sie betrachteten sich als die einzig maßgebenden Regierungen, die eine höchst ehrenwerte Aufgabe zu erfüllen hatten, indem sie »Ruhe und Ordnung in einem Nachbarland wiederherstellten, das unter der Gesetzlosigkeit zionistischer Banden zu leiden hatte«. Nachdem sie sich einmal auf die absurde Auffassung festgelegt hatten, bei der jüdischen Nation in Palästina handele es sich um kaum mehr als ein Verbrechersyndikat, zeichnete sich alles Weitere durch konsequente Logik aus. Sie stellten den Gegner als Untermenschen dar, dem jedes Gefühl für Tapferkeit, Anstand oder echtes Nationalempfinden fehlte. Auf Karikaturen wurde Israel immer wieder als verkommenes, hakennasiges, bärtiges und schmuddeliges Wesen dargestellt, manchmal mit Hörnern, die ihm aus der Stirn herauswuchsen. Diese Darstellungen sollten den Eindruck vermitteln, es handele sich hier um außerhalb der Menschheit stehende Kreaturen, die nichts anderes verdienten, als ausgerottet zu werden. Von einer so verabscheuungswürdigen Kreatur besiegt zu werden, versetzte der arabischen Selbstachtung natürlich einen traumatischen Schlag. Und die Araber hatten auch nur deshalb die Waffenstillstandsabkommen akzeptiert, um einer noch größeren Demütigung aus dem Wege zu gehen. Kaum waren die Vereinbarungen unterzeichnet, als die arabischen Staaten auch schon begannen, sich über alle diejenigen Bestimmungen hinwegzusetzen, die sie zur Einhaltung einer friedlichen Politik verpflichteten. Sie hatten ja schließlich keine Friedensverträge unterzeichnet; deshalb hatten sie auch das Spiel noch nicht verloren. Der Krieg war unterbrochen, aber nicht beendet. Es würde zu einer weiteren Runde kommen, und dann zur nächsten und so weiter, und auf lange Sicht gesehen, würden sie dann den Sieg davontragen. Hier schien ihnen das Kräfteverhältnis im Hinblick auf Bevölkerungszahlen und Flächengröße Recht zu geben. Azzam Pascha, Generalsekretär der Arabischen Liga, sagte:

Wir haben eine Geheimwaffe, die uns bessere Dienste leistet als Kanonen, und das ist die Zeit. Solange wir mit den Zionisten keinen Frieden schließen, ist der Krieg nicht vorbei. Und solange der Krieg nicht zu Ende ist, gibt es keine Sieger und keine Besiegten. Sobald wir die Existenz Israels anerkennen, geben wir allein schon dadurch unsere Niederlage zu.

Auch die Innenpolitik der arabischen Staaten arbeitete gegen den Frieden. Hier war das vorherrschende Thema die arabische Einheit. Diese Idee

hatte in echter Zusammenarbeit nie ihren äußeren Ausdruck gefunden. In den Beziehungen zwischen den arabischen Hauptstädten gab es mehr Rivalitäten als Brüderlichkeit. Aber in Rhetorik und Ideologie waren sie sich alle einig. Aber wenn schon die arabische Einheit nicht stark genug war, um eine positive Zusammenarbeit herbeizuführen, so besaß sie doch genügend Kraft, um jedem Staat das Recht zu geben, sich in die Angelegenheiten der anderen einzumischen. Wenn Jordanien in den Verdacht geriet, die Möglichkeiten eines Friedensschlusses zu erkunden, kam es zu einem Aufschrei in Ägypten, Syrien und Saudiarabien. Wenn der Libanon friedfertige Absichten zu erkennen gab, fiel Jordanien gemeinsam mit den anderen arabischen Staaten in einem wüsten Propagandafeldzug über Beirut her. Zu einem Friedensschluß wäre infolgedessen ein arabischer Führer nötig gewesen, der sich selbst vor Gewaltanwendung gegen seine Person nicht gefürchtet hätte. Er mußte zum mindesten zur Zielscheibe derjenigen Organisationen werden, denen die arabische Einheit angeblich höher stand als die Interessen der einzelnen arabischen Staaten. Er würde sich, wenn nicht des Verrats, so doch wenigstens des »Partikularismus« schuldig machen.
Aber vor allem wurde die arabische Geisteshaltung nach dem Debakel von 1948 durch eine irrationale, durchaus greifbare Angst geprägt. Die arabischen Vorstellungen von Israel waren stets von einer deutlichen Zwiespältigkeit gekennzeichnet. Manchmal ging die Tendenz dahin, Israel so darzustellen, als verdiene es als ehrloses Gesindel keinerlei Respekt; es sei ein lächerlicher Popanz, der bald liquidiert würde. Zu anderen Zeiten wurden die israelischen Fähigkeiten so überzeichnet, daß sie fast als Allmacht dargestellt wurden. Israelis und Zionisten verfügen nach dieser Version über unbegrenzte Mittel und Fähigkeiten, über Schläue, Stärke und Böswilligkeit und über einen enormen internationalen Rückhalt. Sie denken in imperialen Herrschaftskategorien, und ihr jetziger Staat ist nur der Auftakt zu einem Groß-Israel, das sich vom Nil bis zum Euphrat erstrecken wird. Intelligente und verantwortungsbewußte Araber einschließlich Nasser selbst erweckten in ihren Reden den Eindruck, als glaubten sie wirklich daran, daß in der Knesset eine Karte, die dieses israelische Imperium darstellt, an der Wand hänge. In diesem Lichte mußte die bloße Existenz Israels als Bedrohung für die arabische Sicherheit angesehen werden. Das mindeste, was man tun konnte, war, auf die Friedensregelung mit einem Staat zu verzichten, der sowieso eines Tages wieder verschwinden würde. Kühnheit und Opfer, die zu einem Friedensschluß gehörten, schienen in gar keinem Verhältnis zu dem erwarteten Gewinn zu stehen. Einfache Tatsache ist, daß es den Friedensbemühungen auf arabischer Seite an Anreiz und Motivierung fehlte.

Die Weigerung, zu einem Friedensschluß mit Israel zu kommen, fand ihren dramatischsten Ausdruck in der Einstellung der arabischen Regierungen zum Flüchtlingsproblem. Dieses war die unmittelbare Folge des Krieges. Sobald festgestellt ist, daß arabische Regierungen durch einen politischen Akt ein akutes menschliches Problem geschaffen haben, wäre es nur natürlich, wenn sie sich zu dessen Lösung in hohem Maße verpflichtet fühlten. Es gab Augenblicke, da arabische Führer in seltener Offenheit diesem Grundsatz Ausdruck verliehen. Am 15. September 1948 sagte Mr. Emil Ghoury, Sekretär des *Arab Higher Committee:*

Ich will niemanden anklagen, sondern nur den Flüchtlingen helfen. Die Tatsache, daß es Flüchtlinge gibt, ist die direkte Folge der arabischen Aktionen in ihrem Widerstand gegen die Teilung und Errichtung eines jüdischen Staates. Die arabischen Staaten hatten sich einstimmig auf diese Politik festgelegt und müssen jetzt gemeinsam nach einer Lösung des Problems suchen.

Es besteht eine überraschende Ähnlichkeit zwischen dieser Einsicht und den Worten von Ralph Bunche:

Die arabischen Staaten hatten sich gewaltsam der Errichtung eines jüdischen Staates in Palästina in direkter Opposition zu dem Wunsche einer Zweidrittelmehrheit der Vollversammlung widersetzt. Nichtsdestoweniger hat sich ihre bewaffnete Intervention als nutzlos erwiesen. Der Bericht [des Vermittlers] beruhte ausschließlich auf der Tatsache, daß die arabischen Staaten kein Recht zur Gewaltanwendung hatten und daß die Vereinten Nationen ihre Autorität ins Spiel bringen sollten, eine solche Anwendung von Gewalt zu verhindern.

Diese Worte gehören zu den dokumentarischen Denkmälern der arabischen Invasion von 1948. Von den israelischen Friedhöfen war keine Rede; und das Elend der arabischen Flüchtlinge wurde zu einem lebendigen Memento. Doch in den nächsten zwei Jahrzehnten sollte die Welt das einzigartige Schauspiel erleben, wie Regierungen, deren Politik am Entstehen des Flüchtlingsproblems mitgewirkt hatte, alle Möglichkeiten zu seiner Lösung in den Wind schlugen.
Die Flucht war in der ersten Phase nicht spontan gekommen. In den ersten Monaten des Jahres 1948 waren die politischen und militärischen Führer des Glaubens, daß sie größere Chancen hätten, Israel zu überwältigen, wenn die arabische Zivilbevölkerung aus dem Kampfgebiet evakuiert würde. Viele der größeren Flüchtlingsbewegungen stammten aus Gebieten, wie beispielsweise Haifa, wo kaum ein Schuß gefallen war. In den späteren Kriegsphasen wurde die Flucht durch zusätzliche Ursachen genährt. Nach dem arabischen Überfall auf jüdische Zivilisten fand sich die arabische Zivilbevölkerung plötzlich in den Konflikt verwickelt. Panik

und Unsicherheit breiteten sich in dem arabischen Bevölkerungsteil Palästinas aus, als sich herausstellte, daß die arabischen Armeen den versprochenen Sieg nicht erringen würden. Man mußte mit der Möglichkeit rechnen, daß viele arabische Gemeinden unter israelische Herrschaft geraten würden. Da in der arabischen Propaganda Israel als ein Land machtvoller und unmenschlicher Barbaren dargestellt wurde, konnte die arabische Führung vernünftigerweise nicht erwarten, daß die arabische Bevölkerung sich einer solchen brutalen Herrschaft aussetzen oder freiwillig in Gebiete zurückkehren würde, die unter israelische Oberhoheit fallen würden. Es gab Städte wie Lydda und Ramle, aus denen die Flucht aufgrund israelischer Kampfhandlungen einsetzte, da die Zivilbevölkerung sich aus dem Bereich des Artilleriefeuers absetzen wollte. Der Umstand, daß es für die Araber – im Gegensatz zu den Israelis – verwandte Nationen gab, wo sie Unterschlupf finden konnten, ohne dabei ins Exil gehen oder um ihr Leben fürchten zu müssen, trug dazu bei, den Entschluß zur Flucht zu erleichtern. Außerdem hatte von jeher eine sehr enge Verbindung zwischen den einzelnen arabischen Städten und Dörfern bestanden. Ihr hierarchisches Denken ist stark ausgeprägt. Es war für sie nur natürlich, dem Beispiel ihrer Führer zu folgen. Da es alle Führer des arabischen Nationalismus in Palästina als ihre Pflicht oder in ihrem Interesse liegend ansahen, sich nach Beirut oder anderswohin abzusetzen, waren die Massen ohne verantwortliche Leitung. Ihre Argumente waren durchaus verständlich: Wenn Leute wie Jamal el-Husseini, Emil Ghoury und andere gute Gründe dafür fanden, nicht in Palästina zu bleiben, mußten zwingende Fluchtgründe vorgelegen haben.

In den folgenden Jahren bildete das von den arabischen Regierungen vorsätzlich verewigte Elend der Flüchtlingslager die wichtigste Trumpfkarte in der Feindschaft zu Israel. Man behauptete, dieses menschliche Elend sei die Folge der Errichtung des Staates Israel. Der Wahrheit näher kam Bunches Erklärung, es sei nicht so sehr die Folge von Israels Geburt als vielmehr das Ergebnis eines gewaltsamen Versuchs, die Entstehung Israels zu verhindern.

Das Leiden war schwer, und oft sehr schmerzlich; doch waren die meisten palästinensischen Flüchtlinge nicht in fremde Länder, sondern lediglich in andere Gegenden Palästinas geflohen. Wenn ein Araber von Jaffa nach Nablus oder Tulkarem fährt, fühlt er sich ebensowenig in der »Fremde« wie beispielsweise ein Mann, der von Hampshire nach Cornwall oder von Massachusetts nach New York reist. Der arabische Flüchtling hatte sein Heim, aber nicht seine nationale Umgebung eingebüßt. Und schließlich schwebte er nicht in Lebensgefahr wie die Opfer der Judenverfolgungen in Europa. Sein Leben war gesichert, er atmete arabische Luft unter arabischem Himmel und lebte auf einem Boden, der ihm von den Vorvätern überkommen war. Es ging ihm nicht so wie dem ungarischen Flüchtling, der nach Venezuela flieht, oder dem Juden, der unter fremden Menschen Schutz vor russischen Pogromen sucht. Die arabischen Regierungen hätten mit internationaler Unterstützung und israelischer Hilfe die Flüchtlinge in die Volkswirtschaften und Sozialstrukturen des Mittleren Ostens integrieren können. So hatte die Antwort auf alle durch moderne Kriege verursachten Flüchtlingsprobleme gelautet. Noch nie hatte es eine Massenrückkehr gegeben. In der Regel waren die Flüchtlinge in Ländern untergebracht worden, denen sie sich nach Sprache, Glauben, sozialen Gewohnheiten und Nationalgefühl verbunden glaubten. Da das nationale Zugehörigkeitsgefühl in den Herzen der Araber eine große Rolle spielt, trug der Wunsch, keinesfalls unter nichtarabische Herrschaft zu geraten, zweifellos dazu bei, den Exodus aus einem Gebiet in Gang zu setzen, welches ganz offensichtlich zu nichtarabischem Territorium werden würde. Wenn man dem Problem im Verein mit den mittelöstlichen Regierungen als einer Frage, die nur gemeinsam gelöst werden konnte, zu Leibe gegangen wäre, hätte sich sicher eine Lösung finden lassen. Umfangreiche internationale Hilfe stand für die Unterbringung und wirtschaftliche Eingliederung der Flüchtlinge in den Ländern zur Verfügung, in die sie geflohen waren. Viele dieser Länder, besonders Jordanien und Syrien, konnten aus diesem Zustrom in wirtschaftlicher, sozialer und rein menschlicher Beziehung gestärkt hervorgehen, so wie Israel auf lange Sicht seinen Lohn für die Übernahme Hunderttausender jüdischer Flüchtlinge aus arabischen Ländern erhalten würde. Doch weigerten sich in den nächsten zwei Jahrzehnten und noch darüber hinaus die arabischen Regierungen, ihre Rassegenossen, deren Not die direkte Folge arabischer Politik war, als gleichberechtigte Bürger anzuerkennen. Sie hielten sie oft auf engem Raum in Lagern fest. Sie bürdeten die volle Verantwortung für deren Lebensunterhalt anderen Nationen auf. Sie erzogen Flüchtlingskinder im Geiste eines wilden Hasses auf Israel. Sie flößten ihnen den Missionsgedanken ein, zu Vorreitern des Krieges zu werden, der noch viel vernichtender sein sollte als der vergangene. Der Generalsekretär der UNESCO wird sich 1968 wahrscheinlich gewundert haben, als er vom syrischen Erziehungsminister einen Brief erhielt, in dem der Satz stand: »Der Haß, den wir unseren Kindern von der Geburt an einflößen, ist heilig.« (Die UNESCO ist eine internationale Organisation, die den Haß überwinden soll.)

Im Dezember 1948 hatte die Vollversammlung empfohlen, daß »Flüchtlinge, die in ihre Heimat zurückkehren und in Frieden mit ihren Nachbarn zu leben wünschen, zum frühest möglichen Zeitpunkt die Erlaubnis hierzu erhalten sollten und daß Entschädigung für verlorenes Eigentum an diejenigen zu zahlen sei, die nicht zurückzukehren beabsichtigen; das gleiche gelte für Verlust oder Beschädigung von Eigentum, der nach den Grundsätzen des internationalen Rechts und der Billigkeit von den betroffenen Regierungen entschädigt werden soll«. Man hatte jedoch bald vergessen, daß dieselbe Resolution zu Friedensverhandlungen aufrief und die *Palestine Conciliation Commission* beauftragte, »für die Repatriierung, Unterbringung sowie für die wirtschaftliche und soziale Rehabilitierung der Flüchtlinge und die Entschädigungszahlungen zu sorgen«. Der Vollversammlung lag also nichts ferner, als sich dafür einzusetzen, daß die Flüchtlinge nur im Rahmen eines endgültigen, zwischen Israel und den arabischen Staaten auszuhandelnden Friedens zurücktransportiert werden sollten. Alle übrigen Flüchtlingsprobleme hatten in Europa und Asien nach dem Zweiten Weltkrieg im Rahmen des politischen Ausgleichs ihre Lösung gefunden. Es gab keinen Präzedenzfall dafür, daß bei Aufrechterhaltung des Kriegszustandes die eine kriegführende Partei der anderen zumutete, Massen feindlich gesinnter Menschen bei sich aufzunehmen.

Die Erkenntnis, daß die arabischen Regierungen den Krieg gegen Israel fortzusetzen gedachten und Israel gleichzeitig unter Druck setzten, Hunderttausende von Menschen, die nur auf seine Vernichtung sannen, zu absorbieren, hatte tiefgreifende Wirkungen auf Israels Einstellung zum Flüchtlingsproblem. Es handelte sich nicht um Gleichgültigkeit gegenüber dem menschlichen Elend. Aber Israel, auf sich allein gestellt, hatte dieses Elend in kurzer Zeit bei unzähligen Menschen in schöpferischen Optimismus verwandelt. Die Israelis konnten nicht verstehen, warum eine arabische Regierung einen arabischen Flüchtling nicht mit demselben Gefühl für Pflicht und Stolz aufnehmen und unterbringen sollte, das die Israelis zur Eingliederung der jüdischen Flüchtlinge in die jüdische Gesellschaft veranlaßt hatte. Das Versagen des arabischen Volksbewußtseins schien den Israelis unbegreiflich. Man war sich in Israel darüber im klaren, daß die Hereinnahme arabischer Flüchtlinge über eine bestimmte Zahl hinaus zu einer Gefahr für die nationale Sicherheit und das nationale Selbstverständnis werden könnte. Die arabische Führung nährte diese Furcht mit eigenen, offenherzigen Bekundungen: »Die Rückkehr bedeutet die Zerstörung Israels«, lautete Gamal Abdul Nassers knappe Formulierung.

Dies hieß jedoch nicht, daß sich Israel von jeder Verantwortung entbunden gefühlt hätte. Bei allen regionalen und internationalen Projekten leistete Israel einen angemessenen Beitrag. 1949 erklärte sich die israelische Regierung nach heftigen Auseinandersetzungen im eigenen Land bereit, 100000 Flüchtlinge aufzunehmen. Und Tausende arabischer Flüchtlinge, die sich bereits in Lagern auf israelischem Boden befanden, wurden anderweitig untergebracht. Auch die Familienzusammenführung spielte dabei eine große Rolle. Außerdem ließ Israel 11 Millionen Dollar aus beschlagnahmten Flüchtlingskonten an Banken in den Ländern überweisen, die noch mit Israel im Kriegszustand lebten und wirtschaftlichen Druck auf Tel Aviv ausübten. Als die *Palestine Conciliation Commission* und die Regierung der Vereinigten Staaten den arabischen Staaten riet, Israels Angebot von 1949 nicht anzunehmen, versetzten sie Israel damit in die mißliche Lage, zwischen »alles oder nichts« zu wählen. Angesichts dieser Alternative konnte Israel den Blick nur auf die durch Blockade, Boykott und politische Aufwiegelung entstandene schwere Gefährdung seiner Sicherheitslage richten und sich fragen, was für Überlebenschancen es hätte, wenn es eine brodelnde Masse feindseliger Menschen in seine Mitte aufnähme. In der Vollversammlung fragte im November 1952 der israelische Delegierte:

»Können Regierungen durch Aggression wirklich menschliche Probleme in großem Umfang verursachen – Mittel und Wege zu ihrer Lösung besitzen – zu diesem Zweck dazu noch umfangreiche internationale Unterstützung erhalten – und dann sich weigern, irgendeine Verantwortung für das Schicksal ihres eigenen Fleisches und Blutes zu übernehmen?«

Nüchterne Tatsache war, daß arabische Regierungen alles dies tun konnten. Sobald sie einmal den humanitären Charakter des Problems geleugnet und die ganze Frage in den Zusammenhang ihrer Kriegspolitik gestellt hatten, verknüpften die arabischen Regierungen das Schicksal der Flüchtlinge mit dem Konflikt selbst. Immer wieder wurden Versuche unternommen, eine geordnete und ausgewogene Lösung durch wirtschaftliche Entwicklungsprojekte im Mittleren Osten zu finden. In diesem Sinne regte eine 1949 ernannte Wirtschaftskommission konstruktive Vorhaben zum Einsatz von Flüchtlingen in neu zu schaffenden Entwicklungsprojekten im gesamten Bereich des Nahen und Mittleren Ostens an. Der Plan wurde von den Arabern abgelehnt, was dazu führte, daß sich die Vereinten Nationen auf Hilfsmaßnahmen über die 1949 gegründete *Relief and Works Agency* (UNRWA) beschränken mußten. Im Jahre 1952 stellte die Vollversammlung neben den sonstigen Hilfsmaßnahmen eine Summe von 200 Millionen Dollar eigens für die Unterbringung und Einordnung der Flüchtlinge in den Arbeitsprozeß zur Verfügung. Diese Zuweisung blieb ungenutzt, weil die arabischen Regierungen jegliche Zusammenarbeit ablehnten. Zu verschiedenen Zeiten versuchten die Vereinigten Staaten und andere Stellen, dem Ruf nach Repatriierung einen gleich großen Anreiz zur Berufsausbildung an die Seite zu stellen, die den Flüchtlingen zu einer Existenzgrundlage verhelfen sollte. Auch diese Vorschläge wurden von den arabischen Regierungen durchkreuzt. Alle

Versuche, den Akzent von den UNO-Maßnahmen in den Flüchtlingslagern auf andere Planungen zu verlagern, die es jungen Arabern ermöglichen würden, auf dem sich vergrößernden Arbeitsmarkt der arabischen Welt unterzukommen, wurden systematisch zu Fall gebracht. Es war einfach unmöglich, ein Problem dieser Größenordnung aus der Welt zu schaffen, solange die arabischen Regierungen entschlossen waren, sich jeder Lösung in den Weg zu stellen. Im Laufe der Jahre ging es vielen der Flüchtlinge in wirtschaftlicher und sozialer Hinsicht besser als vor der Flucht in den ärmeren arabischen Dörfern. Sie kamen außerdem in den Genuß von öffentlichen Dienstleistungen, die in vielen Dörfern souveräner arabischer Staaten nicht geboten werden. Aber ihr Heimweh und ihre militante Grundhaltung wurden dadurch nicht berührt.
Im Jahre 1951 äußerte sich Mr. Galloway, früherer Vertreter der UNRWA in Jordanien, folgendermaßen:

»Es ist völlig klar, daß die arabischen Nationen das arabische Flüchtlingsproblem nicht lösen wollen. Sie wollen es als eine offene Wunde, als Affront gegen die Vereinten Nationen und als Waffe gegen Israel am Leben erhalten. Den arabischen Führern ist es vollkommen gleichgültig, ob die Flüchtlinge leben oder sterben.«

Dies ist wahrscheinlich die knappste und umfassendste Darstellung der tatsächlichen Lage, die je formuliert worden ist. Doch die enge Verquikkung Israels mit dem arabischen Flüchtlingsproblem rief in den Augen vieler Menschen den Eindruck von Ursache und Wirkung hervor. Man erklärte, die Flüchtlinge seien eine Folge der Errichtung des Staates Israel; deshalb solle Israel lieber seine Existenz aufs Spiel setzen und die Flüchtlinge absorbieren. In Israel bestand zwar kein allgemeines Schuldgefühl, aber dem öffentlichen Gewissen war nicht ganz wohl zumute. Man war sich einer gewissen regionalen Verantwortung bewußt, und vor allem übte man scharfe Kritik an den arabischen Regierungen, denen die Aufrechterhaltung politischer Feindschaft erstrebenswerter schien als die Rettung von Menschenleben.

Anfang 1950 waren die durch die Waffenstillstandsabkommen erweckten Hoffnungen fast ganz verschwunden. Der Konflikt bestand latent weiter, er war nicht tot. Den arabischen Regierungen ging es immer noch vornehmlich darum, Israel auf die Knie zu zwingen. Ein Propagandafeldzug voll wütenden Hasses wurde von allen Seiten gegen Israel entfesselt. Die *Palestine Conciliation Commission* hatte versagt. Das Problem der Grenzziehung, Jerusalems und der Flüchtlinge wurde jedes Jahr in der Vollversammlung der UNO diskutiert; doch sollten die Debatten kein Mittel zur Lösung finden – sie waren lediglich ihr Surrogat. Öffentliche

Rhetorik beherrschte das Feld; von echter Versöhnung sprach niemand mehr.
Das Beste, was Israel unter diesen Umständen erreichen konnte, war die Stabilisierung des militärischen Gleichgewichts, die Verhinderung eines heißen Krieges und die Erkundung von Friedensmöglichkeiten außerhalb des unfreundlichen Scheinwerferlichts der UNO-Debatten. Im Mai 1950 unterzeichneten die Vereinigten Staaten, Großbritannien und Frankreich eine Dreiererklärung, in der sie sich verpflichteten, sich jeder gewaltsamen Änderung der Waffenstillstandslinien zu widersetzen und sicherzustellen, daß das Gleichgewicht in Ausrüstung und Bewaffnung erhalten blieb. Viele Jahre hindurch bildete diese Erklärung das einzige, was wenigstens entfernt einer internationalen Garantie gleichkam. In späteren Jahren wurde die Erklärung von dem einen oder anderen der Unterzeichner abgewertet, sobald sich aus ihrer Erfüllung irgendwelche Risiken oder Komplikationen ergeben konnten. Zur damaligen Zeit jedoch schien sie einen Anflug internationaler Anerkennung für Israels Recht auf Sicherheit innerhalb der Waffenstillstandsgrenzen zu enthalten. Aber sie besaß nicht die psychologische Wirkung, die von einem formellen Friedensvertrag ausgegangen wäre; und die Suche nach einem Verhandlungsfrieden ging weiter, ohne die UNO und jenseits des Aktionsfeldes der Großmächte.

Der erfolgversprechendste Versuch, zu einer direkten Regelung zu kommen, endete am 20. Juli 1951, als König Abdullah des haschemitischen Königreichs Jordanien während eines Gottesdienstes in der Moschee El-Aqsa zu Jerusalem erschossen wurde.
Abdullahs Tod machte nicht nur den ernstzunehmenden Versuch eines Friedensabkommens zwischen Israel und einem arabischen Staat zunichte, er wirkte darüber hinaus noch viele Jahre danach als abschreckendes Beispiel für jeden Araber, der vielleicht in »ketzerischer« Weise eine gemäßigtere Haltung für richtig hielt. Im Anschluß an die Waffenstillstandsabkommen hatte das haschemitische Königreich Jordanien das Westufer des Jordan und die Altstadt von Jerusalem annektiert, ohne sich für diesen Schritt das Einverständnis der arabischen Staaten, geschweige denn eine internationale Genehmigung einzuholen. Es war infolgedessen der einzige arabische Staat, der Gebietsvorteile aus dem arabisch-israelischen Krieg von 1948 gezogen hatte. Jordanien schien sehr daran interessiert zu sein, seine Gewinne durch ein Friedensabkommen zu konsolidieren, das seiner Inbesitznahme der Gebiete westlich des Jordan internationale Anerkennung verschaffen würde. Abdullah handelte also weniger im Geiste altruistischer Mäßigung als in durchsichtigem, arabischem Selbstinteresse.

Zwischen November 1949 und März 1950 nahm Abdullah an vielen Treffen mit israelischen Vertretern teil. Diese gipfelten in einem Vertragsentwurf zwischen den beiden Staaten, der zwar paraphiert, aber nie unterzeichnet wurde. Das Dokument blieb im Hintergrund, während der König nach Mitteln und Wegen suchte, den Widerstand gegen seine Person und seine Politik von seiten arabischer Extremisten in Kairo, Damaskus, Bagdad und anderswo abzubauen. Viele Zusammenkünfte fanden statt, ohne daß sich der König in der Lage gesehen hätte, seine Unterschrift unter den Vertragstext zu setzen. Zu dieser Zeit galt Abdullah bereits als »Verräter« an der arabischen Sache.
Ergebnis war, daß Israel im fünften Jahr seines Bestehens zwar internationale Anerkennung im weiten Ausmaß genoß, aber die Krönung seiner Bemühungen durch einen regionalen Frieden nicht erreichen konnte. Alle Regierungen der Welt, mit Ausnahme der arabischen Staaten und ihrer engsten Verbündeten, hatten diplomatische Beziehungen zu Israel aufgenommen. Dieser Fundus an Vertrauen und Freundschaft stellte ein wichtiges Gegengewicht gegen die Feindschaft der Nachbarstaaten dar. Aber die Aufgabe, arabische Feindschaft durch eine neue Ordnung friedlicher Beziehungen innerhalb des Mittleren Ostens zu ersetzen, blieb das einzige israelische Streben, bei dem im ersten halben Jahrzehnt seiner Existenz keinerlei Fortschritte erzielt worden waren. Israel mußte sich auf eine Zeit der Prüfungen einstellen. Der schmale Streifen seines Staatsgebiets, das wenige verfügbare Wasser, die Hauptstadt, sein Recht auf Sicherheit und Entwicklung, sein Handel mit anderen Ländern, seine Häfen als Tore zur halben Welt – lauter Gaben, die anderen Staaten bei ihrer Geburt mit in die Wiege gelegt worden sind – würden für Israel erst die Frucht bitterer Auseinandersetzungen sein.

6 Ein Staatswesen gewinnt Gestalt: Israel daheim

Das Bollwerk einer Stadt sind ihre Männer.

Perikles

Man könnte es den Israelis verzeihen, wenn sie in jenen ersten, hektischen Jahren zu der Ansicht gekommen wären, ein Staat sei etwas, das in erster Linie mit Worten und Taten erkämpft und erst in zweiter Linie aufgebaut und entwickelt werden müsse. Die dringenden Erfordernisse des Kampfes und der Diplomatie waren so sehr im Vordergrund, daß die inneren Probleme dabei zu kurz kamen. Es gab nichts, was man mit den brillanten und ausgedehnten verfassungsmäßigen Exerzitien, die der amerikanischen Unabhängigkeitserklärung vorangingen, hätte vergleichen können. Ebensowenig konnte sich Israels hastig niedergeschriebene Proklamation im Stil mit Thomas Jeffersons wohlklingendem Text messen. Für alles, was nicht unmittelbar der Lebenserhaltung diente, fehlte den Gründungsvätern Israels einfach die Zeit.

Aber im Prinzip waren sie sich darüber einig, welche Art von Gesellschaft sie aufzubauen gedachten. Diese Gesellschaft würde sich von streng demokratischen Grundsätzen leiten lassen, denn war nicht die jüdische Geschichte eine einzige, unablässige Auflehnung gegen die Tyrannei gewesen? Es würde sich um ein parlamentarisches System handeln, denn der Staat war ja gewissermaßen aus einem Parlament entstanden. Die Zionistenkongresse hatten nie die Macht, Steuern zu erheben oder auch nur den geringsten Zwang auszuüben, aber sie hatten für das gesamte jüdische Leben ein hohes Maß an Autorität besessen, und es hatte sich ein Rahmenwerk von Loyalität und Glaubensbekenntnissen um sie herum gerankt. Die Zionisten mußten sich darauf beschränken, große Redner zu sein – sowohl untereinander als auch gegenüber Außenstehenden, die willens oder verpflichtet waren, ihnen zuzuhören. Außerdem war man sich darüber einig, daß eine israelische Gesellschaftsordnung egalitär und sozialistisch orientiert sein müsse. Dies waren die Ideale der Einwanderer, die bestimmenden Einfluß auf die Wertmaßstäbe und Ziele der jüdischen Gemeinschaft ausübten. Hinter diesen Richtpunkten lag eine besondere Problematik verborgen: der Konflikt zwischen Tradition und Modernität. Bei all diesen Arbeiten brauchte man nicht vom Nullpunkt auszugehen, da das palästinensische Judentum auf mehrere Jahrzehnte konstitutioneller Erfahrung zurückblicken konnte. Aber vier getrennte und schwierige

Umstellungs- und Anpassungsvorgänge waren jetzt notwendig geworden. Erstens gab es viele autonome Gremien, private Gesellschaften und soziale Bewegungen, die bereits als politische Gruppen aufgetreten waren, jetzt aber zur Übernahme von Aufgaben eines souveränen Organismus ausgebaut werden mußten. Zweitens mußten Dienstleistungen, die bisher nur einem Teil der Bevölkerung zugute gekommen waren, allen Bürgern gleichmäßig zur Verfügung gestellt werden. Dann mußten Institutionen gegründet und Verfahrensfragen geregelt werden, mit deren Hilfe die neu gewonnene Macht unter einer Vielzahl von Bewerbern aufgeteilt werden konnte. Und das vierte Problem bestand darin, verschiedene Volksgruppen zu einem neuen israelischen Einheitsstaat zu verschmelzen.

Der Übergang zur Selbständigkeit erwies sich auf dem institutionellen Sektor als nicht besonders schwierig. Einige der erforderlichen Werkzeuge waren zur Hand. Die Jewish Agency hatte sich bereits mit politischen Fragen wie dem Siedlungswesen, den Verteidigungs- und Einwanderungsproblemen auseinandergesetzt. Sie hatte außerdem eine aktive diplomatische Tätigkeit entfaltet. Dann gab es den Vaad Leumi (Nationalrat), eine einheimische Organisation, die den jüdischen Bevölkerungsteil in Palästina gegenüber den Briten repräsentierte. Über ihm stand eine Körperschaft, die sich Asefat Hanivcharim (Gewählte Versammlung) nannte. Außerdem hatten sich lokale Verwaltungsstellen im jüdischen Sektor entwickelt. Mehrere auf freiwilliger Basis tätige Vereinigungen, die in der Mandatszeit entstanden waren, arbeiteten auf Gebieten, für die eigentlich der Regierungsapparat zuständig war. Sie übten damit im weiteren Sinne staatliche Funktionen aus. Mit dem Übergang zum unabhängigen Staat war es nur natürlich, daß die Führer der Jewish Agency und des Vaad Leumi Funktionen von Regierungsbeamten übernahmen. Während der starke Zusammenhalt innerhalb des palästinensischen Judentums allgemein bekannt war, wurden einige seiner sektiererischen Tendenzen im Ausland unterschätzt. Mehrere Institutionen, wie der Vaad Leumi, hatten im Namen der gesamten jüdischen Bevölkerung gesprochen. Aber es gab auch Bewegungen und Vereinigungen, die ihre Leistungen ausschließlich ihren eigenen Anhängern zugute kommen ließen. So bestand also eine Fülle staatlicher Dienstleistungen, denen noch etwas Fragmentarisches anhaftete. Sie mußten jetzt von der Regierung derart umgestellt werden, daß sie auf umfassender Grundlage der ganzen Bevölkerung dienten.

Um das Streben der verschiedenen Gruppen nach politischer Macht zu lenken, mußte ein demokratisches System aufgebaut werden. Es bestand aus Exekutive, Legislative und Gerichtsbarkeit. Die Wurzeln des ausfüh-

renden und gesetzgebenden Teils der Regierung gingen auf die eigenen Einrichtungen des palästinensischen Judentums zurück. Für die Rechtsprechung gab es eine solche Grundlage jedoch nicht, da diese Aufgabe naturgemäß von der Zentralregierung während der Türkenzeit und des britischen Mandats monopolartig wahrgenommen worden war.
Das israelische Rechtssystem basierte nicht auf einer geschriebenen Verfassung. Nach 1949 schlugen verschiedene Versuche zur Ausarbeitung einer Verfassung fehl, weil man sich nicht darüber einigen konnte, ob sie auf dem weltlichen oder geistlichen Recht gegründet sein solle. Die Rechtsprechung stand unter dem Zeichen verschiedener grundsätzlicher Rechtsnormen, die, neben einer Reihe von *orders nisi*, die Menschenrechte aller Bürger verkündeten. Auf einigen Gebieten blieben noch Reste türkischer und britischer Rechtsprechung in Kraft. Familienrechtliche Fragen, wie Eheschließung, Scheidung und erbrechtliche Fragen, fielen unter die Zuständigkeit des geistlichen Rechts und der Rabbiner mit ihrer eigenen Gerichtsbarkeit, doch bestand die Berufungsmöglichkeit beim weltlichen Obersten Gerichtshof auch in Angelegenheiten, die der religiösen Jurisdiktion unterlagen.
Die gesetzgebende Körperschaft war die Knesset, ein aus einer Kammer bestehendes Parlament, das alle vier Jahre nach dem Prinzip der Verhältniswahl von den Parteien gewählt wurde. Die Stimmen wurden im ganzen Lande gezählt, und jede Partei erhielt die ihrem prozentualen Anteil entsprechende Anzahl von Sitzen. Die Knesset wählte den Staatspräsidenten und hatte die Arbeit der Regierung (d. h. des Kabinetts) zu überwachen. Sie besaß das Recht, der Regierung das Mißtrauen auszusprechen und dadurch ihren Rücktritt zu erzwingen. Sie erhielt die Befugnis, den Funktionsablauf im Regierungsbereich zu überprüfen und den Jahreshaushalt der Ministerien festzusetzen. Die Knesset konnte nur durch eigenen Beschluß aufgelöst werden. Sie war eine mit weitreichenden Machtbefugnissen ausgestattete Zentralinstanz, und jede Exekutive war auf die dauernde Unterstützung durch das Parlament angewiesen. Die Dynamik des parlamentarischen Lebens in Israel ergab sich aus der Tatsache, daß keine Partei jemals die absolute Mehrheit errang. Alle Regierungen seit 1949 waren Koalitionen mehrerer Parteien, die in der Knesset für die Regierungsvorlagen stimmen mußten. Das bedeutete, daß auch die Oppositionsparteien eine Art Koalition bilden mußten, um einen Mißtrauensantrag durchzubringen. Das Bilden einer Regierung oder einer wirksamen Opposition war angesichts so vieler verschiedenartiger Ideologien nie eine leichte Aufgabe. Trennende Elemente unter den Parteien waren einerseits wirtschaftlicher Natur (Sozialisten – Kapitalisten), andererseits religiös begründet (geistlich – weltlich).

Knesset	1949 25. Jan.		1951 30. Juli		1955 26. Juli		1959 3. Nov.		1961 15. Aug.		1965 2. Nov.		1969 28. Okt.		1973 31. Dez.	
Stimmberechtigt	506 567		924 885		1 067 795		1 218 483		1 274 280		1 449 709		1 758 685		2 034 478	
Gültig abgegebene Stimmen	434 684		787 492		853 219		969 337		1 006 964		1 206 728		1 367 743		1 566 855	
Partei	%	Sitze	%	Sitze	%	Sitze	%	Sitze	%	Sitze	%	Sitze	%	Sitze	%	Sitze
Mapai	35,7	46	37,3	45	32,2	40	38,2	47	34,7	42	36,7[5]	45	46,22	56	39,64	51
Achdut Ha'avodah	—	—	—	—	8,2	10	6,0	7	6,6	8						
Mapam	14,7[1]	19	12,5[1]	15	7,3	9	7,2	9	7,5	9	6,6	8				
Rafi	—	—	—	—	—	—	—	—	—	—	7,9	10				
Herut	11,5	14	6,6	8	12,6	15	13,5	17	13,8	17						
Liberale[2]	5,2	7	18,9	23	10,2	13	6,2	8	13,6	17	21,3[6]	26	21,67	26	30,21[9]	39
	4,1	5	3,2	4	4,4	5	4,6	6			3,8[7]	5	3,21	4	3,61	4
Nationale relig. Partei			8,3	10	9,1	11	9,9	12	9,8	12	9,9	11	9,74	12	8,32	10
Agudat Israel	12,2[3]	16							3,7	4	3,3	4	3,22	4		
Poalei Agudat Israel			3,7[4]	5	4,7	6	4,7	6	1,9	2	1,8	2	1,83	2	3,83[4]	5
Kommunisten	3,5	4	4,0	5	4,5	6	2,8	3	4,2	5	3,4	4[8]	3,99	4	3,41	4
Araber (in Listenverbindung mit der Mapai)	3,0	2	4,7	5	4,9	5	3,5	5	3,5	4	3,3	4	3,51	4	3,12	3
Andere	10,1	7	0,8	—	1,9	—	3,6	—	0,7	—	2,9	—	6,61	8	7,86	4

1 1949 und 1951 war die Achdut Ha'avodah in der Mapai mitenthalten.

2 Die Zahlen für die ersten vier Knessets beziehen sich auch auf die Allgemeinen Zionisten und Fortschrittlichen, die sich 1961 zur Liberalen Partei zusammenschlossen. Siehe auch die Anmerkungen 6 und 7.

3 1949 bildeten diese Parteien die Vereinigte Religiöse Front.

4 1951, 1955, 1959 und 1973 bildeten diese beiden Parteien die Torah Religiöse Front.

5 Mapai und Achdut Ha'avodah gemeinsam.

6 Block aus Herut und Liberalen (Gahal).

7 Unabhängige Liberale.

8 Drei Sitze für die Neue Kommunistische Liste (Rakach) und ein Sitz für die Israelische Kommunistische Partei (Maki).

9 Rechtsblock aus Gahal, Freies Zentrum und Staatspartei.

Mapai (Mifleget Poalei Eretz Israel – Palästinensische Arbeiterpartei) war die führende politische Partei in der Zeit vor der Staatsgründung und sollte bei allen Wahlen ihre starke Position behalten. Sie gewann zwar nie eine klare Mehrheit, aber sie erhielt immer die meisten Stimmen und stellte deshalb die Partei dar, die den Kern aller Koalitionsregierungen bildete. Obwohl Mapai als streng sozialistische Partei begonnen hatte, erweiterte sie schon bald ihre Basis im pluralistischen Sinne und sicherte sich dadurch ihren Rückhalt auch außerhalb der organisierten Arbeiterbewegung.

Achdut Ha'avodah, eine weitere sozialistische Arbeiterpartei, stand ein klein wenig weiter links als die Mapai. Sie war früher einmal ein Teil der Mapai gewesen, hatte sich 1944 aber von ihr getrennt. Grund waren ideologische Differenzen, die zuweilen nicht ganz klar waren, und persönliche Rivalitäten, die dafür um so klarer hervortraten. Sie besaß ihren stärksten Rückhalt in der Kibbuz-Bewegung. Mit der Unabhängigkeit bildete die Achdut Ha'avodah gemeinsam mit einer weiter links stehenden, von den Kibbuzim von Hashomer Hatzair beherrschten Bewegung eine einheitliche parlamentarische Partei mit dem Namen Mapam (Mifleget Poalim Meuchedet – Vereinigte Arbeiterpartei). Während der ersten, von Sturm und Drang geprägten Jahre glaubten ihre Führer, die UdSSR habe immer recht und der Westen immer unrecht. Später, im Jahre 1954, spaltete sich der linke Flügel ab und gründete eine eigene Partei. Mapam hieß jetzt nur noch ein Teil, nicht mehr der gesamte linke Flügel der Arbeiterbewegung, und Achdut Ha'avodah nahm ihren alten Namen wieder an. Die Mapam war die einzige größere, nichtkommunistische Partei, die die Sorge für die arabische Minderheit in Israel auf ihre Fahnen geschrieben hatte. Die drei Arbeiterparteien, Mapai, Achdut Ha'avodah und Mapam, sollten bis 1969 getrennte Wege gehen; dann gingen sie bei der nächsten Wahl eine Listenverbindung ein und hätten beinahe die absolute Mehrheit gewonnen.

Die Kommunistische Partei war die einzige nichtzionistische Partei, die sich um die Gunst der Wähler bemühte. Vor der Staatsgründung Israels unterstützte sie die Errichtung eines dualistischen arabisch-jüdischen Staates. Aber sie sprach sich für ein unabhängiges Israel aus, als 1947 die Sowjetunion den politischen Kurswechsel zugunsten Israels vornahm. Die Partei erhielt ihren Zulauf hauptsächlich aus den städtischen Slums und den israelischen Arabern. Auf ihrem Höhepunkt gewann die Partei nie mehr als fünf Prozent der abgegebenen Stimmen. 1965 spaltete sie sich, und zwar in die radikale, aber patriotische Maki und die Rakach, die sich lautstark mit der arabisch-sowjetischen Kritik an Israel identifizierte.

Herut war die stärkste Oppositionspartei, als der Staat gegründet wurde. Sie war aus der Revisionspartei entstanden, die 1935 aus der Weltzioni-

stenorganisation ausgetreten war, weil sie eine militantere Politik gegenüber Großbritannien und den Arabern befürwortete. Sie hatte sogar eigene militärische Verbände aufgestellt. In der Wirtschaftspolitik lehnte die Herut die Sozialisierungsmaßnahmen der unter Mapai-Führung stehenden Regierung ab. Sie war die Partei nationalistischer Militanz und sozialen Protestes. Sie zog alle diejenigen an, die mit der Regierungspolitik, der Mäßigung auf internationaler Ebene und mit der sozialen Demokratie unzufrieden waren. Von 1951 bis 1961 war die Herut meistens Israels zweitgrößte Partei, so groß wie Mapam und Achdut Ha'avodah zusammengenommen. 1965 ging sie ein Bündnis, genannt Gahal, mit der in der Mitte stehenden, gemäßigten Liberalen Partei ein; mit ihr zusammen gewann sie bei den Wahlen zur Knesset einundzwanzig Prozent aller abgegebenen Stimmen. Die Liberale Partei war 1961 durch eine Verschmelzung der Fortschrittspartei mit der Allgemeinen Zionistenpartei entstanden; als sie sich mit der Herut zur Bildung der Gahal zusammenschloß, schied der von der Fortschrittspartei gebildete Flügel aus und gründete die Unabhängige Liberale Partei. Die Liberalen stützten sich hauptsächlich auf das Bürgertum, die Obstbauern und den Sektor der Industrie, der für die freie Marktwirtschaft eintrat. Die Unabhängigen Liberalen bestanden vornehmlich aus Angehörigen der freien Berufe, aus Akademikern und einer kleinen Kibbuz-Bewegung.
Bei der Staatsgründung waren die bedeutendsten religiösen Parteien zunächst die Mizrachi, dann die Hapoel Hamizrachi, die sich auf die religiöse Arbeiterbewegung stützte; ferner Agudat Israel, die ultra-orthodoxe Partei, und die Poalei Agudat Israel, ihr Gegenstück auf der Arbeitnehmerseite. Im Jahre 1955 schlossen sich die Mizrachi und Hapoel Hamizrachi zur Nationalen Religiösen Partei zusammen.

Den ausländischen Leser mag diese Parteienliste verwirrend anmuten. Aber für die israelischen Wähler, die im Januar 1949 ihr Parlament wählen sollten, lag etwas durchaus Vertrautes in dieser parteipolitischen Landschaft. Die meisten Wähler waren mit diesen Organisationen vertraut, entweder von den Zionistenkongressen her oder von den Wahlen zum Vaad Leumi, und einige der Parteinamen erhielten im Bewußtsein der Öffentlichkeit durch eine bunte Reihe von Führerpersönlichkeiten ihr besonderes Gepräge. Mapai war die Partei David Ben Gurions und seiner Gefolgsleute – Moshe Sharett, Eliezer Kaplan, David Remez, Zalman Rubashow (Shazar) – in der ersten Provisorischen Regierung. In der Hista-

Tel Aviv, Museumssaal, 14. Mai 1948, 16 Uhr: David Ben Gurion, flankiert von führenden Persönlichkeiten des neuen Staates, verliest die *Proklamation über die Errichtung des Staates Israel*, 51 Jahre nach dem ersten Zionistenkongreß

Mitglieder der Poalei-Zion-Bewegung in Pinsk, 1900

Jüdische Siedler bei der Arbeit in den Weingärten von Rishon el-Zion (1910), einer der ersten der mit Hilfe des Barons Edmond de Rothschild gegründeten Niederlassungen

Theodor Herzl (1860–1904), Gründer der Welt-Zionisten-Organisation

Der einundzwanzigste Zionistenkongreß (1939) wurde im Schatten des drohenden Weltkriegs abgehalten. Hier erhalten die Delegierten die Nachricht vom Abschluß des Paktes zwischen Molotow und Ribbentrop

Die brennenden Ölraffinerien von Haifa im März 1947. Im Vertrauen auf die Zusage des Muftis, sie würden in wenigen Tagen zurückkehren können, verließen während des Krieges die arabischen Bewohner (bis auf 3000) die Stadt

Sir Alan Cunningham, der letzte Britische Hohe Kommissar für Palästina, geht in Haifa an Bord

Die Briten legten schwer bewachte Sicherheitsgebiete an, um ihre Haupteinrichtungen sowie das Gebiet im Zentrum Jerusalems zu schützen, dem die Juden nach dem britischen Außenminister Bevin den Spitznamen »Bevingrad« gaben

Die britische Regierung beharrte auf ihrer Weigerung, den Überlebenden des Fegefeuers das Betreten Palästinas zu gestatten. Aber von 1946 bis 1948 durchbrachen Hunderte kleiner und seeuntüchtiger Boote die britische Absperrung und brachten »illegale« Einwanderer an Land

Die vorrückenden ägyptischen Streitkräfte wurden von einer Handvoll Kibbuzbewohner im Negeb gestoppt. Obwohl einige vorübergehend überwältigt wurden, gelang es den Bauern in den meisten Fällen, die Angriffe abzuschlagen

◀ In den frühen Morgenstunden des 22. Februar 1948 sprengten arabische Terroristen, unterstützt von zwei britischen Deserteuren, mehrere Gebäude in der Ben-Yehuda-Straße von Jerusalem in die Luft

Die Polizeistation von Iraq el-Suweidan war ein Hauptstützpunkt der ägyptischen Armee, bis sie von der Palmach erobert wurde, wodurch die Verbindung zu den Siedlungen im Negeb wiederhergestellt wurde

בחר
יהדות התורה-אגודת ישראל
דתיים בלתי מפלגתיים
למען קדושת ירושלים ושלימותה
מנחם פרוש
מסיבות חג
חזית דתית לאומית

Dr. Chaim Weizmann leistet am 17. Februar 1949 als erster Präsident des Staates Israel den Eid auf die Verfassung. Der Eid wird vor dem Sprecher der Knesset, Yosef Sprinzak, einem führenden Angehörigen der Gewerkschaftsbewegung, abgelegt

◀ Das israelische Wahlsystem kennt eine Vielzahl politischer Parteien. Diese Plakatwand in Jerusalem während der Wahlen zur Knesset im Jahre 1969 zeigt die Plakate von neun verschiedenen Parteien, die sich um Sitze im Parlament bewerben

Ministerpräsident Ben Gurion während eines offiziellen Besuchs bei Präsident Harry S. Truman, der als erstes Staatsoberhaupt Israel anerkannte

»Illegale« Einwanderer, die in Internierungslagern auf Zypern festgehalten worden waren, machen sich Anfang 1949 auf den Weg nach Israel

Ausgedehnte Transitlager wurden errichtet, um der Einwanderung in den Jahren 1948–1950 Herr zu werden. Das Bild zeigt ein Zeltmeer in Beit Lid während der Regenzeit im Januar 1950

Ein neues Dorf entsteht bei Rishon el-Zion. Die angespannten Finanzen des neuen Staates wurden besonders durch die Notwendigkeit belastet, für die Unterbringung der neuen Einwanderer ein gewaltiges Wohnungsbauprogramm durchzuführen

Der Hafen von Eilat Anfang der fünfziger Jahre im ersten Stadium seiner Entwicklung. Seither ist Eilat zum bedeutendsten Ausgangspunkt für Israels Handel mit Afrika und dem Fernen Osten geworden.

Tel Aviv, im selben Jahr wie Degania gegründet, hat sich zur größten Stadt des Landes und zu Israels Industrie-, Handels- und Kulturzentrum entwickelt

Eines der bedeutendsten Bauvorhaben in der Entwicklung der israelischen Wirtschaft war die Fertigstellung der Nationalen Wasserversorgung im Jahre 1964. Durch dieses Projekt wird Wasser aus dem Jordan und dem See Genezareth in den Negeb geleitet

Die Nachwirkungen des Eichmann-Prozesses im Jahre 1961 erinnerten die Welt und die junge israelische Generation an die Schreckenstaten der Nazis

◀ Ministerpräsident Moshe Sharett kurz vor seinem Rücktritt mit seinem Vorgänger und Nachfolger David Ben Gurion bei der Eröffnungssitzung der Knesset im August 1955

Ministerpräsident Levi Eschkol mit Präsident Jomo Kenyatta von Kenya bei einem Staatsbesuch 1966. Über 60 Länder in Asien, Afrika und Lateinamerika haben technische Hilfe von Israel erhalten

Die Siedlungen im nördlichen Galiläa wurden in ihrer Sicherheit ständig durch Beschuß von syrischen Stellungen auf den Golanhöhen bedroht

drut (Nationale Gewerkschaftsföderation) gab es bekannte Führer wie Golda Meir, Levi Eschkol, Mordechai Namir und Pinchas Lavon, die in späteren Regierungen vertreten waren. Achdut Ha'avodah hatte ihr ideologisches Orakel in Gestalt des Itzhak Tabenkin, der in seinem Kibbuz, fern von jeglichem politischen Ehrgeiz, seinen Gedanken nachhing. Und Mapams Patriarchen, Meir Ya'ari und Ya'akov Hazan, hielten ihre Hand über mehrere Minister, ohne jemals selbst in eine Regierung einzutreten. Führende Persönlichkeit in der Herut war Menachem Begin, der vor der Staatsgründung die kleine, aber außerordentlich militante Untergrundorganisation IZL geführt hatte. Er war im Untergrund tätig, gesucht von der britischen Regierung, die seiner, tot oder lebendig, habhaft werden wollte. Mit dem Abzug der britischen Verwaltung tauchte er wieder auf und nahm am parlamentarischen Leben teil, wo er mit seiner glänzenden Rhetorik die Kompromisse geißelte, die Ben Gurion in Israels erstem Entwicklungsstadium für notwendig hielt. Die religiösen Parteien neigten naturgemäß zum hierarchischen Aufbau. Mizrachi und Hapoel Hamizrachi standen unter Führung des verehrungswürdigen Rabbiners Yehudah Fischman (Maimon) und des liebenswürdigen, pragmatisch eingestellten Moshe Shapira. Die Agudat Israel wurde von den traurigen Augen und dem wallenden Bart des Rabbiners Itzhak Meir Levin symbolisiert, der aus der frommen Gelehrsamkeit des polnischen Judentums hervorgegangen war. An der Spitze der Fortschrittlichen stand Pinchas Rosen, eine Säule des deutschen Zionismus und Verkörperung von dessen schönsten Tugenden. Er bewies stets eine von kühlem Skeptizismus geprägte ausgewogene Mäßigung, die einen gewissen Ausgleich zu der ungehemmten Leidenschaftlichkeit seiner osteuropäischen Kollegen herbeiführte. Die israelischen Wähler von 1949 und danach wußten ganz genau, für wen oder gegen wen sie ihre Stimme abgaben.

Die politische Partei stellte in Israel ein außerordentlich wichtiges Element im Leben ihrer Anhänger dar. Die meisten größeren Parteien waren aus der Sozialbewegung der vorstaatlichen Ära hervorgegangen. Sie übten einen enormen Einfluß auf Leben und Tätigkeit ihrer Mitglieder aus. Jede Bewegung flößte ihren Anhängern den Glauben ein, sie verkörpere einen bestimmten Lebensstil und nicht nur eine Anhäufung verschiedener Interessen. Ideologien riefen tiefe Emotionen und ein starkes Loyalitätsgefühl hervor. Versuche, mehrere Parteien zur Verringerung ihrer Gesamtzahl zuammenzulegen, erwiesen sich als schwierig. In einem solchen Fall hätte jede Partei hinsichtlich ihres Lebensstils Kompromisse eingehen müssen. Beim Eintritt in Koalitionsregierungen fragten sich kleinere Parteien oft voller Argwohn, ob sie damit nicht Prinzipien aus Zweckmäßigkeitsgründen opferten. Aber schließlich traten sie doch in die

Koalition ein, weil sie sich sagten, daß politische Macht ihnen die Möglichkeit verschaffe, auf Gesetzgebung und Politik im Sinne ihrer Ideologien Einfluß zu nehmen. Im politischen Vokabular Israels hatte das Wort »Macht« einen unangenehmen Beigeschmack, und ideologische Reinheit fand überall Bewunderung. Es war für Politiker üblich, die Übernahme eines Staatsamtes als schwere Belastung hinzustellen und zu erklären, sie hätten das Amt nur zögernd übernommen, um höheren Werten zum Durchbruch zu verhelfen.
In den ersten zwanzig Jahren israelischer Selbständigkeit kam es zu sechs Regierungswechseln und Wahlen. Nur zweimal ergab sich eine neue Zusammensetzung der Koalition. Zu den Koalitionspartnern gehörten seit den Anfangszeiten die Mapai, Mapam und die religiösen Parteien. Die Mapai erhielt immer die höchste Stimmenzahl, aber nie die absolute Mehrheit. Sie reservierte sich infolgedessen folgende Ressorts: Ministerpräsident mit den Ministerien für Verteidigung, Auswärtige Angelegenheiten, Finanzen, Erziehung und Kultur, Landwirtschaft und Polizei.

Die israelische Gesellschaft war ihrer Herkunft nach so unterschiedlich, daß sich viele fragten, ob sich der Zusammenhalt als stark genug erweisen werde. Ferner ging man davon aus, daß bei der Verteilung von Staatsämtern nach dem Leistungsprinzip und nicht nach der Zugehörigkeit zu bestimmten Volksgruppen zu verfahren sei. Doch gewann das Volksgruppenproblem eine zunehmende Bedeutung in den städtischen Einrichtungen, in den im Rahmen des Entwicklungsprogramms im ganzen Lande entstandenen neuen Ortschaften und schließlich sogar in der Zusammensetzung der Knesset. Bald beschlossen alle nationalen politischen Parteien, auch Abgeordnete orientalischer Herkunft in ihre Wahllisten für die Knesset aufzunehmen. Auf nationaler Ebene versetzte dieses Prinzip die größeren Parteien in die Lage, größeres Verständnis für die Bedürfnisse der Einwanderergruppen aufzubringen und gleichzeitig die Zugkraft derjenigen Parteien zu vermindern, die rein ethnisch orientiert waren. Ob es den politischen Einrichtungen Israels gelingt, eine soziale Integration auf demokratischem Wege zu erreichen, ist eine der entscheidenden Fragen. Sollten die Nationalparteien in diesem Punkte versagen, werden sich Volksgruppen als politische Parteien etablieren, was zur Auflösung der nationalen Einheit führen muß.
Eines der Zentren politischer Macht in Israel bildete seit Anbeginn eine Institution, die zum mindesten theoretisch keinen politischen Charakter besaß. Die Histadrut (Nationale Gewerkschaftsföderation) übte großen politischen Einfluß aus. Ihre Führung wird durch allgemeine Wahlen nach dem Verhältniswahlrecht gewählt, und die Listen werden von denselben Parteien aufgestellt, die sich in den National- und Gemeindewah-

len um die Macht bewerben. So bildet die Histadrut einen zusätzlichen Rahmen, in dem die politischen Parteien, auf Landesebene, besonders hinsichtlich der Wirtschafts- und Sozialpolitik in Wettbewerb treten können.

Der israelische Staat wurde in der Hauptsache von Einwanderern gebildet, von denen sich viele eine sentimentale Erinnerung an die Nummer ihrer Einwanderungswelle *(Alija)* bewahrt hatten. Es gab die erste Alija, die von 1882 bis 1903 andauerte – die *Alija* der Biluim, die aus etwa 20000 jungen Zionisten aus Rußland bestand. Sie hatten als schwer arbeitende Pioniere begonnen. Aber nachdem sie durch Baron Rothschild aus ihrer tiefen Armut erlöst worden waren, hatten sie sich zu satten Plantagenbesitzern entwickelt, die nur noch entfernt an die Hoffnungen ihrer jungen Jahre erinnerten. Bis 1948 waren die meisten von ihnen gestorben, aber ihre Söhne gaben jetzt ihre Stimme in einem souveränen Staat ab. Nach ihnen, von entscheidender Bedeutung in ihrem Einfluß und unvergleichlich in der Hartnäckigkeit des Zielstrebens, war die zweite Alija (1904–1914) gekommen; diese bestand aus 35000–40000 russischen Juden, die von der russischen Revolution des Jahres 1905 desillusioniert waren. Die Skala ihrer Wertmaßstäbe enthielt persönliche Askese, die Würde körperlicher Arbeit, Selbstverteidigung, Selbstgenügsamkeit und kulturelle Dynamik. Einer ihrer ehrgeizigen Träume war wie Wiederbelebung der hebräischen Sprache. Im persönlichen Leben ging es ihnen nicht um materiellen Gewinn, sondern sie fanden ihre Befriedigung im Wachstum kollektiver Unternehmungen. Sie waren echte Revolutionäre mit klarer Frontstellung gegen das Leben in der Diaspora, gegen Klerikalismus, bürgerliche Konventionen, die traditionelle Verstädterung jüdischen Lebens in Europa, die Lostrennung der jüdischen Jugend von der Natur, von ihren Eltern und Lehrern – kurz, sie waren gegen alles, was das jüdische Leben Generationen hindurch gekennzeichnet hatte. Sie bildeten nur ein kleines Stückchen Hefeteig, aber sie verliehen dem israelischen Brot den charakteristischen Geschmack und die Würze. Die Einwanderer der zweiten Alija wollten vornehmlich ländliche Gemeinden bilden, aber im Jahre 1909 gründeten sie die Stadt Tel Aviv neben dem Kibbuz- und Moshav-System. Dann kam die dritte Alija (1919–1923), die etwa 35000 Menschen einschließlich sozialistischer Zionisten umfaßte, die die landwirtschaftliche und städtische Basis vergrößerten und bei der Gründung der Histadrut im Jahre 1920 mitwirkten. Während dieser Zeit herrschte die britische Mandatsregierung. Und trotz aller Mängel ließ sie der jüdischen Entwicklung freiere Hand als das korrupte osmanische Regime. Das palästinensische Judentum konnte ein Vielzahl autonomer Einrichtungen und sozialer Bewegungen hervorbringen. Die vierte Alija

(1924–1931) hatte 82 000 Einwanderer, hauptsächlich aus Polen, ins Land gebracht. Viele von ihnen entstammten dem Kleinbürgertum. Anders als die früheren Einwanderungswellen zog es sie meistens in die Städte. Die fünfte Alija (1932–1948) war die größte Einwanderungswelle gewesen. Sie setzte sich vor allem aus Flüchtlingen zusammen, die während des Dritten Reiches aus Deutschland entkommen waren. Viele von ihnen waren mit Hilfe der Haganah illegal in Palästina eingewandert. Sie brachten Kapital, Fachkenntnisse, Begabung für westliche Technik und ein Element der Präzision ins Land, was den palästinensischen Juden bislang gefehlt hatte.

Auf die Gemeinschaft von über 650 000 Menschen, die sich aus diesen fünf Einwanderungsströmen gebildet hatte, kam jetzt die massive Einwanderung von 1948 zu. Die Bevölkerung, deren Vertreter am 24. Januar 1949 in direkten, allgemeinen Wahlen gewählt werden sollten, zählte 782 000 Menschen. Von dieser Zahl waren über 500 000 wahlberechtigt. 87 Prozent gingen an jenem Tage zu den Wahlurnen – 440 000 an der Zahl. Als die Stimmen ausgezählt waren, hatte die Mapai 46 der 120 Sitze gewonnen; die Mapam, einschließlich der Achdut Ha'avodah, 19 Sitze; die Vereinigte Religiöse Front 16 Sitze; Herut 14 Sitze; die Allgemeinen Zionisten 7 Sitze; die Fortschrittlichen 5 Sitze; die Sephardim 4 Sitze; die Kommunisten 4 Sitze; die Araber von Nazareth 2 Sitze und die Kämpferliste (Lechi), WIZO und die Jemenitische Vereinigung je einen Sitz. Bemerkenswert ist, daß sich im Laufe der nächsten zwanzig Jahre an dieser Platzverteilung nur sehr wenig ändern sollte. Wenn eine Partei fünf Sitze gewinnen oder verlieren sollte, kam das einem Erdrutsch gleich.

Am 10. Februar hielt der Provisorische Staatsrat seine letzte Sitzung ab, und vier Tage darauf trat die gewählte Verfassunggebende Versammlung in Jerusalem zusammen, um eine ergreifende Ansprache ihres Präsidenten, Chaim Weizmann, anzuhören:

»Mein ganzes Leben habe ich dafür gekämpft, Wissenschaft und Forschung zum Eckpfeiler unseres Nationalbewußtseins zu machen. Aber ich habe stets erkannt, daß es höhere Werte gibt als die der Wissenschaft, Werte, die für die Gesundung der Menschheit wesentlich sind – ich spreche von der Gerechtigkeit und Integrität, von Frieden und Brüderlichkeit.
Zion soll erlöst werden mit Gerechtigkeit, und diejenigen, die zu ihm zurückkehren, mit Rechtschaffenheit.«

Yosef Sprinzak, ein alter Gewerkschaftsführer, wurde zum Sprecher gewählt. Am 16. Februar wählte die Knesset Weizmann zum ersten Präsidenten von Israel. Am darauffolgenden Tag betrat Weizmann unter den klagenden Klängen der *shofar* die Kammer, um den Amtseid abzulegen.

Der Sprecher schloß die Versammlung mit den Worten: »Wir haben den ersten Schritt zum Aufbau unseres Lebens getan. Israels Erlösung ist nahe.« Israels internationales Prestige hatte durch die Wahl Weizmanns zum ersten Präsidenten gewonnen. Er hatte sein Volk vierzig Jahre lang durch die Dunkelheit des Martyriums und der Unterdrückung, durch Zeiten kühnen Strebens und zerstörter Hoffnungen geführt. Und jetzt, dem Ende seiner Tage nahe, war ihm die gebührende Ehre zuteil geworden – er war in unserer modernen Zeit die Verkörperung einer königlichen und prophetischen Tradition, die einst in Israel geblüht und der Menschheit die Botschaft der Erlösung und der Freiheit hinterlassen hatte. Er hatte die Schlachten für den Zionismus geschlagen, von der Balfour-Deklaration 1917 bis zur Anerkennung Israels durch die Vereinigten Staaten im Jahre 1948. Er hatte sich von vielen Stürmen, von außen sowohl wie von innen, durchrütteln lassen müssen, und die Jahre hatten ihn gezeichnet. Er hielt sich noch aufrecht und strahlte eine ins Traurige hinüberspielende, hoheitsvolle Würde aus. Aber die Stimme war brüchig geworden, und die Augen waren fast erblindet.
Seine letzten Lebensjahre waren nicht glücklich. Er war überrascht und gekränkt von den Grenzen seines hohen Amtes. Er sah sich beschränkt auf die Wahrnehmung protokollarischer Aufgaben, an denen er nie das geringste Interesse gehabt hatte. Auch bewies die israelische Regierung einen Mangel an Phantasie und historischem Verständnis, denn Weizmanns Name ist nicht unter denen zu finden, die ihre Unterschrift unter die Unabhängigkeitserklärung gesetzt hatten, und sogar sein Wunsch, die Sitzungsprotokolle des Kabinetts regelmäßig zu erhalten, wurde nicht voll erfüllt.
Seine letzten Monate verbrachte er in einem Zwiespalt der Gefühle. Einerseits hatte er, anders als Moses, das Gelobte Land betreten. Sein Gefühl für geschichtliche Zusammenhänge mußte sich an dem Gedanken entzünden, daß sich der Ring geschlossen hatte, war er doch aus Motol bei Pinsk, aus dem jüdischen Siedlungsgebiet Rußlands, bis zur Präsidentschaft eines unabhängigen jüdischen Staates gelangt, der weniger empfänglichen Geistern als unrealisierbarer Traum erschienen war. Das Weizmann-Institut der Naturwissenschaften, am 2. November 1949 eingeweiht, versprach mit Recht, Israel eine führende Position in der wissenschaftlichen Forschung zu verschaffen. Andererseits grollte er wegen seines Unvermögens, die neue Gesellschaft mit seiner eigenen Vorstellung intellektueller Integrität, ästhetischer Verfeinerung und seinem offen zur Schau getragenen Dienst am Frieden zu beeindrucken. Israel war in den Fängen gesetzloser Gewalt zur Welt gekommen. Es führte auch weiterhin ein hart umkämpftes Dasein.
Es gab Zeiten, da Weizmann von angstvoller Sorge um Israels innerstes

Wesen ergriffen wurde. Aber sobald ihn die Zweifel übermannten, blickte er aus seinem Fenster in Rehovot hinaus über das grüne, wellige Gelände und die Orangenhaine, die das unter seiner geistigen Leitung entstandene Forschungsinstitut umgaben. An klaren Tagen konnte er die fernen Berge Judäas sehen. Das Land dazwischen war von Dörfern und größeren Ortschaften besiedelt, in denen sich die neuerstandene jüdische Lebenskraft widerspiegelte. Dann überkam ihn ein Gefühl tiefer Zufriedenheit, und sein Herz wurde heiter, wie es einem Manne wohl ansteht, der wie kein anderer in der zeitgenössischen Geschichte erleben durfte, daß sich eine phantastische Vision, weitgehend durch seinen eigenen Einsatz, in pulsierende, fest gegründete Wirklichkeit verwandelt. Nach langer Krankheit starb er am 9. November 1952. Sein Grab liegt, entsprechend seinem Wunsche, im Garten seines Hauses in Rehovot.

Des Präsidenten erste Pflicht 1949 war rein formaler Natur und leicht. Das Wahlergebnis verlangte von ihm, Ben Gurion mit der Bildung einer Regierung zu beauftragen. So begann ein Kapitel persönlicher Führerschaft von hoher Dramatik, das während der ersten dreizehn der folgenden fünfzehn Jahre Israel durch eine lange Kette von Siegen und schweren Notzeiten begleiten sollte. Nach dreiwöchigen Verhandlungen bildete Ben Gurion ein Kabinett, das sich auf die Unterstützung der Mapai, der Vereinigten Religiösen Front, der Fortschrittspartei und der Sephard-Partei verlassen konnte.

Als die Knesset zusammentrat, versprach die neue Regierung, einen arabisch-israelischen Ausgleich, Freundschaft mit den Vereinigten Staaten und der Sowjetunion, wirtschaftliche Gesundung durch äußerste Sparsamkeit, Verdoppelung der Einwanderung und ein umfassendes Erziehungs- und Bildungsprogramm zu erreichen. Menachem Begin griff das Waffenstillstandsabkommen mit Ägypten an. Nathan Friedman-Yellin, aus der Partei der Kämpfer für den Frieden, rief zur bewaffneten Eroberung ganz Palästinas auf. (Nach 1967, als dies geschehen war, trat er sofort dafür ein, daß das besetzte Gebiet unverzüglich zurückgegeben werde.) Ya'akov Hazan erklärte im Namen der Mapam, die Sowjetunion sei »die Bastion für den Sozialismus im Weltmaßstab, unsere zweite sozialistische Heimat«. Zwanzig Jahre später konnte er sich nicht scharf genug gegen die Sowjetunion aussprechen. Es stand von Anfang an fest, daß in der Knesset keine Langeweile aufkommen würde. Im ersten Jahr israelischer Unabhängigkeit trat die Knesset im Opernhaus von Tel Aviv nahe der Küste zusammen. Sie fand weit größeres Interesse, als es dem Opernhaus je gelungen war, und man verfolgte in der Öffentlichkeit alle Auseinandersetzungen mit größter Genauigkeit. Eine parlamentarische Tradition entwickelte sich rasch zu einer gewissen Reife.

7 Auf Flut folgt Ebbe: 1953–1956

Feuer ist der Prüfstein des Goldes; Feindschaft der starker Männer. *Seneca*

Die Stimmungslage menschlicher Gesellschaften zeigt, ebenso wie die einzelner Individuen, einen zyklischen Rhythmus. Auf Zeiten großer Anstrengungen folgt eine Periode der Erschlaffung, die Vitalität nimmt ab, und der Schaffensdrang scheint verloren zu sein. Die Nationen brauchen anscheinend eine periodisch wiederkehrende Erneuerung ihrer Überzeugungen, ein neues Gefühl für gemeinsames Wollen. Ein solcher Stimmungswandel ist nicht immer das Ergebnis widriger Umstände. Oft führen gerade drohende Gefahren zum höchsten Ausdruck ihrer Leistungskraft. Gefahr ist immer dann im Verzuge, wenn sich die Schwierigkeiten häufen, ohne daß im gleichen Maße auch der Widerstandswille zunimmt. Israel erlebte eine solche Periode zwischen 1953 und 1956. Fünf Jahre hindurch war kein wesentliches Vorhaben fehlgeschlagen; doch sollten jetzt vier Jahre folgen, in denen nichts zu gelingen schien.
Ben Gurions vorübergehendes Ausscheiden aus der Politik war Ursache und Wirkung dieses Abflauens zugleich. In seinem Brief an Präsident Izhak Ben-Zvi, Weizmanns Nachfolger, gab er als Grund für seinen Rücktritt »übergroße geistige Anspannung« an. Er hatte allen Grund, müde zu sein. Er war ein sprühender, willensstarker Mann, der seine Energie auch auf andere zu übertragen verstand. Aber seit 1933 hatte er stets eine schwere Verantwortung getragen. Und nach Weizmanns Rücktritt vom Vorsitz in der Zionistenorganisation 1946 hatte die gesamte Last allein auf seinen Schultern geruht. Trotz seiner sechsundsechzig Jahre schien aber die physische Anstrengung nicht der Hauptgrund für den Erschöpfungszustand zu sein. Er hatte den Höhepunkt seiner Laufbahn erst relativ spät im Leben erreicht, wie es auch bei Churchill, Adenauer, de Gaulle und anderen vor und nach ihm der Fall gewesen ist. Hinter der üblichen Formulierung seines Rücktrittsgesuches konnte man eine tiefe Unzufriedenheit mit gewissen Erscheinungen im israelischen Leben spüren. Die Intensität der parlamentarischen Auseinandersetzungen, die auf dem Wahlsystem basierende parteipolitische Zersplitterung, die Notwendigkeit, ständig zwischen kleinen, rivalisierenden Gruppen vermitteln zu müssen, um die Koalition am Leben zu erhalten – all dies wirkte auf seinen aktiven und dominierenden Charakter abstoßend.

Und jetzt zogen auch die Wolken am internationalen Horizont auf. Die Sowjetunion hatte ihre Unterstützung für die Sache Israels aufgegeben. Diese Abkühlung war zum ersten Mal Anfang der fünfziger Jahre deutlich geworden, als sich die Sowjetunion in den Vereinten Nationen den arabischen Staaten anschloß, um den Plan eines Verhandlungsfriedens zu Fall zu bringen, für den sich Israel in den Ausschüssen bereits eine beachtliche Unterstützung gesichert hatte. Im November 1952 inszenierte die kommunistische Regierung der Tschechoslowakei einen Schauprozeß gegen mehrere Parteimitglieder und verurteilte die meisten Angeklagten zum Tode, darunter den Parteisekretär Rudolf Slansky, der zwar Jude, aber ein wütender Anti-Zionist war, und Clementis, den Außenminister. Ein israelischer Mapam-Führer, Mordechai Oren, wurde ebenfalls unter fadenscheinigen Gründen der Subversion angeklagt, später aber freigelassen. Der Prozeß hatte als Forum für ungehemmte Propagandaausfälle gegen Israel und den Zionismus gedient. Und im Januar 1953 kam ein noch schlimmerer Schlag. Die Sowjetunion hatte eine Reihe jüdischer Ärzte verhaftet und ihnen vorgeworfen, auf teuflische Art die Ermordung sowjetischer Führer und anderer Patienten geplant zu haben. Eine antisemitische Agitation in ihrer häßlichsten Form begleitete diese juristische Farce, die zu den letzten Todeszuckungen des Stalinismus zählte. Es kam zu Demonstrationen in allen Ländern mit jüdischen Minderheiten. Die sowjetische Mission in Tel Aviv war durch eine Explosion im Hof des Kanzleigebäudes beschädigt worden. Israels offizielles Bedauern kam schnell und war ganz offensichtlich ehrlich gemeint: Nichts konnte seinen Interessen weniger dienlich sein als dieser Zwischenfall. Aber der Ausdruck des Bedauerns wurde zurückgewiesen, und die Sowjetunion brach die diplomatischen Beziehungen zu Israel ab. In anderen Ländern, wo ihre Vertretungen ebenfalls, aber nicht in diesem Zusammenhang, das Ziel derartiger Anschläge waren, zeigte sich die UdSSR wesentlich nachsichtiger.

Wahrscheinlicher ist, daß sich in diesem Kurswechsel der sowjetische Wunsch widerspiegelte, den kalten Krieg fortzusetzen. Außerdem mag die Berechnung mitgespielt haben, daß der breite Fächer arabischer Staaten bei künftigen Abstimmungen in der UNO für die sowjetische Politik nützlicher sein würde als das kleine, isolierte Israel. Anfang 1953 wurde die ägyptische Monarchie gestürzt und durch ein »revolutionäres« Regime unter General Naguib, und später Oberst Nasser, ersetzt. Die Zeit schien für die Sowjets gekommen, einzelne arabische Staaten aus ihren traditionellen Bindungen an den Westen herauszubrechen.
Der Wind, der aus dem Westen über Israel hinwegwehte, war zwar weniger unfreundlich, aber keineswegs besonders trostreich. Die amerikani-

sche Regierung unter Eisenhower, die im Januar 1953 die Regierung Truman abgelöst hatte, ergriff keinerlei Maßnahmen, um das amerikanisch-israelische Verhältnis auch nur im geringsten zu ändern. Die Wirtschaftshilfe, damals das wesentlichste Element in den beiderseitigen Beziehungen, wurde fortgesetzt. Aber Washington verkündete einen »New Look«, der darin bestehen sollte, daß die USA ihre traditionelle Freundschaft mit Israel nicht mehr im bisherigen Umfang betonen würden, um sich dafür ein freundliches Lächeln von arabischer Seite einzuhandeln. Im Oktober 1953, als israelische Grenzdörfer und die Bewässerungsprojekte im Norden des Landes schwer unter arabischen Überfällen zu leiden hatten, verurteilten auch die USA die israelischen Vergeltungsmaßnahmen auf das schwerste, insbesondere nach dem Kibya-Zwischenfall, der auch in weiten Kreisen Israels wegen seiner übertriebenen Härte auf Mißbilligung stieß. Noch im selben Monat, als sich Israel weigerte, das Entwicklungsvorhaben bei Bnot Ya'akov einzustellen, stoppten die USA ihre Wirtschaftshilfe – nur um sie einige Wochen danach, allerdings unter dem Druck der empörten öffentlichen Meinung in Amerika, wiederaufzunehmen. Außenminister John Foster Dulles hatte im Sommer 1953 Israel und mehrere arabische Staaten besucht. Während er in seinen Schlußfolgerungen zwar nicht eindeutig gegen Israel Stellung nahm, so regte er doch an, Israel solle Ägypten und Jordanien Grenzkonzessionen als Preis für eine Friedensregelung anbieten, die jedoch offensichtlich gar nicht im Interesse dieser beiden Regierungen zu liegen schienen.
Um die Mitte des Jahres 1953 hatte die Sowjetunion nach Stalins Tod die diplomatischen Beziehungen zu Israel wiederaufgenommen. Und die Annäherungsversuche Amerikas an die arabische Welt hatten lediglich Israels Nervosität gesteigert, ohne besonderen Widerhall in den arabischen Staaten zu finden. Nach solchen Erschütterungen in Washington und Moskau besaß das israelische Volk weniger Vertrauen als je zuvor. Außerdem war die Einwanderung stark zurückgegangen. Noch im Jahre 1951 hatte sie sich auf 174000 belaufen. 1952 war sie auf 24000 und 1953 sogar auf 11000 abgesunken. Die Zahl der Juden, die in jenem Jahr Israel wieder verließen, war größer als die der Einwanderer. Alles in allem konnte man nicht sagen, daß Ben Gurion das Land seinem Nachfolger in einem Zustand blühender Kraftentfaltung übergeben hätte. Sharett erbte einen Bienenschwarm ohne viel Honig. Seine Schwierigkeiten wurden auch dadurch noch größer, daß es ihm ganz offensichtlich an der erforderlichen Autorität fehlte. Ben Gurion hatte gesagt, er werde sich auf »ein oder zwei Jahre« zurückziehen. Noch während seines Aufenthaltes in dem Negeb-Kibbuz Sdeh Boker übte er großen Einfluß auf seine Partei, viele Minister und die Führung der Streitkräfte aus. Und nach Art starker Führerpersönlichkeiten erzeugte er eine fein gesponnene Atmosphäre der

Skepsis hinsichtlich seines Amtsnachfolgers. So haftete der Regierung Sharett vom ersten Tage ein provisorischer Charakter an. Zum ersten Mal war auch das Amt des Ministerpräsidenten von dem des Verteidigungsministers getrennt worden. Sharett behielt den Posten des Außenministers, während die Verteidigung von Pinchas Lavon übernommen wurde. Er war energisch und von einem starken Willen beseelt, aber stets geneigt, eigene Wege zu gehen. Er ließ sich vom Ministerpräsidenten wenig sagen und lebte in ständiger Spannung mit den führenden Stabsoffizieren und Beamten seines Ministeriums. Das Land bekam alle Nachteile zu spüren, die sich aus dem Rücktritt eines Regierungschefs ergeben, ohne sich jedoch dafür – als Ausgleich – die Vorteile einer neuen, stabilen und zielbewußten Führung einzuhandeln.

Das Jahr 1954 begann mit einem sowjetischen Veto in den Vereinten Nationen gegen eine Resolution, die es Israel gestattet hätte, mit den Bewässerungsarbeiten in der entmilitarisierten Zone bei Bnot Ya'akov fortzufahren. Es ist nur dem Einfallsreichtum und dem guten Willen des amtierenden Chefs des Stabes der UNO, General William Riley, zu danken, daß bald darauf ein Weg gefunden wurde, trotz des sowjetischen Vetos die Arbeiten fortzusetzen. Aber das Veto besaß über den besonderen Anlaß hinaus eine unheilvolle Bedeutung. Seit jenem Tage schied der Sicherheitsrat als Berufungsinstanz für israelische Klagen aus. Die Araber töteten israelische Bürger jenseits der Grenze, blockierten den israelischen Hafen Eilat am Roten Meer, schlossen den Suezkanal für die israelische Schiffahrt, entsandten bewaffnete Gruppen über die israelische Grenze, um Mordtaten zu begehen und Unruhe zu stiften – und weigerten sich, die entscheidenden Bestimmungen der Waffenstillstandsabkommen zu erfüllen, da sie genau wußten, daß der Sicherheitsrat keine Resolution mit der geringsten Kritik an der arabischen Handlungsweise verabschieden würde. Manchmal machte die Sowjetunion gegen Mehrheitsbeschlüsse von ihrem Vetorecht Gebrauch. Bei anderen Gelegenheiten veranlaßte die sichere Erwartung eines solchen Vetos die Mehrheit im Sicherheitsrat, auf Vorlagen zu verzichten, die den israelischen Interessen dienlich sein konnten. Auf der anderen Seite bestand keine derartige Zurückhaltung bei Resolutionen, die Kritik an Israel wegen seiner Vergeltungsmaßnahmen gegenüber arabischen Provokationen übten. Die Rechtsprechung der Vereinten Nationen gab auf diese Weise den arabischen Regierungen freie Hand, ihre kriegerischen Handlungen gegen Israel weiterzuführen, während Israel darauf nicht reagieren durfte.

Am 27. Januar 1954 stellte Israel den Sicherheitsrat durch Vorlage einer Beschwerde über die Intensivierung der ägyptischen Blockade am

Suezkanal auf die Probe. Drei Jahre zuvor, am 1. September 1951, hatte Israel einen diplomatischen Sieg davongetragen, als es eine Stellungnahme des Sicherheitsrates erwirkte, derzufolge jegliche Einmischung und alle gegen die israelische Seeschiffahrt gerichteten feindseligen Akte für »unvereinbar mit dem Buchstaben und Geiste des ägyptisch-israelischen Waffenstillstandsabkommens« erklärt wurden. Die Sowjetunion hatte sich diesem Urteilsspruch nicht widersetzt. Ihre Stimmenthaltung war fast ihre letzte Geste eines relativ guten Willens gegenüber Israel. Ägypten hatte sich geweigert, die Resolution des Sicherheitsrates von 1951 zur Kenntnis zu nehmen. Die Araber standen jetzt auf dem Standpunkt, daß alle von internationalen Gremien gefaßten Beschlüsse zwar für Israel, nicht aber für sie selbst bindend seien. Dieser malerischen Form der Rechtsfindung fehlte es nicht an einer gewissen Originalität. Noch bemerkenswerter ist jedoch das Ausmaß, in dem sich die übrige Welt mit der Verewigung dieses Zustandes abfand. Für die Weltöffentlichkeit galten die Araber als »irrational« und konnten deshalb für die Folgen ihrer leidenschaftlichen Gefühlsausbrüche nicht verantwortlich gemacht werden.

Die Diskussionen des Jahres 1954 endeten ergebnislos. Die Sowjetunion brachte durch ihr Veto einen neuseeländischen Resolutionsentwurf zu Fall, der zur Respektierung des Beschlusses zur Verurteilung der Blockade von 1951 aufgerufen hatte. Die arabischen Regierungen hatten jetzt ausreichenden Grund zu der Annahme, daß sie ihre Kriegführung gegen Israel hinter einem Schutzwall internationaler Duldung ungestört fortsetzen konnten.

Es war nicht nur eine Frage politischer Diskriminierung. Es kam zu praktischen Auswirkungen höchst tragischer Art. Die arabischen Regierungen hatten, ohne den totalen Krieg zu riskieren, beschlossen, Israel durch ständige Nadelstiche zu provozieren. Die Krise wegen des Projektes von Bnot Ya'akov war nur deshalb entstanden, weil Syrien das Feuer auf israelische Entwicklungshelfer eröffnet hatte – und es war für die Vereinten Nationen und die Großmächte einfacher, die Einstellung der Arbeiten anzuordnen, als eine Feuereinstellung zu befehlen. Der Kibya-Zwischenfall vom 15. Oktober beruhte auf einer Fehlbeurteilung der Lage von seiten Israels; er stellte jedoch eine Reaktion, keine Initiative dar. Das Dorf hatte Terroristen jenseits der Grenze jahrelang als Basis gedient. Im März 1954 hatten Freischärler aus Jordanien einen aus Eilat heimkehrenden Autobus angegriffen, elf Passagiere getötet und mehrere andere verwundet. Weder die Gemischte Waffenstillstandskommission noch der Sicherheitsrat wollten irgendwie gegen Jordanien Stellung nehmen, aus dessen Territorium die Freischärler gekommen waren und in dem sie offenbar wieder

Zuflucht gefunden hatten. Der von der UNO eingesetzte Vorsitzende der Gemischten Waffenstillstandskommission enthielt sich der Stimme und erklärte, er wisse nicht, woher die Terroristen gekommen und wohin sie geflohen seien. Die israelische Öffentlichkeit war wütend, und die israelische Delegation verließ die Kommission.

In seinem Bericht an den Sicherheitsrat vom 7. September 1954 prophezeite General Burns, daß sich die Zwischenfälle an der jordanisch-israelischen Grenze wie ein »Waldbrand« ausbreiten könnten. Die Einfälle plündernder Banden nach Israel seien zwar ernst, doch »stelle die israelische Vergeltung in Gestalt bewaffneter Gegenaktionen eine gefährliche Wiedergutmachung« dar. Nach einem israelischen Überfall auf Beit Likya, der als Erwiderung auf Terroraktionen in Jerusalem erfolgt war, verwendeten die Vereinigten Staaten eine ähnliche Formulierung. Die Infiltration aus Jordanien bilde zwar ein ernsthaftes Problem, doch habe »Israels offenkundige Politik der bewaffneten Vergeltung die Spannungen an der Waffenstillstandsgrenze eher verschärft als vermindert«.
Ob es tatsächlich zu weniger Spannungen gekommen wäre, wenn Israel, ergeben in sein Schicksal, untätig der Ermordung seiner Bürger ohne »bewaffnete Vergeltung« zugesehen hätte, ist höchst zweifelhaft. Da noch in keinem Land der nationale Masochismus derart bizarre Blüten getrieben hat, werden wir nie eine Antwort auf diese Frage erhalten. Die Angelegenheit war insofern kritisch, als ein dringendes Problem bestand, für das offenbar keine Lösung gefunden werden konnte. Nach dem Kibya-Zwischenfall vom Oktober 1953 hatte Israel eine eingehende Überprüfung des Waffenstillstandsabkommens mit Jordanien gemäß Artikel XII vorgeschlagen. Dieser sah vor, daß, falls nach einem Jahr (von März 1949 an gerechnet) einer der beiden Unterzeichner den Generalsekretär zur Einberufung einer Konferenz mit dem anderen Unterzeichner zur Überprüfung oder Revidierung des Abkommens ersuchen sollte, die Teilnahme an einer solchen Konferenz obligatorisch war. Generalsekretär Dag Hammarskjöld wandte sich an Amman, nahm die Weigerung der jordanischen Regierung zur Teilnahme an der »obligatorischen« Konferenz entgegen – und damit war die Angelegenheit beendet. Der Sicherheitsrat war durch das Vetorecht lahmgelegt, die Gemischte Waffenstillstandskommission steril und eine Revision des Abkommens rechtswidrig abgelehnt. Für Israel schien kein anderer Weg mehr offen, als sich auf die militärische Abschreckung zu verlassen.
Dies wurde mit nur geringem Erfolg versucht. Die eindrucksvollste israelische Aktion fand im Februar 1955 bei Gaza statt. In den vorangegangenen sechs Monaten war es zu vierzig bewaffneten Zusammenstößen und siebenundzwanzig ägyptischen Überfällen auf israelisches Gebiet gekom-

men, wobei sieben Israelis getötet und vierundzwanzig verwundet worden waren. Einfälle israelischer Verbände auf ägyptisches Territorium hatten nicht stattgefunden. Und Ägypten war durch die Gemischte Waffenstillstandskommission sechsundzwanzigmal verurteilt worden. Der israelische Gegenschlag bei Gaza brachte achtunddreißig ägyptische und acht israelische Tote. Während der Sicherheitsrat noch über die übliche Resolution beriet, mit der die israelische Reaktion verurteilt und die vorhergegangenen ägyptischen Überfälle ignoriert wurden, eröffneten bewaffnete Freischärler das Feuer auf ein Dorf namens Patish, 16 Kilometer innerhalb Israels, wo gerade eine Hochzeit stattfand. Eine Frau wurde getötet, und achtzehn Gäste wurden verwundet. Die Gemischte Waffenstillstandskommission verurteilte den Vorgang als brutalen und heimtückischen Akt der Aggression, für den allein Ägypten verantwortlich sei. Aber die Überfälle gingen in unerträglichem Umfang weiter. Am 4. April stellte Israel den Antrag, der Sicherheitsrat möge am 6. April zusammentreten. Dreizehn Tage später entschied der Sicherheitsrat, daß er nicht tätig zu werden brauche, da der Beschluß vom 30. März, mit dem Israel wegen des Zwischenfalls im Gazastreifen verurteilt worden war, die zur Zeit bestehende Lage an der Grenze bereits berücksichtige! Die israelische Regierung unterzog diesen »offenkundigen Fall einseitiger Parteinahme« heftiger Kritik und fügte hinzu, daß »die Mächte, die für das Ergebnis der Debatte im Sicherheitsrat zuständig seien, damit eine schwere Verantwortung für die weitere Zuspitzung der Lage übernommen hätten«.
In den Monaten Oktober und November 1954 kam es zu weiterem Blutvergießen; Überfälle und Gegenaktionen nahmen an Häufigkeit zu. Die Ägypter versuchten, den Negeb unbewohnbar zu machen. Und die Syrer bemühten sich jetzt, israelische Fischerboote und Patrouillenfahrzeuge aus dem See von Galiläa zu vertreiben. Ein im Dezember 1955 durchgeführter israelischer Gegenangriff führte zu neunundvierzig syrischen und sechs israelischen Todesopfern. Er stieß sogar in Israel wegen der unerwartet hohen Zahl an syrischen Todesopfern auf Kritik, außerdem auch deswegen, weil sich Außenminister Moshe Sharett gerade zu der Zeit in Washington befand und auf eine Antwort auf sein Ersuchen zum Ankauf von Düsenflugzeugen wartete. Als Reaktion auf den israelischen Gegenangriff ließen die Amerikaner mit der Antwort auf sich warten.
Ende Januar besuchte Hammarskjöld den Mittleren Osten und erreichte das beiderseitige Einverständnis für bestimmte begrenzte Maßnahmen, um die Spannungen an der ägyptisch-israelischen Grenze zu verringern. Die Abmachungen wurden im März vom Sicherheitsrat ratifiziert, und ein weiterer Besuch Hammarskjölds im April schien eine Zeit relativer Ruhe einzuleiten. Hammarskjöld kam im Juli wieder und brachte erneut ein Nachlassen der Spannungen zustande. Doch erwies sich diese Ruhe

als trügerisch. Im Juli und August nahmen die Einfälle aus Jordanien zu, wobei israelische Zivilisten und Soldaten bei Beerscheba, auf der Straße nach Eilat, und bei El Auja durch Sprengkörper zerfetzt oder verstümmelt wurden. Heftige israelische Vergeltungsaktionen wurden härter verurteilt als die Mordtaten, die ihnen vorangegangen waren. Bei allem Respekt vor den taktischen und technischen Maßnahmen, die ständig vom Generalsekretär angeregt wurden, war es ganz offenkundig, daß die Häufigkeit der Zusammenstöße letzten Endes von den in Kairo, Damaskus und Amman getroffenen politischen Entscheidungen abhing. Diese Entscheidungen zeugten von der Entschlossenheit, Israel nirgends auch nur für kürzere Zeit in Ruhe zu lassen.

Das Waffenstillstandssystem war offensichtlich in eine Sackgasse geraten. Es basierte auf einem grundlegenden Widerspruch zwischen den Absichten seiner Unterzeichner. Israel hatte den Waffenstillstand als Ende des Krieges und als Vorläufer einer endgültigen Friedensregelung aufgefaßt. Es legte deshalb besonderen Wert auf diejenigen Bestimmungen, die auf eine Stabilisierung der bestehenden Situation hinausliefen. In den Augen der arabischen Regierungen war der Waffenstillstand nur eine vorübergehende Phase in einem weiter andauernden Krieg, den sie nie für beendet erklärt hatten. Sie legten deshalb den Akzent auf den provisorischen und unverbindlichen Ton einiger Formulierungen, insbesondere bezüglich der Grenzfrage. Zunächst gingen die Großmächte und die Vereinten Nationen eindeutig davon aus, daß die israelische Interpretation der Vereinbarungen im Sinne einer stabilen internationalen Regelung richtig sei; doch begannen sie infolge arabischen Druckes und ihrer eigenen Uneinigkeit schon bald, die Waffenstillstandsgrenzen hier und da zu korrigieren, als ob diese keine rechtlich fundierte Dauerlösung darstellten. So wurde das politische Gewicht der Waffenstillstandsabkommen in demselben Augenblick unterminiert, als deren Sicherheitsbestimmungen durch sich täglich wiederholende Gewalttaten in Frage gestellt wurden. Im Februar 1956 rief Ben Gurion Freiwillige auf, um Luftschutzbunker zu errichten und die Verteidigungsanlagen der grenznahen Siedlungen zu verstärken. Am 9. Mai erklärte Hammarskjöld, daß »die beiden Parteien den Waffenstillstand in dem Sinne auslegten, daß jeder Bruch einer Bestimmung des Abkommens durch die eine Seite Reaktionen der anderen Seite rechtfertige, die dann wiederum als Bruch des Waffenstillstandsabkommens angesehen werden, wobei die jeweiligen Gegenaktionen hinsichtlich ihrer räumlichen Ausdehnung keinerlei Beschränkungen unterliegen«. Er hatte keinen Grund, sich überrascht zu zeigen. Israel war der Überzeugung, daß man bei allen Rechtsvereinbarungen üblicherweise von der Annahme ausgehen könne, daß der Bruch eines Abkommens durch die eine Seite die andere automatisch von ihren Verbindlichkeiten befreie. Die Erklärung des Generalsekretärs unterliegt jedoch hauptsächlich deswegen der Kritik, weil sie, wie alle anderen UNO-Aktionen in dem Gebiet, sich auf eine Diagnose der Krankheit beschränkte und keinerlei Heilmittel verordnete.

In den Jahren 1954–1956 galt Israels ängstliche Sorge nicht allein den in Flammen stehenden Grenzgebieten. Die Auseinandersetzung mit den arabischen Staaten und besonders mit Ägypten verlor ihren lokal begrenzten Charakter und wurde in das Gewirr weltweiter Rivalitäten mithineingezogen. Die von den Großmächten getroffenen Maßnahmen sollten sicherlich nicht dem Zweck dienen, Israels Kraft oder Lebenswillen zu schwächen. Doch führten sie letzten Endes zu diesem Ergebnis – und keine der Mächte unternahm irgend etwas, um Israel dafür eine Entschädigung zukommen zu lassen. Dies war im Verhalten der Sowjetunion klar vorauszusehen, die das Lagebild des Mittleren Ostens im Jahre 1955 durch massive Waffenlieferungen an Ägypten über die Tschechoslowakei entscheidend veränderte. Waffen mit einer Zerstörungskraft, wie sie bisher in dem gesamten Gebiet unbekannt gewesen waren, erreichten Ägypten in einem Tempo, das alle Rekorde schlug. Israel sah sich von Gefahren bedroht, die alle Kriegsrisiken der bisherigen Grenzzwischenfälle in den Schatten stellten. Langfristig betrachtet, war damit seiner Sicherheit unverkennbar der Boden entzogen.
Die Politik der Westmächte trifft nicht deswegen der Vorwurf, weil sie der sowjetischen Infiltration nicht rechtzeitig Einhalt geboten haben, sondern weil sie keinerlei Maßnahmen ergriffen, die ein Gegengewicht gegen diese Infiltration hätten bilden können. Nötig war eine Demonstration westlicher Stärke, die der in Aufruhr geratenen arabischen Welt klargemacht hätte, daß der Mittlere Osten nicht zu einer Domäne sowjetischer Expansionspolitik werden würde. Und hinsichtlich Israels ließ sich eine gewisse Stabilität dadurch erreichen, daß die israelische Rüstung in bescheidenem Umfang verstärkt wurde und die Waffenstillstandslinien als De-facto-Grenze eine vorbehaltlosere Anerkennung fanden. Weder das eine noch das andere geschah.
Das erste Glied in der Kette von Ereignissen, die schließlich zur Explosion führten, war der am 24. Februar 1955 abgeschlossene Bagdad-Pakt. Er war ein Verteidigungsbündnis (Pakt gegenseitiger Zusammenarbeit) zwischen Irak und der Türkei, angehängt an einen bereits früher zwischen der Türkei und Pakistan geschlossenen Vertrag. Großbritannien und Iran traten 1955 dem Bündnis bei. Die Vereinigten Staaten schlossen sich dem Pakt zwar nicht formell an, aber sein geistiger Vater hieß John Foster Dulles, und die Vereinigten Staaten waren der Hauptlieferant an Waffen und Geld. Dieser Schritt gehörte zu Dulles' Politik der Eindämmung so-

wjetischer Expansion mittels klarer vertraglicher Vereinbarungen, die eine sowjetische Penetrierung des Mittleren Ostens verhindern sollten. Der Zweck war durchaus verständlich, die Mittel wurden dem Ziel jedoch nicht gerecht. Nasser fühlte sich auf das heftigste brüskiert und erklärte, Washington und London seien darauf aus, die arabische Welt in zwei rivalisierende Blöcke entsprechend dem Ost-West-Konflikt zu spalten. Seine Stellung als Führer der arabischen Welt stand auf dem Spiel, und seine stark antiwestliche Reaktion fand darin ihren Ausdruck, daß er den Druck zum Sturz der prowestlichen Regierungen in Bagdad, Amman und in anderen Ländern verstärkte und vor allem seine Bindungen an Moskau enger knüpfte.

Das Waffengeschäft vom September war in erster Linie Nassers Antwort auf den Bagdad-Pakt. Sein Unbehagen über die Grenzzwischenfälle mit Israel im Gazastreifen und an anderen Punkten war höchstens ein Aushilfsmotiv. Er hätte dieses Dilemma ganz einfach dadurch aus dem Wege räumen können, daß er die Angriffe auf Israel eingestellt hätte. Er hätte sich die Waffen statt von der Sowjetunion auch von weniger kompromittierenden Lieferanten besorgen können. Aber er konnte es dem Westen nicht verzeihen, daß ihm dieser die Führung der arabischen Politik im internationalen Bereich aus der Hand genommen hatte.

Während der Bagdad-Pakt auf der einen Seite Ägypten vor den Kopf stieß, gelang es ihm auf der anderen Seite nicht, Irak und Jordanien zu Freunden zu gewinnen. Im Jahr 1958, nach dem Sturz der irakischen Monarchie, trat Irak offiziell aus dem Bündnis aus, dem es den Namen gegeben hatte. In Jordanien kam es 1955 zu Unruhen, weil man England vorwarf, Husseins Beitritt zu dem Pakt bewerkstelligt zu haben. Der britische Kommandeur der Arabischen Legion, General Glubb, wurde im März 1956 über Nacht entlassen, und Jordanien hielt sich vor neuen Bündnisverpflichtungen mit dem Westen zurück. Was übrig blieb, war die negative Auswirkung des Bagdad-Pakts auf Israel. Dulles wollte durch das Engagement arabischer Staaten in einer »nördlichen Verteidigungslinie« gegen sowjetische Expansionsbestrebungen gemeinsam mit nichtarabischen Staaten wie Iran und der Türkei den Zionismus als Erzfeind der Araber durch den Kommunismus ablösen und der arabischen Außenpolitik ein vom israelischen Problem losgelöstes Betätigungsfeld verschaffen.

Aber dazu kam es nicht. Israel blieb weiterhin auf sich allein gestellt. Die arabischen Staaten wurden aufgrund von Verteidigungsabmachungen mit den Großmächten weiter aufgerüstet, während Israel weder einen zuverlässigen Waffenlieferanten noch internationale Garantien für seine Sicherheit und Integrität besaß. Es gab ein Abkommen zwischen Großbritannien und Ägypten, zwischen Großbritannien und dem Irak, zwi-

schen Großbritannien und Libyen. Es gab ein Waffenlieferungsabkommen zwischen den Vereinigten Staaten und Pakistan. Verträge zwischen den Vereinigten Staaten, Libyen und Saudiarabien sowie einen Bündnisvertrag zwischen der Türkei und dem Irak. Ein Bündnissystem war im Entstehen, das die Staaten des Mittleren Ostens mit der westlichen Welt verband und nur einen einzigen Staat dabei ausschloß – und zwar ausgerechnet denjenigen, dessen Existenz am meisten bedroht war. Niemand konnte so töricht sein anzunehmen, daß Israel durch diese rasch zunehmende Isolierung nicht in Alarmstimmung versetzt worden wäre. Ministerpräsident Sharett hatte erklärt, Israel verlange bindende offizielle Garantien für die Unverletzlichkeit seiner Grenzen und direkte Unterstützung zur Aufrechterhaltung des Rüstungsgleichgewichts. Es lag für jedermann, nur nicht für die Westmächte, auf der Hand, daß Israel, falls es keine befriedigende Antwort auf seine Forderungen erhalten sollte, gezwungen sein würde, drastische Schritte zu unternehmen. Die arabischen Staaten waren jetzt in zwei Gruppen gespalten: in diejenigen, die Waffen von den USA, und diejenigen, die Waffen von der Sowjetunion erhielten. Gemeinsam war ihnen nur der Haß gegen Israel.
»Wenn Trübsal kommt, so kommt sie nicht als einzelner Spion, sondern als ganzes Bataillon.« Die Worte Shakespeares ließen sich in jenen dunklen Tagen besonders auf Israel anwenden. Die Grenzkonflikte bedrohten Israels Sicherheit von heute auf morgen, während die unverhohlene Stellungnahme der Großmächte zugunsten der Araber seinen Bestand auf lange Sicht in Frage stellte. Und als ob dies noch nicht ausgereicht hätte, Israels Nerven bis zum Zerreißen zu spannen, kam jetzt noch zu allem Unglück ein weiterer Umstand hinzu: Zwei der Westmächte unternahmen den Versuch, Israel durch Druck zu territorialen Konzessionen zu zwingen.
Die Initiative der Vereinigten Staaten begann im August 1955, als Außenminister Dulles eine bedeutsame außenpolitische Rede in New York hielt. Später wurde deutlich, daß er versuchte, sowjetischen Waffenlieferungen dadurch zuvorzukommen, daß er den Ägyptern amerikanische Unterstützung bei der Erlangung territorialer Zugeständnisse von seiten Israels in Aussicht stellte.

Dulles setzte sich in seiner Rede keineswegs achtlos über das israelische Sicherheitsproblem hinweg. Er deutete sogar die Möglichkeit an, daß die Vereinigten Staaten in offizielle Vertragsverhandlungen zur Garantierung der bestehenden Grenzen im Mittleren Osten eintreten könnten. Aber er fuhr fort: »Wenn es zu einer Grenzgarantie kommen sollte, so müßte vorher Einverständnis über den Grenzverlauf erzielt worden sein. Die bestehenden Grenzlinien... wurden durch die Waffenstillstandsab-

kommen von 1949 festgelegt. Sie waren nicht als endgültige Grenzen gedacht.« Er setzte sich dann für die Festlegung einer dauerhaften Grenzziehung ein; dann fügte er in deutlicher Anspielung auf den Negeb hinzu: »Die Schwierigkeiten werden durch den Umstand erhöht, daß auch unfruchtbare Gebiete eine sentimentale Bedeutung erlangt haben.«
Die Atmosphäre dieser Rede und der gleichzeitig stattfindenden diplomatischen Gespräche deutete auf territoriale Zugeständnisse eines israelischen Zwergstaats gegenüber seinen übermächtigen Nachbarn Ägypten und Jordanien. Hinsichtlich des Flüchtlingsproblems kam Dulles der israelischen Auffassung schon näher, indem er erklärte, daß »es diesen entwurzelten Menschen durch Ansiedlung und, wo immer möglich, durch Repatriierung ermöglicht werden solle, zu einem Leben der Selbstachtung und Menschenwürde zurückzukehren«. Selten war das Wort »Repatriierung« so klein geschrieben worden wie in dieser Rede. Dulles bot Israel anschließend einen amerikanischen Kredit an, damit Tel Aviv Entschädigungen an die im arabischen Machtbereich verbleibenden Flüchtlinge zahlen könne. Doch das alles konnte nicht darüber hinwegtäuschen: Nach israelischer Auffassung wurden die positiveren Teile der Rede von der Andeutung überschattet, die Waffenstillstandsgrenze sei keineswegs endgültig anerkannt und der Negeb bleibe vorläufig ein Handelsobjekt. Wenn Israel durch diese amerikanischen »Andeutungen« in der Grenzfrage beunruhigt war, so erlitt es einen Schock durch die Rede, die der britische Premierminister Anthony Eden am 9. November 1955 in der Guildhall hielt. Noch unverblümter als Dulles forderte Eden einen Kompromiß zwischen den Grenzen der UNO-Resolution von 1947 und den Waffenstillstandsgrenzen von 1949. Es stellte sich, kurz gesagt, heraus, daß Washington und London für israelische Zugeständnisse im Negeb gegenüber Ägypten und Jordanien eintraten, damit zwischen diesen beiden Staaten eine Landbrücke hergestellt werden konnte. Für Israel war diese Lösung gleichbedeutend mit dem Verlust seiner uneingeschränkten Hoheitsrechte im Negeb, die ihm als Hauptergebnis aus den politischen Auseinandersetzungen der Jahre 1947–1949 zugefallen waren. Am 15. November lehnte Ben Gurion in der Knesset Edens Angebot, auf dieser Basis zu vermitteln, kategorisch ab, da der Plan geeignet sei, »das israelische Territorium zugunsten seiner Nachbarn zu verstümmeln«, und deshalb »keine rechtliche, moralische oder logische Grundlage habe«. Israels Reaktion auf die durch die amerikanischen und britischen Initiativen geschaffene Lage war ein Balanceakt zwischen Mäßigung und Festigkeit. Sie kam in einem Brief des Außenministers Sharett an John Foster Dulles vom 19. Dezember zum Ausdruck, nachdem langwierige Verhandlungen zwischen der israelischen Botschaft in Washington und dem State Department stattgefunden hatten.

Zu den Hauptpunkten gehörte, daß Israel mit beiderseitigen Korrekturen der Waffenstillstandslinien von 1949 zur Verbesserung der Sicherheitslage und der Verbindungslinien einverstanden sei, den Teilungsplan von 1947 als Verhandlungsgrundlage jedoch ablehne. Israel würde den arabischen Staaten eventuell Transitrechte für den ungehinderten Handelsverkehr von Nord nach Süd zwischen dem Libanon und Ägypten sowie durch den Negeb zwischen Ägypten und Jordanien einräumen. Und Jordanien würde Freihafenrechte in Haifa sowie die notwendigen Transitrechte erhalten, um den Hafen auf dem Landwege erreichen zu können. Sharett bestätigte ferner, daß Israel bereit sein würde, Entschädigungen an arabische Flüchtlinge zu zahlen, und nahm das amerikanische Kreditangebot an, um bei der Ansiedlung und Eingliederung der Flüchtlinge in den arabischen Staaten mitzuhelfen. Israel akzeptierte außerdem den vom amerikanischen Botschafter Mr. Eric Johnston ausgearbeiteten Plan zur Entwicklung des Jordantales, aufgrund dessen sich Israel und die arabischen Staaten in die Nutzung des Jordan- und Yarmuk-Wassers teilen würden. Israel betrachtete dies als ausgesprochenes Zugeständnis, weil mehr als die Hälfte des Wasservorrats den arabischen Staaten zugute kommen würde.

Andererseits ließ Israel keinen Zweifel darüber aufkommen, daß es von folgenden Punkten nicht abweichen würde:

1 Es war zu keinen einseitigen Zugeständnissen bereit und ging davon aus, daß kleinere Korrekturen der Waffenstillstandslinien das israelische Hoheitsgebiet nicht wesentlich einschränken würden.
2 Es würde den Hafen von Eilat am Golf von Akaba nicht aufgeben.
3 Bei der Gewährung von Transitrechten an Jordanien und Ägypten im Gebiet des Negeb würde Israel die Schaffung eines Korridors mit extraterritorialen Rechten nicht zulassen.
4 Es würde sich weiterhin der Internationalisierung Jerusalems widersetzen.

Dem Jahr 1955 trauerte niemand nach. Aber während der ersten Hälfte des Jahres 1956 zogen ständig neue Wolken am Horizont auf. Die Grenzverletzungen gingen im bisherigen Umfang weiter, und Israels schwere Vergeltungsmaßnahmen blieben ohne dauernde Wirkung. Aber vor allem blieb die Ungleichheit auf dem Rüstungsgebiet bestehen; und alle Maßnahmen der Großmächte dienten nur dazu, die Araber zu befriedigen, nicht aber Israels Sicherheit zu erhöhen. In Israel herrschte eine explosive Stimmung, und die Frage war nur, wann sich diese entladen würde. Die Antwort wurde durch überraschende Ereignisse gegeben, die sich im Juli 1956 zutrugen. Danach wurde der ägyptisch-israelische Kon-

flikt Teil eines größeren Dramas, in das die Großmächte bei der plötzlichen Umorientierung ihrer Außen- und Bündnispolitik verwickelt waren. Die amerikanischen Versuche, ihre Beziehungen zu Ägypten enger zu gestalten, waren gescheitert, weil sich Washington bei der Aufrüstung Ägyptens nicht in eine Konkurrenzsituation mit Moskau einlassen konnte, ohne Israels Zukunft außer acht zu lassen. Größere Hoffnungen bestanden im wirtschaftlichen Wettbewerb. Nach dem sowjetischen Waffenlieferungsvertrag war man in Washington der Auffassung, daß Ägyptens wirtschaftliche Zukunft bis zu einem solchen Grade mit den Vereinigten Staaten und anderen Westmächten verflochten werden könne, daß Kairo nicht zu einem bloßen Handlanger der sowjetischen Politik absinken würde. Wochenlang waren Verhandlungen über die Finanzierung des Assuan-Dammes durch die Weltbank unter starker amerikanischer Beteiligung geführt worden. Die ägyptischen Planungsbehörden versprachen sich von diesem Großprojekt eine Zunahme der landwirtschaftlichen Erzeugung im Laufe der nächsten Jahrzehnte. Im Frühjahr und Sommer 1956 hatten die Vereinigten Staaten dieses Vorhaben eingehend mit ägyptischen Vertretern besprochen, die durchaus Grund zu der Annahme hatten, daß die endgültige Genehmigung des Planes jetzt nur noch von ihrem Einverständnis abhänge.
Aber in der Zwischenzeit waren in Washington Zweifel aufgekommen. Ägypten übte einen starken, feindseligen Druck auf Israel aus. Außerdem machte es kein Hehl aus seinen Versuchen, die Stellung König Husseins in Jordanien zu unterminieren. Eine Schwächung Israels und die Errichtung ägyptischer Hegemonie über andere arabische Staaten gehörten nicht zu den Zielen amerikanischer Politik. Zwischen Washington und Kairo bestanden infolgedessen divergierende Ansichten und Interessen im Bereich des Mittleren Ostens. Hinzu kam, daß Nasser, insbesondere seit der Bandung-Konferenz der blockfreien Staaten, in Fragen der internationalen Politik meistens den sowjetischen Standpunkt unterstützt hatte. Er hatte diplomatische Beziehungen mit Rotchina aufgenommen, was zur damaligen Zeit in amerikanischen Augen ein glatter Frevel war. Er legte eine gewisse Feindseligkeit gegenüber allen Zielen der internationalen Politik der USA an den Tag. Dies hatte zu einem Antagonismus gegenüber Nasser im amerikanischen Kongreß geführt, dessen Unterstützung für die gewaltigen finanziellen Bewilligungen nötig war, die das Projekt der Weltbank dem amerikanischen Steuerzahler abverlangen würde. Der ägyptische Botschafter in den Vereinigten Staaten, Dr. Ahmed Hussein, hatte diesen Stimmungswandel nicht aufmerksam genug verfolgt. Und am 7. Juli erklärte er nach seiner Rückkehr aus Kairo vor der Öffentlichkeit, daß sich Ägypten entschlossen habe, die Hilfe der amerikanischen und britischen Regierung für die Ausführung des As-

suan-Projekts mit Hilfe der Weltbank zu akzeptieren. Er beabsichtige, fügte er hinzu, mit Mr. Dulles den beschleunigten Abschluß der Verhandlungen auf dem finanziellen Sektor herbeizuführen.
Bei dem Zusammentreffen des Botschafters mit dem amerikanischen Außenminister am 19. Juli kam es zu einer glatten Kehrtwendung: Mr. Dulles erklärte unumwunden, die Vereinigten Staaten betrachteten eine amerikanische und britische Beteiligung an der Finanzierung des Assuan-Dammes unter den gegenwärtigen Umständen als nicht durchführbar. Dieser Rückzieher veranlaßte die Weltbank automatisch, sich von dem Projekt zu distanzieren.
Die Aufgabe des Assuan-Projekts war der erste ernsthafte Rückschlag für Nasser. Er fühlte sich nicht nur durch die Tatsache selbst, sondern auch durch die Art und Weise, wie es zu der Entscheidung des Westens gekommen war, vor den Kopf gestoßen. Am 24. Juli erklärte er in einer Rede, die seiner Empörung freien Lauf ließ: »Wenn man in Washington gerüchteweise behauptet, die ägyptische Wirtschaft sei nicht stark genug, um amerikanische Hilfe zu rechtfertigen, so erwidere ich, ihr könnt tun, was ihr wollt, aber ihr werdet uns nie herumkommandieren oder uns zu euren Vasallen machen können.« Er fügte hinzu: »Wir Ägypter werden nicht zulassen, daß irgendeine Kolonialmacht oder ein anderes despotisches Regime uns politisch, wirtschaftlich oder militärisch seinen Willen aufzwingt. Wir werden weder der Gewalt noch dem Dollar weichen.« In späteren Jahren sollte er die politische, wirtschaftliche und militärische Vorherrschaft der Sowjetunion mit anderen Augen betrachten. Und was er dem Dollar nicht zugestehen wollte, das gab er dem Rubel preis.
Nassers erste Reaktion auf die Weigerung des Außenministers Dulles, sich an der Finanzierung des Assuan-Projektes zu beteiligen, bestand darin, nach Mitteln und Wegen zu suchen, um der westlichen Welt einen Hieb zu versetzen. In einer Rede, die er am 26. Juli in Alexandria hielt, kam es zum Eklat. Nasser gab bekannt, daß die ägyptische Regierung die Suez-Kanal-Company verstaatlicht habe und die Kanaleinnahmen – etwa 100 Millionen Dollar im Jahr – zum Bau des Assuan-Dammes verwenden werde. Indem er die Suez-Kanal-Company als »ausbeuterische Gesellschaft« und als »Staat im Staate« bezeichnete, erklärte Nasser, die Gesellschaft sei »im Namen der Nation« verstaatlicht worden und alle ihre Guthaben und Verbindlichkeiten seien auf den ägyptischen Staat übergegangen.
Obwohl diese Reaktion auf einer Entscheidung der Vereinigten Staaten basierte, waren Großbritannien und Frankreich die Hauptleidtragenden. Diese beiden Länder, die bisher für ihre Versorgung, besonders hinsichtlich des Öls, auf eine internationale Wasserstraße angewiesen waren, auf die sie einen bestimmenden Einfluß ausüben konnten, sahen sich jetzt

vom guten Willen Ägyptens abhängig, der als höchst zweifelhaft erscheinen mußte. In London wurden finanzielle Maßnahmen gegen Ägypten ergriffen, in diesem Zusammenhang wurden alle Rüstungsexporte gestoppt. Die Reaktion Frankreichs verlief auf gleichen Bahnen und erwies sich als nicht weniger drastisch. Am 27. Juli erklärte der französische Außenminister Christian Pineau, Frankreich werde die einseitige Aktion Nassers nicht ohne weiteres hinnehmen. Am 30. Juli sagte Guy Mollet, der französische Ministerpräsident, Nasser sei »ein angehender Diktator, dessen Methoden mit denen Hitlers vergleichbar seien und der abwechselnd eine Politik der Erpressung und der Verletzung internationaler Vereinbarungen führe«. Anfang August hieß es aus Paris, daß die französische Mittelmeerflotte vor Toulon zusammengezogen werde und Befehl zum Auslaufen erhalten habe. Die britische Admiralität und das Kriegsministerium in London gaben Schiffsbewegungen und andere vorsorgliche militärische Maßnahmen bekannt. Sowohl die französische als auch die britische Regierung schienen entschlossen, den Suez-Kanal unter Anwendung militärischer Gewalt gegen den Widerstand Nassers zu öffnen. Die amerikanische Reaktion erschien weit weniger eindeutig. Am 29. Juli verurteilte der vorzeitig aus Südamerika zurückgekehrte Außenminister Dulles die Handlungsweise der ägyptischen Regierung als einen »schweren Schlag gegen das internationale Vertrauen«. Aber es entsprach nicht amerikanischer Politik, der Anwendung von Gewalt das Wort zu reden. Dulles trat jetzt in eine Phase schwieriger und pausenloser diplomatischer Verhandlungen ein, die am 29. Juli mit den Drei-Mächte-Gesprächen unter Einschluß der britischen und französischen Außenminister sowie des amerikanischen stellvertretenden Außenministers Robert Murphy begannen. Bei diesen Gesprächen wurde die Einberufung einer internationalen Konferenz von vierundzwanzig Staaten in London am 16. August beschlossen, »um die Errichtung einer internationalen Behörde für den Suez-Kanal zu prüfen, die sicherstellen solle, daß die Freiheit und Sicherheit der Durchfahrt für die Schiffahrt aller Länder unter Berücksichtigung der Interessen Ägyptens gewahrt blieben«.
Diese Erklärung wurde in Israel mit Skepsis aufgenommen, da der israelischen Schiffahrt die Benützung des Kanals seit 1948 verwehrt worden war, und zwar trotz eines gegenteiligen Beschlusses des Sicherheitsrates im September 1951.
Wenn irgend jemand daran gezweifelt hätte, daß der Mittlere Osten zum Schauplatz einer größeren Auseinandersetzung zwischen den Großmächten hätte werden können, so wurden alle derartigen Zweifel durch die sowjetische Reaktion beseitigt. Am 31. Juli erklärte Chruschtschow in Moskau, er sehe »in dem Verhalten der ägyptischen Regierung keinen Anlaß zur Beunruhigung« und »die Verstaatlichung des Suez-Kanals be-

rühre weder die Interessen der Völker Großbritanniens, Frankreichs, der Vereinigten Staaten noch anderer Länder«. In der sowjetischen Presse wurden die Maßnahmen der ägyptischen Regierung begrüßt und warnende Töne gegen eventuelle Absichten der Westmächte geäußert, unter Anwendung von Gewalt die frühere Lage wiederherzustellen.
Im August und September setzten Großbritannien und Frankreich ihre militärischen Vorbereitungen fort. Die in London abgehaltene Konferenz der Benutzer des Suez-Kanals endete mit dem Vorschlag, eine Delegation unter dem australischen Premierminister Robert Menzies zu Verhandlungen nach Kairo zu entsenden. In der Zwischenzeit beobachtete Ägypten die Haltung der Vereinigten Staaten mit großer Aufmerksamkeit. Es besteht kein Zweifel darüber, daß es Dulles in gewissen Phasen der Lageentwicklung taktisch für angebracht hielt, die ägyptischen Befürchtungen eines anglo-französischen bewaffneten Angriffs nicht zu zerstreuen. Er hatte den Regierungen in London und Paris gesagt, daß »Nasser zum Nachgeben gezwungen werden könne«. Aber während sich Menzies noch in Kairo aufhielt, ließ eine von Präsident Eisenhower am 3. September abgegebene Erklärung Nasser nicht im unklaren darüber, daß die Vereinigten Staaten eine bewaffnete Aktion ablehnen würden. Die Verhandlungsposition Nassers gegenüber Menzies verhärtete sich daraufhin naturgemäß. Ägypten lehnte selbst den geringsten Kompromiß ab, der auch nur den Anschein einer internationalen Überwachung der Schiffahrt durch den Suez-Kanal aufrechterhalten hätte, während er gleichzeitig das Vermögen der Suez-Kanal-Gesellschaft, einschließlich des Kanals selbst, in ägyptischen Händen beließ. Und so verbreiterte sich die Kluft zwischen den Vereinigten Staaten und ihren beiden europäischen Verbündeten, bis gegenseitiger Argwohn die westliche Allianz zu spalten drohte.
Der Oktober war der entscheidende Monat, in dem sich die französische und israelische Frontstellung gegenüber Nasser zu Plänen gemeinsamen Vorgehens verdichteten, während die wachsende Empörung auf seiten Sir Anthony Edens die Zurückhaltung schwinden ließ, die Großbritannien gegenüber Israel bislang beobachtet hatte.
Der Einfluß Frankreichs auf die israelische Politik ergab sich nicht nur aus der Tatsache, daß beide einen gemeinsamen Gegner hatten. Anfang 1956 hatte Frankreich durch besonders umfangreiche Waffenlieferungen Israel vor einem weiteren Absinken seines relativ schwachen Militärpotentials bewahrt. In einer im Oktober vor der Knesset gehaltenen Rede fühlte sich Ben Gurion ermächtigt, in einer versteckten Bemerkung auf die Tatsache anzuspielen, daß Israel vielleicht schon bald einen »Bundesgenossen« haben werde. Als die ersten Waffenlieferungen aus Frankreich in Israel eintrafen, wurde dieses Ereignis von dem hebräischen Poeten Natan Alterman in rhapsodischen Versen gefeiert. Zwischen den Generalstäben und

Verteidigungsministern beider Länder hatte sich bereits in Fragen der Rüstung und Verteidigungspolitik eine enge Zusammenarbeit entwickelt. Beide Regierungen ließen sich dabei von dritter Seite nicht in die Karten schauen. Als Nasser am 26. Juli seine dramatische Rede über die Verstaatlichung des Suez-Kanals hielt, ging man in weiten Kreisen beider Regierungen bereits von der Vorstellung aus, daß Israel bei seinem Widerstand gegen den ägyptischen Druck auf französische Hilfe rechnen könne. Israel verließ sich auf die französischen Waffenlieferungen in einem solchen Ausmaß, daß die israelische Regierung die von Außenminister Dulles befürwortete Freigabe von vierundzwanzig Jagdflugzeugen des Typs F-84, die in Kanada unter amerikanischer Lizenz hergestellt worden waren, ablehnte und auf die Lieferung verzichtete.
Inzwischen machte Nasser den Franzosen in Algier und den Israelis entlang ihrer gesamten Grenze schwer zu schaffen. Es schien ihm dabei gar nicht in den Sinn zu kommen, daß die beiden Opfer seiner Angriffstätigkeit gemeinsame Sache gegen ihn machen könnten. Seine in Alexandria gehaltene Rede führte dazu, daß die französisch-israelische Zusammenarbeit festere Gestalt annahm. Überdies fühlte sich die britische Regierung durch Nassers Vorgehen dermaßen brüskiert, daß, als Pineau vor britischen Regierungsvertretern die französische Entschlossenheit bekundete, Israel gegenüber der ägyptischen Aggression beizustehen, die britische Regierung ein überraschendes Maß an Verständnis erkennen ließ.
Anfang Oktober fuhren Frankreich und Großbritannien fort, eine internationale Lösung zu suchen, die sie selbst gar nicht mehr wollten. Sie wandten sich an den Sicherheitsrat, der in einer fruchtlosen Debatte sechs Punkte herausstellte, die von Ägypten akzeptiert wurden. Diese Punkte bekräftigten noch einmal die freie Durchfahrt durch den Suez-Kanal und den Grundsatz, daß der Suez-Kanal von allen politischen Einflüssen von außen freigehalten werden solle. Aber ein Absatz, der Frankreich und Großbritannien die Möglichkeit gegeben hätte, Verhandlungen über einen Sonderstatus für die Kanalbenutzer zu eröffnen, fiel dem sowjetischen Veto zum Opfer. In Frankreich und England begann man allmählich zu begreifen, was Israel schon seit langem gewußt hatte – daß nämlich der Sicherheitsrat keine der Sowjetunion unbequeme Resolution annehmen würde. Damit war der Weg frei für den letzten entscheidenden Akt dieses Dramas.

Israel sah sich nach drei Jahren sozialer und politischer Umwälzungen schwerwiegenden Entscheidungen gegenüber. Die politischen Schwierigkeiten wurden teilweise durch die wirtschaftliche Aufwärtsentwicklung ausgeglichen. Die Devisenreserven hatten zugenommen, und das Wie-

dergutmachungsabkommen mit Deutschland hatte der Industrie und dem gesamten Verkehrswesen neuen Auftrieb gegeben. Bis 1954 hatte sich die Zahl der verfügbaren Arbeitsplätze bei gleichzeitigem Nachlassen der drastischen Sparmaßnahmen erheblich erhöht. Diese Entwicklung wurde so offenkundig, daß sich Ben Gurion veranlaßt sah, von seinem Ruhesitz in Sdeh Boker einen dringenden Appell an die israelische Jugend zu richten, den Lockungen des Karrieredenkens zu widerstehen und die Ideale des Dienstes an der Gemeinschaft hochzuhalten. Hoffnung und Trost für die israelischen Juden lag auch weiterhin in der Pflege des Zusammengehörigkeitsgefühls mit den jüdischen Gemeinden im Ausland. Der stellvertretende amerikanische Außenminister Henry Byroade traf genau den falschen Ton, als er 1954 Israel den Rat gab, sich von seinen Bindungen an das Weltjudentum zu lösen und in Zukunft nur noch als ein mittelöstlicher Staat aufzutreten. Die Bande, die Israel mit dem Weltjudentum verbinden, sind die wesentlichen Quellen seiner geistigen und materiellen Existenz. Und es sind die arabischen Staaten, nicht Israel, die Tel Aviv den Charakter eines mittelöstlichen Staates absprechen wollen.
Die dauernden Grenzverletzungen, die ägyptische Aufrüstung, die Abkühlung der Beziehungen zur Sowjetunion sowie die Zurückhaltung der USA, all diese Fakten hatten dazu beigetragen, in der israelischen Öffentlichkeit eine militante Atmosphäre zu erzeugen. Dies kam besonders in der vom Verteidigungsminister Pinchas Lavon verfolgten Politik zum Ausdruck. Einige der jetzt getroffenen Entscheidungen zeugten von einer gewissen unüberlegten Verzweiflung, wie zum Beispiel der Entschluß, der zu den unglücklichen Ereignissen in Kairo führte. Das Ganze war eine auf einer Fehlplanung beruhende Operation, die zu Explosionen auf öffentlichen Plätzen in der ägyptischen Hauptstadt führte und so berechnet war, daß die öffentliche Meinung Ägyptens gegen die Westmächte aufgewiegelt wurde. Ergebnis war die Hinrichtung einiger Juden in Ägypten und langjährige Gefängnisstrafen für andere. Die Ungewißheit, wer letzten Endes für diese Aktionen verantwortlich war, sollte Israel noch in vielen späteren Jahren beunruhigen. Jedenfalls trugen sie zum Rücktritt Lavons bei, dessen Verhältnis zum Ministerpräsidenten Sharett und anderen Ministerkollegen sowieso zum Bruch geführt hätte. Im Februar 1955 kehrte Ben Gurion auf Drängen der Mapai-Führung als Verteidigungsminister in die Regierung zurück.
Trotz dieser alarmierenden Entwicklungen suchte das israelische Streben nach Aufbau und sozialer Expansion während der Regierungszeit Sharetts stets nach neuen Möglichkeiten. Das Yarkon-Pipeline-Projekt wurde fertiggestellt und damit ein umfassenderes Vorhaben ermöglicht, das die Wasserversorgung des Negeb aus dem See Genezareth sicherstellen sollte. Die Einwanderung, die in den Jahren 1952 und 1953 stark abge-

flaut war, erreichte auch 1954 nur eine Zahl von knapp 18000 Zuzügen. Mit dem steigenden Vertrauen in Israels Wirtschaft und Sicherheit änderte sich jedoch das Bild. 1955 kamen 37000 Einwanderer ins Land, 1956 waren es bereits 56000. Im November 1955 fanden allgemeine Wahlen statt, bei denen Ben Gurion seinen traditionellen Platz an der Spitze der Mapai-Liste einnahm. Die Mapai fiel etwas zurück und verlor fünf Sitze. Die Allgemeinen Zionisten erlitten noch größere Verluste und sanken von bisher zwanzig Sitzen auf nur dreizehn ab.
Trotzdem gelang es Ben Gurion am 29. November 1955, eine neue Regierung zu bilden. Der anhaltende, quälende Druck, der von den Überfällen durch ägyptische und jordanische Kräfte sowie durch *Fedajin*-Gruppen ausgeübt wurde, hatte an den israelischen Nerven gezehrt. Er hatte außerdem innerhalb der israelischen Führung zu tiefen Meinungsverschiedenheiten über Ausmaß, Reichweite und Stärke bewaffneter Vergeltungsaktionen geführt. Ben Gurion und Sharett waren hierüber oft verschiedener Auffassung. Noch ernster war die Entfaltung unabhängiger Initiativen in der internationalen Politik durch den Ministerpräsidenten und Vertreter des Verteidigungsministeriums, ohne daß eine Abstimmung mit dem Außenministerium erfolgte; diese wäre ein natürlicher Vorgang gewesen, wenn die temperamentbedingten Spannungen zwischen den betroffenen Ministern nicht ein solches Ausmaß erreicht hätten. Im Juni 1956 kam es zur Trennung zwischen Ben Gurion und Sharett, die viele Jahrzehnte hindurch eng zusammengearbeitet hatten. Sharett trat auf Veranlassung Ben Gurions zurück und wurde als Außenminister von Golda Meir ersetzt.

Damit endete Moshe Sharetts Teilnahme an den Regierungsgeschäften und sein bestimmender Einfluß auf die Beziehungen Israels zur Außenwelt. Er war eine der gestaltenden Kräfte beim Aufbau Israels und bestimmte maßgebend die Politik in den ersten acht Jahren mit. Er war ein außerordentlich begabter Mann. Er glänzte vor seinen Kollegen durch die Schönheit und Präzision seiner Sprache, seine intime Kenntnis der arabischen Kultur und die Hartnäckigkeit, mit der er an der Vision einer späteren arabisch-jüdischen Zusammenarbeit festhielt. Er huldigte keineswegs einem bedingungslosen Pazifismus. Während seiner Amtszeit als Ministerpräsident hatte er vielen außerordentlich gewagten militärischen Operationen seine Zustimmung gegeben. Ja, er war einer der Urheber israelischer Militärtradition, denn er trug die Hauptverantwortung für die Errichtung einer Jüdischen Brigade im Zweiten Weltkrieg. Ferner war er die treibende Kraft in der israelischen Delegation, die den Kampf um den Teilungsplan in der Vollversammlung der Vereinten Nationen von 1947 zu einem klaren Siege führte. Er hatte die Grundlagen für Israels Aus-

wärtigen Dienst mit väterlicher Sorgfalt und unermüdlichem Eifer gelegt. Die glühende Liebe zur nationalen Kultur in allen ihren Entwicklungsabschnitten verlieh seiner Haltung und seinen Äußerungen ein edles Gepräge. Er wachte aufmerksam über die Beziehungen Israels zu den jüdischen Gemeinden im Ausland, die er häufig als geachteter und willkommener Gast aufsuchte. Seine intellektuelle Erfahrung war breiter angelegt als die der meisten seiner Zeitgenossen. Er war sowohl ein Mann von Welt, der in den Ideen und Gedankengängen seiner Zeit zu Hause war, als auch ein patriotischer, jüdischer Bürger – voll in Gleichklang mit dem Erbe seines Volkes. Mehr als Ben Gurion nahm er Rücksicht auf die Meinung der Weltöffentlichkeit. Und er ließ sich nie durch die andauernden feindseligen Akte der arabischen Welt von seinem ehrgeizigen Ziele abbringen, letzten Endes eine arabisch-jüdische Harmonie herbeizuführen. Er sah die meisten Probleme in ihrer ganzen Vielschichtigkeit, während Ben Gurions Genie sie auf ihren eigentlichen Kern reduzierte und sich dadurch über alle Hindernisse hinwegsetzte.
Es war klar, daß dieses Bestehen auf dem Durchdenken aller Entscheidungen bis in ihre letzten, möglichen Konsequenzen und die aus ehrlicher Überzeugung erwachsende Tendenz, Vorteile des Augenblicks einem Endziel zu opfern, eine hemmende Wirkung auf Ben Gurions dynamischeres Temperament gehabt haben mußten. Sharetts peinlich genaue Dispositionen und sein fanatisches Festhalten an ihrer exakten Ausführung machten ihn bei seinen Kollegen, die in viel allgemeiner angelegten Kategorien dachten, nicht immer beliebt. Die beiden Männer hätten, gerade wegen der Schärfe ihrer Divergenzen, eigentlich ein ausgewogenes Team bilden müssen. Was dem einen fehlte, besaß der andere in überreichlichem Maße. Der Konflikt zwischen ihren Auffassungen wurde noch durch die Verschiedenheit der beiden Persönlichkeiten vertieft. Sie waren an einem Punkte angekommen, wo sie eine fast chemisch anmutende, negative Reaktion aufeinander ausübten. In späteren Jahren sollte Sharett, gestützt auf die Position eines älteren Staatsmannes, das Gewissen seiner Partei und seiner Nation verkörpern. Aber die Menschen wollen sich nicht immer den Spiegel ihres Gewissens vorhalten lassen. Sharett brachte seine israelischen Landsleute oft in einen moralischen Zwiespalt, aus dem sich viele in Ben Gurions Welt einer vereinfachten, um so sichereren Beurteilung der Lage zu flüchten suchten. Angesichts der Tatsache, daß die Gestalt Ben Gurions im nationalen Leben eine immer beherrschendere Stellung einnahm, mag Sharetts Rücktritt als objektiv unvermeidlich betrachtet werden. Aber es besteht kein Zweifel daran, daß sein Abgang einen Verlust für die israelische Führung bedeutete und sie eines ihrer lautersten Vertreter beraubte.

Von Sharetts zur Mäßigung mahnendem Einfluß befreit, steuerte die israelische Politik im Jahre 1956 in ein Fahrwasser, das äußere Sicherheit und Erleichterung für den Augenblick bringen sollte. Seit sich Frankreich und Israel in ihren Auffassungen weitgehend genähert hatten, wurde Großbritannien unweigerlich in dieses magnetische Feld mit hineingezogen. Frankreich hatte sich bereits seit geraumer Zeit mit Ägypten vollkommen überworfen. Abgesehen von der Sorge um ihre eigenen Interessen, war die französische Regierung durch die Gefahr, in der Israel schwebte, ehrlich beunruhigt. Dies galt insbesondere für das zwischen Israel und Ägypten bestehende Rüstungsgefälle, hervorgerufen durch sowjetische Lieferungen von Bombern und anderen Waffen an Ägypten. Man war in Paris durchaus geneigt, Israel bei jeder militärischen Aktion, die es gegenüber dem ägyptischen Druck zu unternehmen gedächte, zu unterstützen. Dazu kam der Ehrgeiz, die durch Nassers Verstaatlichung des Suez-Kanals verlorengegangenen französischen Positionen zurückzugewinnen.

Auf der anderen Seite zeigte sich auf dem Septembertreffen, daß Frankreich nicht allein vorgehen wollte. Es konnte nicht mehr damit rechnen, daß die Amerikaner für die Anwendung von Gewalt Verständnis aufbringen würden. Aber man hatte die durch Nassers Vorgehen hervorgerufene scharfe Reaktion in politischen Kreisen Großbritanniens mit Aufmerksamkeit beobachtet. Es würde nicht leicht sein, eine Übereinstimmung zwischen Großbritannien einerseits und den französisch-israelischen Interessen andererseits zustande zu bringen. Ging doch der Hauptdruck auf die israelischen Grenzen von Jordanien aus, dem England seit eh und je besonders eng verbunden war. Aber in Paris vertraute man darauf, daß sich London der französischen Politik anschließen würde.

Nasser war so sehr damit beschäftigt, Israel und Frankreich bis zum äußersten zu reizen, daß er die Entwicklung in London wohl gar nicht bemerkt hatte. Am 3. Oktober erreichte die britische Enttäuschung über die Politik der USA ihren Höhepunkt. Außenminister Dulles hatte in Washington eine Erklärung abgegeben, dem Plan, den Suez-Kanal unter die Kontrolle der Gesellschaft der Kanalbenutzer zu stellen, könnten die Zähne schon deshalb nicht gezogen sein, »weil er nie die geringsten Zähne gehabt habe«! Eden kam zu dem Schluß, Dulles' ihm gegenüber abgegebene Versicherung, er werde Nasser zur Aufgabe seiner Gewinne veranlassen, seien opportunistisch und unaufrichtig gewesen. Sein Mißtrauen gegen seinen amerikanischen Kollegen wuchs, gekoppelt mit dem Wunsch, den Beweis dafür anzutreten, daß Großbritannien zur Verteidigung seiner Interessen noch immer in der Lage sei, selbständig zu handeln. Er ließ seinen Kollegen gegenüber durchblicken, daß Großbritannien – unter gleichzeitigem Widerstand gegen israelische Vergeltungen

gegenüber Jordanien – eine scharfe israelische Reaktion auf den ägyptischen Druck nicht ungern sehen würde.
Am Tag nach einem Kongreß der Konservativen Partei traf Eden zusammen mit seinem Außenminister Selwyn Lloyd zu Geheimgesprächen mit Mollet und Pineau über die Möglichkeit einer anglo-französischen Operation zur Wiedergewinnung des Suez-Kanals in Paris ein. Diese Operation würde als Intervention zur Verhinderung des Ausbruches eines israelisch-ägyptischen Konflikts erklärt werden.
So strebten die Ereignisse einem Höhepunkt zu, während sich die französische Führung in ständiger Konsultation nicht nur mit den israelischen Führern, sondern auch mit Vertretern der britischen Regierung, und zwar auf zunehmend höherer Ebene, befand. Es war Nasser gelungen, drei Länder mit scharf divergierenden Interessen in einem einzigen Punkt auf eine gemeinsame Haltung festzulegen: Nasser mußte Einhalt geboten werden. Die Entscheidungen, die jetzt von Israel auf verschiedenen Gebieten getroffen werden mußten, waren durch den raschen Ablauf der Ereignisse beinahe einfach geworden. Überfälle durch arabische Streitkräfte und die *Fedajin* forderten immer größere Opfer. Das Leben in einer israelischen Grenzsiedlung war nicht mehr sicher, und seinen Geschäften im Inneren des Landes nachzugehen, barg immer größere Risiken. Die Blokkade des Hafens von Eilat von See her war durch eine in Kairo veröffentlichte Bestimmung ergänzt worden, die das Überfliegen der Straße von Tiran von und nach Israel verbot. Nasser bedrohte die wirtschaftlichen Interessen Frankreichs und Großbritanniens und drohte, Israels Verbindungen mit der Außenwelt im Süden und Osten abzuschnüren. Und jetzt, am 25. Oktober, gaben Ägypten, Jordanien und Syrien ein gegen Israel gerichtetes Militärbündnis bekannt. Die Schlinge um Israels Kehle zog sich zu. Wenn jetzt kein Widerstand geleistet wurde, könnte es für die weitere Zukunft zu spät sein. Die nationale Sicherheit, Ehre, Moral und die Interessen Israels konnten der wachsenden Anmaßung Nassers nicht auf unbestimmte Zeit widerstehen. Außerdem bestand zum ersten Mal die Aussicht, daß Israel, wenn es zum Zwecke der Selbstverteidigung zuschlagen sollte, nicht allein dastand. Andere würden seinen Standpunkt begreifen und vielleicht sogar helfen.
Wenn man den in Israel weitverbreiteten Vereinsamungskomplex, der sich in den vorausgegangenen Jahren herausgebildet hatte, bedenkt, kann man leicht verstehen, daß die Aussicht, andere Mächte würden Israels Vorgehen als legitim und heilsam betrachten, der israelischen Moral einen erheblichen Auftrieb verlieh. Diese Chance war in den ersten Oktobertagen durchaus real geworden. General Dayan hat in seinem Buch »*Tagebuch des Sinai-Feldzugs*« festgehalten, daß er am 2. Oktober 1956 seine Mitarbeiter davon unterrichtete, »als Folge der britischen und fran-

zösischen Reaktion auf die Verstaatlichung des Suez-Kanals könne eine Situation entstehen, in der Israel militärische Aktionen gegen die ägyptische Blockade des Golfs von Akaba unternimmt. Diese Nachricht elektrisierte die Versammlung«. Erst ein Jahr zuvor hatte das israelische Kabinett einen Plan erörtert, selbständig zur Öffnung der Straße von Tiran vorzugehen. Der Gedanke war verworfen worden, und zwar hauptsächlich deshalb, weil Israel auf keine Hilfe von außen rechnen konnte und dem Ansturm ägyptischer Luftangriffe schutzlos ausgesetzt gewesen wäre. Jetzt hatte es den Anschein, daß durch eine seltsame Verschmelzung entgegengesetzter Interessen die Gefahr der Isolierung beseitigt worden war. Lange Zeit im Würgegriff des Gefühls der Machtlosigkeit und Einkreisung, besaß Israel jetzt die einmalige Chance, die feindliche Umklammerung zu durchbrechen. Später, in einer höchst dramatischen Debatte in der Vollversammlung der Vereinten Nationen, versuchte der israelische Vertreter die Notlage seines Landes wie folgt zu erläutern:

Es ist vielleicht natürlich, daß ein Land seine eigenen Verpflichtungen zur Aufrechterhaltung der Sicherheit schärfer interpretiert als andere Länder, die sich in weiter Ferne größerer Sicherheit erfreuen. Wenn es uns manchmal schwergefallen ist, sogar unseren eigenen Freunden in der internationalen Gemeinschaft die Motive unseres Handelns verständlich zu machen, so deshalb, weil sich kein anderes Land auf der Welt in der Lage Israels befindet. In wie vielen anderen Ländern sind in den letzten Jahren Hunderte von Bürgern durch Überfälle fremder Armeen an den Staatsgrenzen getötet worden? Wie viele Schiffe anderer Nationen sind auf internationalen Wasserstraßen aufgebracht und ihre Ladungen beschlagnahmt worden? In wie vielen anderen Ländern ist das tägliche Leben ständig eine Frage von Leben und Tod? In wie vielen Ländern spürt der einzelne Bürger, der seinen Pflichten nachgeht, den eisigen Wind seiner eigenen Verwundbarkeit? Vielleicht heißt es, von anderen ein ungewöhnliches Maß an Demut und Phantasie zu erwarten, wenn man sie fragt, wie sie an unserer Stelle gehandelt hätten: Niemand befindet sich in unserer Situation und ist deshalb kompetent genug, Vorteile und Nachteile unserer Entscheidung gegeneinander abzuwägen. Umgeben von feindlichen Armeen an allen seinen Grenzen, bei Tag und bei Nacht Grenzverletzungen und Überfällen ausgesetzt, unter dem Einblick täglicher Todesopfer in der Zivilbevölkerung und unter dem Bombardement von Drohungen seiner Nachbarn, seine Vernichtung durch Waffengewalt zu erreichen, unter der Drohung verantwortungsloser Aufrüstung, in ständige Kämpfe verwickelt, von der Außenwelt abgeschnitten, belagert – Israel als einziges Volk unter den Nationen kämpft den Kampf um seine Sicherheit, täglich von neuem, bei jedem Sonnenuntergang und dem Heraufkommen des neuen Tages.

Am Montag, dem 29. Oktober, als israelische Kräfte nach Gaza und Sinai vorstießen, war der Belagerungsring durchbrochen.

8 Der Sinaifeldzug und seine Folgen

> Die Geschichte besäße einen sehr mystischen Charakter, wenn der Zufall in ihr keinen Platz hätte.
>
> *Karl Marx*

Hätte alles vermieden werden können? Diese Frage stellt sich nach jedem Krieg, besonders nach einem, der in seiner Zielsetzung und seinen Ergebnissen unklar und dunkel scheinen mußte. Israels Vorgehen im Oktober 1956 hatte in der Heimat keine einhellige Zustimmung gefunden. In der Knesset stimmten die Minister der Mapam-Partei dagegen, traten jedoch nicht zurück. Und es stieß später auf die Kritik des früheren Premierministers Moshe Sharett. Die Ereignisse haben in der Erinnerung Israels nicht denselben unumstrittenen Platz wie die Kriege von 1948 und 1967. Doch gewinnt man rückschauend den Eindruck, daß Israel kaum eine andere Möglichkeit geblieben war. Beim Fehlen von Ereignissen, die die Lage in entscheidender Weise verändert hätten, hätte Israel höchstens die Möglichkeit gehabt, den Ausbruch aus der Umklammerung zu verschieben. Etwa im Oktober 1956 nahm die von Israels Feinden und Freunden betriebene Politik alle anderen Möglichkeiten. Die am 25. Oktober bekanntgegebene Einsetzung eines gemeinsamen Oberkommandos über die ägyptischen, syrischen und jordanischen Armeen zerstreute alle noch bestehenden Zweifel über den Ernst der Lage und die Notwendigkeit sofortiger Gegenaktionen.

Von den drei Gegnern, die sich gegen Nasser erhoben, besaß Israel allein eine klare Vorstellung dessen, was es zu erreichen trachtete. In einer Kabinettsitzung am 28. Oktober fragte ein Mapam-Minister Ben Gurion: »Welches Ziel wollen wir letzten Endes mit dieser Invasion erreichen? Angenommen, sie verläuft laut Plan. Wollen wir die Sinaihalbinsel annektieren oder einen Teil von ihr, und was wird mit dem Gazastreifen geschehen?« Ben Gurion erwiderte:

»Ich weiß nicht, wie der Sinaifeldzug verlaufen wird. Wir sind vor allem an der Straße von Eilat (Tiran) und am Roten Meer interessiert. Nur durch sie können wir den direkten Kontakt mit den Völkern Asiens und Ostafrikas gewährleisten... Die Hauptsache ist meiner Ansicht nach die freie Schiffahrt in der Straße von Eilat. Was den Gazastreifen betrifft, so fürchte ich, daß er uns noch in Schwierigkeiten bringen wird. Wenn ich an Wunder glaubte, würde ich darum beten, daß er vom Meer verschlungen würde. Trotz alledem müssen wir die Stützpunkte der *Fedajin* beseitigen und für die Bewohner der Grenzgebiete ein Leben in Frieden sicherstellen.«

Als israelische Kräfte unter General Dayan am 29. Oktober in die Sinaihalbinsel und den Gazastreifen vorstießen, dienten sie wenigstens einer zusammenhängenden und räumlich begrenzten Zielsetzung. Wenn Israel am Ende der Operation die Freiheit der Schiffahrt durch die Straße von Tiran gesichert und den Gazastreifen als Ausgangspunkt dauernder Grenzverletzungen ausgeschaltet hätte, könnte man sagen, daß Tel Aviv seine legitime Absicht erreicht hätte.

Die britischen und französischen Ziele zeichneten sich nicht durch eine derartige Klarheit aus. Grundidee war die Wiedergewinnung des Suez-Kanals und die Errichtung einer internationalen Behörde für seinen Betrieb. Eine Nebenabsicht war, den Sturz Nassers herbeizuführen. Aber konnte ein ägyptisches Regime, das nur von seiner Militärmacht gestützt wurde, überhaupt auf Überlebenschancen rechnen? Dies war eine der unbequemen Fragen, denen Paris und London aus dem Wege gingen. Sie ließen sich nicht nur durch unklare Vorstellungen ihrer Zielsetzungen, sondern ebenso stark von Emotionen leiten. In beiden Fällen hatten die Regierungen Grund zu der Annahme, daß das Volk hinter ihnen stand. Dies traf besonders auf Frankreich zu, wo alle Parteien den Widerstand gegen Nasser unterstützten.

In Großbritannien lagen die Dinge nicht so einfach. Im ersten Aufwallen der Empörung nach Nassers Verstaatlichung des Suez-Kanals befürworteten Sprecher der Labour Party wie Hugh Gaitskell und Herbert Morrison eine militärische Gegenaktion. Gaitskell war sogar einer der ersten, der eine Parallele zwischen Nasser und den Diktatoren des Zweiten Weltkriegs zog. Späterhin sollten er und der größte Teil seiner Partei den Einsatz britischer Truppen auf das schärfste verurteilen und sich von ihren israelischen Freunden lossagen. Diese Haltung war inkonsequent. Wenn Nasser schon ein Diktator à la Hitler und Mussolini war, dann konnte man es wohl kaum als verwerflich betrachten, ihm Widerstand entgegenzusetzen, bevor sein Appetit unersättlich geworden war.

Eden hatte sich während der Vorbereitungen im Oktober nicht in die Karten schauen lassen. Er hatte die meisten seiner Minister, fast das gesamte Foreign Office und den Militärattaché der Vereinigten Staaten von den normalen Kontakten mit dem Ablauf der Ereignisse ausgeschlossen. Er sollte schon bald unter dem Eindruck des Mißerfolges zusammenbrechen, und zwar nicht aufgrund amerikanischen Druckes, sondern auch deshalb, weil sich fast die Hälfte des Unterhauses in offener Feindschaft gegen seine unter der Hand betriebenen Aktionen wandte. All dies gehörte jedoch einer unbekannten und wechselvollen Zukunft an, als am 29. Oktober die Spannungen zum offenen Ausbruch kamen.

Im Februar 1956 hatte ein ägyptischer Divisonskommandeur folgenden, in dürren Worten formulierten Befehl erlassen:

»Jeder Offizier muß sich selbst und seine Untergebenen auf den unvermeidlichen Kampf mit Israel vorbereiten und sich dabei unser vornehmliches Ziel, die Vernichtung Israels und seine Zerstörung in der kürzest möglichen Zeit und in der blutigsten und grausamsten aller Schlachten vor Augen halten.«

Es war weder das erste noch das letzte Mal, daß ein groteskes Mißverhältnis zwischen ägyptischer Rhetorik und ägyptischer Leistung bestand. Die unter der Tarnbezeichnung »Kadesh« bekanntgewordene israelische Operation erreichte ihr Ziel in hundert Stunden. Dieses bestand nicht so sehr darin, Gelände zu gewinnen, als vielmehr die ägyptische Armee zu schlagen, die damals, hauptsächlich im Gazastreifen und dem Dreieck Rafah-Abu Ageila-El Arish, 45000 Mann zählte. Der israelische Vorstoß hatte das Überraschungsmoment für sich. Der Hauptdruck auf Israel war bis zu dieser Zeit an der jordanischen Grenze ausgeübt worden. über die hinweg schwere Gefechte geführt worden waren, die schließlich in der Kalkilya-Operation gegipfelt hatten. Auf dem jordanischen Sektor war die Spannung durch den Einmarsch irakischer Verbände nach Jordanien gewachsen. Es hatte einen israelischen Protest gegeben, und die britische Regierung hatte Israel vor Aktionen gegen Jordanien gewarnt, das unter dem Schutze eines Verteidigungsbündnisses mit England stand. Die jordanische Front nahm in den israelischen Überlegungen eine so zentrale Stellung ein, daß Ben Gurion zu Hause und im Ausland Überraschung hervorgerufen hatte, als er im Oktober 1956 in der Knesset erklärte, Israels »Hauptgefahr« läge in der ägyptischen Blockade, Umzingelung und Angriffslust. Als am 27. Oktober israelische Reservisten in großer Anzahl zu den Waffen gerufen wurden, drückten Präsident Eisenhower und Außenminister Dulles dem israelischen Botschafter in Washington ihre tiefe Besorgnis aus. Sie fürchteten die Möglichkeit einer großangelegten israelischen Operation gegen Jordanien. Israel mußte damit rechnen, daß Ägypten Hilfe von Jordanien und Syrien, mit denen es durch ein gemeinsames Oberkommando verbunden war, erhalten würde. Nur ein Teil der israelischen Verbände stand an der ägyptischen Front zur Verfügung. Es bestand Einvernehmen darüber, daß die israelische Luftwaffe nicht den ersten Schlag führen, sondern nur eingesetzt werden würde, falls die ägyptische Luftwaffe zum Tragen käme.
Alles war bereit für den großen Sprung nach vorne. Es begann damit, daß ein Fallschirmjägerbataillon in kühnem Schwung in der Nähe des Mitla-Passes etwa 32 Kilometer östlich des Suez-Kanals und 160 Kilometer jenseits der israelischen Grenze abgesetzt wurde. Die ägyptischen Truppen-

konzentrationen und Befestigungen waren damit umgangen und von rückwärts bedroht. Die nächste Aufgabe bestand darin, daß die Masse der israelischen Luftlandebrigade die Verbindung zum Fallschirmjägerbataillon herstellte. Die israelische Regierung und ihr Oberkommando hielten sich verschiedene Möglichkeiten offen. Sie gingen von der Annahme aus, daß der internationale Druck ihnen nur sehr wenig Zeit für militärische Aktionen lassen werde. Was nicht in wenigen Tagen erreicht werden konnte, darauf würde man verzichten müssen.
Das Erscheinen der Israelis bei Mitla versetzte die Ägypter in Panikstimmung. Hier stand der Feind kurz vor dem Suez-Kanal und bedrohte die ägyptischen Nachschublinien auf der Sinaihalbinsel. Die Ägypter gingen zum Gegenangriff über, der von dem Mitla-Bataillon abgeschlagen werden konnte. Vierundzwanzig Stunden später gabelte sich die israelische Offensive in zwei Richtungen. Im Süden stieß eine Brigade mit Zivilfahrzeugen entlang dem Westufer des Golfes von Akaba vor, bis sie die ägyptischen Stellungen bei Sharm el-Sheikh überrannte und Israel den Zugang zum Roten Meer öffnete. Die Israelis stießen dabei nur auf geringen Widerstand. Anders war die Lage im Norden, wo schwere Gefechte mit vielen Verlusten auf beiden Seiten stattfanden. Die Einnahme von Rafah war schwierig, vor allem wegen seiner strategisch günstigen Lage und wegen der Tatsache, daß es von geschickt angelegten Minenfeldern umgeben war. Als Rafah genommen war, wurde der Gazastreifen von den arabischen Kräften und vom Zugang zu anderen Gebieten abgeschnitten. Bei nur geringem Widerstand fiel er rasch in israelische Hand. Es kam zu einigen bemerkenswerten Luftschlachten, aus denen die israelischen Flugzeuge französischer Herkunft gegen die sowjetischen MIGs als Sieger hervorgingen. Sogar zur See wurden Erfolge erzielt, denn die israelische Marine brachte einen ägyptischen Zerstörer auf, der in nördlicher Richtung ausgelaufen war, um Haifa anzugreifen. Am 5. November war die Operation beendet. Die israelischen Verluste betrugen 180 Gefallene und 4 Kriegsgefangene. Israel hatte die gesamte ägyptische Armee ostwärts des Suez-Kanals geschlagen. Die Ägypter hatten 1000 Gefallene und 6000 Kriegsgefangene und verloren große Mengen an Ausrüstung und Bewaffnung. Die Ägypter hatten nur durch ihre rasche Flucht noch größere Verluste vermieden.

Israel war jetzt im Besitz der ganzen Sinaihalbinsel bis 16 Kilometer zum Suez-Kanal, des gesamten Gazastreifens und von Sharm el-Sheikh, das den Eingang zur Straße von Tiran beherrschte. Es war eine Schicksalswende. Um die nachfolgenden Ereignisse zu verstehen, muß man den Blick zurück auf die politischen Hintergründe des Vorstoßes vom 29. Oktober richten. Frankreich und Großbritannien hatten ein Expeditionskorps ausgerüstet, das den Suez-Kanal in seiner ganzen Länge in Besitz nehmen sollte. Dabei kam ihnen der israelische Angriff insofern gelegen, als er ein Ablenkungsmanöver darstellte und den Engländern und Franzosen einen Vorwand zur Intervention lieferte. Während man im Sicherheitsrat über eine von den Amerikanern eingebrachte Resolution beriet, die den sofortigen Rückzug der israelischen Truppen forderte, beantragte der britische Delegierte, Sir Pierson Dixon, eine kurze Unterbrechung. Als er in den Sitzungssaal zurückkehrte, brachte er sensationelle Neuigkeiten mit: Die britische und französische Regierung hatten beschlossen, durch ihre Vertreter in London ein Ultimatum an Ägypten und Israel mit der Forderung zu richten, ihre Streitkräfte bis auf 16 Kilometer vom Suez-Kanal zurückzuziehen; widrigenfalls würden anglo-französische Kräfte den Suez-Kanal in seiner gesamten Länge besetzen. Das Ultimatum war nicht ganz verständlich, da Israel aufgefordert wurde, sich bis auf 16 Kilometer vom Kanal »zurückzuziehen«, da seine Streitkräfte immerhin noch 70 Kilometer vom Kanal entfernt waren. Tatsächlich richtete sich das Ultimatum nur gegen Ägypten. Die britische und französische Regierung erklärten, mit dieser Aktion die Gefahr einer ägyptischen Aggression gegen Israel verhindern zu wollen. Sie erklärten ferner, daß der Krieg ohne ihre Intervention ausgeweitet und der internationale Verkehr dadurch bedroht werden würde. Überzeugender sagten sie, die Vereinten Nationen hätten sich als unfähig erwiesen, die steigende Flut der Gewalttätigkeit im Mittleren Osten einzudämmen.

Nur wenige Leute haben wohl den internationalen Aufruhr vorausgesehen, der am ersten Tage der Sinai-Suez-Expedition ausbrach. Im Sicherheitsrat gelang es England und Frankreich mit Hilfe ihres Vetorechts, das Zustandekommen von Resolutionen zum Truppenrückzug zu verhindern. Die Vereinigten Staaten schlossen sich jedoch einer Mehrheit der Mitgliedsstaaten an und erreichten eine Sondersitzung der Vollversammlung, die sich unter der Friedensresolution von 1951 selbst das Recht zugesprochen hatte, Zwangsmaßnahmen zu ergreifen. Die Debatte war durch Feindseligkeit gegenüber England und Frankreich gekennzeichnet, gegenüber Israel jedoch nicht in demselben Maße. Die zentrale politische Entwicklung war indessen ein Zusammengehen der Vereinigten Staaten und der Sowjetunion gegen Großbritannien, Frankreich und Israel.

Dieses Zusammenwirken der beiden Großmächte war um so bemerkenswerter, als sie sich in derselben Vollversammlung wegen der sowjetischen Invasion in Ungarn gewissermaßen mit gezücktem Degen gegenüberstanden. Im Laufe der nächsten Wochen sollten die Vereinten Nationen ihre Machtlosigkeit gegenüber der Sowjetunion unter Beweis stellen. Dies schien sie nur zu einer noch heftigeren Aktion gegen die drei demo-

kratischen Staaten zu ermutigen. Am 2. November rief die Vollversammlung zur sofortigen Feuereinstellung und zum Rückzug aller Truppen hinter die Grenzen vom 29. Oktober auf. Israel hatte inzwischen seine Hauptinteressen gesichert und war mit der Feuereinstellung auf der Grundlage der Gegenseitigkeit einverstanden. Die britischen und französischen Operationen kamen durch schlechte Organisation und ungewöhnlich vorsichtige Taktik ins Stocken. Es hätte ihnen klar sein müssen, daß die zur Gewinnung militärischer Positionen zur Verfügung stehende Zeit begrenzt war. Trotzdem hatte man beschlossen, Ägypten durch ausgedehnte Bombenangriffe »weichzumachen«, bevor Erdtruppen zur Inbesitznahme des Suez-Kanals an Land gingen. Nasser fühlte sich durch diese Strategie sehr geschmeichelt, mußte er doch annehmen, man hielte seine Armee für ebenso schlagkräftig wie die Hitlers, gegen den England und Frankreich ein etwas verspätetes Unternehmen zu starten schienen. Schließlich nahmen die britischen und französischen Verbände einige Schlüsselstellungen wie Ismailia und Port Said ein. Ägypten schloß sofort den Kanal für den gesamten Verkehr durch Versenkung von Schiffen und Errichtung anderer Hindernisse. Es veranlaßte auf diese Weise alle Staaten, die von der Versorgungslinie durch den Suez-Kanal abhängig waren, auf ein Ende der Feindseligkeiten zu dringen.
Nicht alle Stimmen in der Vollversammlung waren für die Wiederherstellung der bisherigen, explosiven Lage. Der kanadische Außenminister Lester Pearson und bis zu einem gewissen Grade auch Außenminister Dulles wollten, daß der Truppenrückzug mit der Schaffung stabilerer Verhältnisse gekoppelt werde. Ergebnis war ein kanadischer Antrag, eine UN-Friedenstruppe aufzustellen und in diejenigen Gebiete zu verlegen, die von britischen, französischen und israelischen Truppen geräumt werden sollten. England und Frankreich befanden sich jetzt in einer Lage, in der sie aus diesem Lösungsvorschlag keine großen Vorteile erwarten konnten. Besonders Großbritannien durchlebte einige der qualvollsten Tage seiner Geschichte. Die Vereinigten Staaten übten Druck auf London aus, der fast bis zu offener Feindseligkeit ging. Amerikanische Delegierte in der UNO lehnten es sogar ab, sich mit ihren britischen Kollegen zu unterhalten. Präsident Eisenhower weigerte sich, Premierminister Eden zu empfangen. Und vor allem ergriffen die Vereinigten Staaten finanzielle Maßnahmen, um die Zahlungsbilanz Großbritanniens zu schwächen und Öltransporte zurückzuhalten, die an die Stelle der von den arabischen Staaten blockierten Lieferungen treten sollten. Gleichzeitig hatte die Opposition in Großbritannien den Höhepunkt ihrer Fieberkurve erreicht. Es kam zu Demonstrationen auf dem Trafalgar Square. Die Labour Party befand sich in vollem Aufruhr gegen einen Krieg, den sie für gesetzwidrig erklärte.

Viele dieser Hürden wären vielleicht leichter genommen worden, wenn die militärische Aktion bessere Erfolge gezeitigt hätte. Aber nichts ist schlimmer als der Mißerfolg. Ein in sich zerrissenes England, gedemütigt durch die militärische Niederlage und von den Vereinigten Staaten auf seinem lebenswichtigsten Wirtschaftsgebiet in die Zange genommen, gab die Zielsetzung auf, derentwegen es seine Truppen in den Kampf geschickt hatte. Der nervliche und physische Zusammenbruch des Premierministers kennzeichnete die Hilflosigkeit Londons am deutlichsten. Die imperiale Macht sollte nie wieder zu imperialem Ansehen kommen.
Die französische Führung befand sich in einer kampflustigeren Stimmung; trotzdem reagierte sie mit übertriebenem Ernst auf sowjetische Drohungen, Paris und London zu bombardieren. Es hätte ihnen klar sein müssen, daß die amerikanische Abschreckung die Verwirklichung einer derartigen Drohung verhindern würde. Jedenfalls litt auch die robuste französische Haltung unter der von Stunde zu Stunde wachsenden britischen Unentschlossenheit. Schließlich akzeptierten England und Frankreich ein Vorgehen, das wie eine Farce anmutete: Die Friedenstruppe der UNO rückte in ihre Stellungen ein, nur um sie ein paar Tage später den Ägyptern zu übergeben. Die Friedenstruppe der UNO weigerte sich nicht nur, den Kanal zu internationalisieren, sondern auch den letzten Rest französischer und britischer Ehre zu retten.
So schien Israels Lage am 7. November schlechter zu sein, als man hatte erwarten können. Tel Aviv erhielt Briefe des sowjetischen Ministerpräsidenten Bulganin, die die israelische Führung einschüchtern sollten und Drohungen eines direkten Einschreitens enthielten. In Washington wurde Israel abwechselnd umschmeichelt und vor den Kopf gestoßen: umschmeichelt durch Zusagen, man werde sich nach dem Truppenrückzug näher um die israelische Sicherheit kümmern; und vor den Kopf gestoßen durch amerikanische Drohungen, sich dem Ausschluß Israels aus den Vereinten Nationen und der Anwendung wirtschaftlicher Sanktionen nicht zu widersetzen. Die öffentliche Meinung kam Israel in allen Ländern der freien Welt und besonders in den Vereinigten Staaten zu Hilfe; doch wirkte sich diese Entwicklung bis zum 7. November nicht aus. Zwei Tage zuvor hatte Ben Gurion die eindeutige Erklärung abgegeben, daß Israel keinen fremden Truppen gestatten werde, irgendeines der eroberten Gebiete zu betreten. Aber er mußte am 7. November diese Haltung wieder revidieren. Dem israelischen Kabinett stellte sich nicht die Frage, ob man überhaupt zurückgehen solle, sondern ob es möglich war, bei dem Truppenrückzug noch zu retten, was zu retten war. Das Kabinett ermächtigte den Botschafter in Washington, nach seinem eigenen Ermessen zu entscheiden zwischen einem Text mit dem Angebot des bedingungslosen Rückzugs und einem anderen, der den Rückzug abhängig gemacht hätte

von »dem Abschluß befriedigender Vorkehrungen für den Einsatz der UN-Friedenstruppe«. Letztere Formel hätte Israel die Einrichtung eines Systems der freien Durchfahrt durch die Straße von Tiran ermöglicht und sichergestellt, daß Gaza frei von ägyptischen Truppen blieb. In Jerusalem fürchteten manche, daß die an Bedingungen geknüpfte Antwort eine negative Reaktion in Washington auslösen und Racheakte von seiten Moskaus provozieren würde. Schließlich entschieden die Regierung der Vereinigten Staaten und der Generalsekretär der Vereinten Nationen, die Formel für den bedingten Rückzug zu akzeptieren, der von dem befriedigenden Einsatz der UN-Friedenstruppe abhängen sollte.

Israel begann jetzt einen politischen Kampf, der ihm die Ziele sichern sollte, derentwegen der Feldzug geführt worden war. Es war offenbar nicht möglich, ja nicht einmal wünschenswert, den größten Teil der Sinaihalbinsel besetzt zu halten. Es wurde beschlossen, den Rückzug zunächst zu verzögern und gleichzeitig Unterstützung auf internationaler Ebene für die Kontrolle über Sharm el-Sheikh und den Gazastreifen zu gewinnen. Man war der Ansicht, daß, falls dies erreicht werden konnte, die Opfer des Krieges nicht umsonst gewesen seien und Israel aus den langen Jahren der Anfechtung mit einigen greifbaren Gewinnen zur Sicherung des Friedens und der Sicherheit hervorgehen könne. Anfang Januar begannen eingehende Verhandlungen zwischen Außenminister Dulles und dem israelischen Botschafter über die Sicherheitsgarantien, die einen vollständigen Rückzug Israels rechtfertigen würden. Die Gespräche drehten sich um den Gazastreifen und Sharm el-Sheikh. Der Rückzug wurde verlangsamt, damit die öffentliche Meinung entsprechend aufgeklärt werden konnte. Es stellte sich bald heraus, daß Israels Anliegen in diesen beiden Fällen in der öffentlichen Meinung auf größeres Verständnis stieß, als ursprünglich angenommen worden war. Die Loslösung der israelischen Interessen von denen Englands und Frankreichs kam Tel Aviv dabei zu Hilfe. Israel vertrat die Ansicht, daß die Staatsmänner der Welt eine Lage, aus der sich die explosive Entwicklung ergeben hatte, korrigieren und nicht nur wiederherstellen sollten. Es trat dafür ein, daß das Beharren auf dem Status quo eine von sehr weit hergeholte Interpretation der Rechtslage sei, um so mehr als damit auch alle gesetzwidrigen Bestandteile des bisherigen Zustands bedingungslos wiederhergestellt werden sollten. Am 11. Februar kam der Durchbruch. Dulles richtete ein Memorandum an den israelischen Botschafter, in dem er erklärte, daß im Falle des israelischen Rückzugs auf die früheren Grenzlinien die Vereinigten Staaten eine Stationierung der UN-Streitmacht bei Sharm el-Sheikh zur Aufrechterhaltung von Ruhe und Ordnung und im Gazastreifen zur Verhinderung von Überfällen der *Fedajin* unterstützen würden. Gleichzeitig mit diesem wichtigen Angebot nutzten die Vereinigten Staaten auch dessen Möglichkeiten zur Ausübung eines Druckes auf Israel aus. Am 24. Februar, während sich der israelische Botschafter zu Konsultationen in Jerusalem befand, hielt Präsident Eisenhower eine Rede, in der er unzweideutige Hinweise dafür gab, daß die USA UNO-Sanktionen gegen Israel befürworten würden. Dies führte zu heftigen Protesten in der amerikanischen Öffentlichkeit und besonders bei den führenden Senatoren William B. Knowland und Lyndon B. Johnson, die darauf bestanden, daß die USA auf dem Verhandlungswege eine Friedensregelung mit Israel zustande bringen sollten. Dieser Trend fand neue Nahrung, als der französische Ministerpräsident Guy Mollet und Außenminister Christian Pineau Ende Februar 1957 zu einem schon vorher vereinbarten Besuch in Washington eintrafen. In dieser Phase übernahmen die Vereinigten Staaten und Frankreich Verpflichtungen gegenüber Israel, die zehn Jahre hindurch keiner Belastungsprobe ausgesetzt werden und zum Brennpunkt der internationalen Krise von 1967 werden sollten. Die Vereinigten Staaten erklärten eindeutig und Frankreich in noch kräftigeren Formulierungen, daß sie Israel unterstützen würden, wenn es von seinem Recht auf Selbstverteidigung gegen ein Wiederaufleben der Blockade in der Straße von Tiran oder eine Fortsetzung der *Fedajin*-Überfälle aus dem Gazastreifen Gebrauch machen sollte. Die »Hoffnungen und Erwartungen«, die Golda Meir in ihrer Rede vor der Vollversammlung am 1. März zum Ausdruck brachte, waren vorher mit den Vereinigten Staaten abgestimmt und entsprachen den vorher getroffenen Vereinbarungen mit den USA, Frankreich, Großbritannien und allen großen, seefahrenden Nationen.

Die Vereinigten Staaten und Frankreich hatten durch ihr Einverständnis mit Israels Bedingungen feierliche Verpflichtungen übernommen. Die am 1. März 1957 in ihren Umrissen skizzierte israelische Position forderte, daß bei Israels Rückzug die UN-Friedenstruppe in den Gazastreifen einrücken und die Übernahme des Gazastreifens von den israelischen Militär- und Zivilbehörden ausschließlich Sache der UN-Friedenstruppe sein würde, daß ferner die Vereinten Nationen für die Verwaltung des Gebietes verantwortlich seien und diese Verantwortung im Gazastreifen so lange bestehen bleiben würde, bis es eine Friedensregelung oder eine endgültige Vereinbarung über die Zukunft des Gazastreifens geben würde. Israel warnte, daß es sich das Recht zur Selbstverteidigung vorbehalte, falls im Gazastreifen eine Lage geschaffen würde, die auf eine Rückkehr zu den früher herrschenden Verhältnissen hinweisen sollte. Bezüglich des Golfes von Akaba erklärte Golda Meir, Israel sei zum sofortigen Rückzug aus Sharm el-Sheikh bereit, und zwar »im Vertrauen darauf, daß dadurch die Freiheit der internationalen und israelischen Schiffahrt im Golf und durch die Straße von Tiran gesichert bleiben werde«. Dann fuhr die Ministerpräsidentin fort:

»Jede bewaffnete Intervention zum Nachteil israelischer Schiffe, die von ihrem Recht auf freie und ungehinderte Durchfahrt im Golf von Akaba und durch die Straße von Tiran Gebrauch machen, wird von Israel als ein Angriff angesehen werden, der es ermächtigt, sein natürliches Recht auf Selbstverteidigung unter Artikel 51 der Charta geltend zu machen und alle diejenigen Maßnahmen zu ergreifen, die erforderlich sind, um die freie und ungehinderte Durchfahrt seiner Schiffe im Golf und durch die Straße von Tiran zu gewährleisten.«

Während die amerikanische Erklärung vom 1. März bezüglich Akaba befriedigend war, erfüllte sie nicht die von Dulles abgegebene Zusage, eine UN-Verwaltung für den Gazastreifen zu unterstützen. Infolgedessen verzögerte Israel seinen Rückzug, bis diese Angelegenheit zwischen Außenminister Dulles und dem israelischen Botschafter geklärt war. Als Ergebnis dieser Gespräche richtete Präsident Eisenhower eine Botschaft an Ben Gurion, in der er die amerikanischen Verpflichtungen in feierlicher Form bekräftigte und erklärte, daß Israel keinen Grund haben werde, seinen Rückzug zu bedauern.
Die bittere Pille des Rückzugs konnte nur wegen dieser Zusicherungen und besonders angesichts der Chance geschluckt werden, daß Israels internationale Position durch die Öffnung der in das Rote Meer und darüber hinaus führenden, blockierten Lebensader ein neues Gewicht erhalten würde. Eingehende Verhandlungen wurden mit den Vereinigten Staaten geführt, um sicherzustellen, daß Präsident Eisenhowers gegenüber Ben Gurion abgegebene Zusage konkrete Gestalt annahm. Man kam überein, daß ein unter amerikanischer Flagge fahrender Tanker eines der ersten Schiffe sein würde, die das Recht auf freie Durchfahrt ausüben und unter den Augen der UN-Friedenstruppe in den israelischen Hafen Eilat einlaufen würden. Der Symbolgehalt dieser Fahrt der *S. S. Kernhills* im April 1957 trug viel dazu bei, Israels sinkende Moral wieder zu heben. Diese war sogar fast bis zum Zustand völliger Verzweiflung abgesunken, als Ägypten wenige Tage nach Israels Rückzug seinen Verwaltungsapparat wieder in den Gazastreifen einrücken ließ, und zwar trotz der »Annahme«, der Gazastreifen werde unter internationale Kontrolle gestellt werden. In Israel wurden sogar Stimmen laut, die die Rückeroberung Gazas forderten. Ben Gurion bemerkte jedoch, daß die ägyptische Armee noch nicht in den Gazastreifen eingedrungen sei, die UN-Friedenstruppe sei dort die einzige bewaffnete Macht. Ohne Schutz durch ägyptische Truppen war es unwahrscheinlich, daß die *Fedajin* im Gazastreifen einen ihnen zusagenden Stützpunkt finden würden. Ben Gurion übernahm

jetzt die besonders schwierige Aufgabe, die israelische Öffentlichkeit davon zu überzeugen, daß der Kampf nicht umsonst gewesen sei, daß er konkrete Ergebnisse gezeitigt habe und daß die Alternativlösung, einsam und allein dem Druck der ganzen Welt die Stirn zu bieten, keine konstruktive Lösung bedeutet hätte. Denn während der vier Monate, in denen Israel bei den Vereinten Nationen, in Washington und in aller Welt seine Schlacht auf diplomatischer Ebene geschlagen hatte, befand sich das Land selbst in einer traurigen Verfassung. Es war von seinen Handelspartnern abgeschnitten. Die Sowjetunion und andere kommunistische Länder hatten ihre Botschafter abberufen. Der Tourismus war praktisch zum Stillstand gekommen. Der Rhythmus des Wiederaufbaus war abgeflaut, und das ganze Land hatte ein für seine dynamische Natur fremd anmutendes, dunkles, leeres und gelähmtes Aussehen angenommen. Es wurde deutlich klar, daß Israel einen Organismus darstellte, der nur in enger Verbindung mit der Außenwelt gedeihen konnte.
Ben Gurion setzte sich schließlich durch, und die folgenden Ereignisse gaben ihm recht. Im Laufe der nächsten zehn Jahre kam es vom Gazastreifen aus zu keinerlei bewaffneten Zusammenstößen zwischen Israelis und Ägyptern; und während derselben Zeitspanne überführte Israel seine Schiffahrtsrechte in der Straße von Tiran vom Abstrakt-Prinzipiellen in eine lebendige Wirklichkeit, die in Hunderten von Schiffen unter Dutzenden von Flaggen und im raschen Ausbau Eilats als Israels Fenster zur Außenwelt im Süden und Osten zum Ausdruck kam. Zu diesen Gewinnen in Tiran und Gaza kam der psychologische Auftrieb hinzu, den Israel aus seinen erfolgreichen militärischen Operationen erhalten hatte. So sah schließlich im März 1957 die Bilanz durchaus positiv aus. Diese Ergebnisse waren durch eine Methode erreicht worden, die typisch für Israel werden sollte: Hartnäckigkeit trotz starken Druckes und gleichzeitig der ehrliche Versuch, die Weltmeinung für sich einzunehmen. Mit dem Sinaifeldzug waren die beiden Ziele erreicht worden, von denen Ben Gurion in seiner Antwort an die Mapam-Minister am 28. Oktober gesprochen hatte. Während England und Frankreich aus dem Feldzug gedemütigt und mit leeren Händen hervorgegangen waren, konnte Israel mit erhobenem Haupt auf die Sicherung seiner Hauptanliegen blicken.
Im folgenden Jahr kam es zu einer paradoxen Entwicklung. Die Meinungsverschiedenheiten zwischen Israel und den Vereinigten Staaten hatten sich hauptsächlich an der Frage entzündet, ob Nassers expansionistische Politik eine bewaffnete Reaktion rechtfertige. 1956 hatten die Vereinigten Staaten hierauf negativ geantwortet. Als aber Nasser im Sommer 1958 versuchte, sich zur beherrschenden Figur über arabische Länder außerhalb Ägyptens aufzuspielen und alle diejenigen arabischen Regierungen zu stürzen, die seiner Philosophie und seiner Führung ab-

lehnend gegenüberstanden, fühlten sich die Vereinigten Staaten ebenso beunruhigt wie Israel, Frankreich und Großbritannien im Jahre 1956. Die irakische Regierung wurde gestürzt und die irakischen Führer brutal ermordet. Sowohl der Libanon als auch Irak sahen sich ägyptischem Druck ausgesetzt, Nassers Führungsposition anzuerkennen. Diesmal unternahmen die Vereinigten Staaten eine Aktion, die sie noch im Jahre zuvor verurteilt hätten. Am 15. Juli 1958 landete amerikanische Marineinfanterie im Libanon, während Großbritannien entsprechende militärische Vorkehrungen in Jordanien traf. Hier handelten zwei westliche Mächte in dem offenkundigen Bestreben, Nassers Expansionspolitik Einhalt zu gebieten. Denn aus dem Nasserismus war inzwischen weit mehr als nur eine Doktrin der ägyptischen Revolution geworden. Sein zentrales Thema war Hegemoniestreben. Kairo sah sich nicht nur als Hauptstadt Ägyptens, sondern als der Mittelpunkt, in dem die gesamte arabische Politik entschieden werden sollte. Nassers Politik lautete: Ein Reich, ein Volk, ein Führer. Und es war unschwer zu erkennen, wen er für den Führer hielt. Wo immer in der arabischen Welt eine Regierung existierte, die die traditionellen Werte des Islam hochhielt, freundliche Beziehungen zum Westen hatte oder es ablehnte, Nassers Führungsanspruch hinzunehmen, betrieben er und seine Agenten deren Sturz. Nach den Landungen in Libanon und in Jordanien bekräftigten die Vereinigten Staaten und Großbritannien auf einer Sondersitzung der Vereinten Nationen mit erhobener Stimme ihr Recht, auf Bitten souveräner Regierungen zur Aufrechterhaltung der Unverletzlichkeit und Unabhängigkeit der betreffenden Staaten zu intervenieren. Israel beobachtete diese Entwicklungen mit großer Aufmerksamkeit. Ohne Benutzung seines Luftraumes wäre es auch gar nicht möglich gewesen, Jordanien zu versorgen. Abgesehen von der rein intellektuellen Befriedigung zog Israel auch praktischen Nutzen aus dieser handfesten amerikanischen Einsichtnahme in die mittelöstliche Wirklichkeit. Die Wirtschaftshilfe wurde wiederaufgenommen, und die Vereinigten Staaten entwickelten ein tieferes Verständnis für die israelischen Verteidigungsprobleme. Der Weg war frei für ein volles Jahrzehnt der Konsolidierung und des Wachstums.

9 Zwischen den Kriegen, 1957–1967

> Wer sich der Vergangenheit nicht erinnert, ist dazu verdammt, sie zu wiederholen.
>
> *Santayana*

Wenige Leute erwarteten, daß der Sinaifeldzug in der weiteren Entwicklung Israels einen Aufschwung bedeuten würde. Die Kommentatoren und Leitartikler blickten mit weiser Miene zu den Wolken empor und prophezeiten Dauerregen. Sie argumentierten, Israel habe sich ja schließlich ohne wesentlichen Gebietszuwachs auf seine früheren Positionen zurückgezogen. Es werde künftig in den Vorstellungen der Araber mit den Kolonialmächten gleichgesetzt werden. Die Partnerschaft mit Frankreich und Großbritannien habe dem Bilde Israels als eines »imperialistischen Werkzeuges« neue Glaubwürdigkeit verliehen. Und Israel werde von jetzt ab in den Entwicklungsländern als feindliche Macht gemieden werden.

Nichts dergleichen trat ein. Das 1957 beginnende Jahrzehnt war durch Vitalität und Optimismus gekennzeichnet. Es waren zwar noch viele harte Prüfungen zu erwarten, aber der Angsttraum eigener Schwäche schien ausgeträumt. In der Zeit vor 1956 hatten viele Menschen in der Welt an Israels Durchhaltevermögen gezweifelt. Das Land schien immer am Rande des Bankrotts zu sein. Sein Ansehen in der Welt war begrenzt. Niemand hatte sich viel Mühe gegeben, ihm das Leben zu erleichtern. Es hatte nie jene heilsame Furcht hervorgerufen, die eine Nation vor Verachtung oder Willkür schützt. Aber nach 1957 zeigte sich ein Silberstreif am Horizont. Israels scharfe Reaktion auf den lang anhaltenden kriegsähnlichen Zustand hatte sicherlich mancherorts zu mißbilligenden Äußerungen geführt, hatte aber außerdem einen fast unheimlich anmutenden Respekt hervorgerufen. Wahrscheinlich war, daß man in Zukunft mit Israel würde rechnen müssen und daß seine Reaktion auf Gefahr oder Provokation sorgfältiger als bisher beurteilt werden würde.

Mit jedem Jahr, das ins Land ging, schien Israel etwas von seiner bisherigen Zerbrechlichkeit zu verlieren. Die Bevölkerung wuchs von 1 900 000 auf 2 800 000. Das wirtschaftliche Wachstum hatte kaum eine Parallele in der Welt. Noch beredter als jede Wachstumsstatistik war der sichtbare Beweis einer Landschaft, über die sich wie eine steigende Flut der grüne Teppich der Bodenkultur zog. In den wachsenden Städten mit ihren Vororten gab es Anzeichen relativen Wohlstands. Die Mittelklasse der Händler und Handwerker nahm an Stärke zu. Israels Landwirtschaft feierte viele Triumphe. Seine Begabung, den Besitz zu mehren, erzeugte neue Hoffnungen bei vielen Völkern in einer von Hunger heimgesuchten Welt. Auf 500000 Hektar bebauten Landes erzeugte Israel fünfundachtzig Prozent der Nahrungsmittel, die der Ernährung von zweieinhalb Millionen Menschen mit hohen Ansprüchen dienten, während es gleichzeitig landwirtschaftliche Erzeugnisse im Werte von 130 Millionen Dollar auf dem Weltmarkt verkaufte. Auch die Industrieanlagen wurden vielschichtiger und ertragreicher. Der Verteidigungsapparat stellte hohe Anforderungen an technische Präzision und Einfallsreichtum; und diese Forderungen wurden zum großen Teil erfüllt. Das Durchschnittseinkommen pro Kopf näherte sich dem europäischen Niveau. Die wissenschaftlichen Forschungen Israels fanden in der ganzen Welt Anerkennung. Vieles war in Israel noch unvollkommen, entbehrte der äußeren Form und einer inneren Harmonie. Aber das ganze Land wirkte weniger verkrampft, seine Kultur weniger provinziell und seine Energien wesentlich robuster.

Es liegt ein lehrreicher Symbolgehalt in der Tatsache, daß sich die israelische Jugend innerlich hauptsächlich für Archäologie und die Naturwissenschaften begeisterte. Hier waren Menschen, die über ihre eigene Bedeutungslosigkeit hinauswachsen wollten, indem sie an ihre historische Abkunft und intellektuelle Leistungskraft appellierten. Man betrachtete Israel allgemein als fortschrittliche Gemeinschaft mit einem modernen, wissenschaftlichen Anflug. Es wurde aber außerdem durch eine ständige Suche nach den Wurzeln seiner fernen Vergangenheit in Anspruch genommen. Ein großer Teil des israelischen Lebens besteht aus einer Versöhnung von Vergangenheit und Zukunft, von altem Erbe und neuen Möglichkeiten, von religiöser Tradition und modernem Fortschritt, von westlichem Pragmatismus und östlicher Vergeistigung, von freiem Unternehmertum und kollektiven Idealen. Widersprüche sind scharf ausgeprägt, aber die Lebenskraft der Israelis zieht daraus nur Gewinn. Vor allem gab es gewöhnlich im nationalen Streben ein Element, das den Instinkt zur Neuerung ausdrückte. Über den Golf von Akaba hinweg, von Eilat her, wurde in stiller Geduld eine Brücke des Handels und der Freundschaft zur östlichen Hälfte unseres Erdballs geschlagen. Im Juni 1964 wurde die Nationale Wasserversorgung in eindrucksvoller Weise fertiggestellt, und die Wasser des Sees Genezareth strömten nach Süden, um die Felder des Negeb zu bewässern. Viele Jahre hindurch hatte die Furcht vor arabischem Mißvergnügen die volle Entfaltung diplomatischer Bindungen Israels an die Außenwelt verhindert. Doch von 1960 an wurde das Land in überreichem Maße von ausländischen Besuchern besichtigt, erforscht, gepriesen und oft von Staatsoberhäuptern, Regierungen und führenden Sprechern der intellektuellen Gemeinschaft in aller Welt umschmeichelt.

Die Wurzeln dieser Faszination waren komplexer Natur. Die Errichtung neuer menschlicher Gemeinschaften hat die Menschheit in ihren schöpferischen Träumen immer angesprochen. Doch in den sechziger Jahren hatte Israel seiner Zeit eine besondere Botschaft zu vermitteln. In den hochentwickelten Ländern hatte der Kampf um das Leben seinen mystischen Gehalt verloren. Nüchternheit hatte von der Existenz Besitz ergriffen. Auf der anderen Seite war in den Entwicklungsländern die frühe Begeisterung einem Gefühl der Bitterkeit und Hoffnungslosigkeit gewichen, denn die formale Freiheit war nicht von einem entsprechenden Wirtschaftswachstum oder der erhofften sozialen Dynamik begleitet worden. Nationalflaggen waren offenbar nicht genug. Den äußeren Zeichen der Souveränität haftete etwas Rührendes an, aber sie konnten nicht die demütigende Kluft überbrücken, die zwischen den Hilfsquellen der privilegierten und den der entrechteten Staaten bestand. Deshalb bewunderten die hochentwickelten Länder Israel wegen seiner vitalen Urkraft, während die jungen Völker nach den Gründen für Israels rasche Entwicklung forschten. Manche beneideten Israel um das bereits Erreichte, andere um das, was es noch zu erreichen galt. Auf die jüdischen Gemeinden im Ausland wirkte Israel als ein Land, mit dem man sich rassisch verbunden fühlte und auf das man in gegenseitiger Verantwortung stolz sein konnte. Israels Kampf gegen die arabische Umzingelung von 1956 hatte seine geographische Gestalt nicht verändert. Die Grenzen verliefen noch so wie zuvor. Freie Schiffahrt im Roten Meer und friedliche Ruhe in den Siedlungen nahe dem Gazastreifen waren greifbare Ergebnisse, die von den UN-Truppen zwar nicht geschaffen, aber symbolhaft dargestellt wurden. Aber diese Gewinne allein konnten den neuen Aufschwung der nationalen Stimmung nicht erklären. Die wirkliche Umwandlung lag im israelischen Verständnis seiner selbst begründet. Aus Zweifel am eigenen Vermögen war etwas wie ein nationales Selbstvertrauen entstanden.

In seinen internationalen Beziehungen war Israel aus dem Sinaifeldzug mit Aussichten auf eine günstigere Entwicklung hervorgegangen. Das Verhältnis zu Frankreich war sehr eng. Im Jahr 1961 hatte de Gaulle Ben Gurion der französischen »Solidarität und Freundschaft« versichert und dann das Glas auf »Israel, unseren Freund und Verbündeten«, erhoben. Die Israelis hatten solche Worte seit der Errichtung ihres Staates noch nicht gehört. Israels Zusammenarbeit mit der Vierten Republik bis 1958 ließe sich vielleicht als eine Vernunftehe bezeichnen, denn beide Länder hatten gemeinsame Feinde in Kairo und anderen arabischen Hauptstädten. Aber der algerische Krieg mit der aus ihm resultierenden Spannung zwischen Paris und Kairo war schon mehrere Jahre vorüber, als Präsident de Gaulle im Juni 1964 gegenüber dem israelischen Ministerpräsidenten Levi Eschkol noch einmal bestätigte, Israel sei immer noch ein »Freund und Bundesgenosse«, dessen Fortschritt sich Frankreich zutiefst verpflichtet fühle. Französische Waffenlieferungen hatten dazu beigetragen, daß das militärische Gleichgewicht trotz der sowjetischen Rüstungslieferungen an die arabischen Staaten erhalten blieb. Frankreich sagte außerdem seine Unterstützung für das israelische Bestreben zu, einen Anschluß an die neue europäische Gemeinschaft zu finden. 1959 wurde ein Kulturabkommen unterzeichnet, und französische und israelische Kriegsschiffe statteten sich 1961 gegenseitig Höflichkeitsbesuche ab. Bei ihrem Zusammentreffen in Paris im Jahre 1964 ersuchte de Gaulle Eschkol dringend, die arabischen Regierungen weder durch eine besonders intransigente Haltung zu provozieren, noch sie durch militärische Schwäche in Versuchung zu führen. Zur damaligen Zeit sah er keinen Widerspruch zwischen den traditionellen französischen Interessen in der arabischen Welt und der Pflege enger Beziehungen zu Israel. Im Gegenteil, gerade die Herzlichkeit der französischen Beziehungen zu Israel veranlaßte die arabischen Staaten, sich in gegenseitigem Wettstreit um die Gunst der Pariser Regierung zu bemühen, und sicherte ihr, zum ersten Mal seit dem Zweiten Weltkrieg, eine zentrale Stellung im Mächtegleichgewicht des Mittleren Ostens zu.

Großbritannien setzte das enge Verhältnis, wie es während der kurzen Tage des gemeinsamen Kampfes bestanden hatte, nicht fort. Aber es kehrte auch nicht zu der kühlen Distanz alter Zeiten zurück. Es bestand kein Embargo für den Kauf von Centurion-Panzern und anderen Rüstungsgütern, und die wirtschaftlichen Bande waren eng und von gegenseitigem Nutzen. In der öffentlichen Meinung wurden Israels militärische Leistungen bewundert, vielleicht mit einem Anflug von Neid, und man reagierte scharf auf Nassers fortgesetztes Säbelrasseln.

Ende 1956 waren die Vereinigten Staaten und Israel in ihrer Politik getrennte Wege gegangen. Aber innerhalb weniger Monate war die Harmonie wiederhergestellt und in mancherlei Hinsicht vertieft worden. Washington würde in Zukunft aufmerksamer auf die Gefahren achten, die durch eine Vernachlässigung der israelischen Sicherheitsbedürfnisse entstehen konnten. Washington verstand jetzt, daß die Isolierung unter ständigem Druck von außen wahrscheinlich wenig dazu angetan war, die israelische Geduld zu fördern. Im Sommer 1958 unterrichtete Außenminister Dulles Israel von der amerikanischen Opposition gegen Nassers »radikales« Streben, seine Hegemonie über andere Staaten und Regierungen im Mittleren Osten zu errichten. Die USA unterstützten aktiv Israels Recht auf Nutzung des ihm gebührenden Anteils an dem Jordan-

und Yarmukwasser. Und die vom Kongreß der Vereinigten Staaten im Jahr 1957 bestätigte Eisenhower-Doktrin sagte jedem Staat im Mittleren Osten Hilfe zu, der durch Aggression eines vom internationalen Kommunismus beherrschten Landes bedroht wurde. Anfang der sechziger Jahre brachten die Vereinigten Staaten ihr Eintreten für Israels Unabhängigkeit und Unverletzlichkeit offener zum Ausdruck. 1962 erklärte Präsident John F. Kennedy gegenüber Außenminister Golda Meir, die Vereinigten Staaten seien praktisch Israels »Alliierter« und mit ihm durch ein Verhältnis besonderen Vertrauens verbunden. Mit der Lieferung von Hawk-Raketen und Patton-Panzern wurde der amerikanische Anteil an Israels Verteidigungskraft ein bestimmender Faktor.
Gleichzeitig unternahm die Regierung Kennedy bedeutende Anstrengungen, um Nassers Militanz durch umfangreiche Wirtschaftshilfe einzudämmen und ihn zu veranlassen, sich mehr als bisher der Lösung sozialer Probleme in Ägypten zuzuwenden. Diese Versuche schlugen fehl: Nassers panarabischer Appetit war unersättlich. Statt seine Wirtschaft zu entwickeln, stürzte er sich in einen nutzlosen Krieg im Jemen, um ein ihm genehmes Regime an die Stelle der traditionellen Herrschaft der Imame zu setzen. Dadurch bedrohte er Saudiarabien und die Fürstentümer am Golf und wurde auf diese Weise zu einer Gefahr für die amerikanischen Interessen. Die Regierung Johnson reagierte mit einer unverhüllteren Anwendung der Doktrin vom Gleichgewicht der Kräfte. 1965 und 1966 beschloß sie, Israel mit moderneren Waffen, wie schweren Panzern und Jagdbombern vom Typ Skyhawk, zu beliefern. Zur selben Zeit verschlechterten sich die amerikanisch-ägyptischen Beziehungen. Die Vereinigten Staaten drosselten die Weizenlieferungen an Ägypten. Nasser reagierte in seinen Reden mit heftigen Ausfällen gegen die Vereinigten Staaten und ihren Präsidenten. Die Formulierungen erinnerten an seine Attacken gegen England und Frankreich im Jahre 1956. »Laßt doch die Amerikaner das Meerwasser saufen!« gehörte zu seinen denkwürdigsten Epigrammen. Er hatte eine Vorliebe für Trotzausbrüche eines Schuljungen. Das Meerwasser blieb ungetrunken, aber Israels Stabilität fand im Westen immer größere Beachtung.

Im zweiten Jahrzehnt seines Bestehens errichtete Israel ein eindrucksvolles System wechselseitiger Beziehungen mit den Entwicklungsländern. In den fünfziger Jahren hatte die Zusammenarbeit mit Burma und Ghana in einigen Einzelfällen begonnen. Jetzt aber entfaltete es diesen Trend in internationalem Maßstab. Ein Land mit einer Bevölkerung von knapp über zwei Millionen und wenig Bodenschätzen beteiligte sich an der Entwicklung von Dutzenden anderer Länder in drei Kontinenten. Hunderte israelischer Techniker, Wissenschaftler, Ärzte, Ingenieure, Lehrer,

Agronomen, Bewässerungsfachleute und Spezialisten für die Jugendarbeit teilten ihre Lehren und Erfahrungen mit den Entwicklungsländern. Israels Rolle bei der Entwicklungshilfe war dreierlei Art. Zunächst gab es israelische Experten, die einzeln oder in Gruppen innerhalb der Entwicklungsländer selbst tätig waren. Ferner gab es fast 9000 Männer und Frauen aus über achtzig Ländern, die in den Jahren 1957 bis 1966 in israelischen höheren Lehranstalten ausgebildet wurden oder an Spezialkursen für Entwicklungsprobleme teilnahmen. Und schließlich fanden internationale Konferenzen statt, auf denen Vertreter der Naturwissenschaften und der Sozialpolitik mit führenden Persönlichkeiten neugegründeter Staaten zu einem Dialog auf israelischem Boden zusammentrafen. Die Rehovot-Konferenzen über Wissenschaft und Entwicklung lieferten den theoretischen Hintergrund für Israels praktischen Beitrag zum Fortschritt der Entwicklungsländer.

Das israelische Beispiel von Burma und Ghana wirkte ansteckend. Die Ankunft israelischer Diplomaten und Techniker wurde beinahe zum integrierenden Bestandteil der Feierlichkeiten, die die Unabhängigkeit neuer afrikanischer Staaten kennzeichneten. Einige Jahre nach dem Sinaifeldzug gewährte Israel Unterstützung verschiedener Art an mehr als fünfundsechzig Länder in Afrika, Asien, Mittel- und Südamerika. Auf diese Weise machte Israel von seinen Fähigkeiten und territorialen Möglichkeiten den größtmöglichen Gebrauch. Es nutzte den Vorteil, ein kleines Land zu sein, dem man keine imperialistischen Absichten unterstellte. Aber es war auch ein Entwicklungsland, so daß seine eigenen Erfahrungen größeres Gewicht besaßen als die der weiter fortgeschrittenen Länder. Hinzu kam, daß Israel sich nicht als Vertreter einer »Herrenrasse« aufspielte. Sein Volk hatte Leid und Verfolgung kennengelernt, und es hatte vor den anderen neuen Staaten den Kampf um Anerkennung und Aufnahme in die internationale Gemeinschaft durchgefochten. Diese Arbeit in den Entwicklungsländern half Israel, die ihm von den arabischen Staaten auferlegte regionale »Isolierung« zu überwinden und den Blick über seine Grenzen hinaus zu richten. Diese Tätigkeit hatte auch einige politische Rückwirkungen. Auf der UN-Vollversammlung von 1961 legten sechzehn, hauptsächlich afrikanische Staaten einen Resolutionsentwurf vor, der direkte Verhandlungen zwischen Israel und den arabischen Staaten forderte.

Im Laufe der Jahre wurde es klar, daß die arabische Auffassung, Israel sei das Ergebnis einer dunklen Verschwörung, es gehe in seiner Raublust auf koloniale Abenteuer aus oder sei eine zwar bedauerliche, aber glücklicherweise nur vorübergehende moderne Kreuzzugserscheinung, von der öffentlichen Meinung in aller Welt zurückgewiesen worden war. Sowohl im Mittleren Osten als auch in der übrigen Welt waren Kräfte am Werk, die gewichtiger waren als alle die Faktoren, auf die sich der arabische Nationalismus in seinem Traum vom Niedergang Israels verlassen hatte. Die arabischen Führer konnten nicht mehr mit dem plötzlichen Zerfall Israels oder mit irgendeiner Hilfe rechnen, die ihnen die übrige Welt zur Vernichtung Israels gewähren würde. Wenn es ihnen gelingen sollte, »Israel zu zerstören«, dann würden sie dies aus eigener Kraft bewerkstelligen müssen.

Israels Sicherheit wurde als Funktion seiner eigenen militärischen Stärke und seiner internationalen Freundschaften gesehen. Von diesen beiden hatte der militärische Aspekt das größte Gewicht. Israel konnte nicht damit rechnen, daß ihm irgendeine Macht automatisch zu Hilfe kommen würde, falls es angegriffen würde oder seine lebenswichtigen Interessen von den arabischen Staaten verletzt würden. Alles hing von der eigenen Fähigkeit ab, durch Aufrechterhaltung einer angemessenen Stärke potentielle Angreifer abzuschrecken. Die Aufgabe war schwer, aber lösbar. Der Verteidigungswille von zwei Millionen Israelis war wesentlich stärker und viel leidenschaftlicher als die Entschlossenheit von einhundert Millionen Arabern, Israel zu vernichten. Überhaupt war der Zahlenvergleich irreführend. Viele Millionen Araber, insbesondere diejenigen, die weiter entfernt lebten, waren sich keiner persönlichen Verpflichtung bewußt, für Israels Liquidierung irgendein Opfer bringen zu müssen. Für die arabische Nation, die sich in so vielen Staaten ihren eigenen Lebensbestand gesichert hatte, war Israels Untergang nur eine von mehreren Möglichkeiten. Infolgedessen betrieb Israel seine Verteidigungsplanungen mit hoher Intensität, während sich die arabischen Drohungen hauptsächlich in rhetorischen Phrasen erschöpften, die zwar Israels Stolz verletzten, es aber an Geist und Körper nicht verwunden konnten. Zur Steigerung unserer Widerstandskraft trug auch der Fortschritt auf technischem Gebiet bei. In der modernen Strategie nimmt der Wert der Zahl in demselben Maße ab, wie die wissenschaftliche Leistung wächst. Wenn technische Methoden sich verfeinern, verliert das quantitative Element seine entscheidende Bedeutung. Die Möglichkeit, daß sich auch eine kleine Gemeinschaft gegen volkreichere Staaten behaupten kann, rückt in immer greifbarere Nähe. Dies soll nicht heißen, Kleinsein sei in jedem Falle vorzuziehen. Als Schicksal wird es jedoch wenigstens erträglich. In der Erinnerung des israelischen Volkes war Davids Sieg über Goliath nicht eine Folge seiner geringen Körpergröße, sondern der kompensierenden Wirkung größerer Beweglichkeit und seines Improvisationstalentes.

In den sechziger Jahren beruhte Israels Sicherheitsdoktrin auf dem Gedanken einer selbständigen Abschreckungsstreitmacht. Diese Einstellung schien den internationalen Interessen im größeren Rahmen entgegenzukommen. Die Ereignisse in Vietnam, im Kongo, auf Zypern, im Jemen und in Kaschmir verdeutlichten die Gefahren, die dem Weltfrieden drohten, wenn kleine Staaten im Inneren nicht stabil genug waren oder zwischen ihnen kein ausreichendes Gleichgewicht bestand. Wenn eine kleine Nation ihre Entschlossenheit verkündet, für ihre eigene Verteidigung zu sorgen, ohne anderen dabei zur Last zu fallen, kann sie mit Sicherheit einen Seufzer der Erleichterung bei den mit anderweitigen Verpflichtungen ohnehin überhäuften Großmächten erwarten. Denn keiner unter Israels Freunden wollte sein unmittelbares, strategisches Engagement erweitern. Israels Politik der Verteidigung aus eigener Kraft konnte deshalb mit einer gewissen Unterstützung rechnen. Das Embargo-Denken der fünfziger Jahre begann sich zu lichten. Die israelischen Verteidigungsanstrengungen unter der Führung Levi Eschkols begannen mit einem Programm der Modernisierung und ausgedehnter Waffenkäufe im Ausland. Ein weiteres Ziel war, die Bezugsquellen zu vervielfachen. Anfang der sechziger Jahre brauchte man an der französischen Unterstützung keine Zweifel zu hegen. Aber viele Israelis hielten es für unklug, nur ein einziges Eisen im Feuer zu haben. Israel wandte sich deshalb hinsichtlich des Ausbaus seiner Panzer- und Luftwaffe an die Vereinigten Staaten. Dies führte dazu, daß bis 1966 die Stärke Israels im Verhältnis zu jeder arabischen Streitmacht, die eventuell gegen Israel zusammengezogen wurde, etwa die gleiche Schlagkraft besaß wie zehn Jahre zuvor.

Die arabischen Staaten hatten keine militärische Überlegenheit erreicht. Und was die Lage für sie noch verschlimmerte, war die Tatsache, daß ihre Einigungsbestrebungen vor dem Zusammenbruch standen. Rivalisierende Regierungen, widerstreitende Ideologien, das Streben nach Hegemonie und unterschiedliche internationale Orientierungen zerrissen die arabische Welt. Der Krieg im Jemen, der seit 1961 im Gange war, hatte die arabische »Familie« in drei Fronten aufgespalten: die Anhänger der royalistischen Kräfte unter Führung Saudiarabiens, die Verbündeten der republikanischen Revolution von 1962 unter Führung Ägyptens und die zwischen diesen Fronten stehenden Neutralen. Das jordanische Verhältnis zu Syrien und Ägypten stand auf des Messers Schneide. Marokko und Tunesien stritten sich über Mauretanien. Nur drei arabische Staaten (Libyen, Kuwait und Sudan) unterhielten normale Beziehungen mit allen anderen Mitgliedsstaaten der Arabischen Liga. 1958 glaubte man, daß das nach links tendierende Kassem-Regime im Irak nach der Beseitigung der prowestlichen Monarchie ein treuer Vasall Nassers werden würde. Als es jedoch unerwartet einen Drang zur Selbständigkeit an den Tag legte, wurde es das Ziel wütender Ausfälle von seiten Nassers, der damit die Sowjetunion vor den Kopf stieß. Ähnlich erging es Syrien, das 1958 unter dem Deckmantel einer sogenannten »Vereinigten Arabischen Republik«

mit Ägypten eine Union eingegangen war. Als es 1961 mit Kairo brach, wurde es zur Zielscheibe heftiger Angriffe von seiten Nassers. Tolerant war Nasser nur gegenüber solchen arabischen Staaten, die seine Führerschaft anerkannten. Jedesmal, wenn regionale oder partikularistische Tendenzen sich der Kontrolle Kairos zu entziehen drohten, wurde er ausfallend. Nichts trennte die arabische Welt mehr als der Versuch, sie zu einigen. Die Atmosphäre inneren Zwists wurde durch persönliche Rivalitäten der politischen Führerschaft untereinander nur noch erhöht. Wenn sie sich bei offiziellen Besuchen auf dem Flugplatz umarmten, so glomm in ihren Augen ein kalter, verdächtiger Schimmer.
Der Mißerfolg der ägyptisch-syrischen Union war deshalb vorauszusehen. Das gleiche galt für die Weigerung vieler arabischer Staaten, zu bloßen Provinzen von Kairos Gnaden abzusinken. Auf den ersten Blick mochte es scheinen, als hätte Israel nur die Rolle des interessierten Zuschauers übernehmen sollen. Tatsächlich jedoch war es in alle diese Ereignisse mit ihren Folgeerscheinungen zutiefst verwickelt. Unfähig, die zerstrittenen und sich befehdenden arabischen Staaten unter seinem Banner zu sammeln, hielt Nasser nach einem sie alle einigenden Prinzip Ausschau. Diese fand er in dem Vokabular und den Redensarten seiner antiisraelischen Rhetorik.
Als Folge des Krieges von 1967 bemühten sich Nasser und seine Anhänger immer wieder, darauf hinzuweisen, daß nur Hitzköpfe wie Achmed Shukeiry und die Rundfunkkommentatoren sich in ihren mündlichen Äußerungen zu persönlichen Beleidigungen hinreißen ließen. Aber es ist gerade Nassers ruhige, fast seidenweiche Stimme, deren sich die Israelis in Verbindung mit den heftigsten Angriffen auf ihren Frieden und ihre Würde erinnern. Es war Nasser, der sagte: »Die Errichtung Israels ist das größte Verbrechen in der Geschichte.« Und wieder: »Ben Gurion ist der größte Kriegsverbrecher dieses Jahrhunderts.« (Tatsache ist, daß wenige Staatsmänner, einschließlich Nasser, größere Achtung außerhalb ihres Landes gewonnen haben als Ben Gurion.) In Nassers Reden ging es nicht um Israels Politik, sondern um dessen Recht auf eigene Existenz. Das bloße Vorhandensein Israels ist »ein Schandfleck«, »eine Schande«, »eine blutende Wunde«. Am 20. Mai 1965 hören wir ihn verkünden, daß »die israelischen Ambitionen bezüglich Ägyptens bis in das Gebiet von Al Sharqiyya reichen, weil die Kinder Israels vor ihrem Ausmarsch dort gelebt haben.
Ganz abgesehen von diesen »Ambitionen auf das Gebiet von Al Sharqiyya in Ägypten« wäre es vielen Israelis schwergefallen zu sagen, wo dieses Gebiet lag. Alle hätten zur damaligen Zeit einen Friedensvertrag mit Ägypten ohne weitere territoriale Ansprüche begrüßt. Sie hätten vergebens Ausschau gehalten nach der »Landkarte, die sich vom Nil bis zum

Euphrat« erstreckte, die, wie Nasser ausländischen Besuchern mit feierlicher Stimme erklärte, an einer Wand im Gebäude der Knesset hing. In der Knesset gibt es überhaupt keine Karte. Die Schmähungen aus dem Munde Nassers erreichten ihren Höhepunkt am 4. Oktober 1958, als er sich hinter die antisemitischen *Protokolle der Weisen von Zion* stellte, die wahrscheinlich mehr Menschenleben auf dem Gewissen haben als irgendein anderes Dokument der Weltgeschichte. Es ist die geistige Grundlage des europäischen Antisemitismus. Mehr Exemplare davon sind während der letzten beiden Jahrzehnte in Ägypten verkauft worden als in allen übrigen Ländern der Welt, seit es in den ersten Jahren des 20. Jahrhunderts als Fälschung auf den Markt kam. Von hier ist es nur ein kurzer Schritt bis zu dem Kommunique, das von Nasser und dem irakischen Präsidenten Aref 1963 unterzeichnet wurde und verkündete, »das Ziel der Araber ist die Vernichtung Israels«.

Das schwierigste Problem entstand für Nasser, als er entdeckte, daß alle diese Verleumdungen statt Furcht nur Abscheu in Israel erzeugten – und ein erhebliches Maß an Skepsis in der übrigen Welt. Seine Reaktion darauf war die Einberufung eines »Gipfeltreffens« in Kairo im Januar 1964. An ihm nahmen die Staatsoberhäupter von dreizehn arabischen Staaten teil, die über ein Gebiet von mehr als zehn Millionen Quadratkilometern und eine Bevölkerung von achtzig Millionen Menschen herrschten. Ursache ihrer Besorgnis war das Unvermögen, ein kleines Land einzuschüchtern, das nur über den vierzigsten Teil an Menschen und den fünfhundertsten Teil an Ausdehnung verfügt.

Die Alarmglocke, die den arabischen Führern ihre eigene Unfähigkeit drastisch vor Augen führte, war 1964 die Fertigstellung der israelischen Nationalen Wasserversorgung. Dieses Projekt war für unsere Wirtschaft von großer Bedeutung. In seinem Ausmaß und der technischen Vollendung hätte es auch einem größeren Staat Ehre gemacht. Und auf den Menschen wirkt es wie ein Wunder, wenn er mitansieht, wie trockene Wüste sich in grünes Weideland verwandelt. Doch reichten die Auswirkungen noch tiefer. Was zunächst nur eine technische Großtat schien, wurde jetzt zu einem entscheidenden Politikum. Denn die arabischen Regierungen hatten öffentlich geschworen, das Wasser aus dem See Genezareth werde nie nach Süden fließen. Israel hatte seinerseits die freie Nutzung seines Anteils am Jordanwasser zu einem lebenswichtigen, nationalen Interesse erklärt, das es, wie die Unverletzlichkeit seiner Grenzen und die freie Durchfahrt durch den Golf von Akaba, in jedem Fall verteidigen würde. So standen sich die arabischen Staaten und Israel zu beiden Seiten des uralten Flusses gegenüber – eine Zerreißprobe ihrer Entschlossenheit und Abschreckungskraft. Wenn sich diese arabische

Drohung als hohl erweisen sollte, warum sollte man dann noch irgendeiner anderen arabischen Drohung Glauben schenken? Und wenn die arabischen Verlautbarungen ihren einschüchternden Charakter einbüßten, sollte dann nicht Israels Konsolidierung in raschem Ablauf einen großen Schritt vorwärts machen?

Die arabischen Regierungen hätten sich keinen ungünstigeren Fall als das Wasserprojekt aussuchen können, um die Weltmeinung für sich einzunehmen. Das ganze Unternehmen war offensichtlich vollkommen friedlich. Es fügte niemandem Schaden zu, und die Drohung, sich ihm mit Gewalt widersetzen zu wollen, wurde vom größten Teil der Menschheit als sinnlose Heimtücke empfunden. Im Januar 1964, als Papst Paul VI. von Megiddo aus seine Pilgerfahrt zu den Heiligen Stätten antreten sollte, teilte ausgerechnet der sowjetische Botschafter in Israel Ministerpräsident Eschkol mit, »Israel habe ein Recht auf seinen Anteil am Jordanwasser«.

Der Oberlauf des Jordan, der See Genezareth und der Yarmuk lieferten den größten Teil des Süßwassers für die Bewässerungsprojekte in Israel und Jordanien. Es bestand nur eine sehr geringe Möglichkeit, dieses Wasser auch im Libanon und im südlichen Teil Syriens zu verwenden. Es wäre lediglich für die an diesen Wasserläufen gelegenen arabischen Staaten legitim gewesen, auf eine Erhöhung ihrer Zuteilungsquoten zu drängen. Aber es war völlig unsinnig zu behaupten, daß Israel, durch dessen Gebiet der Jordan in einer Länge von 95 Kilometern floß, kein Recht darauf haben solle, auch nur einen einzigen Kubikmeter in seine ausgetrockneten Gebiete im Süden abzuleiten. Außerdem war ein internationales Gutachten angefertigt worden, das die Unterstützung der Weltmeinung gefunden hatte. Im Jahre 1958 hatte Eric Johnston als Beauftragter Präsident Eisenhowers einen Plan vorgelegt, der von Bewässerungsingenieuren und Rechtsexperten ausgearbeitet worden war. Dieser wies jedem Land genügend Wasser für seine jeweiligen Bedürfnisse entsprechend den normalen internationalen Gepflogenheiten zu. Sogar arabische Ingenieure hatten zugegeben, daß dieser Plan, objektiv betrachtet, fair sei. Aber die arabischen Regierungen hatten die Ratifizierung dieser Vereinbarung aus, wie sie selbst zugaben, politischen Gründen abgelehnt. Doch das objektive Urteil hatte seinen Platz in der Geschichte und wirkte nach. Obwohl Israel formell durch einen Plan, der von seinen Nachbarn nicht unterzeichnet wurde, nicht gebunden war, faßte es freiwillig den Entschluß, die in dem Plan enthaltene Einschränkung anzuerkennen. Es war enttäuschend, daß der Plan Israel nur fünfunddreißig Prozent der gesamten Wassermenge zugestand. Aber in dem Werben um die Unterstützung der Weltmeinung zog Israel die politischen Vorteile eines Schiedsspruchs von dritter Seite dem einseitigen Bestehen auf seinen berechtigten Ansprüchen vor.

Mehrere Jahre lang hatten israelische Ingenieure an der Errichtung einer Pumpstation gearbeitet, um das Wasser 350 Meter über den Wasserspiegel des Sees Genezareth zu heben und es in einer Reihe von Pipelines und Aquädukten in den nördlichen und mittleren Negeb fließen zu lassen. Die Vereinigten Staaten hatten sich an diesem Projekt in allen seinen Phasen beteiligt, nachdem die Präsidenten Kennedy und Johnson eine entsprechende schriftliche Zusage gegeben hatten. Den arabischen Regierungen war es nicht gelungen, für ihren Plan zur Vereitlung des Projekts internationale Zustimmung zu erreichen. Schon 1964 hätte es Nasser klar sein müssen, daß Israel nicht bereit sein würde, Durst und Dürre nur deshalb zu ertragen, damit er seine Bosheit befriedige, und daß, wenn erst die Schleusen geöffnet wären und das Wasser rauschend nach Süden strömte, der größte Teil der Welt Beifall klatschen würde. So konnte er das Projekt weder durch Gewaltanwendung blockieren, noch es durch internationalen Druck zum Erliegen bringen. Am 11. Juni 1964 begann das Wasser in dem »National Carrier« zu fließen. Israel hatte sich ruhig, aber bestimmt über die arabische Drohung hinweggesetzt.

Der arabischen Gipfelkonferenz von 1964 folgte eine weitere im Jahre 1965. Sie erfand als Antwort auf das arabische Dilemma eine Doktrin der Verzögerungstaktik. Am 11. Juli 1965 sagte Nasser: »Die Abrechnung mit Israel wird in den nächsten fünf Jahren kommen, wenn wir Geduld bewahren. Die Moslems warteten siebzig Jahre, bis sie die Kreuzritter aus Palästina vertrieben.« Zwei Jahre später schien Nasser diese abwartende Haltung schon fast aufgegeben zu haben. Aber vorläufig spielte er noch auf Zeitgewinn. Als Antwort auf syrischen Druck, die Feindseligkeiten sofort zu eröffnen, erklärte er in völliger Offenheit: »Wir können heute noch nicht Gewalt anwenden, weil die Zeit dazu noch nicht reif ist.«

Der Wille zum Krieg war offenbar stark, aber die Fähigkeit, ihn auch zu führen, fehlte. Deshalb wurde auf der Gipfelkonferenz eine Palästinensische Befreiungsorganisation gegründet, um den Kampf gegen Israel in der noch unbestimmten Zukunft zu führen und das Regime König Husseins möglichst rasch zu beseitigen. Ein gemeinsames arabisches Oberkommando wurde unter dem ägyptischen General Abdul Hakim Amer gebildet, das die Pläne für den späteren militärischen Überfall ausarbeiten sollte. Und statt durch eine sofortige Kriegserklärung den Transport des Wassers in den Negeb zu verhindern, wurde beschlossen, die israelischen Bewässerungskanäle durch eine unsinnige und kostspielige Ableitung des Oberen Jordan nach Syrien und dem Libanon, die das Wasser gar nicht brauchten, austrocknen zu lassen. Auch hier wieder enthüllte sich die arabische Politik in ihrer typischen Gestalt: Ziel war nicht die Förderung arabischer Interessen, sondern der Schaden, den man Israel zufügen konnte.

So trachteten die arabischen Gipfelkonferenzen von 1964 und 1965 danach, den Ausbruch des bewaffneten Konflikts hinauszuschieben, den Gedanken an die »Abrechnung« in Politik und Rhetorik am Leben zu erhalten und genügend Unruhe zu stiften, um auf lange Sicht eine Beruhigung der Lage zu verhindern. Diese Planung klang eindrucksvoll, zeigte aber große Schwächen. Sie spiegelte eine Tendenz in der arabischen Politik wider, die der äußeren Form den Vorrang vor der Substanz einräumt; denn keines der auf den Gipfelkonferenzen geschaffenen Instrumente war so schlagkräftig, wie es sich den Anschein geben wollte. Die Palästinensische Befreiungssorganisation gebärdete sich zwar in Flugblättern und Rundfunksendungen wie ein reißender Wolf, ihre kriegerischen Qualitäten waren jedoch zweifelhaft. Das äußere Erscheinungsbild ihres Führers verlieh der ganzen Organisation sogar den Anflug einer komischen Oper. Achmad Shukeirys Körperfülle, sein pompöses Auftreten und unverhohlenes Interesse an der Befriedigung seiner eigenen Eitelkeit und seines persönlichen Wohlergehens wirkten auf die von ihm ausersehenen Opfer durchaus beruhigend. Die Israelis dachten sich, wenn Shukeiry ihre hauptsächliche Gefahr sei, könnten sie sich einigermaßen in Sicherheit wiegen.

Das gemeinsame Oberkommando fiel auch bald auseinander. Sein Budget zeigte ständig Defizit. Und andere arabische Staaten lehnten es höflich ab, ägyptische Truppen auf ihrem Boden zu stationieren. So blieb nur der Plan zur Ableitung der Jordanquellen. Doch hing sein Gelingen von der wenig wahrscheinlichen Voraussetzung ab, daß Israel dem Vorhaben untätig zusehen würde. Die geographischen Gegebenheiten zeigten, daß die hierzu notwendigen Arbeiten innerhalb der Reichweite israelischer Panzerkanonen ausgeführt werden mußten. Und für die Ableitung war der Bau eines Kanals erforderlich, der sich nur wenige hundert Meter jenseits der israelischen Grenze entlangziehen mußte. Im November 1964 erzielten israelische Flugzeuge und Panzer in der Abwehr syrischer Feuerüberfälle an der Grenze mehrere Treffer auf syrische Maschinenanlagen, die im Planungsstadium für die Ableitung eingesetzt waren. Das syrische Bauvorhaben wurde im März 1965 erneut durch israelisches Feuer unterbrochen. Mit welcher Begründung konnte man glauben, daß weitere größere Anstrengungen, den Diebstahl des Wassers auszuführen, ungestraft bleiben würden?

Als ein Mittel, die feindselige Stimmungen am Schwelen zu erhalten, waren die Beschlüsse der Gipfelkonferenzen verständlich; als Programm für die Vernichtung Israels erwiesen sie sich als ein Fehlschlag. Jedenfalls ließ sich Israel einfach keine Angst einjagen. Als im Laufe der nächsten Jahre das System der Gipfeltreffen ausgespielt und sich die arabischen Staaten in »konservative« und »revolutionäre« gespalten hatten, konnten sich ihre Führer überhaupt nicht mehr treffen.

Im November 1965 wurden in Israel allgemeine Wahlen abgehalten, und Levi Eschkol bildete zwei Monate danach seine neue Regierung. Die erste Arbeit bestand darin, die Aussichten auf den Fortbestand der Stabilität in den kommenden Jahren zu beurteilen. Aus den meisten Berichten der politischen und militärischen Nachrichtendienste ging hervor, daß die Spannungen aller Wahrscheinlichkeit nach weiterbestehen und fast bis zur Explosion kommen würden. Nassers vorsichtige Haltung auf den Gipfelkonferenzen resultierte aus der nüchternen Beurteilung eines militärischen Gleichgewichts, das sich wahrscheinlich nicht verändern würde. Im Februar 1966 wurde Israel von Mitgliedern des französischen Kabinetts erneut weitere Unterstützung bei seiner Verteidigung zugesagt. Ihre einzige Kritik richtete sich gegen eine angeblich »übermäßige israelische Nervosität« hinsichtlich der Beständigkeit des französischen Bündnisses. Ein Gedankenaustausch mit Maurice Couve de Murville im Februar 1966 ließ keine größeren Unterschiede in der politischen Einstellung beider Länder erkennen. Israel schloß sich der französischen Auffassung an, daß man die Möglichkeit sowjetischer Unterstützung für die Aufrechterhaltung der Stabilität im Mittleren Osten sondieren müsse. Ein paar Tage darauf erteilten Präsident Johnson und Verteidigungsminister Robert McNamara in Washington ihr offizielles Einverständnis zum Ankauf der Skyhawk-Flugzeuge. Im Mai 1966 ließ die polnische Regierung durch ihren Außenminister Rapacki Israel wissen, daß die auf »einem gemeinsamen Kampf und einer gemeinsamen Notzeit« gegründeten Erinnerungen beider Länder unzerstörbar seien.

Ein paar Wochen darauf erhielt der israelische Botschafter in Bukarest den Auftrag, ein Programm der Zusammenarbeit mit Rumänien zu formulieren, das weit über die normalen diplomatischen Beziehungen hinausging. Israel bemühte sich außerdem um die Durchführung von Entwicklungsprojekten in Südamerika, und zwar in einem größeren Rahmen, als es in Afrika bis jetzt der Fall gewesen war. Bald darauf sollten Vereinbarungen mit der »Organisation der Amerikanischen Staaten« und ihren Finanzträgern unterzeichnet werden. Sogar in Südostasien war man immer mehr geneigt, die Beziehungen zu Israel zu festigen. Im März 1967 fanden offizielle Besuche in Thailand, den Philippinen, in Japan, Burma und Kambodscha sowie in Australien und Neuseeland statt. In Singapur waren Verteidigungs- und Außenminister besonders daran interessiert, von den israelischen Erfahrungen bei der Wirtschaftsentwicklung und der Aufstellung einer Volksarmee zu lernen; Pläne zur stufenweisen Entwicklung wirtschaftlicher und diplomatischer Beziehungen wurden ausgearbeitet. Im Oktober 1966 bewarb sich Israel um die Mitgliedschaft in der Europäischen Wirtschaftsgemeinschaft als assoziiertes Mitglied. Es hatte diese Angelegenheit mehrere Jahre hindurch aufmerksam sondiert.

Einige Monate darauf empfahl die Kommission der EWG eine positive Reaktion. Und im Jahre 1970 konnte Israel ein Abkommen unterzeichnen, das ihm Präferenzzölle einräumte.
Überall schienen sich Israel neue Möglichkeiten zu eröffnen. Alle neuen Unternehmungen schienen irgendwie Früchte zu tragen. Im März 1965 fügte Präsident Habib Bourguiba von Tunesien der arabischen Ideologie einen schweren Schlag zu, als er für »Mäßigung und Logik statt Leidenschaft« eintrat und sich für einen Verhandlungsfrieden mit Israel einsetzte. Sogar der israelische Dialog mit der Sowjetunion war korrekt, wenn nicht geradezu freundlich. Während dieses Jahres kamen zweitausend jüdische Einwanderer aus der UdSSR nach Israel. Die Zahl war nicht groß, doch waren es die ersten Juden, die nach jahrzehntelanger völliger Blockade das Land verlassen durften. Wenn es gelingen sollte, diesen Strom auszuweiten, konnte das nationale Wachstum Israels neue Dimensionen annehmen. Aber an diesem Horizont zogen sich neue Wolken zusammen. Im Mai 1966 reiste Kossygin nach Kairo. Danach machte sich die UdSSR arabische Vorstellungen zu eigen. Später sollte sie die Araber auch zu gewalttätigen Handlungen veranlassen.
Trotz gelegentlicher Rückschläge befürwortete die öffentliche Meinung in Israel eine Vertiefung der internationalen Beziehungen auf breiterer Grundlage. Kritik wurde nur gelegentlich laut. Sie stammte hauptsächlich aus Kreisen der oppositionellen Herut-Partei, die sich traditionsgemäß für militärische Vergeltungsaktionen gegen die arabische Provokation einsetzte. Die Reaktion der Regierung war ausgewogener. Ihr Ziel war es, die arabischen Angriffe in Grenzen zu halten und gleichzeitig die militärische Stärke und das politische Ansehen in der Welt für künftige, größere Auseinandersetzungen aufzusparen. Ein Teil der Rafi-Führung (die sich von der Mapai abgespalten hatte) hielt es noch immer für möglich, daß sich Israel bezüglich seiner Luftverteidigung ausschließlich auf Frankreich abstützte, und zögerte, mit den Vereinigten Staaten zu tiefergehenden Sicherheitsvereinbarungen zu kommen. Diese Gruppe hielt auch nicht viel davon, die Beziehungen zu Osteuropa aufzulockern. Die Regierung ihrerseits machte sich zwar über diese Möglichkeiten keine Illusionen, hielt es jedoch für moralisch zwingend, alle solche Eventualitäten zu erforschen. In Ablehnung aller prinzipiell restriktiver Tendenzen war die Außenpolitik der Regierung darauf angelegt, Freundschaft, Handelsbeziehungen und Verständnis überall da zu erlangen, wo diese zu finden waren. Der strategische Plan war klar: Statt sich durch die arabische Gegnerschaft in eine Isolierung hineinmanövrieren zu lassen, versuchte die israelische Regierung, die Araber ihrerseits so weitgehend zu isolieren, daß ihnen kein Bewegungsspielraum mehr blieb.
In den ersten Monaten des Jahres 1967 schien sich alles in dieser Richtung

zu entwickeln. In Kreisen israelischer Experten und Kommentatoren wurde nur noch darüber gesprochen, ob Israel mit einer Ruhepause von fünf oder zehn Jahren rechnen könne. Zu Anfang des Jahres erklärte fast jeder politische und militärische Führer Israels in öffentlichen Reden, daß 1967 kein Kriegsjahr sein werde.

Um zu erläutern, warum alle diese Überlegungen sich in ein Nichts auflösen sollten, muß man Damaskus und Moskau betrachten. An drei von Israels Grenzen standen arabische Regierungen, die sich aus verschiedenartigen Gründen mit einer vorübergehenden Stabilität abgefunden hatten. Im Süden war es Nasser, der es bei seinem Engagement im Jemen verstanden hatte, rhetorische Ausfälle gegen Israel mit taktisch bedingter Zurückhaltung zu verbinden. Nach seiner Meinung müsse Israel »auf lange Sicht« vernichtet werden; doch würde der Endkampf erst dann stattfinden, wenn die arabischen Armeen entsprechend vorbereitet und die arabische Einheit völlig hergestellt sei. Letztere Voraussetzung schien in so weiter Ferne zu liegen, daß die Vernichtung Israels fast zu einer theologischen Vorstellung zu werden schien. Nasser gab seinen Traum eines Krieges gegen Israel nicht auf. Aber er wartete in relativer Sicherheit, bis die Zeit dazu reif war. Seine fanatische Grundhaltung wurde gelegentlich durch die kluge Einschätzung der vorhandenen Gegebenheiten gemildert; er war nur deshalb noch am Ruder, weil er zuweilen erkannte, daß Vorsicht der bessere Teil der Tapferkeit sei.
Inzwischen wurde der König Jordaniens von Nasser, seinem künftigen Bundesgenossen, als »Haschemitische Hure«, »imperialistischer Lakai« und als »verräterischer Zwerg« bezeichnet. König Hussein war sich darüber im klaren, daß die Terroristen der El Fatah und der Palästinensischen Befreiungsorganisation eine größere Bedrohung für sein Königreich darstellten als Israel, das mit ihm zu Verhandlungen über ein Friedensabkommen unter ehrenvollen Bedingungen bereit war. Es gelang ihm im großen und ganzen, sich gegenüber Kairo, Damaskus und den militanten Terroristengruppen zu behaupten. Immer wieder aber verloren die jordanischen Behörden die Kontrolle über Gebiete, von denen aus die Terroristen gegen Israel operierten. Im November 1966 wurde das Dorf Samoa in der Nähe von Hebron schwer in Mitleidenschaft gezogen, als israelische Kräfte zur Beseitigung von Stützpunkten der Terroristen einmarschierten. Einige Stunden lang schien sich das jordanische Regime in Gefahr zu befinden, und auch in Israel selbst wurden Stimmen laut, die sich fragten, ob das Ausmaß der Aktion gerechtfertigt sei. Aber auf israelischer Seite bestand keine Absicht, aus einzelnen Vergeltungsaktionen zu einer regelrechten Invasion überzugehen; und die Waffenstillstandsgrenzen wie die Integrität des haschemitischen Königreichs blieben un-

verletzt. Ja, Jordaniens Bestand wurde gerade durch Israels Dasein auf paradoxe Weise garantiert; denn ohne die israelische Herrschaft über einen Teil des Negeb hätte die militärische und zahlenmäßige Überlegenheit Ägyptens früher oder später Jordanien sowieso hinweggefegt. Während dieser Zeit war der Libanon mit der Aufrechterhaltung des inneren Gleichgewichts und der Ausweitung seines Handelsverkehrs beschäftigt und schien nicht bereit, sich auf militärische oder subversive Abenteuer gegen Israel einzulassen. So wurde aus drei Richtungen der arabische Krieg gegen Israel mit rein verbalem Heroismus geführt. Hätte sich Syrien mit einer ähnlich passiven Einstellung zufriedengegeben, so wären das Jahr 1967 und die darauffolgenden Jahre ohne kriegerische Auseinandersetzungen vorbeigegangen.

Im September 1961 hatte sich Syrien nach drei Jahren einer ungewissen Union mit Ägypten von der Vereinigten Arabischen Republik gelöst. Im März 1963 übernahm die Ba'ath-Bewegung (»Sozialistische Wiedergeburt«) die Macht in Damaskus und Bagdad.

Ihr revolutionäres Dogma verlieh ihr im Verein mit ihrer sozialistischen Phraseologie innerhalb der arabischen Welt ein etwas ungewöhnliches Gepräge. Sie hatte als Verfechter panarabischer Solidarität und Gegner kleinstaatlicher Interessen begonnen, die sie als »regionalistisch« verurteilte, doch entwickelte sie bald in ihrer Gegnerschaft zu Nasser beim Kampf um die Vorherrschaft in der arabischen Welt eine separatistische Politik. Nasser befürwortete damals aus taktischen Gründen eine gewisse Zurückhaltung gegenüber Israel; deshalb trat die Ba'ath für revolutionären Aktivismus ein. Auf den arabischen Gipfelkonferenzen von 1964 und 1965 und noch später rief Syrien allein zur sofortigen Konfrontation auf. Alle übrigen arabischen Regierungen bevorzugten Nassers bequemere Philosophie eines späteren und zeitlich noch nicht festzulegenden Ausschlusses Israels aus dem Bereich des Mittleren Ostens. Im Februar 1966 fand wieder eine Revolution in Damaskus statt, und das syrische Pendel schlug in noch drastischerer Weise nach links aus. Die neuen Führer, Nureddin el Atassi, Yusuf Zuayin, General Salah Jedid und Ahmed Suweidani, erklärten öffentlich, daß der Krieg gegen Israel nicht zum Traum einer fernen Zukunft werden dürfe; man müsse jeden einzelnen Tag dafür kämpfen. Wenn das Rüstungsgleichgewicht den Einsatz regulärer Streitkräfte unzweckmäßig erscheinen lasse, müsse man auf Guerillamethoden ausweichen.

Es war natürlich absurd, sich vorzustellen, daß Angriffe und Infiltrationen von Terroristen allein ausreichen würden, um ein so festgefügtes Gebilde wie den Staat Israel zu »zerstören«. Andererseits konnte Israel diesen Maßnahmen natürlich nicht untätig zusehen. Israel wurde immer wieder auf drastische Weise die Verwundbarkeit seiner Grenzen vor Augen geführt. Normalerweise hätte sich ein Land damit abfinden können, wenn es an seinen Grenzen hier und da zu irgendwelchen Zwischenfällen kam, Israel bestand jedoch fast vollständig aus Grenzgebieten. Wo immer jemand im Lande lebte und arbeitete, waren die drohenden Schatten feindlicher Kanonen nicht weit. Wenn Breschen in die Grenzen geschlagen werden konnten, wo und wann es der Guerilla-Führung beliebte, würde sich der ganzen Nation ein Gefühl der Unsicherheit bemächtigen. In den letzten Monaten des Jahres 1966 konnten Terroristengruppen folgende Ergebnisse erzielen: Die Eisenbahn zwischen Israels Hauptstadt Jerusalem und seiner größten Stadt Tel Aviv war für den regelmäßigen Verkehr zu unsicher geworden. Wenige hundert Meter von der Knesset entfernt waren Wohnhäuser in die Luft gesprengt worden. Verschiedene Straßen im Norden konnten nur nach vorherigem Einsatz von Minensuchgeräten benutzt werden. Ein Junge wurde in Stücke gerissen, als er nahe der libanesischen Grenze Fußball spielte. Vier Soldaten wurden in Obergaliläa und sechs weitere gegenüber den Hebron-Bergen durch Sprengkörper getötet beziehungsweise verwundet. Wenn derartige Ergebnisse bereits von ein paar Dutzend eingesickerten Guerillas erzielt werden konnten, wie mußte es dann mit der Ruhe bestellt sein, wenn Israel zuließ, daß sich der Terrorismus ausweitete und seine Tätigkeit über größere Gebiete ausdehnte? Die unerfreuliche Tatsache bestand darin, daß die syrischen Führer und die Terroristengruppen erkannt hatten, wo Israels empfindlichster Nerv lag. Kein Land in der Welt war in höherem Maße einer Form der Aggression ausgesetzt, die so wenige Risiken in sich barg und mit so wenig militärischer Tapferkeit und Tüchtigkeit ausgeführt werden konnte.

Die Israelis konnten sich an eine Zeit erinnern, da sich die öffentliche Meinung der Welt über Terrorakte noch mehr zu empören pflegte, als es später der Fall war. Der kanadische General Burns, Stabschef der UN-Waffenstillstandskommission im Mittleren Osten, hatte folgendes zu sagen:

»Meiner Meinung nach machten sich die Ägypter eines Kriegsverbrechens schuldig, als sie diese Männer, denen sie den Ehrennamen ›Fedajin‹ oder ›Kommandos‹ gaben, mit dem Auftrag in ein anderes Land entsandten, wahllos Männer, Frauen und Kinder zu töten. Es handelte sich dem Wesen nach – wenn auch nicht im selben Umfang – um die gleichen Verbrechen, derentwegen die Nazi-Führung in Nürnberg abgeurteilt worden war, um nur ein Beispiel aus der jüngsten Vergangenheit zu nennen.« (*Zwischen Arabern und Israelis*, 1963, S. 88.)

Niemand setzte in jenen Tagen Mord mit fortschrittlichem Nationalgefühl gleich.

Abgesehen von den Sabotageakten gab es noch einen weiteren Bereich der Konfrontation, in dem Syrien einen besonderen Vorteil genoß. Die auf kollektiver Basis betriebenen Bauerndörfer (Kibbuzim) in Obergaliläa und im Jordantal sind das Juwel in Israels Krone. In einem Rahmen heiterer Schönheit verkörpern sie den Pioniergeist, der der israelischen Gesellschaft so viel von ihrer Eigenständigkeit verliehen hat, sie liegen in dem Grüngürtel des gutbewässerten Tieflands. Auf den Berghängen mit Blick auf sie herab befanden sich, voller Neid und Mißgunst, die syrischen Artilleriestellungen und Befestigungen auf den Golanhöhen. Das Gebiet westlich der syrischen Grenze war in dem Waffenstillstandsabkommen von 1949 zum Teil als »entmilitarisierte Zone« bezeichnet worden. Nach israelischer Auffassung bedeutet das Wort »Entmilitarisierung« lediglich das Nichtvorhandensein bewaffneter Streitkräfte: Es sagte nicht, daß etwa auch Entwicklungsarbeiten in dem betreffenden Gebiet untersagt seien. Syrien behauptete andererseits, daß das entmilitarisierte Gebiet in seiner staatlichen Zugehörigkeit noch nicht festgelegt sei und in einer »späteren Friedensregelung« wieder unter syrische Oberhoheit zurückkehren könnte; und gerade diese Friedensregelung hielt man in Damaskus paradoxerweise für höchst unwahrscheinlich. In der Zwischenzeit bestanden die arabischen Regierungen darauf, daß das fragliche Gebiet Wüste bleiben müsse. Die Vereinten Nationen lösten diesen Widerspruch mit typischer Zweideutigkeit. Das Problem der Souveränität wurde offengelassen, damit der syrische Anspruch nicht voreilig entschieden wurde. Andererseits nahm der Sicherheitsrat 1951 und 1953 eine Entschließung im Sinne Israels an, daß sich niemand auf den entmilitarisierten Status der betreffenden Gebiete berufen dürfe, um »eine normale wirtschaftliche Entwicklung« zu verhindern. Das gesamte Problem hatte zwei Seiten, die Vereinten Nationen nahmen für beide Partei.

Ende 1966 und in den ersten Monaten des Jahres 1967 wurde die Aussicht auf eine ruhige Entwicklung an der arabisch-israelischen Grenze durch Terrorakte und syrische Feuerüberfälle auf die jüdischen Siedlungen im Norden des Landes zunichte gemacht. Am 14. Juli 1966 wurde eine syrische MIG 21 von einer israelischen Mirage abgeschossen. Am 15. August griffen syrische Flugzeuge eine havarierte israelische Motorbarkasse auf dem See Genezareth an; eine syrische MIG 17 wurde durch die Flak des Bootes abgeschossen, während eine MIG 21 von Mirage-Jagdflugzeugen zerstört wurde. Typisch für die Syrer war die Beharrlichkeit ihrer Überfälle und die dabei zutage getretene operationelle Unfähigkeit. Doch war ihre politische Logik unanfechtbar: Sie wollten jegliche Stabilisierung der Verhältnisse an der Grenze unterbinden und haben dieses Ziel zweifellos auch erreicht.

Es war klar, daß dem syrischen Druck, wenn er nicht nachlassen sollte, früher oder später Widerstand entgegengesetzt werden mußte. Am 14. Oktober beriet der Sicherheitsrat auf israelische Initiative hin die mörderischen syrischen Angriffe. Nach vielen mühseligen Wochen wurde eine Resolution entworfen, deren Kritik an Syrien so milde formuliert war, daß sie fast wie ein Lob wirkte. Sie wurde von Nationen aus fünf Kontinenten untersützt, von Argentinien, Japan, Holland, Neuseeland und Nigerien. Sie brachte ihr »Bedauern über die aus Syrien kommende Infiltration und die durch die Zwischenfälle vom Oktober und November 1966 verursachten Verluste von Menschenleben« zum Ausdruck. Die Annahme dieses Textes wäre für die Witwen und Waisen in Israel wenig trostreich gewesen. Er hätte keine Menschenleben gerettet. Er hätte höchstens einer von allen Seiten bedrängten Nation den minimalen Zuspruch gegeben, der, wie vage er auch ausgedrückt sein mag, einem aufgeklärten Zusammengehörigkeitsgefühl der Menschen entstammt. Aber nicht einmal dies wurde Israel gewährt. Die Sowjetunion machte gegen die Resolution von ihrem Vetorecht mit der Begründung Gebrauch, diese Resolution unterstelle den unversöhnlichen Militärs in Damaskus ausschließlich feindliche Absichten. Das gleiche Schicksal war im Dezember 1964 einer Resolution zuteil geworden, die ihr Bedauern über die Beschießung von Dan, Dafna und She'ar Yashuv durch syrische Artillerie zum Ausdruck brachte. Nach der offiziellen Einstellung des Sicherheitsrats galten die Israelis auf ihrem eigenen Territorium als Freiwild, ganz gleich, ob die Überfälle durch reguläre Armeen oder Guerillaeinheiten ausgeführt wurden.

Die syrische Aggression und die sowjetische Parteinahme trafen sich an einem Scheideweg, der eine gefährliche Entwicklung einzuleiten schien. Seit 1953 hatte die Sowjetunion für die arabische Sache in der Auseinandersetzung mit Israel blind Partei ergriffen. Doch von 1963 an hatte Moskau seine Einstellung verfeinert. Während es weiterhin allen arabischen Nationen in ihrem Konflikt mit Israel Hilfe gewährte, bot Moskau den »fortschrittlichen« Regierungen in Damaskus, Kairo, der Republik Jemen, Algier und Bagdad seinen besonderen Schutz an, weil diese im kalten Krieg gegen den Westen Front machten. Sie wurden von den Russen viel offenkundiger gefördert als »reaktionäre« arabische Staaten wie Saudiarabien, Jordanien, Libanon, Tunesien und Marokko. Im sowjetischen Sprachgebrauch war ein arabischer Staat dann »fortschrittlich«, wenn er alle seine Hilfsquellen der Aufrüstung zuführte, den sozialen Fortschritt vernachlässigte und den Krieg gegen Israel zum zentralen Thema seiner Politik machte. Ein »unabhängiger« Staat war derjenige, der in seiner Politik von der Sowjetunion abhängig war. Nach diesen Maßstäben war Syrien der »fortschrittlichste« und »unabhängigste« Staat, den es je im Mittleren Osten gegeben hat.

Das Zusammenspiel Moskau – Damaskus bildete den Kern von Israels Dilemma. Der aggressivste und rücksichtsloseste aller Gegner Israels operierte gegen Tel Aviv aus dem Dunkel sowjetischer Protektion. Syrien konnte infolgedessen ein heroisches Gepräge mit dem unheroischen Fehlen jeglichen Risikos verbinden.

Als aber der syrische Ministerpräsident im Oktober 1966 erklärte: »Wir werden die ganze Region in Flammen setzen«, sollten ihm die Ereignisse recht geben. Die Bedrohung israelischer Sicherheit kam nicht von einigen Einzelerscheinungen, sondern von deren Anhäufung. Maschinengewehre und Artillerie auf den Golanhöhen gaben Syrien örtlich bedingte Vorteile, während die aus dem Libanon und aus Jordanien heraus operierenden Gruppen der El Fatah Damaskus in die Lage versetzten, Israel auf breiterer Front heimzusuchen. Israel konnte nie voraussagen, an welcher Stelle seines Staatskörpers die Krankheit zum Ausbruch kommen würde. Es konnte jedenfalls so lange keine dauernde Verbesserung seiner Sicherheitslage erwarten, als Damaskus sich nicht von Grund auf änderte. Beides schien wenig wahrscheinlich zu sein. Am 13. März 1966 hatte die syrische Zeitung *»Al Ba'ath«* geschrieben:

»Die revolutionären Kräfte des arabischen Heimatlandes mit der Ba'ath an der Spitze predigen die echte arabisch-palästinensische Befreiung auf dem Boden Palästinas; und sie haben genug traditionelle Methoden. Das arabische Volk fordert den bewaffneten Kampf und die tägliche, pausenlose Konfrontation durch einen totalen Befreiungskrieg, an dem sich alle Araber beteiligen werden.«

Dies wurde zum Zentralthema der syrischen Politik im Jahre 1967, und keine arabische Regierung war bereit, dagegen aufzutreten.

Wenn »alle Araber« an dem Angriff auf Israel teilnehmen sollten, so ist die Frage berechtigt, ob sich auch »alle Israelis« zu wirkungsvollem Widerstand zusammenschließen würden. Wir müssen jetzt einige Entwicklungen innerhalb der israelischen Gesellschaft während des Jahrzehnts zwischen den Kriegen zurückverfolgen. Der größte Teil der Bevölkerung lebte während jener Jahre im Frieden, ohne das Gefühl dauernder Bedrohung. Man beschäftigte sich deshalb intensiver mit den inneren Problemen des Landes. Aber abgesehen davon waren zahlreiche Veränderungen der israelischen Gesellschaft fällig. Neue Probleme hatten sich angesammelt, und ein Teil der Einstellung, auf die sich die nationale Einheit gegründet hatte, war nicht mehr so sicher wie zuvor.

Äußerste Sparsamkeit galt nicht mehr als ideal. Die Hilfsquellen des Landes wuchsen, ebenso aber auch die Entschlossenheit, über die Verhältnisse zu leben. Die Konsumzahlen wuchsen rascher als die Produktivität; und gegen Ende des Jahrzehnts sollten die wirtschaftlichen Schwierigkeiten erhebliche Ausmaße annehmen. Mit der Rezession kam es zu einem Anwachsen der Arbeitslosigkeit. 50000 bis 100000 Arbeiter – ein beträchtlicher Prozentsatz der arbeitsfähigen Bevölkerung – waren ohne Arbeit. Die Rückwirkungen dieser Krise wurden durch zwei größere Erfolge der israelischen Außenpolitik abgemildert. Der erste war die Aufrechterhaltung des amerikanischen Hilfsprogramms, durch das Hunderte von Millionen Dollar als Kredite und Schenkungen ins Land kamen. Der andere war die wirtschaftliche Zusammenarbeit mit der Bundesrepublik Deutschland, die sich hauptsächlich auf die Investierung von 700 Millionen Dollar innerhalb von zwölf Jahren bezog, zusätzlich zu großen Summen persönlicher Wiedergutmachung. So flossen zwischen 1955 und 1968 eine Milliarde Dollar von Deutschland nach Israel. Dies führte zu einem Anwachsen der industriellen Leistungsfähigkeit und einer verbesserten Zahlungsbilanz; es kam ferner zu einer drastischen Ausweitung der Exporte. Aber während diese Statistik in den Büchern ein gutes Bild abgab, spiegelte sie nicht eine gleichmäßige Verteilung der Gewinne wider. Soziale Spaltungen bereiteten immer größere Sorge. Die Tatsache, daß Einwanderer aus östlichen Ländern wirtschaftlich zu den Minderbemittelten gehörten, verlieh den wirtschaftlichen Ungleichheiten einen beunruhigenden, völkischen Aspekt.

Die israelische Gesellschaft war jetzt vielschichtiger, uneinheitlicher und verfeinerter als je zuvor. Die in sich geschlossene Familienatmosphäre hatte sich durch Verstädterung und wirtschaftliche Vielfalt von Grund auf verändert. Israel hatte sich den Meinungen der Außenwelt geöffnet, und im Laufe der Jahre waren die alten Denkformen und Gewohnheiten verschwunden. Die jüngeren Bürger Israels waren in einer Atmosphäre staatlicher Selbständigkeit aufgewachsen, und die das Herz rührenden Sehnsüchte des Zionismus sagten ihnen wenig. Sie zeigten sich oft ungeduldig gegenüber dem, was der älteren Generation noch heilig gewesen war. Ihr Denken verlief in konkreten und pragmatischen Bahnen: Sie teilen nicht die Leidenschaft der Alten für abstrakte Ideen oder soziale Doktrinen. Der Zionismus hatte ihrer Meinung nach sein Ziel erreicht und sollte sich jetzt nur noch dem Urteil der Geschichte stellen. Das bloße Wort »Zionismus« wurde zur Zielscheibe wohlwollender Witzelei. Auch der Sozialismus mochte zwar ganz gut sein, mußte aber weitgehend abgemildert werden, um das Wachstum einer industrialisierten Volkswirtschaft zu ermöglichen, die ein größeres Maß an Freiheit des Wettbewerbs und der privaten Unternehmerinitiative verlangte. Man beurteilte eine politische Richtung nicht danach, ob sie einer bestimmten Doktrin entsprach, sondern ob sie sich in der Praxis bewährte. Die utopische Vorstellung, »ein Licht für die Völker der Welt« zu entzünden, schien anmaßend und schwer zu ertragen für junge Leute, die der Meinung waren, daß sie ohnehin bereits eine zu große Last zu tragen hatten. Viele wären mit einem bescheideneren Ehrgeiz zufrieden gewesen, um aus Israel ein geordnetes, angenehmes und anständiges Land zu machen, in dem man vernünftig leben konnte. Sogar in den Kibbuzim war das einfache Leben der Pionierzeit nicht mehr überall anzutreffen. Während der Wohlstand zunahm, zeigten Gebäude und Gärten größeren Luxus. Einige der klimatisierten Speisesäle, Kulturzentren und Cafébars hätten auch eleganten Hotels und Sommerkurorten Ehre gemacht, die übrigens ebenfalls an Zahl und Bequemlichkeit zunahmen, in der Hoffnung, Touristen aus dem Ausland anzulocken. Der Ausdruck »Espresso-Generation« wurde geprägt, um eine Jugend zu beschreiben, die zwar, wenn nötig, auch Opfer zu bringen bereit war, im übrigen aber ein Leben in relativer Bequemlichkeit führen wollte.

Zur selben Zeit forderten die neuen Einwanderer, insbesondere die aus östlichen Ländern, ihren Anteil am nationalen Erbe. Sie waren ihren rein örtlichen Aufgaben entwachsen und verlangten jetzt eine entsprechende Teilnahme am politischen Leben und der zentralen Regierungsgewalt. In den Anfangsjahren hatten die meisten Parteien Vertreter dieser Gruppen in ihre Listen aufgenommen, um Wählerstimmen zu gewinnen und der Gefahr eines politischen Separatismus zu entgehen. Aber viele dieser Vertreter waren keine Neuankömmlinge, sondern Veteranen, die seit langem in dem Establishment aufgegangen waren.

Wie in allen nur aus Einwanderern bestehenden Gesellschaften gab es auch hier Grund genug für soziale Spannungen, aber die Hauptschwierigkeiten waren psychologischer Art. Nicht alle Einwanderer zeigten Verständnis dafür, daß die Kluft zwischen ihnen und der eingesessenen Bevölkerung nicht von Israel, sondern von der geschichtlichen Entwicklung des jüdischen Volkes vor der Staatsgründung geschaffen worden war. Diese Geschichte hatte Juden in großer Anzahl in Länder auswandern lassen, in denen der wirtschaftliche und technische Rhythmus dynamisch war und in denen der Liberalismus dem Judentum wenigstens gelegentlich die Möglichkeit eröffnete, am allgemeinen Fortschritt des Denkens und des materiellen Wohlstandes teilzuhaben. Andere hatten jahrhundertelang in Ländern gelebt, in denen die Ergebnisse der industriellen und wissenschaftlichen Revolution weder für die Juden noch für irgend jemand anderen spürbar waren. Infolgedessen zeigten die nach Israel eingewanderten Juden deutliche Unterschiede im Lebensstandard und in ihren Fähigkeiten. Israel war stets darauf bedacht, diese Kluft zu überbrücken, nicht sie zu vertiefen. Da aber der Unterschied im Bildungsniveau das eigentliche Problem darstellte, lag es auf der Hand, daß sich eine Lösung erst aufgrund organischer Entwicklung würde finden lassen. In der Zwischenzeit blieb die Kluft bestehen. Die politischen und auf dem

Erziehungswesen tätigen Führer der Nation spürten eine gewisse Genugtuung bei dem Gedanken, daß diese Unterschiede allmählich geringer wurden. Die Einwanderer sahen nur, daß sie immer noch bestanden. Einige von ihnen schrieben diese Ungleichheiten nicht den aus einer langen Geschichte entstandenen objektiven Bedingungen, sondern Vetternwirtschaft, Vorurteilen oder Snobismus zu. Als Urteil über die israelische Politik war diese Einstellung lächerlich. Die Errichtung von Entwicklungsstädten, das gewaltige Wohnungsbauprogramm, das die Einwanderer vom Schiff unmittelbar in eine Unterkunft brachte, und vor allem die besonderen Bildungsprogramme und Institutionen, die darauf angelegt waren, den Kindern eine über ihrem bisherigen Niveau liegende Erziehung zuteil werden zu lassen – dies alles zeigte die Dringlichkeit, mit der man dem Problem der sozialen Integration zu Leibe rückte. Man tat dies ganz bewußt. Anfang der sechziger Jahre beschäftigten sich Ben Gurion sowie seine Minister für Finanzen, Erziehung und Wohnungsbau mit kaum etwas anderem. Das Problem bildete lange Zeit hindurch die Schlagzeilen der nationalen Presse. Dies hieß jedoch nicht, daß es nicht auch ein gewisses emotionales Unbehagen gegeben hätte. Soziale Schranken existierten weiter. Die Ashkenazi- und Sephardi-Juden belegten sich gegenseitig mit geringschätzigen Ausdrücken, die bestenfalls wohlgemeint, schlimmstenfalls jedoch Ausdruck der Verachtung sein sollten. Der europäische Ursprung der jüdischen Gesellschaft vor der Staatsgründung hatte den Stil geprägt, und es waren vor allem die Nichteuropäer, die sich anpassen mußten. Die Bildungspläne hatten zum Beispiel eine größere Betonung auf die Werke der osteuropäischen jüdischen Autoren als auf die der Juden in mohammedanischen Ländern gelegt. Es wurde gelegentlich vergessen, daß Abraham ein irakischer Jude und Moses ein ägyptischer Jude gewesen war. Die Stufenleiter jüdischer Wertmaßstäbe und Erinnerungen hatten sich im Laufe der Generationen in westlicher Richtung verlagert. Der Kibbuz, der noch immer die Legitimität israelischer Werte bestimmte, war im wesentlichen die Schöpfung europäischer Juden und spielte bei der Aufnahme zahlloser Einwanderer aus nichteuropäischen Ländern nie eine größere Rolle.

Glücklicherweise waren viele Einflüsse am Werk, die einer sozialen Integration den Weg bereiteten. Die Armee bot den Neuankömmlingen Gelegenheit, eine engere Verbindung zu anderen Israelis herzustellen. Sie verlieh außerdem ein Gefühl für Würde und Berufung sowie das Empfinden der Zusammengehörigkeit, der gemeinsamen Sprache und zahlreiche Möglichkeiten des Fortkommens. Das Schulsystem ermöglichte es mit Hilfe großzügiger Stipendien, einem größeren Teil des orientalischen Judentums eine höhere Schulbildung zukommen zu lassen. Es gibt in Israel keine tiefverwurzelte Plutokratie und natürlich keine Tradition erblichen

Adels; deshalb ist das Bildungsniveau der Ausgangspunkt für den sozialen Aufstieg.
Ein weiterer einigender Faktor war das gemeinsame Erbe, dem sich alle Juden über die wechselvollen Schicksale des Exils hinaus verpflichtet fühlten. Das Erziehungssystem konzentrierte sich auf die Verbreitung eines jüdischen Bewußtseins. Und vom zehnten Jahrestag im Jahre 1958 an wurde der Youth Bible Contest zu einem echten Anliegen des Volkes. Bibelgruppen und -gesellschaften entstanden in allen Städten und Dörfern, und die lange Frömmigkeitstradition der orientalischen Juden führte sie auf ein anspruchsvolles Niveau.
Die Israelis sind einhellig der Auffassung, daß die Wiedergeburt ihrer Nation ohne das Weiterbestehen religiöser Erinnerungen und Gebräuche nicht möglich gewesen wäre. Sogar die am weltlichsten orientierten Nationalisten erkennen die Beharrlichkeit an, mit der die Flamme, trotz aller Versuche, sie auszulöschen, lebendig erhalten wurde. Soweit wirkte das religiöse Erbe als verbindende Kraft. Aber die Anwendung religiöser Grundsätze, die Formen und Institutionen, in denen sie zum Ausdruck kamen, und die Frage, wieweit der Staat ihre Beachtung erzwingen dürfe – all dies blieb Gegenstand heftiger Auseinandersetzungen.
Die religiöse Kontroverse war im Jahrzehnt zwischen den Kriegen im ganzen Lande zu beobachten. Die orthodoxen Juden befanden sich in der Minderheit, doch Zusammenhalt und Glaubenseifer verliehen ihnen eine starke taktische Position. Nur wenige Regierungen oder städtische Verwaltungen konnten ihre Führungsspitze ohne sie bilden. Sie versuchten natürlich mit allen Mitteln, der Öffentlichkeit ihre geistlichen Gesetze aufzuzwingen. Zur gleichen Zeit kamen in der jüngeren Generation mehr pragmatische und naturwissenschaftliche Ideen auf. Religiöse Debatten führten zu hitzigen Auseinandersetzungen, die sich sogar in Straßendemonstrationen äußerten. Die öffentliche Einhaltung des Sabbats, Verkehrsruhe am Sabbat (besonders in Jerusalem), das Recht, unkoscheres Fleisch zu verkaufen, der Status religiöser Schulen und die Zulässigkeit des gemeinschaftlichen Badens (besonders in Jerusalem) wurden mit einer Heftigkeit diskutiert, die viele ausländische Beobachter überraschte. In Jerusalem wurden die Diskussionen zwischen den Orthodoxen und den weltlich Orientierten durch eine fanatische, ultraorthodoxe Gruppe polarisiert; diese, die Neturei Karta, glaubte, der Staat Israel sei in der Erbsünde empfangen und geboren worden. Er habe die göttliche Offenbarung dadurch vorweggenommen, daß er durch menschlichen Entschluß ins Leben gerufen worden sei, ohne das Erscheinen des Messias abzuwarten. Die Neturei Karta behandelte den Staat als eine verhaßte Besatzungsmacht und betete für die Wiedererrichtung Zions, das »unglücklicherweise« bereits wieder errichtet worden sei. Sie ignorierten das ungeheure Gewicht

der biblischen und priesterlichen Autorität, wie sie sich bei der Eingliederung der Einwanderer und bei der Erneuerung der jüdischen Freiheit gezeigt hatte. Zuweilen spielten die religiösen Debatten bis auf das politische Gebiet hinüber. Die Parlamentskrise der Jahre 1958 und 1959 drehte sich um die Frage: »Wer ist Jude?« Die Auseinandersetzung entstand aus ganz prosaischen Problemen der Registrierung. Die Frage lautete, ob ein Jude – wie der Innenminister sagte – als eine Person definiert werden solle, die sich zum jüdischen Bewußtsein bekenne, oder ob die Bedingungen strenger angesetzt werden müßten – zum Beispiel durch die Tatsache, daß er eine jüdische Mutter haben müsse. Es ist interessant, sich daran zu erinnern, daß Ministerpräsident Ben Gurion damals jüdische Gelehrte in aller Welt zu Rate zog, von denen sich die Mehrheit zugunsten der traditionellen Definition aussprach. Man fand eine Formel, die Tradition triumphierte, und die Krise war gelöst. Kein anderes Volk auf der Welt hat sich so unablässig gefragt, was für ein Volk es eigentlich sei und auf welche Weise seine Identität definiert werden sollte.

Tatsache ist, daß Mitte der sechziger Jahre der innere Zusammenhalt in Israel schlechter war als im ersten Jahrzehnt seines Bestehens. Wenn es um Leben und Tod ging, standen die Israelis eng geschlossen beieinander, aber in weniger extremen Auseinandersetzungen wurden sie sich all dessen bewußt, was sie trennte. Das Wort »Kluft« spielte in Israels ständiger Selbsterforschung eine immer bedeutendere Rolle. Da gab es die Kluft zwischen der neuen Mittelklasse in den Städten und der alten, ländlichen Elite, die sich auf die Kibbuz-Bewegung gründete. Da war die Kluft zwischen diesen beiden und dem um seine Existenz ringenden entwurzelten Proletariat in den städtischen Elendsvierteln. Da war die Kluft zwischen der in Europa erzogenen Bevölkerung mit ihrer in Israel geborenen Nachkommenschaft und den Einwanderern aus dem Orient mit all ihren besonderen Formen der Frömmigkeit, Loyalität und Familientradition. Es bestand auch ein Generationsproblem: Die in der Sonne und unter offenem Himmel geborene junge israelische Generation dachte in einfacheren, weniger selbstquälerischen, dafür aber oberflächlicheren Kategorien als die Angehörigen der Pioniergeneration. Es gab außerdem eine Kluft, die zur Entfremdung zwischen den jungen, praktisch veranlagten Israelis und den sentimentaleren, innerlich komplizierteren, in sich gekehrten, aber schöpferischen Juden der Diaspora bestand.
Und doch gab es gemeinsame Erinnerungen, die den Israelis oft ins Gedächtnis zurückriefen, daß die Geschichte mit dem jüdischen Volk als Ganzem auf eine besondere Art und Weise verfahren war, so daß das jüdische Schicksal letzten Endes unteilbar geworden war. Ein solcher einigender Augenblick der Wahrheit kam mit der Verhaftung und dem Pro-

zeß Adolf Eichmanns, der 1944 von Hitler zum Leiter der Abteilung ernannt worden war, der die Ausrottung der Juden in Europa oblag. Eichmann hatte seine Aufgabe mit einer fürchterlichen Akkuratesse gelöst. Nach der Niederlage Deutschlands im Jahre 1945 hatte er sich fünf Jahre lang verbergen können und war 1950 nach Argentinien entkommen, wo er unter dem Namen Ricardo Klement lebte. Freiwillige israelischer und anderer jüdischer Organisationen hatten die Suche nach ihm fortgeführt. Der Gedanke, daß der Mörder von Millionen von Männern, Frauen und Kindern ungestraft und in Frieden auf dieser Welt leben sollte, ließ das jüdische Gewissen nicht zur Ruhe kommen. Ben Gurion stellte das ganze Gewicht seiner Persönlichkeit hinter die weltweiten Anstrengungen, Eichmann ausfindig zu machen, und die israelischen Nachrichtendienste spielten bei seiner Entdeckung und Gefangennahme eine entscheidende Rolle. An einem Maitage des Jahres 1960, als »Ricardo Klement« zu Fuß von einer Fabrik, in der er in Buenos Aires arbeitete, nach Hause ging, wurde er von Israelis festgenommen und in einem Flugzeug nach Israel gebracht. Es gab Komplikationen in Israels Beziehungen zu Argentinien, das die Abberufung des israelischen Botschafters forderte und eine Klage beim Sicherheitsrat der UNO einreichte. Aber die formalen Verfahrensmängel der Festnahme schienen fast allenthalben in der Welt unbedeutend gegenüber dem größeren Drama der Vergangenheit. Hier handelte es sich um einen Kriminellen, den Mörder zahlloser Juden, der in der Heimat des jüdischen Volkes vor Gericht gestellt werden sollte. Ein freies Israel konnte dem jüdischen Volk, das so viel zu erdulden gehabt hatte, zur Wiederherstellung seiner Ehre verhelfen.
Die Gerichtsverhandlung war beispielhaft in ihrer Würde und rechtlichen Präzision. Der aus drei Richtern bestehende Gerichtshof unter dem Vorsitz von Moshe Landau hörte Hunderte von Zeugen, deren Aussagen so makaber und schrecklich klangen, daß die ganze Nation abermals in Entsetzen aufgewühlt wurde. Der israelische Generalstaatsanwalt Gideon Hausner erhob Anklage im Namen von sechs Millionen Klägern, »deren Blut zum Himmel schreit, aber deren Stimme verstummt ist«.
Die Todesstrafe wurde ausgesprochen und vom Berufungsgericht bestätigt, und zum ersten Mal in Israels Geschichte machte der Präsident von seinem Begnadigungsrecht keinen Gebrauch. Aber von viel größerer Bedeutung als die einem einzigen Ungeheuer widerfahrene Gerechtigkeit war der Effekt des Verfahrens auf die Weltmeinung und auf die jüngere Generation in Israel. Tag für Tag enthüllte sich in schaurigen Einzelheiten das Geheimnis der unendlichen Erniedrigung des Menschens – zusammen mit der Verzweiflung des jüdischen Widerstandes. Ein grelles Licht wurde auf die Rolle des jüdischen Volkes als des erbärmlichsten Opfers in der Geschichte der Menschheit geworfen. So erhellte sich eine der

Hauptquellen für Israels Kampf um Freiheit und Sicherheit. Man konnte förmlich spüren, wie eine Schamröte die Menschen der Welt überzog. Die Verhandlung gegen Eichmann war über die Ebene bloßer Vergeltung, Rache und sogar formaler Justiz hinausgewachsen.

Es war offenkundig und unausweichlich, daß der neue Pluralismus der jüdischen Gesellschaft im politischen Leben der Nation seinen Ausdruck finden sollte. Da waren außerdem normale biologische Einflüsse am Werk. Ben Gurions vorübergehender Rücktritt im Jahre 1954 hatte Israel klargemacht, daß sein Führungskonzept nicht in alle Ewigkeit fortbestehen konnte. Vor den Wahlen des Jahres 1959 entstand innerhalb der Mapai-Partei das Problem seiner Nachfolge. Ben Gurion wollte das Führungsgremium der Partei durch einige Leute ergänzen, die sich außerhalb der Partei im Militärdienst und im diplomatischen und Regierungsapparat besondere Verdienste erworben hatten. Die Leiter nach oben hatte bisher aus einigen klar abgegrenzten Sprossen bestanden, die von den lokalen Parteiorganisationen bis zur berufsmäßigen Arbeit in den Gremien der Partei oder der Histadrut hinaufführten. Man fürchtete, daß Ben Gurions Schritt die normale Aufstiegsroutine stören würde. Man war außerdem besorgt, daß er seine Loyalität von den Freunden seiner eigenen Generation auf Männer übertragen könnte, die drei Jahrzehnte jünger waren als er selbst. Doch schließlich wurden diese Spannungen ausgeglichen, und die Mapai trat 1959 mit einem Team vor die Wählerschaft, in dem Tradition und Neuerung sich etwa die Waage hielten. Sie wurde durch einen überwältigenden Sieg belohnt, der ihr neunundvierzig Sitze verschaffte. Dies war mehr, als die Mapai je erreicht hatte, genügte jedoch nicht, um die Annahme der von der Partei ausgearbeiteten Änderung des Wahlsystems durchzusetzen. Das Votum der Wähler brachte Ben Gurion für sein nationales Prestige und seine internationale Berühmtheit den absoluten Höhepunkt, und er war anschließend in der Lage, sein Amt als Ministerpräsident mit eindrucksvoller Autorität auszuüben. Man schien guten Grund zu der Annahme zu haben, daß Israel für seine innere Entwicklung eine Zeit relativer Stabilität bevorstand. Aber diese Hoffnung wurde zunichte gemacht durch die Lavon-Affäre oder, genauer gesagt, durch die Vehemenz, mit der Ben Gurion auf sie reagierte.

Wenn man den Blick über die Zeit des Sechs-Tage-Krieges zurückwendet, scheint es fast unglaubhaft, daß wir uns durch Angelegenheiten, die uns vor 1967 in Atem hielten, zu einem solch leidenschaftlichen Ausbruch haben hinreißen lassen. Lediglich das Fehlen einer Herausforderung durch die Außenwelt kann die Intensität erklären, mit der man in Israel die Lavon-Affäre diskutierte. Sie kam im Herbst 1960 zum Ausbruch, aber ihre Wurzeln reichen bis in das Jahr 1954 zurück, als Pinchas Lavon Verteidigungsminister im Kabinett Sharett war.

Zentrales Ereignis war die sogenannte »Sicherheitspanne«. Im Jahre 1951 wurde in Ägypten eine aus jungen ägyptischen Juden bestehende Nachrichteneinheit aufgestellt. Bis 1954 hatte Nasser seine Stellung gefestigt und war in die Endphase seiner Vertragsverhandlungen mit Großbritannien eingetreten. Dieser Vertrag sah den Rückzug aller britischen Truppen aus der Kanalzone vor. In Israel hegte man erhebliche Befürchtungen hinsichtlich der strategischen Auswirkungen des britischen Abzugs, auch fürchtete man, Nasser könnten große Mengen militärischer Ausrüstung in die Hände fallen. Die Anwesenheit britischer Militäreinheiten in der Kanalzone hatte als Puffer zwischen den Streitkräften Ägyptens und Israels gedient; jetzt würden sich diese unmittelbar gegenüberstehen. Das anglo-ägyptische Abkommen wurde in Israel als eine Verschiebung des Kräftegleichgewichts angesehen. Die israelische Regierung traf zwar keinerlei spezielle Entscheidung, doch wurden im Juli 1954, nach Explosionen in Kairo und Alexandria, elf Juden verhaftet. Man nahm an, daß die Nachrichteneinheit Operationen durchgeführt und dabei Pech gehabt hatte. In Israel wurde die Frage laut, wer die Anweisungen dazu erteilt hatte. Weder der Ministerpräsident noch das Kabinett waren vorher informiert oder konsultiert worden. In dem Bemühen festzustellen, wer die Anweisungen für die »Sicherheitspanne« gegeben hatte, ernannte Ministerpräsident Sharett im Oktober 1954 den sogenannten »Ausschuß der Zwei«.

Inzwischen hatte am 26. Oktober 1954 die Moslem-Bruderschaft einen Anschlag auf das Leben Nassers verübt. Es kam zu Massenverhaftungen und Gerichtsverfahren, denen die Hinrichtung einiger Führer der Moslem-Bruderschaft folgte. Um diese Behandlung der Moslem-Bruderschaft bis zu einem gewissen Grade wieder auszugleichen, ordnete Nasser die gerichtliche Verfolgung der an den Ereignissen des 15. Juli beteiligten elf Juden an. Der Prozeß begann am 4. Dezember 1954. Der »Ausschuß der Zwei« schloß in Israel seine Ermittlungen mit der Erklärung ab, daß »er nicht ohne jeden Zweifel davon überzeugt sei, daß Lavon die Durchführung der Operation nicht genehmigt habe«. So lag ein Schatten auf der Rolle Lavons als Verteidigungsminister, insbesondere deshalb, weil er jegliche Genehmigung der Operation kategorisch zurückgewiesen hatte. Am 27. Januar 1955 waren die Prozesse in Kairo zu Ende. Zwei Angeklagte wurden zum Tode verurteilt und am 31. Januar hingerichtet. Die übrigen Angeklagten erhielten langjährige Gefängnisstrafen. Am 2. Februar reichte Lavon seinen Rücktritt bei Ministerpräsident Sharett ein. Ganz abgesehen von der »Affäre« und der »Sicherheitspanne« war es sowieso zu Spannungen zwischen der Armee und dem Minister gekommen;

die Moral in den Streitkräften war in Mitleidenschaft gezogen. Mit Unterstützung der Mapai-Führung entschloß sich Sharett, Ben Gurion als Verteidigungsminister wieder in das Kabinett zu berufen. Lavons Laufbahn schien beendet zu sein. Aber seine Dynamik und hohe Begabung führten ihn innerhalb eines Jahres zur Stellung des Generalsekretärs der Histadrut. Im israelischen Staatsgefüge kommt dieser Posten dem eines Kabinettsministers gleich. Die »Affäre« schien vergessen zu sein.
Es sollte aber anders kommen. Im Jahre 1959 wurde ein israelischer Offizier, der die als »Sicherheitspanne« bekannte Operation geleitet hatte und dem es gelungen war, aus Ägypten zu entkommen, in Israel wegen eines Vergehens, das mit der »Sicherheitspanne« nichts zu tun hatte, vor Gericht gestellt und zu einer langjährigen Gefängnisstrafe verurteilt. Während seines Prozesses kamen einige Einzelheiten, die mit der »Sicherheitspanne« zusammenhingen, ans Licht. Lavon war der Auffassung, daß er jetzt neue Beweise in Händen habe, die das Fragezeichen hinter der Erklärung des »Ausschusses der Zwei« beseitigen könnten. Am 26. September 1960 ersuchte er den Premierminister um eine Erklärung, die ihm die Last der Verantwortung abnahm. Aber Ben Gurion weigerte sich, ein derartiges Urteil abzugeben, und wies darauf hin, daß er keinerlei richterliche Funktion besitze und die Akten der »Affäre« noch nicht einmal studiert habe. Daraufhin brachte Lavon den Fall vor den Ausschuß für Sicherheits- und außenpolitische Fragen der Knesset. Der größte Teil der Presse unterstützte Lavon und behauptete, er sei zu Unrecht angeklagt worden, und ließ durchblicken, Lavon sei sogar das Opfer einer gegen ihn angezettelten »Verschwörung« geworden. Ben Gurions Reaktion war logisch: Der einzige Weg, die Tatsachen klarzustellen, sei der einer formellen richterlichen Untersuchung. Die Mehrheit seines Kabinetts dachte, daß die Angelegenheit durch einen Kabinettsausschuß, dem auch der Justizminister angehören sollte, untersucht werden müsse. Dieser aus sieben Ministern bestehende Ausschuß legte dem Kabinett am 25. Dezember 1965 seine Untersuchungsergebnisse vor. Dieser Bericht entlastete Lavon offiziell von jeglicher Verantwortlichkeit für die »Sicherheitspanne«, und der Urteilsspruch wurde vom Kabinett bei drei Stimmenthaltungen angenommen; Ben Gurion nahm an der Abstimmung nicht teil. Er konnte sich mit diesem Ergebnis nicht abfinden.
Ende Januar 1961 trat er zurück, führte aber die Regierungsgeschäfte zunächst weiter. Da er sich von seinem eigenen Kabinett im Stich gelassen fühlte, wandte er sich an die Partei. Am 4. Februar 1961 wurde Lavon durch die Parteiführung bei einem Stimmenverhältnis von 159 zu 96 als Generalsekretär der Histadrut entlassen. Kurz darauf zog Ben Gurion sein Rücktrittsgesuch zurück. Man war allgemein der Meinung, daß ursprünglich gar nicht die Absicht bestanden hatte, Lavon aus seiner füh-

renden Stellung innerhalb der Partei zu entfernen, doch habe die Abstimmung hauptsächlich deshalb stattgefunden, um zu verhindern, daß Ben Gurion den Parteivorsitz niederlege.

Äußerlich betrachtet handelte es sich um eine Auseinandersetzung über einen vor sechs Jahren begangenen Fehler in der Durchführung einer nachrichtendienstlichen Operation, über deren Hintergründe wahrscheinlich nie volle Klarheit geschaffen werden konnte. Sogar dokumentarische Unterlagen, die bei derartigen Operationen sowieso dürftig zu sein pflegen, gerieten in den Verdacht, gefälscht worden zu sein. Im israelischen Justizwesen bestand teilweise eine gewisse Skepsis, ob ein Untersuchungsausschuß unter Leitung eines Richters sich so grundlegend von einem Kabinettsausschuß unter dem Vorsitz des Justizministers selber unterscheide, um eine derartige Spannung zu rechtfertigen. Diesen Diskussionen lagen jedoch letzten Endes Probleme zugrunde, die die öffentliche Meinung noch lange in Atem halten sollten. Ben Gurions Grundsatz lautete, daß ein politisches Gremium wie beispielsweise ein Kabinettsausschuß gar nicht in der Lage sei, irgendeine Person zu entlasten, da dies Aufgabe der Justiz sei. Der demokratische Staatsaufbau Israels sei dadurch verletzt worden. Außerdem argumentierte Ben Gurion, daß die Entlastung Lavons zur Folge haben müsse, daß der ihm unterstellte Offizier praktisch unter Anklage gestellt und verurteilt werden müsse, weil er einen schicksalsschweren Befehl ohne Genehmigung von oben erteilt habe. Jemanden ohne richterliche Autorität, lediglich aus politischen Gründen, zu verurteilen, sei noch viel schlimmer, als jemanden aus eben diesen Gründen zu entlasten. Ben Gurion stellte infolgedessen die Aktion des Kabinettsausschusses als eine schwerwiegende Korrumpierung des demokratischen Prozeses und der richterlichen Integrität dar. Er behandelte dieses Thema in zahlreichen Schriften mit unvorstellbarer Heftigkeit. Er äußerte sich außerdem abfällig über den Ausschuß der Sieben, besonders über seinen Finanzminister Levi Eschkol und den Justizminister Pinchas Rosen. Ben Gurions Kritiker konnten ihm wesentlich differenziertere Vorwürfe machen: Er übertreibe die Bedeutung eines formalistischen Problems, über das man verschiedener Meinung sein könne, und hindere die Nation unter Mißachtung ihrer eigentlichen Interessen daran, sich ihren lebenswichtigen Aufgaben zu widmen. Dadurch, daß er die Parteiführung vor die Wahl stellte, entweder Lavon zu entlassen oder selbst den Parteivorsitz niederzulegen, habe er die Partei gezwungen, gegen ihr besseres Wissen und Gewissen zu handeln; denn im Grunde genommen sei es wahrscheinlich der Wunsch der Partei gewesen, daß sowohl Lavon als auch Ben Gurion ihre Ämter beibehielten. Führende Persönlichkeiten des akademischen Lebens schalteten sich in die Auseinandersetzung mit der Behauptung ein, Ben Gurions Führungsstil zeige charismatische und autoritäre Züge. Sie warfen die Frage auf, ob sich ein Führer den kollektiven Beschlüssen von Regierung, Parlament und Partei widersetzen dürfe (denn die Knesset bestätige die Entlastung Lavons durch den »Ausschuß der Sieben«). Ben Gurion sah sich nach vielen Jahren allgemeiner Bewunderung plötzlich im Widerspruch zur öffentlichen Meinung. So gingen die Auseinandersetzungen weiter. Für den Historiker dieses Zeitabschnitts liegt die eigentliche Bedeutung der »Lavon-Affäre« darin, daß sie Ben Gurions Abgang von der politischen Bühne beschleunigt hat. Es gab noch andere Meinungsverschiedenheiten zwischen ihm und seiner Partei, aber es war hauptsächlich die Kontroverse über seine Behandlung der »Affäre«, die ihn veranlaßte, den Blick von den zentralen Problemen der Nation abzuwenden und düster über Dinge nachzugrübeln, die für die meisten Israelis schon längst an Interesse verloren hatten. Nach den Wahlen von 1961, als die Mapai zwar an der Macht blieb, aber sieben Parlamentssitze verloren hatte, war die Bevölkerung fest entschlossen, die ganze Angelegenheit ad acta zu legen. In der Öffentlichkeit bestand der Eindruck, daß Israel, wenn es weiter über die »Affäre« diskutiere, sein klares Urteilsvermögen einbüße, denn der Fall nagte wie ein Fluch mittelalterlichen Dämonenglaubens an Herz und Gliedern der Nation.

Ben Gurion überstand diesen Sturm und auch andere, aber er hatte sich jetzt von vielen seiner Altersgenossen entfremdet, er stand vielen parlamentarischen Konflikten gleichgültig gegenüber, er fühlte sich durch die allgemeine Ablehnung seiner Haltung in der »Affäre« verletzt und hegte düstere Vorahnungen für die Zukunft. Als Ägypten, Syrien und Irak im April 1963 wieder einmal eine ihrer nur auf dem Papier existierenden »Föderationen« bekanntgaben und dabei die üblichen finsteren Drohungen gegen Israel ausstießen, reagierte Ben Gurion in einer Weltuntergangsstimmung, die sich deutlich von der sonst an ihm gewohnten Selbstsicherheit unterschied. Er sandte Briefe an über hundert Staatsoberhäupter und äußerte in einigen Fällen sogar Zweifel an Israels Fähigkeit, sich in Zukunft noch behaupten zu können. An einem Vormittag des Juni 1963 eröffnete er eine Kabinettssitzung mit der beiläufigen Bemerkung, er werde unmittelbar nach der Sitzung zurücktreten. Eine Ära großangelegter und schwungvoller Führung war zu Ende gegangen.

J. L. Talmon, ein führender israelischer Historiker, hat geschrieben:

»Die großartige Reihe hervorragender und prachtvoller Persönlichkeiten, die der Zionismus hervorgebracht hat, wird den Vergleich mit den besten und fähigsten Führern unter den Völkern aushalten: Herzl mit Mazzini, Weizmann mit Cavour oder Masaryk, Ben Gurion mit Bismarck oder Pilsudski, Jabotinsky mit Nehru …« (*Israel Among the Nations*, 1970, S. 133.)

Diese Vergleiche sind vielleicht nicht alle gleich gut, aber der Absatz läßt ein sicheres Gefühl für Dimensionen erkennen. Ben Gurion übte einen bedeutenderen Einfluß auf die Gründerjahre seines Volkes aus als die beiden europäischen Staatsmänner, mit denen er verglichen wird. Er nahm im Selbstverständnis der Nation einen entscheidenderen Platz ein, als es allein durch das Amt des Ministerpräsidenten gerechtfertigt schien. Seine gedrungene Gestalt, die buschigen Augenbrauen, die weiße Haarmähne, die abgehackte Redeweise und vor allem seine raschen, fast ruckartigen Bewegungen vermittelten den Eindruck von Klarheit und Zielstrebigkeit. Er besaß die Gabe, den nationalen Willen zu beflügeln. Er hielt die Bevölkerung ständig in Atem, wenn es um die Ziele ging, die er für überaus wichtig hielt. Er besaß eine weiträumige, in ihren Grundzügen jedoch völlig einfache Vorstellung von Israels Bestimmung. Er sah im modernen Israel den Nachfahren des alten Israel der Propheten, einen Verkünder des messianischen Traumes in aller Welt. Durch Entfaltung seiner geistigen und moralischen Fähigkeiten konnte Israel von neuem eine Nation von besonderer Lebenskraft werden, die sich trotz ihrer Kleinheit in das Geschichtsbild der Menschheit einprägen und ihre äußere Sicherheit auch gegen große materielle Nachteile behaupten könne. Ben Gurion war eine universelle Persönlichkeit, die das ganze Leben Israels durchdrang. Er konnte etwas Verbindliches aussagen über Bibelforschung, über die Naturwissenschaften, die Geschichte, Erziehung, Religion und natürlich auch über militärische Strategie und Organisation. Sein Intellekt war stets hellwach, wenn auch nicht diszipliniert im eigentlichen Sinne. Er war immer aufnahmebereit für neue Interessen und Probleme, die ihn begeistern konnten. Er versuchte immer wieder, sein Urteil abzuklären, um Spitzfindigkeiten oder Zweideutigkeiten auszuschalten. Seiner Auffassung nach ließ sich so lange kein Friede mit den Arabern erreichen, als Israel nicht über eine unüberwindliche Stärke verfügte. Er schloß dieses Problem deshalb aus der Praxis seiner Tagesarbeit aus und erweckte damit den Eindruck, er sei unversöhnlich. Dieser Eindruck war unrichtig.
Seine Außenpolitik war, wenn man von gelegentlichen Zornesausbrüchen absieht, gemäßigt. Sein ungeheures innenpolitisches Prestige verlieh ihm ein so großes Maß an Entscheidungsfreiheit, daß er es sich zuweilen leisten konnte, unhaltbare Positionen aufzugeben. In seinen Definitionen war er manchmal kategorischer, als es den Tatsachen zu entsprechen schien. Er behauptete zum Beispiel, die Vereinten Nationen hätten keine positive Rolle bei der Errichtung Israels gespielt. Eine genauere Analyse ergibt, daß diese Behauptung keineswegs zutrifft; die Vereinten Nationen waren für Israel in manchen Krisenlagen (wie zum Beispiel 1947–1949) außerordentlich wichtig, bei anderen Gelegenheiten wieder völlig unbedeutend. Ähnlich war Ben Gurions Erklärung über die

Autarkie (»Worauf es ankommt, ist nicht, was die Nationen der Welt [*Gojim*] sagen, sondern was die Juden tun.«) wahrscheinlich überspitzter ausgefallen, als er beabsichtigt hatte. Er wußte zutiefst, daß Israel mehr auf Hilfe von außen angewiesen – und in der Beschaffung dieser Hilfe auch erfolgreicher war, als jeder andere Staat, der vor vergleichbaren Problemen stand. Aber er wollte der Lehrmeister seines Volkes sein. Er versuchte, den Israelis klarzumachen, wie dringend nötig Autarkie und selbständige Entschlußfassung waren. Er neigte dazu, einen bestimmten Aspekt des jeweiligen Problems wie mit einem Scheinwerfer anzustrahlen, auch wenn dadurch die übrigen Bereiche in Dunkelheit versanken. Die von ihm hell beleuchteten Probleme waren gewöhnlich die richtigen: militärische Stärke, Masseneinwanderung, soziale Integration, Fortschritte auf dem Bildungssektor. Ben Gurion hatte auf dem Gebiet der innenpolitischen Auseinandersetzungen eine weniger glückliche Hand. Er kannte durchaus die Schalthebel der Macht, doch die Pflege persönlicher Beziehungen war nicht seine Stärke. Er war einsam, in sich gekehrt, uninteressiert an Äußerlichkeiten und immer voller Ungeduld, wenn bloße Konversation gemacht wurde. Dummköpfe hatten es in seiner Umgebung nicht leicht. Dazu bestand auch kein Grund; schließlich sind diejenigen, die mit Narren gut auskommen, meistens selber Narren. Aber letzten Endes hatte sich Ben Gurion selbst in eine Position hineinmanövriert, wo ihm nur die unkritischsten seiner Anhänger noch zu folgen bereit waren. Die Öffentlichkeit konnte sein ständiges »Herumreiten« auf der »Affäre« einfach nicht mehr begreifen. Die israelische Gesellschaft befand sich im Übergang vom reinen Schwarzweiß-Denken zu verfeinerten Formen und fand Ben Gurions patriarchisches Verhalten zu eng und zu autoritär. Sie bewunderte seine Führungseigenschaften, sehnte sich aber insgeheim nach dem Augenblick, da sie frischere Luft würde atmen können. Seine Attacken auf Eschkol wurden von vielen Israelis jener menschlichen Schwäche zugeschrieben, die viele starke Männer in ihrem Verhältnis zu Nachfolgern befällt. Ben Gurion hatte einen Punkt erreicht, wo er sich im Unterbewußtsein selbst mit Israels Wiedergeburt identifizierte und nicht einsehen wollte, daß die Geschichte der Nation eines Tages auch ohne ihn weitergehen würde. Seine letzten Monate im Amt und die ersten zwei Jahre im Privatleben waren unglücklich und voll innerer Zerrissenheit, aber noch in späteren Jahren lebte er als eine glänzende Führerpersönlichkeit in der Erinnerung seines dankbaren Volkes fort. Er war ein Führer von gewaltigen Dimensionen und bereicherte Israels Anfangsjahre mit Originalität und Lebenskraft.

Levi Eschkol, der ein Jahrzehnt lang Finanzminister gewesen war, trat mit einem Anflug von Selbstsicherheit in seine Fußstapfen. Die Wahl war einhellig auf ihn gefallen. Auch Ben Gurion hatte für ihn gestimmt, da er ihm lieber war als Moshe Sharett, der im Jahre 1963 vorübergehend das Amt des Ministerpräsidenten bekleidet hatte. Er war Ben Gurions getreuer Gefolgsmann und Schüler, der seinem Meister viele Lasten von den Schultern genommen hatte, einschließlich der unangenehmen Aufgabe, die »Lavon-Affäre« zu bereinigen. In Auftreten und Methodik unterschied er sich so stark von seinem Vorgänger, daß er nicht Gefahr lief, als bloßer Nachahmer zu gelten. Eschkol war hoch in die Sechzig, als er sein Amt übernahm, und sein Platz in der Geschichte Israels wird nicht durch kühne Strategie und außenpolitische Erfolge bestimmt, sondern durch den Staub und die sengende Hitze ländlicher Pionierarbeit und wirtschaftlichen Aufbaus. Er war der erste echte *Kibbuznik*, der das höchste Amt übernahm, und er konnte sich stets auf die brüderliche Unterstützung der Bauernschaft und der Arbeiterbewegung verlassen. Er besaß kein Sendungsbewußtsein. Er suchte nicht zu dominieren, sondern zu überzeugen. Er konnte mit Recht das Gefühl haben, daß jeder Kilometer Wasserleitung, jedes aufstrebende Dorf, jeder Bungalow in Lachish und jede Fabrik etwas seinem unablässigen und konstruktiven Arbeitseifer zu danken hatten. Er konnte den Blick über die Weite Israels schweifen lassen wie jemand, der das Werk seiner eigenen Hände betrachtet, ohne dabei die Einfachheit seines Wesens und das innere Gleichgewicht zu verlieren. Er wußte genau, was er war und was er nicht war, und er erfüllte seine Pflichten streng im Rahmen seiner Fähigkeiten. Er fühlte sich am glücklichsten, wenn er seine knorrigen Finger tief in den Boden konkreter Aufgaben graben konnte; jetzt würde er beweisen müssen, daß er auch die Fähigkeit der Überwachung und Steuerung besaß. Sich anderen mitzuteilen, war nicht seine Stärke. Oft war es ebenso schwierig zu erfassen, was er eigentlich meinte, wie eines Stücks Seife in der Badewanne habhaft zu werden. Dieses Handikap war schwerwiegend und erwies sich als nahezu fatal in Augenblicken, da die Nation mit Recht erwarten konnte, durch ein Trompetensignal zur Erreichung klar umrissener Ziele aufgerufen zu werden. Aber er glaubte, daß solide und konkrete Tatsachen von Natur aus für sich selbst sprechen mußten. Seine warme Menschlichkeit stammte zunächst von den Traditionen des jiddisch sprechenden russischen Judentums und danach von der hebräischen Arbeiter- und Bauernbewegung.

Die Regierung Eschkol hatte Ben Gurions Mannschaft ohne größere Änderungen übernommen. Sie hielt sich für verpflichtet, als eine »Regierung der Kontinuität« zu gelten, als ob sie der Öffentlichkeit damit die Versicherung geben wollte, daß alles auch in Zukunft im Sinne Ben Gurions abgewogen und entschieden werden würde. Das war aber nicht das, was die Öffentlichkeit wollte, und Temperamentsunterschiede in der Regierungsspitze machten schließlich einen Wechsel im Regierungsstil unvermeidlich. Eschkol begann mit dem Versuch, die innenpolitischen Gegensätze auszugleichen. Es schien ihm sinnlos, die Fehden aus der Zeit Ben Gurions zu übernehmen. Er genehmigte die offizielle Beisetzung der Gebeine Jabotinskys, des Führers des revisionistischen Flügels der Zionisten, der von der Herut-Partei verehrt und von zahllosen anderen hoch geachtet worden war. Jabotinsky war nach seinem Tode in New York bestattet worden; er hatte testamentarisch festgelegt, daß er nur auf Geheiß einer souveränen jüdischen Regierung in Israel zur endgültigen Ruhe gebettet werden solle. Ben Gurion hatte es abgelehnt, diese Genehmigung zu erteilen. Eschkol hatte seine Gegner von der Herut-Partei besänftigt und damit ein tieferes Einfühlungsvermögen als Ben Gurion bewiesen, der sich über die Emotionen und komplexen Gefühle der Juden in der Diaspora hinwegsetzte. Im gleichen ökumenischen Geiste brachte er eine Union zwischen der Mapai und Achdut Ha'avodah in einer neuen Arbeiterpartei zustande, ein Unterfangen, um das sich Ben Gurion vergeblich bemüht hatte. Eschkol entwickelte einen eigenen Stil und folgte nicht nur blind den Methoden seines Vorgängers.

Es wurden Befürchtungen laut, Ben Gurions Rücktritt würde den Staat in seinen internationalen Beziehungen schwächen, da Israel jetzt nicht mehr auf das Prestige des großen Mannes würde zählen können. Diese Gefahr wurde gebannt. Eschkol wurde überraschenderweise der erste israelische Ministerpräsident, der von dem Präsidenten der Vereinigten Staaten zu einem Besuch in Washington eingeladen wurde. Sein vertrautes Verhältnis zu Lyndon B. Johnson wirkte sich in der Verstärkung amerikanischer Waffenlieferungen an Israel aus. Präsident de Gaulle betonte wiederholt seine Freundschaft und die zwischen den beiden Ländern bestehende Allianz, und Permierminister Harold Wilson empfing ihn im Geiste sozialistischer Solidarität in Chequers und Downing Street. Er unternahm als erster israelischer Ministerpräsident eine Rundreise durch die Hauptstädte Afrikas; und 1964–1965, als Deutschland nach arabischen Protesten seine Waffenlieferungen an Israel einstellte, erzielten Eschkol und seine Kollegen einen eindrucksvollen Ausgleich durch die Herstellung diplomatischer Beziehungen zur Bundesrepublik.

Aber für einige Teile der Arbeiterbewegung war die Vorstellung, ohne Ben Gurion am Steuer des Staatsschiffes leben zu müssen, schwer zu ertragen. Der neue Ministerpräsident war bald heftiger Kritik von seiten seines Amtsvorgängers ausgesetzt. Äußerer Anlaß war zunächst Eschkols Weigerung, die Untersuchung der »Affäre« auf Verlangen Ben Gurions im Jahre 1964 wiederaufzunehmen. Ben Gurion ließ durchblicken, Eschkol wolle unliebsame Spuren, einschließlich seiner eigenen, verwischen. Ben Gurion ging noch weiter und erklärte drohend, Eschkol habe nicht

näher bezeichnete »Sicherheitsangelegenheiten« preisgegeben. Diese Angriffe Ben Gurions auf Eschkol steigerten sich bis zum Jahre 1965 in unerträglichem Ausmaß. Aus Loyalität zu Ben Gurion hatten einige seiner stärksten Stützen, einschließlich Moshe Dayan, Shimon Peres und Yosef Almogi, Eschkols Regierung verlassen. Im Jahre 1965 bildeten sie unter Ben Gurion eine eigene Partei (Rafi). Die Einheit der Arbeiterbewegung war zerstört, und die Nation erlebte eine Phase bitterer innerer Auseinandersetzungen von nicht dagewesenem Ausmaß. Eschkol begegnete diesen Widrigkeiten mit äußerlicher Ruhe. Aber sie zehrten an seiner physischen und nervlichen Kraft. 1965 holte er zu einem massiven Gegenschlag aus und führte die gelichteten Reihen seiner Labour-Anhänger in den Wahlkampf; er schlug die Herut und überwältigte förmlich die Rafi, die mit nur mageren acht Prozent der abgegebenen Stimmen, trotz der Zugkraft zweier berühmter Namen, aus der Wahlschlacht hervorgingen. Eschkol hatte den Höhepunkt seiner Laufbahn erreicht und konnte jetzt, gestützt auf eine eindrucksvolle Mehrheit, nicht als Ben Gurions Nachfolger, sondern als der vom Volk bestätigte Regierungschef sprechen.
Aber er war noch immer Zielscheibe heftiger Schmähungen. Es klaffte eine breite Kluft zwischen den tatsächlichen Leistungen seiner Regierung und dem negativen Bild, das seine Gegner von ihm zeichneten. Zusätzlich zu seinen Erfolgen in Washington, Paris und Bonn hatte er die Nationale Wasserversorgung (National Water Carrier) vollendet. Er hatte Mut und Entschlossenheit bewiesen, als er Israels militärische Gegenaktionen mit begrenztem Ziel anordnete; und die von seinem Finanzminister Pinchas Sapir ausgearbeiteten wirtschaftlichen Maßnahmen erwiesen sich trotz anfänglicher Unannehmlichkeiten als die verdienstvollsten Errungenschaften seiner Regierung. Es wurde der ehrliche Versuch unternommen, Israels defizitäre Zahlungsbilanz durch strenge Sparmaßnahmen anstelle der bisher geübten leichtlebigen Nonchalance auszugleichen. Er forderte momentane Opfer zur Erhöhung der Wirtschaftskraft auf lange Sicht. Die Wählerschaft hatte ihm ihr tiefgreifendes Verständnis für seine Leistungen bewiesen, auch als ihn seine Gegner als Schwächling und glücklosen Nachfolger eines Staatsmannes gigantischer Größe hinstellen wollten.
Vielleicht wirkte dieses wenig vorteilhafte Bild der israelischen Regierung in den Vorstellungen der ägyptischen und sowjetischen Führer nach, als sie im Mai 1967 darangingen, Druck auf Israel auszuüben. Nasser mag Artikeln in der israelischen Presse Glauben geschenkt haben, die von Eschkols angeblicher Schwäche sprachen. Er sollte eines Besseren belehrt werden, als es für ihn bereits zu spät war.
Doch Anfang Mai 1967 schien noch keine Krise bevorzustehen. Die allgemeine Stimmung in Israel war so normal, wie sie nur sein konnte – in

einem Volk, das im Krieg geboren und im Belagerungszustand groß geworden war. Den Israelis war natürlich klar, daß die mörderischen Überfälle von draußen im gewohnten Umfang weitergehen würden. Hin und wieder würde es zu Gewalttätigkeiten kommen, die Tod und Zerstörung zur Folge haben würden. Das war der übliche Rhythmus. Das eigentlich Würdevolle am israelischen Leben ist, daß man dem Opfermut so großen Raum einräumt. Israel ist mit der Gefahr aufs engste verbunden, so daß diese allmählich ihre Schrecken verliert und eine gewisse Anpassungsfähigkeit gegenüber Angriffen erzeugt. Aber in der dritten Maiwoche sollte Israel sich einer Lage gegenübersehen, die sich grundlegend von dem üblichen Auf und Ab ständig wiederkehrender Terrorakte unterschied. Alle Möglichkeiten, einschließlich der kaum noch vorstellbaren, sollten plötzlich ins Blickfeld der Nation treten.

10 1967: Nasser – Bis an den Rand und darüber hinaus

> Aggressor ist derjenige, der den Krieg unvermeidlich macht.
>
> *Taine*

Der Unabhängigkeitstag begann 1967, wie in den voraufgegangenen Jahren, mit einer Militärparade in Jerusalem und endete mit einem öffentlichen Wettbewerb in biblischem Wissen an den höheren Schulen. Hierin zeigt sich die Zweigleisigkeit im Leben Israels. Man pendelt zwischen physischen Gefahren und der Symbolik normaler Friedenszeiten hin und her. Dem biblischen Wettbewerb folgt die Bevölkerung am Radio mit der gleichen Begeisterung wie andere Völker der Übertragung von Sporterеignissen. Wenn der Wettbewerb endet, ist der Feiertag vorüber. Die Straßen füllen sich mit Passanten, die ihren Wohnungen zustreben, und in Jerusalem kehrt wieder das nüchterne Alltagsleben ein. Genauso begann am 15. Mai das letzte Jahr von Israels zweitem Jahrzehnt.
In Israel teilt man das Zeitgeschehen in die Ereignisse, die vor diesem Tag lagen, und in die danach ein. Denn die schwere Prüfung, die Israel im Mai 1967 zu bestehen hatte, kam mit außerordentlicher Plötzlichkeit zum Ausbruch. Nichts deutete am Anfang dieses Monats auf die Ereignisse an seinem Ende hin.
Die ersten Monate des Jahres 1967 waren turbulent verlaufen wie die anderer Jahre auch. Es schien kein Grund zu der Annahme zu bestehen, daß sich die gewöhnlichen Überfälle und Vergeltungsaktionen zu einem totalen Krieg entwickeln sollten. Die Spannungen an der Grenze im Norden waren ernst, doch lag darin nichts Ungewöhnliches. Diesmal jedoch kam es zu einer ganzen Kette gegenseitiger Verpflichtungen zwischen Syrien, der Sowjetunion und Ägypten, um einerseits den mörderischen Druck auf Israel aufrechtzuerhalten und gleichzeitig Syrien vor Vergeltungsmaßnahmen zu schützen. Aus diesem Netz verworrener Beziehungen sollte ein großer Krieg entstehen.
Das erste Glied in der Kette war Syrien, das in trüben Gedanken und verletztem Stolz dem Debakel seiner Luftwaffe vom 7. April 1967 nachhing. Nach mehreren Terroranschlägen hatten die Syrer israelische Bauern am See Genezareth angegriffen. Der Feuerwechsel eskalierte von Maschinengewehren zum Einsatz von Artillerie und weiter zum Einsatz der Luftwaffe. Sechs syrische MIGs wurden abgeschossen, zwei davon über jordanischem Gebiet, worüber die Regierung in Amman ihre Befriedi-

gung kaum verhehlen konnte. Das Ausmaß der syrischen Niederlage war auch in Israel nicht erwartet worden. In der arabischen Welt reichte die Reaktion auf das syrische Dilemma von offenem Hohn in Amman bis zu betretenem Schweigen in Kairo. Ägpyten beeilte sich zu erklären, daß sich seine Verpflichtungen zur Hilfeleistung für Syrien im Falle eines Angriffs nur auf einen regelrechten Krieg und nicht auf »gelegentliche Zwischenfälle« bezögen. Die Luftgefechte vom 7. April hatten auf beiden Seiten nur wenige Todesopfer gefordert. Verluste unter der Zivilbevölkerung waren nicht zu beklagen, und in den meisten Hauptstädten der Welt wurden durchaus befriedigende Reaktionen laut. In Paris wurde Israel offen beglückwünscht, weil der Sieg der Mirage über die MIGs den technischen Stolz der Franzosen angesprochen hatte.
In Moskau war man jedoch keineswegs guter Stimmung. Wenn das dem Kreml besonders am Herzen liegende Regime straflos angegriffen werden konnte, warum sollte sich dann noch irgendein anderer arabischer Staat auf sowjetische Hilfe verlassen können? Die Sowjetführung war damals beunruhigt, weil so viele ihrer »fortschrittlichen« Freunde in Schwierigkeiten gerieten. In Algerien, Ghana und Indonesien waren die radikalen Führer Ben Bella, Nkrumah und Sukarno entmachtet worden. In anderen Entwicklungsländern fragten sich die politischen Führer, ob ihnen die sowjetische Rückendeckung wirklich Vorteile und Sicherheit verschaffe. Es besteht kaum ein Zweifel daran, daß die Sowjetunion fest entschlossen war, das syrische Regime im Interesse ihrer weltweiten Strategie in jedem Fall zu stützen. Wenn Syrien sich nicht aus eigener Kraft auf den Beinen halten konnte, mußte ihm jemand zu Hilfe kommen. Aber da ein direktes sowjetisches Eingreifen in die Kampfhandlungen zu einer Konfrontation mit den Vereinigten Staaten führen konnte, war es nach sowjetischer Auffassung besser, wenn der Druck auf Israel von anderer Seite ausgeübt würde. Die UdSSR wandte sich deshalb an Kairo, um Damaskus seine selbst verschuldete Demütigung überwinden zu helfen. Mitte April 1967 reisten auf Drängen der Sowjetführung politische und militärische Delegationen Ägyptens nach Damaskus, wo sie wesentlich stärkere Verpflichtungen zum Schutz Syriens vor israelischen Reaktionen übernahmen. Die Frontstellung des künftigen Krieges nahm allmählich Gestalt an.
Während die Sowjetunion auf Ägypten einwirkte, stärker als bisher mit dem Säbel zu rasseln, war Kairo zunächst wenig geneigt, auf die sowjetischen Einflüsterungen einzugehen. Anfang Mai 1967 galt die Hauptsorge Israels abwechselnd Damaskus und Moskau, wobei man der Grenze im Süden nur geringe Aufmerksamkeit schenkte. Die Überfälle syrischer Terroristen nahmen an Häufigkeit zu. Sie forderten zwar nie Tausende von Menschenleben, noch führten sie zum Zusammenbruch der öffentlichen Ordnung in den betroffenen Gebieten. Aber Israel ist eine kleine,

verschworene Gemeinschaft. Die gesamte Öffentlichkeit fühlt sich betroffen, wenn einem Kibbuz oder einer Ortschaft menschliches Leid zugefügt wird. Und es bestand guter Grund zu der Annahme, daß es sich beim syrischen Terrorismus um das Anfangsstadium einer bösen Krankheit handelte. Man konnte ihn nicht einfach ignorieren. Wenn er nicht unter Kontrolle gebracht wurde, würde er sich ausweiten und das ganze Leben der Nation aus den Angeln heben. Militärisch gesehen, wäre die logische Konsequenz ein Vorgehen gegen die syrischen Militärlager und Außenposten gewesen, von denen die Terroristen ihre Operationen starteten. Aber der sowjetische Aspekt durfte nicht außer acht gelassen werden. Israel wußte, daß es nicht einem Problem von nur lokaler Bedeutung gegenüberstand. Es entschloß sich deshalb zu einer Taktik örtlich begrenzter Gegenaktionen. Wir versuchten, wenn auch ohne Erfolg, die Sowjetunion davon abzuhalten, die Machthaber in Damaskus zu einer kriegerischen Politik zu ermutigen. Israel verstärkte auf eigenem Territorium die Verteidigungsanlagen durch Minenfelder und Stacheldrahthindernisse und ging dazu über, Syrien jedesmal zu warnen, bevor eine militärische Aktion genehmigt wurde. Nur wenn alle diese Maßnahmen versagten und der Gewalt nur mit Gewalt begegnet werden konnte, holte Israel zum Gegenschlag aus. Aber auch dann war es eine rasche Operation mit begrenztem Ziel, die eine allgemeine Konfrontation vermied und die bestehenden Grenzen unangetastet ließ.
Das israelische Bemühen, sowjetischen Einfluß gegen die Überfälle der Terroristen zum Tragen zu bringen, erwies sich als fruchtlos. Zuerst deutete der sowjetische Botschafter an, die israelischen Opfer der Überfälle hätten sich selbst in die Luft gesprengt, um die syrisch-israelischen Beziehungen zu vergiften. Diese Auffassung wurde jedoch schon bald zugunsten einer offiziellen Stellungnahme aufgegeben, die die UdSSR im April und Mai der israelischen Regierung auseinandersetzte. Israel wurde ersucht, »ernsthaft die Möglichkeit zu prüfen«, daß Agenten amerikanischer Ölinteressen und ausländischer Nachrichtendienste, im Gewande von Terroristen der El Fatah, israelische Straßen verminten, um Israel zu Vergeltungsaktionen zu provozieren, die ihrerseits das Regime in Damaskus in Gefahr bringen sollten! Israel seinerseits ersuchte die Sowjetunion, »die Möglichkeit eines weniger spitzfindigen Gedankenganges ernsthaft zu prüfen«: ob nicht vielleicht die Syrer und die Terroristen, wenn sie vom Minenlegen redeten, tatsächlich Minen legten. Israel fügte hinzu, daß die Terrorakte wahrscheinlich aufhören würden, »wenn den Syrern klargemacht würde, daß die UdSSR diese mißbillige«.
Nichts dergleichen wurde »klargemacht«. Statt dessen begann die Sowjetunion, Ägypten gegen Israel aufzuhetzen, um Ägypten endgültig in eine Beschützerrolle für Syrien hineinzumanövrieren. Am 12. und 13.

Mai war einer ägyptischen Parlamentsdelegation unter Führung des Nationalratspräsidenten Anwar Sadat in Moskau erklärt worden, unmittelbar nach dem Unabhängigkeitstage sei eine »israelische Invasion Syriens« mit dem Ziel, das Regime in Damaskus zu stürzen, zu erwarten. Die Sowjetunion rief Kairo auf, seine Solidarität mit der »bedrohten« syrischen Republik herauszustellen. Nach dem Krieg hat Nasser kein Hehl daraus gemacht, daß sowjetische Informanten ihn zu dem Vorgehen veranlaßt hatten, zu dem er sich schließlich bereit fand. Um Mitternacht des 22. Mai, als er die Blockade über die Straße von Tiran verhängte, sagte er:

»Am 13. Mai erhielten wir *genaue Informationen*, daß Israel an der syrischen Grenze starke Truppenverbände in Stärke von etwa elf bis dreizehn Brigaden zusammenzog. Diese Verbände waren in zwei Fronten geteilt, eine südlich und die andere nördlich des Sees Genezareth. Der zu dieser Zeit von Israel gefaßte Entschluß lautete, beginnend am 17. Mai, Syrien anzugreifen. Am 14. Mai wurden wir aktiv, diskutierten die Lage und setzten uns mit unseren syrischen Brüdern in Verbindung. Die Syrer waren im Besitz derselben Informationen.«

Diese Rede spielt für das Verständnis der sowjetischen Rolle im Sechs-Tage-Krieg eine zentrale Rolle. Die Mobilisierung von »elf bis dreizehn israelischen Brigaden«, ganz zu schweigen von ihrer Konzentration auf schmaler Front, hätte auf das Leben in Israel erhebliche Auswirkungen gehabt. Kein Pressemann und keine ausländische Mission in Israel hätten diesen Umstand schweigend übergangen. Der plötzliche Bruch mit den normalen Lebensgewohnheiten in so vielen Familien wäre in allen Ämtern und Zeitungen der Welt registriert worden. Am 11. Mai hatte Eschkol den sowjetischen Botschafter und seine Mitarbeiter ohne Vorwarnung eingeladen, ein Auto zu besteigen und selbst nach den »massiven israelischen Truppenzusammenziehungen« zu suchen, die sich angeblich im Norden vollzogen. Der Botschafter hatte nur kurz angebunden erwidert, seine Aufgabe sei es, sowjetische Wahrheiten zu verbreiten, nicht aber deren Glaubwürdigkeit zu testen. Aber die UNO-Beobachter hatten in der zweiten Maiwoche die sowjetischen und syrischen Berichte überprüft. Und der Generalsekretär der Vereinten Nationen gab am 18. Mai in einer öffentlichen Erklärung bekannt, daß es überhaupt keine über das normale Maß hinausgehende Truppenkonzentrationen gab. Man kann deshalb einfach nicht glauben, daß die sowjetischen Warnungen gegenüber Ägypten und Syrien bezüglich israelischer Truppenzusammenziehungen jemals auf echter Überzeugung basierten. Wenn die UdSSR falsche Gerüchte über israelische Truppenkonzentrationen in die Welt setzten... dann konnte es dafür nur eine Erklärung geben: Eine aus Lügen bestehende Sprengladung wurde an die Grundlagen des Friedens im Mittleren

Osten gelegt. Die Zündschnur sollte eine Länge von drei Wochen haben. Sobald sich erst einmal der Argwohn über israelische Truppenzusammenziehungen in den arabischen Vorstellungen festgesetzt hatte, wurde automatisch alles, was auf israelischer Seite gesagt und getan wurde, zur Untermauerung dieser Auffassung herangezogen. Israels politische und militärische Führer versuchten, die Syrer von der Durchführung terroristischer Überfälle durch die wiederholte Warnung abzuhalten, Israels Geduld, der Ermordung seiner Bürger tatenlos zuzusehen, habe ihre Grenzen. Diese Warnungen waren untereinander nicht immer koordiniert; und einige von ihnen, wie zum Beispiel die Worte Eschkols vom 12. Mai, waren überhaupt nicht für die Ohren der Öffentlichkeit bestimmt. Übereifrige Presseoffiziere hatten eine vom Ministerpräsidenten auf einer Parteiversammlung abgegebene Darstellung der Gesamtlage zur Veröffentlichung freigegeben. Am 14. Mai brachten drei Zeitungen gleichzeitig ein Interview mit General Rabin, in dem Damaskus vorgeworfen wurde, daß die syrische Regierung die alleinige Verantwortung für die fortgesetzten Terroranschläge trage. Dies wurde als israelische Absicht gedeutet, nach Damaskus vorzustoßen und das dortige Regime durch ein israelfreundliches zu ersetzen. Während der Versammlungen anläßlich des Unabhängigkeitstages hatten viele Persönlichkeiten des öffentlichen Lebens in Israel, zusätzlich zu den Verantwortlichen für Sicherheitsfragen und Außenpolitik, die üblichen Reden gehalten und auf den israelischen Widerstandswillen hingewiesen. Und am 1. Mai hatte in Tel Aviv eine Informationsstunde vor ausländischen Militärattachés stattgefunden, die von einigen so ausgelegt wurde, daß ein größerer Gegenangriff bevorstehe, falls die syrischen Überfälle fortgesetzt würden. Allen diesen Reden, Erklärungen und Informationsstunden lag eindeutig die Absicht zugrunde, auf syrische Angriffe abschreckend zu wirken und so die Notwendigkeit israelischer Gegenmaßnahmen zu beseitigen. Und alle diese Erklärungen waren Musterbeispiele der Mäßigung, wenn man sie mit den Vernichtungsdrohungen verglich, mit denen Israel von allen Seiten überhäuft wurde. Doch schuf die sowjetische Nachrichtengebung über einen bevorstehenden israelischen Angriff auf Damaskus eine Atmosphäre, in der die israelische Warnung örtlich begrenzter Gegenmaßnahmen in einigen arabischen Hauptstädten zu einer Art Panik geführt zu haben schien. Kein arabischer Führer tat irgend etwas, um die Gemüter zu beruhigen.

Sogar die von israelischer Seite bewußt vorgenommenen Akte der Mäßigung wurden absichtlich falsch interpretiert. Es war zum Beispiel beschlossen worden, den Truppenvorbeimarsch in Jerusalem anläßlich des Unabhängigkeitstages ohne Flugzeuge und bewaffnete Fahrzeuge durchzuführen, um jeden Zusammenstoß mit Jordanien in den Vereinten Nationen zu vermeiden. Das israelisch-jordanische Waffenstillstandsabkommen begrenzte Zahl und Art der Waffen, die im Gebiet von Jerusalem stationiert werden durften. Es war klar, daß sich diese Bestimmungen auf Waffen bezogen, mit denen man tatsächlich schießen konnte, und nicht auf Gerät, das nur zu Demonstrationszwecken bei einer feierlichen Parade mitgeführt wurde. Aber das israelische Kabinett beschloß, sich trotz heftiger Kritik aus den eigenen Reihen an den Buchstaben des Abkommens zu halten.

Die Tatsache, daß Israel sein eigentliches Waffenarsenal und bestimmte Truppeneinheiten an der Parade nicht teilnehmen ließ, hatte gegenteilige Folgen. Jeder normale Mensch hätte dies als eine Geste der Versöhnung betrachtet, zeigte sie doch Verständnis für juristische Korrektheit und für die Empfindlichkeiten der arabischen Staaten. Sie wurde jedoch als Akt des Teufels gedeutet. Nasser und andere arabische Führer bekundeten öffentlich, daß – falls israelische Panzer- und Luftwaffeneinheiten an der Parade in Jerusalem nicht teilnahmen – diese heimtückisch an anderer Stelle zum Überfall auf die arabischen Nachbarn bereitgestellt sein mußten! Der bescheidene Umfang der Parade wurde sogar herangezogen, um die sowjetische Behauptung zu unterstützen, daß sich die gesamten israelischen Truppen im Norden befänden und dort zur Eroberung von Damaskus bereitgestellt seien. In der einzigartigen Atmosphäre des arabisch-israelischen Konflikts ist oft alles, was man tut, falsch.

Während sich Israel den Feiern zum Unabhängigkeitstag in gedämpfter Stimmung widmete, wuchs die Spannung in den arabischen Staaten immer mehr. Am Tage vor der Parade flog Mohammed Fawzi, der ägyptische Generalstabschef, nach Damaskus, um die militärische Planung mit der syrischen Regierung zu koordinieren. Die Sowjetunion hatte ein deutliches Interesse an dieser Koordinierung. In Zukunft würden alle Gefahren, wirkliche oder eingebildete, denen sich das Regime in Damaskus gegenübersah – einschließlich derjenigen, die durch den syrischen Terrorismus hervorgerufen wurden –, nicht mehr allein Moskau in Mitleidenschaft ziehen. Auch Kairo war jetzt beteiligt. Einer der wirkungsvollsten falschen Alarme in der Geschichte begann sich auszuwirken. Ägypten stand bereit, einen israelischen »Überfall« auf Damaskus zu verhindern, der weder beabsichtigt, noch jemals gedanklich konzipiert worden war.

Die Unabhängigkeitsparade von 1967 war ein recht trauriges Ereignis. Ohne das glänzende Beiwerk von Flugzeugen und Panzern machten die Infanterieformationen einen etwas mageren Eindruck. Während die Minister den Vorbeimarsch abnahmen, erhielten sie Botschaften, die von Stunde zu Stunde unheilverkündender wurden. Infanterie- und Panzereinheiten der ägyptischen Armee waren an den Suez-Kanal verlegt wor-

den und marschierten in aller Öffentlichkeit auf die Sinaihalbinsel vor. Große Fahrzeugkolonnen wurden absichtlich auf dem Wege nach Ismailia durch die belebtesten Straßen Kairos geleitet. Die ägyptische Parlamentarierabordnung unter Führung von Anwar Sadat war aus Moskau zurückgekehrt, wo ihr von den Sowjets der israelische Plan »zur Eroberung Syriens« auseinandergesetzt worden war. Die gesamten ägyptischen Streitkräfte waren in höchste Alarmbereitschaft versetzt worden, und zwar wegen der – wie es Kairo ausdrückte – »gespannten Lage an der israelisch-syrischen Waffenstillstandsgrenze«. Das Ausmaß dieser Truppenbewegungen bildete zunächst noch keine unmittelbare militärische Bedrohung; aber ihre politischen Rückwirkungen waren ernst und ihre emotionale Komponente sogar noch ernster. Eine Sturmflut von Schmähungen ergoß sich gegen Israel aus allen Rundfunkstationen der arabischen Welt. Der Libanon, Irak und Jordanien verkündeten den Ausnahmezustand. Israel antwortete mit unauffälligen Maßnahmen zur Verstärkung seiner Positionen im Süden. In Washington und London wurden israelische Diplomaten dahingehend informiert, daß die ägyptischen Truppenbewegungen nur »demonstrativen Charakter« hätten, hinter denen sich keinerlei militärische Absichten verbargen. Zur damaligen Zeit schien diese beruhigende Diagnose keineswegs unvernünftig. Viele erinnerten sich daran, daß im Februar 1960, nach einigen Zwischenfällen an der syrisch-israelischen Grenze, ähnliche Bewegungen von ägyptischen Truppen auf der Sinaihalbinsel durchgeführt worden waren. Doch schon nach wenigen Wochen waren sie zu ihren Stützpunkten westlich des Suez-Kanals zurückgekehrt. Am 15. und 16. Mai war man in den westlichen Hauptstädten einhellig der Auffassung, daß sich Israel weniger mit einer militärischen Bedrohung, als einem politischen Manöver auseinanderzusetzen habe. Trotzdem wurde beschlossen, auch eine ungünstigere Entwicklung in Rechnung zu stellen. Angesichts so vieler erhitzter Diskussionen konnte sich auch eine rein »demonstrative« Aktion zu einem Akt der Unbesonnenheit entwickeln.
Und so geschah es auch. Am Morgen des 16. Mai traten wesentlich ernstere Möglichkeiten ins Blickfeld. Der Befehlshaber der UNO-Streitmacht, Generalmajor Rikhye der indischen Armee, erhielt von General Fawzi, dem ägyptischen Generalstabschef, eine Mitteilung, in der der Rückzug aller UNO-Truppen von den ägyptischen Grenzen gefordert wurde. Als Grund wurde angegeben, »daß die ägyptischen Streitkräfte den Befehl erhalten hatten, sich zum Kampf gegen Israel vorzubereiten, falls und wann auch immer Tel Aviv gegen irgendein arabisches Land aggressiv werden sollte«.
General Rikhye wies korrekterweise darauf hin, daß sich der ägyptische Schritt an die falsche Adresse wende. Die politische Leitung der UNO-

Truppen sei nicht seine Sache, sondern die des Generalsekretärs, der der einzige Mann sei, von dem er Befehle entgegennehmen könne. Vom Verfahrensstandpunkt aus hatte er recht, doch kam es darauf jetzt nicht mehr an. Am selben Tag erhielt U Thant ein Telegramm vom ägyptischen Außenminister Riad, der ihm mitteilte, die ägyptische Regierung habe beschlossen, »die Anwesenheit der UNO-Truppen in Ägypten und im Gazastreifen zu beenden«. Riad brachte in Erinnerung, die UNO-Truppen seien auf Einladung der VAR dort stationiert und ihr Verbleiben sei ohne ägyptisches Einverständnis dort nicht möglich. Er verlangte jetzt ihren Rückzug »zum frühestmöglichen Zeitpunkt«.

Am Abend des 16. Mai hatte der Generalsekretär Kairo bereits indirekt wissen lassen, daß er sich außerstande sähe, die ägyptische Forderung abzulehnen. Er hatte dem ägyptischen Vertreter erklärt, daß »ein Ersuchen der VAR zum vorübergehenden Rückzug der UNO-Truppen von der Waffenstillstandslinie und der internationalen Grenze oder von einem Teil dieser Linien vom Generalsekretär als gleichbedeutend mit einem Antrag auf den vollständigen Abzug der UNO-Truppen aus dem Gazastreifen und der Sinaihalbinsel betrachtet werden müsse, da dies den UNO-Truppen die Erfüllung ihrer Aufgaben unmöglich machte.« Nachdem er so jegliche Möglichkeit eines nur teilweisen Abzugs der UNO-Truppen ausgeschlossen hatte, fuhr U Thant fort: »Wenn es die Absicht der Regierung der Vereinigten Arabischen Republik wäre, ihr im Jahre 1956 gegebenes Einverständnis mit der Stationierung der UNO-Truppen auf dem Territorium der Vereinigten Arabischen Republik und im Gazastreifen zurückzuziehen, so wäre dies natürlich ihr gutes Recht. Nach Erhalt eines solchen Ersuchens würde der Generalsekretär den Abzug aller UNO-Truppen aus dem Gazastreifen und der Sinaihalbinsel anordnen und der Vollversammlung darüber berichten, einschließlich der Gründe, die ihn zu diesem Entschluß veranlaßt hatten.« So war die Zeit zwischen dem inoffiziellen und dem offiziellen ägyptischen Antrag auf Abzug der UNO-Truppen von U Thant dazu benutzt worden, Kairo zu versichern, daß er unverzüglich tun würde, was Ägypten wollte, solange das Ersuchen absolut und in die entsprechende Form gekleidet war. Hinsichtlich des Ausmaßes des Abzugs der UNO-Truppen hatte er eine Einstellung des »alles oder nichts« bezogen, die keinen Raum für Kompromisse ließ. Während er sich noch mit seinem Beraterstab, mit dem israelischen Delegierten und mit Vertretern der Großmächte am 18. Mai unterhielt, hatte U Thant in Wirklichkeit den Beschluß der UNO bereits vorweggenommen. Zwei Delegierte, und zwar die von Kanada und Brasilien, baten den Generalsekretär dringend, zunächst auf Zeitgewinn zu spielen, ohne dabei die Rechtsgrundlage des ägyptischen Ersuchens in Frage zu stellen. Für alle derartigen Manöver war es jedoch schon zu spät. Am Abend des

18. Mai teilte der Generalsekretär dem ägyptischen Außenminister in seiner Antwort mit, daß dem Ersuchen der ägyptischen Regierung entsprochen werde und daß unverzüglich Anweisungen zum geordneten Rückzug der UNO-Streitkräfte erlassen werden würden.

Keine Aktion der Vereinten Nationen hat jemals bei Regierungen in der Weltpresse und in der öffentlichen Meinung zu so zwiespältigen Diskussionen geführt. Die Vereinigten Staaten, das Vereinigte Königreich und Kanada sowie Israel gehörten zu den Ländern, deren Führung ihre tiefe Besorgnis zum Ausdruck brachten. In einer erregten Entgegnung an die Adresse seiner Kritiker schrieb U Thant am 27. Juni 1967 die Kritik »entstellten Darstellungen zu, die an einigen Stellen offenbar aus Panik, Emotionen und politischen Vorurteilen entstanden seien«. In den weniger leidenschaftlichen Teilen seines Memorandums gibt der Generalsekretär eine bewegende Darstellung des Drucks, der ihn zu seiner Aktion veranlaßte. Er habe rechtlich keine andere Wahl gehabt, als einem Ersuchen zuzustimmen, das seine Wurzel in den Souveränitätsrechten Ägyptens gehabt habe. Die Länder, die Truppenkontingente abgestellt hatten, wären dem ägyptischen Ersuchen sowieso nachgekommen, wie auch immer die Entscheidung des Generalsekretärs ausgefallen wäre. Dies habe besonders auf Jugoslawien und Indien zugetroffen, deren Soldaten mehr als die Hälfte der UNO-Streitkräfte ausmachten und deren Regierungen beschlossen hatten, den ägyptischen Ausweisungsbefehl ohne Rücksicht auf die Entscheidung des Generalsekretärs zu akzeptieren. Jedenfalls verdrängten ägyptische Truppen die UNO-Einheiten von ihrem wichtigsten Beobachtungsposten auf der Sinaihalbinsel. Die Annahme, es werde immer noch Gelegenheit für internationale Konsultationen bestehen, falls ein Antrag auf Abzug der UNO-Truppen gestellt würde, war immer vage und keineswegs eindeutig gewesen. (Einige Monate später stellte der Generalsekretär eine erstaunliche Behauptung Nassers in Abrede, der zufolge Ägypten gar nicht damit gerechnet habe, daß sein Antrag auf Abzug der UNO-Truppen aus Sharm el-Sheikh tatsächlich Erfolg haben würde.) Aber vielleicht der überzeugendste Satz in dem Bericht U Thants war derjenige, der sich mit dem seinem Wesen nach von Anfang an fragwürdigen UNO-Einsatz befaßte. Tatsache ist, daß Ägypten während der zehn Jahre, in denen die UNO-Truppe eingesetzt war, ihren Abzug jederzeit hätte fordern und durchsetzen können. Und Israel hat später gerade aus dieser »Fragwürdigkeit« des UNO-Einsatzes die Lehre gezogen, seine lebenswichtigen Interessen nie wieder von Entscheidungen der Vereinten Nationen abhängig zu machen. Was zehn Jahre hindurch als festgefügte internationale Wirklichkeit gelten konnte, verwandelte sich innerhalb von zwei Stunden in ein Gebilde, das so leicht zu zerreißen war wie ein Spin-

nennetz. Danach wurden alle Bemühungen, den Frieden durch UNO-Streitkräfte aufrechtzuerhalten, von Israel als Beweis für die merkwürdige Einstellung angesehen, Erfahrungen der Vergangenheit in den Wind zu schlagen.
Mit dem Abzug der UNO-Truppen befand sich Israel in einer neuen und wesentlich ernsteren Phase seines Daseins. Es war noch immer nicht leicht, vorauszuberechnen, was Nassers Absichten im einzelnen waren. Wahrscheinlich hatte er damals selbst noch keine klare Vorstellung von dem, was er tun wollte. Er ging schrittweise vor und beobachtete aufmerksam die Reaktion auf jede seiner Maßnahmen. Vielleicht war er überrascht über das Fehlen hemmender Hindernisse. Die Mühelosigkeit, mit der er die Vereinten Nationen zum Abzug veranlaßt hatte, muß in ihm die Vorstellung erzeugt haben, daß es viel weniger gefährlich sei, Druck auf Israels Lebensinteressen auszuüben, als er jemals zuvor geglaubt hatte. Aktionen, die er früher vielleicht als übereilt und zu risikoreich vermieden haben mochte, trugen ihm jetzt ungeheure Erfolge ein. So stieß das ägyptische Vorgehen auf keinerlei Widerstand. Vielleicht waren die westlichen Hilfezusagen für Israel eher eine Fiktion als eine Realität? Ziele, die ihm noch vor kurzer Zeit als unerreichbar erschienen waren, rückten jetzt auf einmal greifbar nahe. Die entscheidende Frage lautete natürlich, ob Nasser über die israelische Schiffahrt in der Straße von Tiran tatsächlich eine Blockade verhängen würde. Es bestand noch eine gewisse Chance, daß er sich mit der dauernden Bedrohung der israelischen Schiffahrt zufriedengeben würde, ohne sie aktiv zu unterbinden. Schließlich würde schon die Unsicherheit, ob der Wasserweg offenblieb, Israel daran hindern, seinen Ausgang ins Rote Meer weiter auszubauen. Zu dieser Zeit spielte Nasser jedoch bereits um höhere Einsätze, als er es selbst noch kurze Zeit zuvor für möglich gehalten hätte. Wenn ihm die Glücksgöttin zulächelte, warum sollte er sich dann nicht nehmen, wonach ihm der Sinn stand? Jetzt ging es ihm gar nicht mehr um eine Blockade, sondern um Israels endgültige Demütigung und Vernichtung.
Alles traf zusammen, um das Problem Sharm el-Sheikh zu einer Schicksalsfrage für Israel und die Welt zu machen. Wurde die Blockade tatsächlich verhängt, so mußte Israel entscheiden, ob es ein lebenswichtiges nationales Interesse verteidigen oder aufgeben solle. Juristisch betrachtet würde sich aus einer Blockade Nassers Entschlossenheit ableiten lassen, auch vor einem Krieg nicht zurückzuschrecken. Und eine Blockade in den Meerengen und dem Golf würde, anders als die Truppenzusammenziehungen auf der Sinaihalbinsel, Israel vor eine Wahl stellen, der es sich nicht würde entziehen können. Truppenbewegungen ließen sich schließlich anordnen und später wieder rückgängig machen, ohne Prestigeverlust und ohne den Eindruck zu erwecken, man weiche der Gewalt. War

aber eine Blockade erst einmal verhängt, würde ihre Aufhebung unvorstellbar sein, außer unter Druck oder Androhung von Gewalt. Zudem würde Israels Nachgeben bei einer Blockade nicht nur die wirtschaftlichen Interessen der Straße von Tiran bedrohen. Es würde den Zusammenbruch der israelischen Abschreckungsmacht bedeuten, denn es gab kein strittiges Problem, bei dem Israels Ehre in ähnlich unwiderruflicher Form auf dem Spiele gestanden hätte. Eine Nation, die nicht in der Lage war, ihre grundlegenden und lebenswichtigen maritimen Interessen zu schützen, würde wahrscheinlich auch Gründe finden, warum sie andere Angriffe auf ihre Rechte nicht zurückweist. Wenn Israel hier nicht standhaft blieb, würde niemand in der arabischen Welt und nur wenige Menschen darüber hinaus weiter an Israels Widerstandskraft glauben. Die Parallele mit München wird oft strapaziert, aber in diesem Falle ist sie gültig. Wirtschaftliche, regionale, juristische, internationale und psychologische Gesichtspunkte hatten aus Nassers Planung und Israels Reaktion auf die Blockade von Tiran eine Schicksalsfrage für Ägypten und Israel gemacht.
Die meisten menschlichen Tragödien sind selbst verschuldet. Nasser wurde jetzt durch Elemente, die in seinem eigenen Wesen begründet lagen, an den Rand des Abgrunds getrieben – und darüber hinaus. In der Nacht von Montag, dem 22. Mai, gab er trotz Warnungen von israelischer und dritter Seite seine schicksalsschwere Entscheidung, die Blockade zu verhängen, bekannt. Am Morgen des darauffolgenden Tages sollten seine unheilschwangeren Worte jedem Israeli schlagartig klarmachen, daß der ganzen Nation jetzt die Frage des Sein oder Nichtsein gestellt war.

Tatsache ist, daß Nasser aufs äußerste zu einem Krieg entschlossen war und sich mit nichts anderem mehr zufriedengegeben hätte. Er hatte mehrere Jahre zuvor von »einer Heldenrolle und einem Schauspieler, der sie spielt«, geschrieben. Jetzt würde dieser Traum Tatsache werden, wobei er selbst die zentrale Figur abgeben und die ganze Welt als Bühne dienen würde. Er präsentierte die Blockade nicht als einen isolierten Akt der Heimtücke, sondern als Herausforderung zum totalen Krieg. Die Wahl, vor der Israel stand, war drastisch – langsame Erdrosselung oder ein rascher, einsamer Tod:

»Wir sind mit Israel konfrontiert. Anders als 1956, als Frankreich und Großbritannien Israel zur Seite standen, wird es heute von keiner europäischen Macht unterstützt. Die Welt will keine Wiederholung des Jahres 1956. Wir stehen Israel von Angesicht zu Angesicht gegenüber. In Zukunft liegt die Lage in unserer Hand. Unsere Streitkräfte haben Sharm el-Sheikh besetzt. Wir werden unter gar keinen Umständen zulassen, daß die israelische Flagge am Golf von Akaba gehißt wird. Die Juden haben mit Krieg gedroht. Ich antworte: ›*Ahlan Wasahalan.*‹ Gut, wir sind zum Krieg bereit. Die Gewässer gehören uns.«

Die Rede wurde vor Offizieren des ägyptischen Luftstützpunktes von Bir Gafgafa auf der Sinaihalbinsel, 160 Kilometer von Israels Südwestgrenze entfernt, gehalten. Ein paar Tage später sollten die Kommandeure dieses und anderer Flugplätze Einsatzbefehle erhalten, in denen die zu bombardierenden Ziele in Israel verzeichnet waren. Ihrer Tapferkeit und Tüchtigkeit, die bis dahin noch nicht auf die Probe gestellt waren, hatte Nasser den Ausgang seines gewagtesten Unternehmens anvertraut. Mit der ganzen Autorität seiner Führerpersönlichkeit versuchte er, ihre Einsatzbereitschaft auf den Höhepunkt zu treiben. Aber weit über seine begeisterten Zuhörer in der glühenden Wüstenhitze hinaus appellierte er an die ganze arabische Welt und rief deren Söhne dazu auf, ein solches Maß an Einigkeit, Opfermut, Haß, Elastizität und Selbstlosigkeit an den Tag zu legen, wie sie es seit den wilden Tagen ihrer frühen Geschichte nicht mehr getan hatten. Eine Möglichkeit, wie sie noch vor wenigen Wochen kaum vorstellbar gewesen wäre, hatte irgendwie Gestalt und Substanz gewonnen. Ging sie ungenutzt vorbei, käme sie vielleicht nie wieder zurück. Indem er sich über ein ganzes Jahrzehnt taktischer Klugheit hinwegsetzte, brach er jetzt in einen überschwenglichen Willkommensgruß vor dem herannahenden Kriege aus: *»Ahlan Wasahalan.«* Es war, als entbiete er dem unerwarteten Erscheinen eines lieben und lange abwesenden Gastes seinen Gruß.
Nassers Blockade war verkündet worden, als sich der Generalsekretär der Vereinten Nationen auf dem Luftwege nach Kairo befand. Weder U Thant noch einer seiner Vorgänger waren jemals so behandelt worden. Die Vereinten Nationen fielen einem Vertrauenstrick zum Opfer. Die Aktion, die U Thant vielleicht noch zu verhindern gehofft hatte, hatte schon vor seiner Ankunft stattgefunden, und sein Besuch war infolgedessen von vornherein zur Ergebnislosigkeit verdammt.
Die internationale Apathie schuf jetzt ein Vakuum, in dem Friedenshoffnungen nicht länger aufrechterhalten werden konnten. Die Regierungen, die sich 1957 feierlich verpflichtet hatten, eine Blockade des Golfes von Akaba nicht zuzulassen, hüllten sich jetzt in abwartendes, diskretes Schweigen. Aber während sich die Großmächte in gewissem Sinne nur indirekt und quasi privat ihren Verpflichtungen entzogen, war die Abdankung der Vereinten Nationen eindeutig und offenkundig.
Der Sicherheitsrat wurde am 24. Mai auf Antrag Kanadas und Dänemarks einberufen. Noch Jahre nach den Ereignissen fällt es schwer, seine Sitzungsprotokolle ohne einen Anflug ungläubigen Staunens zu lesen. Man muß bedenken, daß er zwei Tage nach der Verhängung der Blockade im Golf von Akaba zusammentrat. Starke ägyptische Truppenverbände, einschließlich Panzereinheiten, stießen in die Sinaihalbinsel vor. Luftwaffeneinheiten bereiteten sich auf den Angriff vor. Reden waren von Präsi-

dent Nasser gehalten worden, die man früher unter Zugrundelegung normaler Maßstäbe für Kriegserklärungen gehalten hätte. Die ägyptische Zielvorstellung, Israel zu »vernichten«, war offen ausgesprochen worden. Israels Mobilisierung in Reaktion auf die ägyptischen Truppenverschiebungen hatte in beschleunigtem Tempo eingesetzt. Nach zehn Jahren Wachdienst war die UNO-Truppe unter demütigenden Umständen des Landes verwiesen worden. Generalsekretär U Thant hatte sich in letzter Minute auf die Reise nach Kairo begeben, um den bereits entschwindenden Frieden zu retten. Der arabische Mob auf den Straßen hängte Israel in Bildern an den Galgen. Die ganze israelische Nation legte die Werkzeuge des Friedens beiseite, um die Verteidigungswaffen in die Hand zu nehmen. Und die Krise war weit über den bloßen Regierungsrahmen hinausgewachsen: Sie hatte von der Vorstellungswelt und den Sorgen einer Vielzahl von Menschen Besitz ergriffen. Zu keiner Zeit seit dem Zweiten Weltkrieg, ausgenommen die Kubakrise des Jahres 1962, hatten die Schlagzeilen der Zeitungen ein höheres Maß an Spannung erkennen lassen. Es ist nicht übertrieben, wenn man behauptet, daß Hunderte von Millionen Augen und Ohren erwartungsvoll auf den Hufeisentisch im Hauptquartier der Vereinten Nationen in New York gerichtet waren.
In dieser gespannten Lage trat der Sicherheitsrat am 24. Mai um 10.30 Uhr zusammen. Die ersten, vom sowjetischen Delegierten gesprochenen Worte gaben den Ton an, der die ganzen Verhandlungen zu einer Farce werden ließ: »Die sowjetische Delegation legt Wert auf die Feststellung, daß sie keinen hinreichenden Grund für ein so übereiltes Zusammentreten des Sicherheitsrates und für die künstlich dramatisierte Atmosphäre sieht, wie sie von den Vertretern einiger westlicher Mächte erzeugt wird, die wohl zu viel Gewicht auf das Zustandekommen dieser Zusammenkunft legen.« Der bulgarische Vertreter fuhr mit unbewegtem Gesichtsausdruck fort: »Die Delegation Bulgariens ist der Ansicht, daß zum gegenwärtigen Augenblick kein Grund für eine Sondersitzung des Sicherheitsrats besteht.« Der indische Vertreter erklärte anschließend mit geheuchelter Feierlichkeit: »Die Lage ist, obwohl potentiell gefährlich, noch immer nicht klar; deshalb ist eine dringende und unverzügliche Diskussion nicht gerechtfertigt.«
Die Weltgemeinschaft befand sich auf der Flucht. Ein Vertreter nach dem anderen behauptete, die drohende Kriegsgefahr allein sei noch kein Grund für die Einberufung eines Gremiums, das mit der Erhaltung des Friedens beauftragt war! Schließlich ließ der Vorsitzende, nach weiterem Gerede, die Geschäftsordnung festlegen. Der dänische Botschafter erhob sich und fragte: »Wie sollen wir uns angesichts dieser ernsten Gefahr verhalten? Soll der Sicherheitsrat einfach abwarten, was geschieht, und auf das Beste hoffen? Ich glaube, das ist es kaum, was die Welt von uns erwartet.«

Die nüchterne Tatsache ist, daß die Weltmeinung damals vom Sicherheitsrat allmählich jede Torheit erwartete, deren der Mensch überhaupt fähig ist. Drei Stunden nach seinem Zusammentritt erhob sich der Sicherheitsrat, nachdem er nichts anderes als die Tagesordnung beschlossen hatte. Er sollte seine Sitzungen mit Unterbrechungen bis zum 3. Juni fortsetzen. Nicht einen einzigen Augenblick tat er mehr, als er während seiner ersten Sitzung gezeigt hatte. Nach seinem Versagen am 24. Mai vertagte sich der Sicherheitsrat bis zum Nachmittag des 29. Mai. Die Krise nahm von Tag zu Tag zu, ohne daß die Vereinten Nationen in irgendeiner Weise eingeschritten wären.
Mittlerweile erlitt U Thant in Kairo eine Abfuhr. Man sagte ihm, Ägypten »werde keine bewaffnete Aktion durchführen«. Dies ging natürlich an den Tatsachen vorbei. Zur Debatte stand, ob Ägypten seine Aggression beenden würde, die es bereits mit einer Seeblockade und Truppenkonzentrationen begonnen hatte, deren Fortsetzung absichtlich darauf angelegt war, Israels Reaktionen herauszufordern. Wenn der Besuch des Generalsekretärs überhaupt zu Hoffnungen hätte Anlaß geben sollen, hätte er vor der Blockade in Kairo eintreffen müssen. Ägypten hatte diese Hoffnungen rücksichtslos zunichte gemacht, und U Thant kehrte niedergeschlagen nach New York zurück.

Eine drückende Atmosphäre herrschte am 23. Mai, als das israelische Kabinett zur Beratung über Nassers Blockade zusammentrat. In dieser Krisenstimmung beriet sich Ministerpräsident Eschkol mit den parlamentarischen Führern aller großen Parteien. Es wurde beschlossen, die Blockade als Deklaration und Akt des Krieges zu betrachten, der die Erfüllung der von Israel am 1. März 1957 abgegebenen öffentlichen Erklärung erfordere, es werde gegen jede derartige Maßnahme kämpfen. Es wurde ferner beschlossen, die militärische Einsatzbereitschaft zu erhöhen und den Außenminister nach Washington und in andere Hauptstädte zu entsenden, um für Israels Entschluß, sich der Blockade und Einkreisung nicht zu unterwerfen, verständnisvolle Unterstützung zu suchen. Auf militärischem und politischem Gebiet sollte alles getan werden, bevor der aktive Widerstand einsetzen würde.
Die Wartezeit stellte Israels Nerven auf eine harte Zerreißprobe. Sie wurde während der ersten Tage durch die Notwendigkeit, militärische Maßnahmen durchzuführen, diktiert. Danach spielten die traumatischen Erinnerungen an die Jahre 1956/57 die Hauptrolle, als Israel nach einem aufsehenerregenden militärischen Sieg durch den gemeinsamen Druck der Vereinigten Staaten und der Sowjetunion gezwungen worden war, sich aus allen neugewonnenen Gebieten wieder zurückzuziehen. Man hatte in Tel Aviv gelernt, daß kein militärischer Sieg sicher ist, solange

er nicht von politischen Erfolgen bestätigt wird. Jetzt besaß Israel starke Trumpfkarten, besonders in Washington. Zehn Jahre zuvor hatte Präsident Eisenhower öffentlich anerkannt, daß die Wiedereinführung der Blockade in der Straße von Tiran Israel zwingen würde, seine Schiffahrtsrechte zu schützen. In der Zwischenzeit war aus dem, was damals ein juristischer Grundsatz gewesen war, konkrete nationale Wirklichkeit geworden. Durch die Straße von Tiran bis in den Hafen von Eilat liefen alle Tanker, die den gesamten Kraftstoffbedarf Israels deckten. Und eine Pipeline von Eilat an die Mittelmeerküste hatte Israel zum Exporteur von Ölüberschüssen nach Europa gemacht. Außerdem war Eilat der Punkt, von dem aus sich die israelische Diplomatie, die Entwicklungshilfe und der Handel über das Rote Meer bis nach Ostafrika und Asien erstreckten. Dieses Tor zur Welt aufzugeben hätte bedeutet, daß Israel einen schweren geopolitischen Verlust erlitten hätte. Es wäre ausschließlich auf seine Verbindungen zum Westen angewiesen gewesen. Die Entwicklung des Negeb als Israels Fenster zur Welt im Süden und Osten wäre gelähmt worden. Und nicht zuletzt hätte Israel die Glaubwürdigkeit seiner Abschreckung eingebüßt, auf der seine gesamte Sicherheit beruhte. So wurde aus dem elenden Hafen an der Spitze des Negeb der Punkt, an dem nationale Pflicht und Interessen mit besonderer Intensität zusammenliefen. Aus ägyptischen Erklärungen ging klar hervor, daß es Nassers Ziel war, Eilat und den südlichen Negeb von Israel loszureißen, um eine Landbrücke zwischen Ägypten und den arabischen Staaten östlich und nördlich von Israel herzustellen.

Es galt, noch zwei Fragen zu klären. Mußte Israel allein handeln, oder konnte es auf die Sympathie von Regierungen rechnen, die sich vor zehn Jahren den israelischen Standpunkt zu eigen gemacht hatten? Und wenn sie sich auch durch taktische Vorsicht, Eigeninteressen oder arabische Einschüchterung davon abhalten ließen, Israel diejenige Unterstützung zukommen zu lassen, die sie einst feierlich versprochen hatten, würden sie ihre Passivität wenigstens dadurch wiedergutmachen, daß sie Israel nicht wieder wegzunehmen trachteten, was Israel aus eigener Kraft erreichen konnte? Die Antwort auf diese Fragen würde ihrerseits wieder weitgehend davon abhängen, ob Israel die Weltmeinung in größerem Umfang für sich würde mobilisieren können. Und schließlich stand im Hintergrund der drohende Schatten sowjetischer Feindschaft. Wenn die Sowjetunion Ägypten zur Eröffnung des Krieges angestachelt hatte, konnte Israel dann annehmen, Moskau würde zulassen, daß Kairo den Krieg verlor? Die sowjetische Präsenz im Mittelmeer war ein neuer Faktor, der 1956 noch nicht existiert hatte. Doch sogar im Jahre 1956 hatte eine Reihe mündlicher und schriftlicher Drohungen aus Moskau zum voreiligen

Rückzug Israels aus der Sinaihalbinsel ohne eine vorherige Friedensregelung geführt. Konnte Israel sicherstellen, daß der sowjetische Druck diesmal neutralisiert werden würde? Dies hing nur von den Vereinigten Staaten ab.

Um diese Fragen zu klären und einer Entscheidung zuzuführen, hatte die israelische Regierung zwischen dem 23. und 26. Mai ihren Außenminister nach Paris, London und Washington entsandt. Während jener Tage wurde die Haltung der Westmächte völlig klar. Besonders unheilvoll für Israel war der Wandel in der französischen Haltung. 1957 noch war Frankreichs Eintreten für den israelischen Widerstand, falls die Blockade der Straße von Tiran wiederaufgenommen werden sollte, dramatischer und unmißverständlicher als das aller anderen Regierungen gewesen. Aber Präsident de Gaulle wies jetzt darauf hin, daß »Garantien nicht absolut seien und sich die Lage weiterentwickelt habe«. Daraus ging hervor, daß sich Frankreich seit dem Ende des algerischen Krieges den Arabern wieder genähert hatte. Zur selben Zeit hatte die sowjetische Politik in de Gaulles Berechnungen ein größeres Gewicht erlangt. De Gaulle schloß jeden Gedanken an eine »westliche Solidarität« aus. Sein Rat an Israel lief darauf hinaus, die Blockade zu schlucken, bis sie durch die gemeinsame Aktion der vier Großmächte wieder aufgehoben werden konnte. Der Gedanke, die Sowjetunion könne sich mit dem Westen zur Verteidigung der lebenswichtigen Interessen Israels gegen die aufgeputschte arabische Welt zusammenschließen, sei unrealistisch. Und so erwies es sich auch. Innerhalb weniger Stunden lehnte die Sowjetunion förmlich jegliche Vier-Mächte-Konsultation ab. Die Franzosen schienen zu fürchten, daß – falls Israel Ägypten Widerstand entgegensetzen oder die Westmächte selbst versuchen sollten, die Blockade zu durchbrechen – eine sowjetische Intervention wahrscheinlich sei und Eilat damit zum Danzig eines »Dritten Weltkriegs« werden könne. Die tatsächlichen Ereignisse sollten diese Befürchtungen schon bald widerlegen. Doch war es für Israel ein harter und unerwarteter Schlag, in seiner Isolierung und im Kampf ums nackte Dasein gerade von der Macht verlassen worden zu sein, die ihm bisher die wichtigsten Waffen geliefert hatte.

Ein günstigerer Wind wehte in London, wo Permierminister Wilson scharfe Kritik an Nassers Blockade geäußert hatte. Man redete sogar von der Einsetzung einer internationalen Patrouille, um die Offenhaltung der Meerenge auch gegen Nassers Weisungen sicherzustellen. Doch verließ man sich hierbei ausdrücklich auf amerikanische Führung und Unterstützung sowie auf eine Aktion im internationalen Maßstab.

Washington hielt den Schlüssel der Zukunft in seiner Hand, und dieser Zustand sollte sich noch auf viele Jahre nicht ändern. Aus Präsident Johnsons Rede vom 26. Mai konnten die Israelis eine Neuorientierung heraus-

lesen, die diesmal die größte Weltmacht auf ihre Seite bringen konnte. Denn Johnson hatte die Blockade als gesetzwidrigen und provokativen Akt verurteilt. Er bekräftigte seine Absicht, seine eigenen und die Versprechen seiner Vorgänger zur Gewährleistung von Israels Sicherheit zu erfüllen. Er teilte Israel mit, er werde alle notwendigen Maßnahmen ergreifen, um die Schiffahrtsstraße offenzuhalten. Diese Zusicherungen wurden nur teilweise durch seine Weigerung entwertet, sich Israels Voraussage anzuschließen, ein bewaffneter ägyptischer Angriff stehe unmittelbar bevor. Seine Berater waren überzeugt, daß Israel trotz der ägyptischen Überlegenheit an Waffen den Krieg gewinnen würde. Jedenfalls benötigte der Präsident die Unterstützung des Kongresses und die anderer Staaten, um seine Politik durchsetzen zu können. Er ließ den israelischen Außenminister wissen, »Israel werde nicht allein dastehen, es sei denn, es wolle allein bleiben«. Der wesentlichste Punkt war, daß bei dieser Gelegenheit – anders als 1956 – die Vereinigten Staaten den israelischen Status als den des Opfers einer Aggression offiziell anerkannt hatten.
Es war nicht klar, ob diese günstige amerikanische Haltung in der bevorstehenden Auseinandersetzung für Israel von greifbarem Nutzen sein würde. Aber es war immerhin offenkundig geworden, daß Israel mit einer besseren internationalen Meinung rechnen konnte als 1956. Wenn die Vereinigten Staaten im Prinzip bereit waren, alle zur Offenhaltung der Meerenge notwendigen Maßnahmen zu ergreifen, konnten sie Israel schwerlich tadeln, wenn es seine eigene Politik in ähnlicher Form definierte – und mit größerem Erfolg.

Schließlich erwies sich Nassers Tempo, mit dem er die Agression in Bewegung setzte, als zu rasch. Er gab jetzt seine Entschlossenheit bekannt, »die Lage, wie sie vor 1956 bestanden hatte«, wiederherzustellen – was mindestens hieß, daß Israel die Seeverbindung ins Rote Meer verlieren mußte. Er ging dann einen Schritt weiter und erklärte, »die Lage vor 1948 wiederherstellen zu wollen«, was ganz einfach hieß, die Karte des Mittleren Ostens würde einen »Staat Israel« nicht mehr enthalten. In einer seiner täglichen, vor hysterisch jubelnden Menschenmengen gehaltenen Reden sagte er, wenn es zum Kriege käme, würde es nicht mehr um den Golf von Akaba, sondern um »die Vernichtung Israels« gehen.
Gewiß, es hatte Zeiten gegeben, da die arabische Rhetorik mehr versprach, als von dem arabischen Mut zum Handeln zu erwarten war. Aber im Mai und Anfang Juni 1967 klangen die Reden tatsächlich sehr ernst. Delegationen aus allen arabischen Ländern strömten nach Kairo, um sich feierlich zur Teilnahme an dem Vernichtungsfeldzug zu verpflichten. Am 25. Mai trafen irakische Truppen in Syrien ein. Ägyptische Truppen wurden aus dem Jemen zurückgezogen. Am 30. Mai flog König Hussein nach

Kairo, wo er einen Verteidigungspakt mit Nasser unterzeichnete. Artikel 7 unterstellte jordanische Truppen einem ägyptischen Kommando. Später, am 4. Juni, unterzeichnete eine irakische Delegation in Kairo einen ähnlichen Pakt. Bis zur ersten Juniwoche hatte Ägypten Truppenkontingente aus Kuwait, Algerien, Sudan und Irak erhalten und in Stellung gebracht. Libyen und Tunesien gestatteten algerischen Truppen den Durchmarsch durch ihr Gebiet. Am 1. Juni sagte Präsident Aref vom Irak: »Es besteht Entschlossenheit und Einigkeit, unser klares Ziel zu erreichen: Israel von der Landkarte auszulöschen... es ist der Tag, den Schandfleck wegzuwaschen. Wir werden uns mit Gottes Hilfe in Tel Aviv und Haifa wiedersehen.« Der palästinensische Araberführer Ahmed Shukeiry sagte, daß die Araber nach ihrem Sieg nur diejenigen Israelis im Lande belassen würden, die in Palästina geboren sind. »Aber«, fügte er in makabrem Hohn hinzu, »ich glaube nicht, daß viele von ihnen überleben werden.« Die Vorstellung einer geeinten arabischen Welt, die sich Israels Vernichtung auf unversöhnliche und grausame Weise zum Ziel gesetzt hatte, nährte arabische Träume – und israelische Befürchtungen – seit vielen Jahren. Jetzt war sie vom Mythos zur harten Tatsache geworden. Israels Glück schien im Sinken, und sein Lebenslicht flackerte bedenklich.

Als sich das israelische Kabinett in der Nacht zum 27. Mai beriet, bestand kein Zweifel an der militärischen Möglichkeit, die ägyptische Blockade und Einkreisung zu durchbrechen. Die Frage lautete nur, ob man noch warten sollte, bis sich die Lage auf der politischen Bühne konsolidiert habe. Die israelische Regierung war von Präsident Johnsons Zusage beeindruckt, »er werde alle erforderlichen Maßnahmen ergreifen, um die Offenhaltung der Straße von Tiran zu gewährleisten«. Während einige glaubten, jeder weitere Aufschub würde Israels militärische Position nachteilig beeinflussen, waren andere der Meinung, man müsse dem Präsidenten Zeit lassen, die Übernahme der Verantwortlichkeit ausreifen zu lassen; und liefe die Sache schlecht, würden sich nach weiterem Abwarten auf israelischer Seite neue politische Möglichkeiten im amerikanisch-israelischen Verhältnis eröffnen. Am nächsten Morgen kam es zu einer fast einstimmigen Beschlußfassung im Sinne eines weiteren Abwartens.
An diesem Vormittag war aus Washington nicht nur Präsident Johnsons Mahnung, ihm noch etwas Zeit zu lassen, eingetroffen, sondern auch eine Botschaft von Außenminister Rusk, die Vereinigten Staaten und Großbritannien seien in aller Eile dabei, einen internationalen Geleitschutzplan vorzubereiten, und andere Nationen, darunter Holland und Kanada, hätten sich bereits zur Teilnahme verpflichtet.

Diese Aussicht sollte bald dahinschwinden. Aber eine israelische Regierung hatte bei der Entgegennahme einer solchen Botschaft kaum noch eine Wahl. Auf der negativen Seite wäre Israel, wenn es sich über diese Zusage hinwegsetzte, dem Vorwurf ausgesetzt gewesen, die Gelegenheit eines internationalen Eingreifens in den Wind geschlagen zu haben. Bei positiver Entwicklung würde die internationale Unterstützung für die Lebensinteressen Israels in diesem Falle eindrucksvoller herausgestellt als in den früheren Auseinandersetzungen in der israelischen Geschichte.

Es stellte sich heraus, daß die Wartezeit Israels militärische Chancen keineswegs nachteilig beeinflußte, während sie andererseits ihr politisches Gewicht vergrößerte und ihr neue Sympathien in aller Welt einbrachte. Dies war ein vorausschaubares Resultat. Im August 1969 zeigte eine zuverlässige Meinungsumfrage, daß 63 Prozent der Israelis die Wartezeit für einen Akt staatsmännischer Kunst hielten und nur 24 Prozent sie unentschlossenem Zögern zuschrieb. Zum damaligen Zeitpunkt jedoch drohte die Nervosität, mit der der Entschluß zum Warten gefaßt wurde, Israels inneren Zusammenhalt gerade in dem Augenblick zu zerstören, als der Feind vor den Toren stand. Die Spannung war begreiflich. Israel war von mehr arabischem Militär umgeben, als jemals gegen das Land aufmarschiert war. Auf dem Papier schien die Zahl arabischer Panzer und Flugzeuge, die zum Angriff bereitstanden, auf eine mögliche Niederlage hinzudeuten. Jubelnde arabische Menschenmassen tanzten auf den Straßen – wie trunken von der Aussicht auf Rache und Blutvergießen. Höhere israelische Offiziere drängten auf sofortiges Losschlagen. Sie sagten sogar voraus, eine weitere Verzögerung könne den endgültigen Erfolg in Frage stellen. Die Oppositionsparteien drängten auf einen Wechsel in der israelischen Regierung. Rufe wurden laut, Ben Gurion wieder an die Spitze des Staates zu berufen, obwohl allgemein bekannt war, daß er fast als einziger einer langandauernden Gewaltlosigkeit das Wort geredet hatte.

Ernster war die allgemeine Forderung nach Entbindung Eschkols von seinem Amt als Verteidigungsminister und nach Übertragung dieses Amtes an einen Fachmann. Als Kandidaten wurden hauptsächlich General Yigal Allon, jetzt Arbeitsminister, der die israelischen Angriffsverbände im Unabhängigkeitskrieg geführt hatte, und General Moshe Dayan, Mitglied der Rafi-Partei, genannt, der während des Sinaifeldzuges von 1956 israelischer Stabschef gewesen war. Beide Führerpersönlichkeiten verfügten über begeisterte Gefolgsleute und Gegner in den Reihen der Opposition. Dayans Wahl würde nicht nur den militärischen Kampfgeist stärken, sondern auch den Weg zu einer Verbreiterung der Koalitionsbasis öffnen, da mit ihm die Gahal-Opposition und die Rafi in die Regierung einziehen würden. So würde sein Eintritt in die Regierung, abgesehen von dem belebenden Effekt seiner Person, auch eine All-Parteien-Regierung

zustande bringen. Der Ruf nach diesem Wechsel nahm an Stärke zu, als der unter physischer Erschöpfung und der Last der Verantwortung leidende Eschkol am 28. Mai mit stockender Stimme eine Ansprache an das Volk hielt. Später, als Israel seinen spektakulären Sieg errungen hatte, würdigte eine dankbare Nation die Rolle Eschkols, die er beim Aufbau der militärischen Stärke Israels und der Vervollkommnung der Ausbildung der Streitkräfte während seiner Amtsführung als Verteidigungsminister gespielt hatte. Sie bewunderte außerdem die Klarheit des Urteils und die Ruhe, mit der er unter dem Druck des Krieges seine Entscheidungen gefällt hatte. Noch eine Woche zuvor hatte die Öffentlichkeit jedoch geglaubt, die doppelte Last der Ministerpräsidentschaft und des Verteidigungsministeriums seien für ihn – wie für jeden anderen auch – ohne tieferen parlamentarischen Rückhalt zuviel.
Nach langem Hin und Her wurde das Problem am 31. Mai durch die Bildung einer Regierung der Nationalen Einheit gelöst, die den Oppositionsführer und früheren Chef der Irgun Zvai Leumi, Menachem Begin, und Moshe Dayan einschloß, der unter Eschkols Ministerpräsidentschaft das Amt des Verteidigungsministers übernahm. Die neue Regierung wurde allgemein mit Freude begrüßt. Der Weg war jetzt offen, so daß die Nation einmütig den bevorstehenden Prüfungen entgegentreten konnte.

Es konnte jetzt kein Zweifel mehr darüber bestehen, daß der Krieg dicht bevorstand. Alles, was die Großmächte in den letzten Maitagen und Anfang Juni taten oder unterließen, schien darauf angelegt, in Israel das Gefühl der Isolierung zu verstärken. Die arabischen Regierungen nützten ihre vorteilhafte Ausgangslage bis zum äußersten aus. Riesige Menschenmengen versammelten sich in den Straßen von Kairo und riefen: »Nasser, Nasser, wir stehen hinter dir! Wir werden sie hinmetzeln, wir werden sie vernichten! Tod, Tod!...« Der offizielle ägyptische Rundfunk achtete sorgfältig darauf, daß diese blutrünstigen Drohungen in Richtung Israel ausgestrahlt wurden. Der ägyptische General Mourtaghi verkündete: »In fünf Tagen haben wir den kleinen Staat Israel liquidiert. Auch ohne Krieg bricht Israel zusammen, denn es kann die Lasten der Mobilisierung nicht aushalten.«
Fünf Tage waren für das syrische Temperament offenbar zu viel. In Damaskus rief ein führender General: »Wenn die Feindseligkeiten ausbrechen, werden Ägypten und Syrien imstande sein, Israel in höchstens vier Tagen zu vernichten!« Unheilvoller als diese Drohung war die Tatsache, daß König Hussein am 30. Mai nach Ägypten geflogen war und einen Verteidigungspakt mit Nasser abgeschlossen hatte. Es war jetzt klargeworden, daß Israel im Falle eines Krieges auf drei Fronten gleichzeitig zu kämpfen hatte.

Das Gefühl der Verwundbarkeit durchdrang jede Faser des israelischen Bewußtseins wie ein eisiger Wind. Wenn die Israelis in die Runde blickten, sahen sie die Welt geteilt in diejenigen, die ihre Vernichtung anstrebten, und die anderen, die nichts taten, um dies zu verhindern. Am 2. Juni brachte Frankreich starke Vorbehalte gegenüber der geplanten anglo-amerikanischen Deklaration über die Freiheit der Schiffahrt in der Straße von Tiran zum Ausdruck. Trotz Washingtons optimistischer Voraussage hatte sich Kanada von der Absicht, eine Schiffahrtsaktion außerhalb des UNO-Rahmens zu unterstützen, wieder zurückgezogen. Und die Farce im Sicherheitsrat bewies jede Stunde aufs neue, daß es so etwas wie einen »UNO-Rahmen« nicht gab. Auch die britische Haltung war jetzt reservierter als am Vorabend der Blockade. Außenminister George Brown, der auf die ersten Schritte Nassers anläßlich der Blockade so heftig reagiert hatte, erklärte jetzt vorsichtig: »Wir betrachten die Vereinten Nationen als in erster Linie verantwortlich für die Aufrechterhaltung des Friedens.« Er hätte genausogut sagen können, daß der Frieden überhaupt nicht aufrechterhalten werden wird.
Aber vor allem zeigte sich auch Washington weniger zuversichtlich als noch vor einigen Tagen über die Möglichkeit einer internationalen Aktion gegen Nasser. Präsident Johnson stieß auf Vorbehalte im Kongreß, der sich auf den Standpunkt stellte, amerikanische Intervention solle nicht einmal in Erwägung gezogen werden, solange Israels Bestand nicht direkt gefährdet sei. Die amerikanischen Sicherheitsbehörden waren überzeugt, daß sich im Kriegsfalle der Eindruck arabischer Überlegenheit als illusorisch erweisen würde. Ein Sprecher des State Department sagte, daß »die Vereinten Nationen der Brennpunkt amerikanischer Versuche zur Lösung der Krise seien« und daß seine Regierung »die britische Initiative zu einer gemeinsamen Erklärung über die freie Schiffahrt« unterstütze. Es war nicht sehr ermunternd mitanzusehen, wie sich Washington und London in großzügiger Weise gegenseitig zu dieser Initiative belobigten. Und zu behaupten, die Vereinten Nationen seien der »Brennpunkt für Versuche«, war etwa gleichbedeutend mit: Es gibt keine Versuche und keinen Brennpunkt.
Am 3. Juni hatte sich die Atmosphäre sogar noch weiter verdunkelt. Die militärische Lagenkarte sah ernst aus. Auf der Sinaihalbinsel stand eine starke ägyptische Streitmacht mit fast tausend Panzern an Israels Südgrenze. Der ägyptische Aufmarsch im Verein mit Reden über Israels »illegale« Präsenz in Eilat wies auf den Versuch hin, den südlichen Teil des Negeb vom übrigen Staatsgebiet Israels zu trennen. Ägyptische Aufklärungsflugzeuge erschienen täglich über dem Negeb zur Erkundung lohnender Ziele. Die jordanische Armee bezog ihre Aufmarschräume. Syrische Truppen blickten von den Golanhöhen auf israelische Siedlungen in

Obergaliläa und im Jordantal hinab. Bei den Vereinten Nationen und in vielen Hauptstädten der Welt wurden die israelischen Vertreter jetzt von ihren Kollegen gemieden, als ob es für das Weltgewissen zuviel sei, ihnen noch in die Augen zu sehen.

Dann hieß es aus Paris, Präsident de Gaulle habe alle Waffenlieferungen an Israel gestoppt. Dies mußte auf Israels Entschluß zu kämpfen einen beschleunigenden Effekt haben, denn wenn Israel neben der wachsenden Vereinsamung den Gipfel seiner militärischen Stärke erreicht hatte, mußte das Gefühl »jetzt oder nie« an Gewicht gewinnen. Falls die Franzosen damit den Ausbruch des Krieges verhindern wollten, so sollte die Aktion de Gaulles genau die gegenteilige Wirkung auslösen.

Dies traf in so hohem Maße zu, daß am Sonntag, dem 4. Juni, die allgemeine Stimmung im Lande von einer seltsamen Ruhe gekennzeichnet war. Am Tag davor waren die Strände am Meer von beurlaubten Soldaten bevölkert gewesen; alle Touristen waren bereits verschwunden. Die Nation schien sich ganz allein im klaren Lichte ihrer Pflicht zu sonnen. Und diejenigen, auf deren Schultern die Last der Entscheidung lag, konnten wie Männer handeln, die bereits unter Berücksichtigung aller Eventualitäten ihre Wahl getroffen hatten und denen jetzt nur noch der formelle Akt der Tat zu tun übrigblieb. Es war, als ob Israels Gegner mit ihrer Arroganz und seine Freunde mit ihrer Ohnmacht Tel Aviv in eine Zwangslage gebracht hätten.

Hatte Israel denn überhaupt noch eine Wahl? Es sah sich hunderttausend ägyptischen Soldaten gegenüber, die in der Wildnis der Sinaihalbinsel, in sieben Divisionen gegliedert, mit fast tausend Panzern aufmarschiert waren, während eine weitere Panzerdivision in der Gegend von Bir Gafgafa in Reserve stand. Falls die Ägypter zum Angriff übergehen oder auf israelischen Widerstand reagieren sollten, schien die Hauptgefahr darin zu liegen, daß es durch einen raschen Vorstoß durch den Negeb zu einer Vereinigung der ägyptischen und jordanischen Armeen nördlich von Eilat kommen würde. Hinter den 100000 Ägyptern auf der Sinaihalbinsel stand eine Reserve von 60000 Mann. Die Überlegenheit des Gegners in der Luft war besonders deutlich. Die Araber hatten den Vorteil einer überwältigenden zahlenmäßigen Übermacht und einer alarmierenden Nähe zu Israels empfindlichsten Nervenzentren. Von dem Luftstützpunkt Bir Gafgafa war Tel Aviv in wenigen Minuten zu erreichen, während der israelischen Luftwaffe kein wesentliches ägyptisches Ziel in ähnlicher Entfernung zur Verfügung stand. Die ägyptische Luftwaffe verfügte über gut vierhundert Jäger und Jagdbomber sowie über fünfundsiebzig bis achtzig mittlere und leichtere Bomber, die imstande waren, schwere Schäden in israelischen Städten anzurichten.

Und als ob dies noch nicht genug gewesen wäre, so erhöhte sich die Gefahr noch dadurch, daß die Ägypter auf die Menschenreserven, die Panzerkräfte und Luftwaffen anderer arabischer Staaten zurückgreifen konnten. Diese stellten allein für sich noch keine entscheidende Gefahr dar. Aber ihr bloßes Dasein und ihre strategische Lage mußten Israel zwingen, einen Teil seiner Kräfte von der Hauptfront abzuziehen. Daß Syrien sich am Krieg beteiligen würde, galt als sicher. Dies bedeutete, daß Israel mit einer syrischen Armee von 50000 Mann zu rechnen hatte, mit mindestens zweihundert einsatzfähigen Panzern und einhundert sowjetischen Flugzeugen, einschließlich zweiunddreißg moderner MIG 21. Auf der politischen Seite war die Lagebeurteilung noch nicht einhellig hinsichtlich der Frage, ob sich Jordanien am Kampf beteiligen würde, aber militärisch mußte auch dieser Fall berücksichtigt werden. Die jordanische Armee bestand aus 50000 bis 60000 Mann, deren Hauptstärke in 250 Patton- und Centurion-Panzern lag. Lediglich in der Luft war Jordanien schwach. Eine irakische Division bezog Stellungen auf jordanischem Gebiet gemäß dem zwischen der VAR und Jordanien getroffenen Verteidigungsabkommen, dem sich der Irak offiziell angeschlossen hatte.

So lauteten die nüchternen Tatsachen. Hinzu kam der geländemäßige Vorteil der Araber und eine weit höhere Kampfmoral, als sie die arabische Welt in ihrer modernen Geschichte gekannt hatte. Laut Berichten, die in Israel eintrafen, ließen sich die ägyptischen Generale und andere Führer von Nasser aus taktischen Gründen kaum noch zurückhalten. Seine Idee war es, wie Muhammad Hassanein Heykal offen zum Ausdruck brachte, den ersten Schlag »aufzufangen« und in der zweiten Runde »den Vernichtungsschlag zu führen«, nachdem Israel zum Präventivschlag ausgeholt haben sollte. »Wir haben es für Israel unvermeidlich gemacht, sich zum Kampf zu stellen«, prahlte Heykal. Diese Strategie machte es erforderlich, den ersten Angriff durch Israel zu provozieren. Aber der Korrespondent des Londoner *Observer* berichtete, wie Zehntausende junger Männer in ganz Ägypten Vereinigungen bildeten, um Nasser zum Handeln zu zwingen, so daß er, auch wenn er sie unter Kontrolle halten wollte, damit nur kurze Zeit Erfolg haben könnte. Nach dem Krieg fand dieser Bericht eine gewisse Bestätigung bei Eric Rouleau, einem französischen Schriftsteller, der für sein begeistertes Eintreten für die arabische Sache bekannt war. Nach seinen Worten ließ sich die Kairoer Atmosphäre wie folgt zusammenfassen: »Wir haben lange genug gewartet. Es hat keinen Sinn, noch länger zu warten. Schluß mit Israel – je früher, desto besser. Bloß nicht weiter darüber reden. Was wir brauchen, sind Taten. Auf nach Tel Aviv!«

Es schien absurd, die arabischen Armeen in Tel Aviv zu erwarten. Am 4. Juni faßte das israelische Kabinett den einstimmigen Beschluß zum sofortigen Handeln. Der ägyptischen Blockade und Einkreisung würde eine totale Reaktion entgegengesetzt werden. Im juristischen Sinne befand sich Ägypten sowieso im Kriegszustand mit Israel. Kairo hatte bereits am 1. Juni ein entsprechendes Memorandum anderen Regierungen zustellen lassen. Andererseits hatte Israel die Amerikaner sehr tief in die Sache hineingezogen. Ihre politische und moralische Verantwortung lastete viel schwerer auf ihrem Gewissen als noch eine Woche zuvor. Israel wollte nicht noch einmal die Erfahrung von 1956 machen, als sich die Vereinigten Staaten, schockiert durch die Spontaneität des israelischen Handelns, auf die Seite der Sowjetunion geschlagen hatten, um die Ergebnisse dieser Aktion zunichte zu machen. In der ganzen Welt fühlte man sich in einer noch nicht dagewesenen Weise mit der Notlage Israels solidarisch. Die Vorstellung, daß eine Generation nach den Nazis der verbleibende Rest des Judentums einer grausamen Drohung zum Opfer fallen könnte, rief eine allgemeine Woge des Entsetzens hervor.

Aus dem Kreise derjenigen, die am 4. Juni in Jerusalem an der Entscheidung beteiligt waren, sind einige inzwischen dahingegangen. Diejenigen, die noch immer die Last tragen, sind durch gemeinsame Erinnerungen miteinander verbunden. Sie haben erfahren, was es heißt, wenn Schicksalsfragen der Nation entschieden werden müssen. Als das Kabinett seinen Entschluß faßte, wußten seine Mitglieder, daß sie den einheitlichen Willen des ganzen Volkes zum Ausdruck brachten. All die Umstände, die sich trennend im israelischen Alltagsleben auswirken und der israelischen Gesellschaft einen trügerischen Anflug innerer Zerrissenheit verleihen, die ganze, im jüdischen Leben tief verwurzelte Abneigung gegen jegliche Autorität – all dies war auf einmal zu einem neuen, harten Metall verschmolzen, wie es nur wenige vorher erlebt hatten. Es waren natürlich auch Befürchtungen laut geworden, wie es natürlich war bei einem Volk, das so oft unerträglich scheinende Dinge ertragen hatte. Einigen kam es so vor, als stünde das Jüngste Gericht unmittelbar bevor. Und verschiedentlich wurde in Israel wieder von Auschwitz und Maidanek gesprochen. Die ängstliche Anteilnahme von Freunden in der Außenwelt führte ironischerweise dazu, daß sich auch die Nervosität im Innern steigerte. Die Israelis argumentierten mit einer pervers anmutenden Logik, daß – wenn sich schon die Menschen im Ausland große Sorgen um sie machten – sie sich selbst bereits am Abgrund des Todes befinden müßten. Während so die letzten Tage des Mai im Nebel der Erinnerung verschwanden, wurde das Volk plötzlich von einem Geiste der Entschlossenheit ergriffen. Männer im dienstpflichtigen Alter legten still die Arbeit in Fabrik, Büro und Landwirtschaft nieder, empfingen ihre Gestellungsbefehle und verschwanden gen Süden. Krankenhausbetten wurden mit einer ruhigen und beinahe makabren Geschäftsmäßigkeit zu Hunderten vorbereitet. Gräben und Luftschutzbunker wurden im ganzen Land ausgehoben. Industriekönige, die in besseren Tagen ob ihrer Knausrigkeit von sich reden machten, stifteten legendäre Summen für die nationale Verteidigung. Als die Tage amtemloser Spannung vorüber waren, brachte der Rundfunk den bewegenden Austausch von Nachrichten zwischen Soldaten an der Front und ihren jungen Ehefrauen zu Hause. Kinder wurden erwähnt, die kurz darauf zur Welt kommen sollten, oder man spielte voller Angst auf den Backofen an, der in der Eile des Abschieds nicht gelöscht worden war. Die einfache Natur dieser gegenseitigen Mitteilungen besaß ein Pathos, das schwer zu ertragen war. Es war plötzlich zu einer Neuordnung aller Werte gekommen, wobei die menschlichen Beziehungen an die Spitze der Skala rückten. Auch die im Ausland lebenden Juden befanden sich in einem Aufruhr fast noch dramatischerer Art. Es gab natürlich auch die üblichen deklamatorischen Sympathiebezeigungen, doch lag ihnen ein greifbareres Element jüdischer Solidarität zugrunde. Tausende junger Männer belagerten die Büros israelischer Konsulate und der Jewish Agency, um unverzüglich zur Dienstleistung nach Israel geschickt zu werden. Und die Erregung beschränkte sich nicht nur auf die Juden. Ein Blinder in Brooklyn bot das Geld, das er über zwanzig Jahre hindurch für ein Haus gespart hatte, als Spende an und erklärte, wenn Israel unterginge, hätte das Leben für ihn sowieso keinen Sinn mehr – und falls es die Oberhand behielte, würde er sein Geld sowieso zurückbekommen. In Skandinavien gab es Parlamentsabgeordnete, die ihren Sitz zur Verfügung stellen wollten, um für den Kampf auf der Seite Israels frei zu sein. Ein Blaustrumpf in Nordschottland verkündete, sie könne zwar im eigentlichen Kampfgeschehen kaum etwas ausrichten, aber nur wenige Menschen könnten einen Armeelastwagen so fachkundig fahren wie sie. Amateurtechniker schickten Israel phantastische Pläne von Geheimwaffen, mit deren Hilfe die ägyptische Armee zu Rauch und Asche werden würde. Tausende von Wissenschaftlern und Professoren, von denen sich viele bisher überhaupt nicht um Israel gekümmert hatten, fühlten sich plötzlich veranlaßt, Aufrufe zur Unterstützung Israels zu unterzeichnen. Sogar niveaumäßig hochstehende Zeitungen wie *The Times, The Guardian, The Economist, The Observer, The New York Times* und *Le Monde*, die schon lange dafür eingetreten waren, daß Israel Zugeständnisse machen müsse, gaben plötzlich zu, Widerstand sei vielleicht auch ein Mittel, um mit der Aggression fertig zu werden. Israels Notlage besaß offenbar eine Komponente, die das menschliche Gefühl ansprach. Aus einigen erst seit kurzem unabhängigen afrikanischen Staaten kamen zahlreiche Briefe von jungen Männern, die Wochen oder Monate hindurch an israelischen Ausbildungslehrgängen teilgenommen hatten und für die Israel zur Alma Mater geworden war. In den Kirchen von Holland wurden Gebete für Israel gesprochen. Wenn die anschließenden Kampfhandlungen nicht von so kurzer Dauer gewesen wären, hätte sich der Freiwilligenzustrom aus aller Welt zur Verteidigung Israels zu einem Ausmaß gesteigert, das in der Geschichte des modernen Krieges kein Gegenstück hat. Im Augenblick der Gefahr stand Israel hoch oben im Vertrauen und in der ängstlichen Sorge der friedliebenden Menschheit.

In Israel selbst wurden die üblichen Rivalitäten durch gegenseitige Toleranz und Sympathie gemildert. Die Synagogen im ganzen Land schienen voller denn je. Die Luft atmete Mut und Rechtschaffenheit. Die Nation, die ihren jugendlichen Idealismus und Pioniergeist verloren zu haben schien, blickte jetzt auf die alten, allen gemeinsamen Träume und Ideen zurück. Israelis und Juden in der Diaspora fanden sich wieder und waren glücklich darüber. Verantwortung und Opferbereitschaft waren nicht länger Worte, die einen unangenehmen Beigeschmack hatten. Das Bewußtsein des Volkes hatte eine neue Dimension erhalten, deren tiefere Erforschung noch viele Jahre dauern würde. Die ganze Nation war sich einer Sache gewiß. Die Wahl lautete: zu leben oder unterzugehen – das nationale Dasein zu verteidigen oder es auf immer und ewig zu verlieren.

Am Montag, dem 5. Juni, lastete die Vormittagshitze schwer auf dem Land. Um 7.50 Uhr ließen die Luftschutzsirenen ihr Heulen ertönen. Männer und Frauen auf dem Weg zur Arbeit und Kinder auf dem Schulweg achteten zunächst nicht auf den Ton. Erst als die Polizei erschien, spürten sie, daß etwas anderes in der Luft lag als nur der übliche Probealarm. Die Straßen begannen sich zu leeren, als die Menschen zögernd und ungläubig den wenigen Luftschutzbunkern zustrebten, die es gab. Ägyptische Flugzeuge im Anflug auf Israel waren auf den Radarschirmen gesichtet worden. Dies war in den letzten Tagen häufiger geschehen. In Übereinstimmung mit dem Regierungsbeschluß waren isarelische Flugzeuge aufgestiegen, um die Angreifer abzuwehren. Aber diesmal war der Auftrag unserer Luftwaffe nicht nur taktisch begrenzt wie bisher. Sie führte einen vernichtenden Schlag gegen die ägyptische Luftwaffe. Kurz darauf beschossen ägyptische Landstreitkräfte im Gazastreifen die israelischen Siedlungen von Nachal Oz und Erez. Israelische Panzereinheiten gingen jetzt zum Gegenangriff über. Der Kampf zwischen israelischen und ägyptischen Kräften zu Lande und in der Luft war in vollem Gange. Die Aktion, zu der Nasser Israel seit drei Wochen provoziert hatte, war angelaufen. Israel schlug mit der Luftwaffe zurück, und von Anfang an schien ihm das Kriegsglück hold zu sein. Nasser hatte jetzt den Krieg, den er so beharrlich gesucht und leidenschaftlich willkommen geheißen hatte. Heykals Logik hatte sich erfüllt: Israel tat, was er »unvermeidlich« genannt hatte.

Noch bevor die ersten Ergebnisse der Luftangriffe bekannt wurden, bemächtigte sich der Israelis ein ungeheures Gefühl der Erleichterung. Alle Möglichkeiten, ohne Krieg die eigene Ehre zu verteidigen und den Bestand des Staates zu sichern, waren erschöpft. Die Unvermeidlichkeit der israelischen Aktion würde ihren Eindruck in der ganzen Welt nicht verfehlen; die Vereinigten Staaten konnten die Zwangslage, in der sich Israel befand, nicht ein zweites Mal in Frage stellen oder behaupten, Israel habe nicht mit offenen Karten gespielt.

Juristisch betrachtet, machte Israel von seinem »Recht auf Selbstverteidigung« Gebrauch, das laut Artikel 51 der Charta der Vereinten Nationen allen Staaten zugebilligt ist. Morgens um zwei Uhr wurde der israelische Delegierte bei den Vereinten Nationen in New York angewiesen, eine Sitzung des Sicherheitsrates einzuberufen, wo er die ägyptische Aggression und die israelischen Gegenmaßnahmen erläutern sollte. Um zehn Uhr morgens erhielt die Regierung Berichte der Presse, Rundfunknachrichten und Fernsehkommentare aus aller Welt, die sich mit Israel befaßten, das, am Rande der Vernichtung, sich in heiligem Zorn zur Verteidigung seiner Existenz erhoben habe. Demgegenüber faselten die arabischen Rundfunkstationen von sensationellen arabischen Siegen und von Israels unmittelbar bevorstehendem Untergang.

Woran man sich am lebhaftesten erinnert, ist das Tempo, mit dem Israel sich aus der tödlichen Gefahrenzone befreite. Was der sogenannte Sechs-Tage-Krieg war, wurde in Wirklichkeit während der ersten sechs Stunden in der Luft entschieden. Weder in der objektiven Logik noch in der militärischen Erfahrung gab es irgendeinen Vorgang, der ein solches Ergebnis hätte vorausahnen lassen. Die meisten Experten glaubten, daß die zahlenmäßige Überlegenheit der Araber und die Tatsache, daß sie Israel von drei Seiten aus angreifen konnten, sie zum mindesten immun gegen eine rasche Niederlage machen würden und ihnen in allen Fällen die Chance eines ehrenvollen Unentschieden sichern müßten.

Aber am 5. Juni um 11 Uhr vormittags hatte sich die israelische Lage grundlegend geändert. Meldungen über schier unglaubliche Erfolge in der Luft trafen ein. Alle ägyptischen Flugplätze waren angegriffen und die meisten ägyptischen Flugzeuge am Boden zerstört worden. Bis zum Mittag gingen die Zahlen der vernichteten ägyptischen Flugzeuge in die Hunderte, und als die Nacht hereinbrach, beherrschte Israel den Himmel im Mittleren Osten.

Am 5. Juni um 10 Uhr vormittags hatte die israelische Regierung dem König von Jordanien eine Botschaft übermittelt, in der die Hoffnung ausgedrückt wurde, er möge sich aus dem Konflikt heraushalten, und die die Zusage enthielt, Israel würde nur dann angreifen, wenn es seinerseits angegriffen würde. Die Hoffnung war nicht ganz unbegründet. Aber im Mittleren Osten gelten andere Gesetze als die der rationalen Logik. Israels militärische Führung unterstützte den politischen Schritt aus voller Überzeugung. Angesichts der elf jordanischen Brigaden auf dem Westufer des Jordan und in dem Gebiet südlich und ostwärts des Toten Meeres konnte Israel höchstens einen hinhaltenden Kampf führen. Die Erfahrungen des Jahres 1956, die ständige Animosität zwischen Nasser und Hussein sowie die Anfälligkeit der jordanischen Armee hatten zu der Schlußfolgerung geführt, daß es sich König Hussein trotz des Paktes vom 31. Mai gründlich überlegen würde, in die Kämpfe einzugreifen. Aber alle diese Berechnungen wurden zunichte gemacht, als die jordanischen Streitkräfte an der ganzen Front das Feuer eröffneten. König Hussein hat selbst das Dilemma beschrieben, in dem er sich befand:

»Zu diesem Zeitpunkt wurden wir im Hauptquartier der Luftwaffe von dem UNO-General Odd Bull angerufen. Es war kurz nach 11 Uhr vormittags. Der norwegische General teilte mir mit, daß der israelische Ministerpräsident einen Appell an Jordanien gerichtet habe. Mr. Eschkol habe summarisch erklärt, die israelische Offensive habe an diesem Morgen, Montag, dem 5. Juni, mit Operationen gegen die Vereinigte Arabische Republik begonnen. Er fügte dann hinzu: ›Wenn Sie nicht intervenieren, wird Ihnen nichts passieren.‹
Um diese Zeit kämpften wir bereits in Jerusalem. Und unsere Flugzeuge waren gerade gestartet, um israelische Flugplätze zu bombardieren. Deshalb antwortete ich Odd Bull: ›Sie haben den Kampf begonnen. Nun gut, sie werden die Antwort durch unsere Luftwaffe erhalten.‹«

Die Würfel waren gefallen. Jordanische Truppen eroberten das Government House im Südosten Jerusalems, wo die UNO-Waffenstillstandskommission ihren Sitz hatte. Am frühen Nachmittag begann die jordanische Armee ihre Panzer gegenüber dem nordwestlichen Teil Jerusalems zusammenzuziehen. So war innerhalb weniger Stunden eine Gefahr für Israels Sicherheit an einer Stelle entstanden, die am wenigsten vorauszusehen gewesen war. In einer raschen Umgliederung der Kräfte mußte der Mittelabschnitt verstärkt werden.
Radio Amman verkündete jetzt in blutrünstigen Erklärungen, alle Israelis müßten »in Stücke gerissen werden«. Tatsächlich hatte Israel am Montag, dem 5. Juni, durch Jordanien schwerere Verluste erlitten als an der ganzen ägyptischen Front. Die israelischen Kräfte erhielten jetzt den Befehl zum unbedingten Widerstand. Und kurz nach 2 Uhr nachmittags griff die israelische Luftwaffe die Flugplätze von Amman und Mafrak an, wo fast die gesamte jordanische Luftwaffe, bestehend aus zwanzig Hunter-Maschinen, zerstört wurde. In einem schwungvollen Gegenangriff wurde das Government House in Jerusalem zurückerobert und die jordanischen Streitkräfte zurückgeschlagen.
Der Kriegseintritt Jordaniens gab den Ereignissen eine unvorhergesehene

Wendung. Was ursprünglich als Reaktion auf die ägyptischen Truppen in der Sinaihalbinsel – mit dem Ziel der Sprengung des Einschließungsringes – gedacht war, hatte sich jetzt zu einem Konflikt entwickelt, der israelische Truppen auf allen Fronten band. Jetzt war es mehr denn je klar geworden, daß es ohne Sieg kein Überleben geben würde. Jeder Erfolg arabischer Land- und Luftstreitkräfte, wie begrenzt er auch im taktischen Bereich sein mochte, würde auf Israel gleichzeitig einen Druck aus drei Richtungen ausüben. Die Situation machte es deutlich, daß Tel Aviv aufgrund der Waffenstillstandskarte nur die Wahl zwischen totalem Sieg und totaler Niederlage hatte. Es lag auf der Hand, daß ein Erfolg im Feldzug gegen Jordanien Sieg, aber auch viele Verwicklungen zur Folge haben würde. Israel braucht nie zu bedauern, daß es sogar noch während der ersten jordanischen Angriffe für König Hussein die Möglichkeit eröffnete, sich wieder zurückzuziehen. Nach dem Krieg wurde es jedoch offenkundig, daß der König nicht Herr seiner Entschlüsse war. Ägyptens bedeutendster Soldat, General Mahmoud Riad, war zum Befehlshaber des jordanischen Frontabschnitts ernannt worden, und am Abend des 4. Juni hatte er mit einem ägyptischen Stab das Operationszentrum in Amman übernommen. König Hussein hat beschrieben, wie der ägyptische General Jordanien seelenruhig in Besitz nahm, ohne das Land auch nur im geringsten in sein Vertrauen zu ziehen. Er hat geschrieben:

»Wir erhielten falsche Informationen über die Ereignisse in Ägypten, seit die Flugplätze in der VAR von der israelischen Luftwaffe angegriffen worden waren. Eine neue Nachricht von Marschall Amer informierte uns darüber, daß die israelische Luftoffensive weiterging. In derselben Botschaft wurde jedoch behauptet, daß 75 Prozent der israelischen Luftwaffe von der ägyptischen Luftwaffe zerstört worden seien. Im selben Bericht hieß es, daß ägyptische Bomber israelische Luftstützpunkte mit vernichtender Wirkung angegriffen hätten. Amer erklärte weiter, daß ägyptische Landstreitkräfte durch den Negeb in Israel eingedrungen seien. Diese Nachrichten, die, gelinde gesagt, Phantasieprodukte waren, trugen weitgehend dazu bei, Verwirrung zu erzeugen und unsere Beurteilung der Lage zu verzerren. Als unsere Radarstation zu jenem Zeitpunkt signalisierte, daß aus Ägypten kommende Flugzeuge in Richtung Israel flögen, hatten wir keinerlei Zweifel: Wir glaubten sofort, daß die Nachricht stimme. In Wirklichkeit waren es israelische Bomber, die nach Durchführung ihrer Aufträge vom Einsatz gegen Ägypten zurückkehrten.«

So stand Israel am Mittag des 5. Juni im Krieg mit zwei arabischen Staaten, deren Streitkräfte bald durch Kontingente aus anderen arabischen Ländern verstärkt werden würden. Ein paar Stunden später waren die ägyptische und die jordanische Luftwaffe vernichtet. Israel drang tief in die Sinaihalbinsel vor. Schwere Verluste waren der syrischen und irakischen Luftwaffe zugefügt worden. Jordanien hatte heftige Angriffe auf israelische Gebäude und Straßen in Jerusalem eingeleitet und hierzu Artillerie zwischen den Heiligen Stätten des Christentums und des Islams strategisch günstig in Stellung gebracht. Israelische Kräfte waren von der Küste her im Vormarsch auf Jerusalem, um die zur Zeit größte Bedrohung zu beseitigen. Es sollte noch weitere fünf Tage lang in Jerusalem zu schweren Kämpfen kommen. Aber kein einziger Tag in der gesamten jüdischen Geschichte würde je den Glanz jenes einen Tages verdunkeln, an dem Israel aus tödlicher Gefahr zu erfolgreichem Widerstand übergegangen war. Vierundzwanzig Stunden zuvor war Nasser noch überzeugt gewesen, er würde in die Geschichte eingehen als ein zweiter Saladin, der Kriegsheld der Moslems, vor dessen Schwert alle Gegner und Ungläubigen zitterten. Nassers Prophezeiungen, Israel werde vernichtet werden, waren im ehrlichen Glauben gemacht worden. Ein großer Teil der Welt war durch seine Stärke und sein Selbstvertrauen hypnotisiert worden. Jetzt lagen ihm seine Träume zerrissen zu Füßen.

Die Nachricht, die israelische Luftwaffe habe innerhalb eines einzigen Tages über vierhundert arabische Flugzeuge bei nur zwanzig eigenen Verlusten zerstört, klang höchst unwahrscheinlich. Die Welt durchlebte einige Stunden der Verwirrung und des Zweifels. Diejenigen, die arabische Rundfunksendungen abhörten, wurden Zeuge, wie arabische Regierungen fröhlich erklärten: »Der Kampf hat begonnen – er ist willkommen.« Die Menschenmengen in den Straßen von Kairo feierten bereits die bevorstehende Vernichtung Israels und jubelten über die spektakulären »Siege«, die jede halbe Stunde verkündet wurden. In der Phantasiewelt der arabischen Kriegsberichterstattung befanden sich arabische Armeen überall im Vormarsch, um das Ziel zu erreichen, welches Nasser am 26. Mai wie folgt definiert hatte:

»Die Kämpfe werden überall stattfinden. Unser Hauptziel ist die Zerstörung Israels. Ich hätte so etwas vor fünf oder vielleicht noch vor drei Jahren wahrscheinlich nicht sagen können. Wenn ich so etwas gesagt hätte und nicht imstande gewesen wäre, meine Worte in die Tat umzusetzen, wäre meine Rede leer und wertlos gewesen. Heute sage ich solche Dinge, weil ich Vertrauen habe.«

Dies war erst vor zwölf Tagen gewesen. Als die Wahrheit durchsickerte, ließ das Tempo, in dem sich die Lage veränderte, die Araber für den Rest des Krieges und noch viele Wochen danach in einem Zustand völliger Konsternierung zurück. Es sollte noch einige Tage lang zu heftigen Kämpfen kommen, aber an der ägyptischen Front war der Krieg praktisch in der ersten Runde entschieden worden. Israel wandte sich anderen Gefahrenherden zu. Mit einer Brigade in Jerusalem, einem aus Reservisten

bestehenden Panzerverband aus der Küstenregion, einer Luftlandebrigade, die von der Südfront abgezogen worden war, und einem weiteren Panzerverband, der ursprünglich zum Einsatz an der syrischen Front vorgesehen war, befand sich die israelische Armee in der Lage, die Jordanier innerhalb von achtundvierzig Stunden über den Jordan zurückzuwerfen. Das Tempo des jordanischen Rückzugs übertraf alle Erwartungen. Das Geheimnis lag in der früh errungenen Luftherrschaft, die es der israelischen Luftwaffe ermöglichte, jordanische Kolonnen anzugreifen, hinter die jordanischen Abwehrstellungen vorzudringen und aus der ganzen Armee einen ungeordneten Haufen zu machen.
Die heftigsten Kämpfe fanden in Jerusalem statt, wo israelische Kräfte unter General Uzi Narkiss und Oberst Mordechai Gur schwerbefestigte Stellungen angriffen und sich Straße für Straße unter dauerndem Heckenschützenfeuer durch die Innenstadt vorarbeiteten. Am Morgen des 7. Juni war die gesamte Altstadt durch eine israelische Zangenbewegung eingeschlossen. Fest steht, daß nach einer gewissen Zeit der Ostteil Jerusalems durch Belagerung den Israelis sowieso in die Hand gefallen wäre. Aber es mußte mit einem Sicherheitsratsbeschluß gerechnet werden, der das militärische Lagebild eingefroren hätte, solange die Stadt noch geteilt war. Dies ließ Israel keine andere Wahl, als rasch zu handeln. Es begann um 8.30 Uhr, und sechs Stunden später befand sich ganz Jerusalem unter israelischer Kontrolle. Die israelischen Truppen hatten hohe Verluste erlitten, weil sie die Heiligen Stätten ausdrücklich geschont hatten. Die Jordanier benutzten die Al-Akza-Moschee als Stellung für ihre Scharfschützen und das gesamte Gebiet des Tempelberges als Munitionslager – trotz dringender Gegenvorstellungen des jordanischen Gouverneurs von Jerusalem und führender religiöser Stellen des Islam. Um 10.15 Uhr war die israelische Flagge über dem Tempelberg gehißt worden. Die Klagemauer, die heiligste Stätte des Judentums, war in israelischer Hand. Kein Mensch mit einigermaßen historischem Einblick konnte ungerührt bei dieser Wiedervereinigung eines Volkes mit den Überresten seines einstigen Ruhmes bleiben. Israelische Soldaten, die in der nüchternen Welt der jungen Generation aufgewachsen waren, weinten wie Kinder, als sie stumm vor den massigen, von Narben übersäten Steinen standen.
Inzwischen waren westlich des Jordan Panzerkräfte unter General David Elazar vom Norden her bis an das Flußufer vorgestoßen. Israel beherrschte jetzt den Fluß in seiner ganzen Länge, von seinen Quellen in Dan bis zu dem Punkt, wo er im Süden in das Tote Meer fließt. Gleichzeitig und völlig unabhängig von diesem Vorstoß wurde im Süden von den Truppen unter General Yeshayahu Gavish eine militärische Operation mit glänzendem Erfolg durchgeführt. Sein Panzerbefehlshaber, General Israel Tal, stieß auf El Arish vor, von wo aus sich der israelische Angriff

in zwei Richtungen gabelte: Die eine folgte der Küstenstraße in westlicher Richtung auf den Suez-Kanal zu; die andere wandte sich nach Süden. Hier traf General Abraham Yoffe mit Tals Verbänden zusammen, während General Ariel Sharon noch verbliebene Widerstandsnester im Gebiet von Um Kattef–Abu Ageila und weiter südlich gegen Husseima ausräumte. Am 7. Juni, dem dritten Tag des Krieges, an dem Jerusalem wiedervereinigt wurde, hatten auch die Kampfhandlungen auf der Sinaihalbinsel ihren Höhepunkt erreicht. Die ägyptischen Truppen befanden sich dort in vollem Rückzug. Und israelischen Marineeinheiten, die in den Golf von Akaba eindrangen, gelang es, Sharm el-Sheikh zu nehmen, die Straße von Tiran zu öffnen und so das Unrecht wiedergutzumachen, das Nasser als Vorwand für die Auslösung des Krieges gedient hatte.
Am vierten Kriegstag, am 8. Juni, war auf dem östlichen Frontabschnitt kein Widerstand mehr zu erkennen. Die jordanischen Streitkräfte und Zehntausende verschreckter Flüchtlinge drängten sich in östlicher Richtung über die Jordanbrücken und ließen damit Samaria und Judäa völlig unter israelischer Kontrolle. Die ganze Aufmerksamkeit konzentrierte sich jetzt auf die endgültige Bereinigung der Situation auf der Sinaihalbinsel. Bevor der 8. Juni zu Ende gegangen war, hatte General Tal Kantara und Ismailia genommen, während General Yoffe und seine Truppen in einer Zangenbewegung auf die Stadt Suez und in Richtung der Bitterseen vorstießen; andere Verbände marschierten in südlicher Richtung auf Ras Sudar am Golf von Suez zu. Die Fallschirmjäger, die bei Sharm el-Sheikh gelandet waren, drangen jetzt nach Norden vor, um sich mit der Masse der israelischen Armee zu vereinigen. Die Schlucht des Mitla-Passes war Schauplatz verlustreicher Kämpfe, an denen tausend Panzer beteiligt waren. Sie wurden siegreich beendet und führten zur Vernichtung der ägyptischen Panzerverbände. Die israelische Flagge wehte den Suez-Kanal entlang, die Straße von Tiran war geöffnet, die ägyptische Luftwaffe war vernichtet, ungeheure Mengen an Ausrüstung, darunter mindestens 800 Panzer, wurden zerstört oder erbeutet. Das Ausmaß der ägyptischen Niederlage überstieg beinahe alles Vorstellungsvermögen.

Am Morgen des 9. Juni sah es so aus, als ob der einzige arabische Staat, der den Krieg ungeschoren überstehen würde, ausgerechnet derjenige war, dessen Politik zum Ausbruch des Krieges geführt hatte. Aber es war nicht anzunehmen, daß Israel – nachdem es die arabische Aggression abgewehrt hatte und die Sympathien in aller Welt ständig wuchsen –, sich damit zufriedengeben würde, die ständige Gefährdung seiner Siedler im Jordantal und in Obergaliläa hinzunehmen. Mit einer Beharrlichkeit und Wirksamkeit, die bisher keine andere arabische Armee an den Tag gelegt hatte, beschoß syrische Artillerie die israelischen Dörfer im Norden. Die

Vorbeimarsch von Sherman-Panzern nach dem Sinaifeldzug

Moshe Dayan, 1956 Chef des Generalstabes im Sinai-Feldzug, wurde 1967 angesichts der Gefahr des Kriegsausbruches Verteidigungsminister

Der ägyptische Präsident Gamal Abdul Nasser, der mit seiner Persönlichkeit und Politik die Ereignisse im Mittleren Osten fast zwei Jahrzehnte hindurch beherrschte und diesen Teil der Welt zweimal in kriegerische Verwicklungen stürzte. Rechts: Anwar Sadat wurde im September 1970 nach dem Tode von Gamal Abdul Nasser Präsident von Ägypten

König Hussein führte Jordanien in den Sechs-Tage-Krieg, nachdem er sich entschloß, Israels Angebot zur Vermeidung feindseliger Akte zu mißachten. Rechts: Nureddin El Atassi, bis 1970 Präsident Syriens, des Lieblingsstaates der Sowjets im Mittleren Osten vor dem Sechs-Tage-Krieg

◀ Eine israelische Panzereinheit bei der Umgruppierung auf dem Hauptplatz von Gaza nach dem Fall der Stadt im Sechs-Tage-Krieg

Der Sechs-Tage-Krieg wurde in Wirklichkeit bereits in den ersten sechs Stunden gewonnen, als die arabische Luftwaffe, hauptsächlich am Boden, durch schwere israelische Luftangriffe völlig zerstört wurde

◀ Treffpunkt der »Espresso-Generation«: Die Dizengoff-Straße in Tel Aviv. Angehörige dieser »Generation« trugen die Hauptlast des Kampfes während des Sechs-Tage-Krieges

Präsident Zalman Shazar mit Angehörigen des siegreichen Generalstabs nach dem Sechs-Tage-Krieg

Die wiedervereinigte Stadt Jerusalem mit der Altstadt. Hinter der Moschee Al-Aksa (Mitte links) die Klagemauer der Juden

Während des Bürgerkriegs in Jordanien zwischen den palästinensischen Terroristen und der jordanischen Armee suchten viele Terroristen Zuflucht in Israel, dem Land, das sie zu vernichten gelobt hatten

Araber auf dem Westufer erhalten Anweisung über verbesserte landwirtschaftliche Methoden. Trotz Fehlens einer Friedensregelung hat sich eine arabisch-jüdische Zusammenarbeit in Israel und den besetzten Gebieten entwickelt

Ein Riß erscheint in der bisher undurchdringlichen Mauer, die das sowjetische Judentum umgeben hatte. Georgische Einwanderer verlassen das Flugzeug auf dem Flugplatz Lydda

Ehemalige Bewohner des Westufers kehren zurück, um ihre Familien zu besuchen und eine Rundfahrt durch Israel im Rahmen der Politik der »Offenen Brücken« zu unternehmen

◀ UNO-Vermittler Dr. Gunnar Jarring unterhält sich mit Ministerpräsidentin Golda Meir und Außenminister Abba Eban in der Residenz des Ministerpräsidenten in Jerusalem

Naturschutzgebiet am Huleh-See mit Wasserbüffeln

Die Jordanmündung am Nordende des Sees Genezareth

◀ Die Aussicht vom Berg Karmel auf die Bucht von Haifa ist durch den industriellen Fortschritt zwangsläufig beeinträchtigt worden. Israel hat sich damit abgefunden, daß die Entwicklung des Landes ihren Preis fordert

Eine der Rollen vom Toten Meer (Das Handbuch der Zucht), die im Jerusalemer Israel-Museum ausgestellt ist. Als Hauptverbindungsglied mit der Vergangenheit zählt die hebräische Sprache zu den kostbarsten Besitztümern Israels

◀ Die »Arava«, in Israel entwickelt und hergestellt, im Flug über der Küste von Tel Aviv

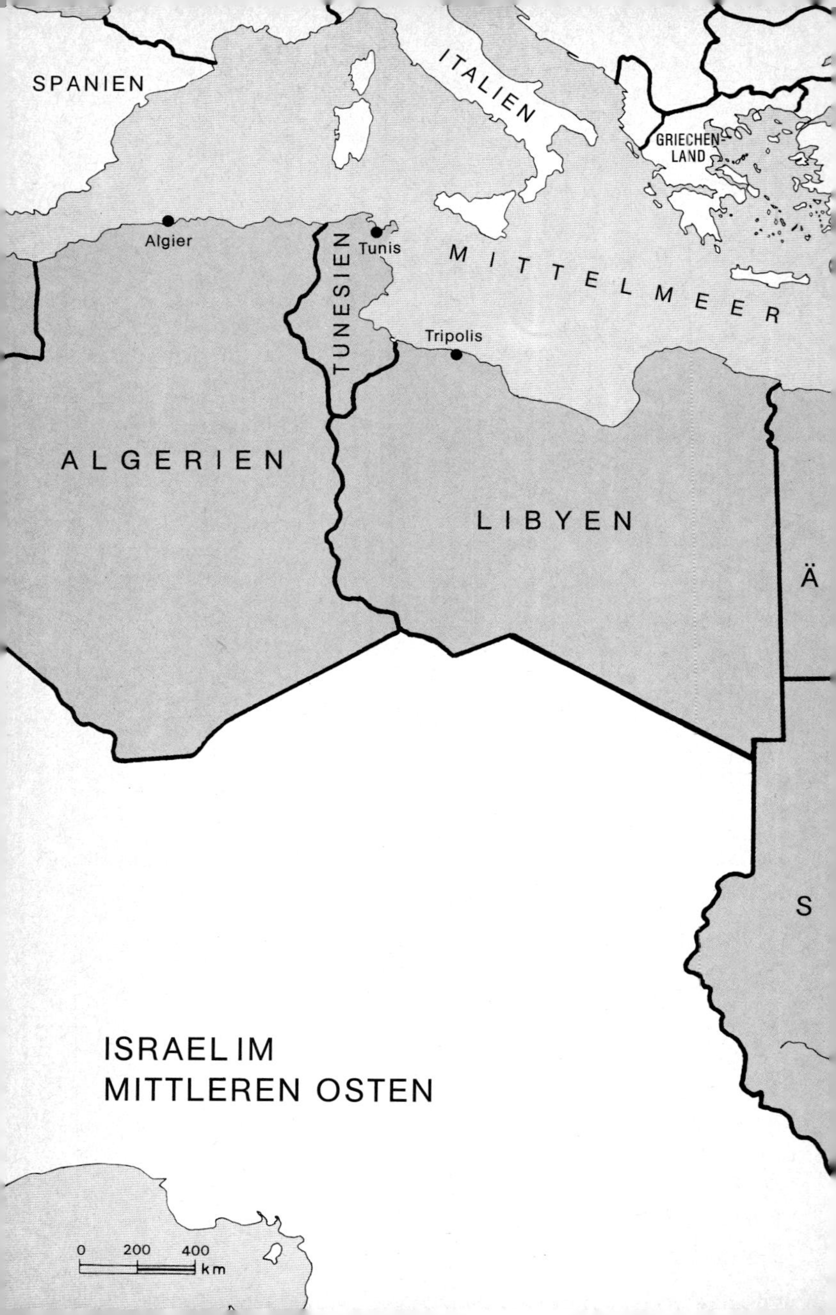

SPANIEN
ITALIEN
GRIECHEN-
LAND
Algier
Tunis
TUNESIEN
MITTELMEER
Tripolis
ALGERIEN
LIBYEN
Ä
S
ISRAEL IM
MITTLEREN OSTEN
0
200
400
km

U d S S R
CHWARZES MEER
ÜRKEI
YPERN
SYRIEN
LIBANON
Beirut
Damaskus
Bagdad
IRAK
Jerusalem
Amman
JORDANIEN
iro
KUWAIT
PERSISCHER GOLF
PTEN
SAUDI-ARABIEN
MASKAT
UND OMAN
ROTES MEER
SÜDJEMEN
JEMEN
Sana
Khartum
AN
Aden
INDISCHER
OZEAN

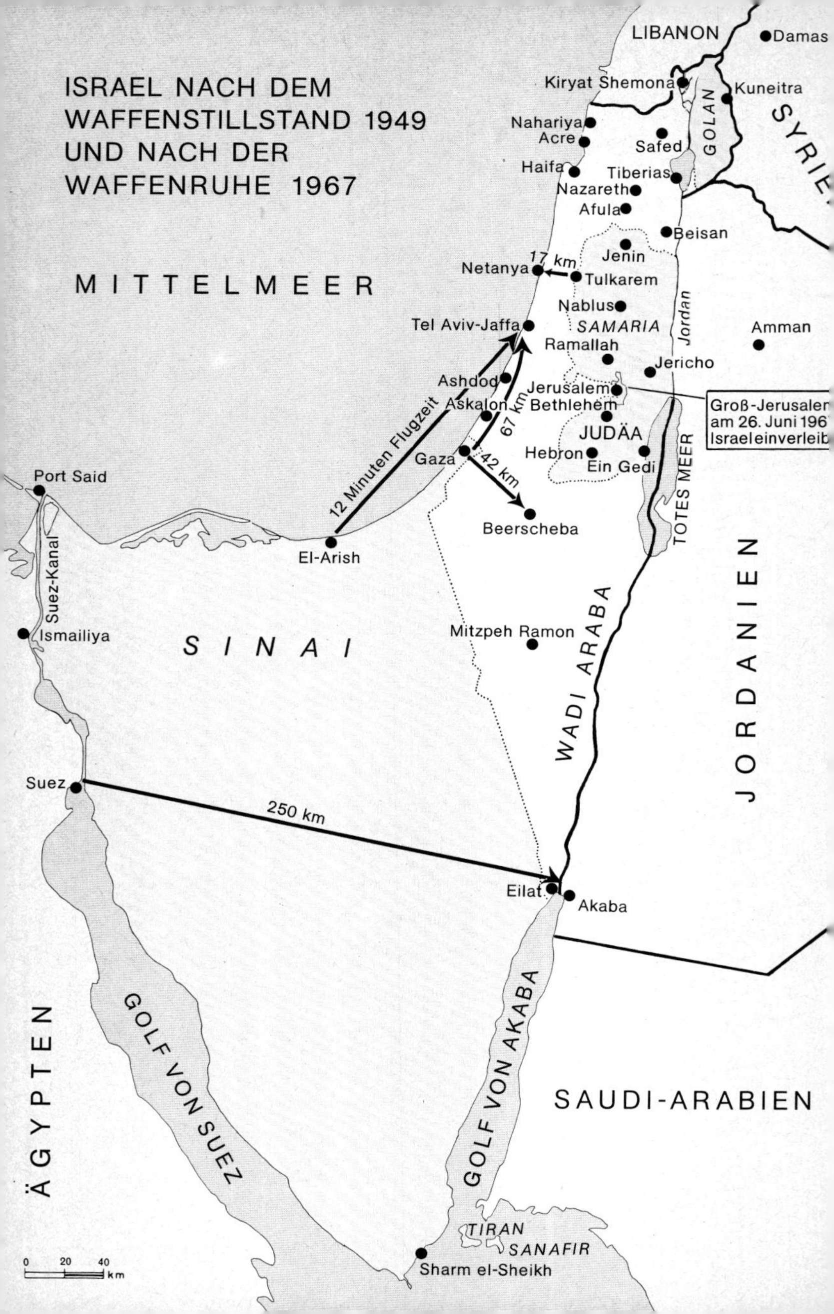
ISRAEL NACH DEM
WAFFENSTILLSTAND 1949
UND NACH DER
WAFFENRUHE 1967
LIBANON
Damas
Kiryat Shemona
Kuneitra
SYRIE
GOLAN
Nahariya
Acre
Safed
Haifa
Tiberias
Nazareth
Afula
Beisan
Jenin
17 km
Netanya
Tulkarem
MITTELMEER
Nablus
SAMARIA
Jordan
Tel Aviv-Jaffa
Amman
Ramallah
Jericho
Ashdod
Jerusalem
Askalon
Bethlehem
67 km
Groß-Jerusalen
am 26. Juni 196
Israel einverleib
JUDÄA
12 Minuten Flugzeit
Gaza
Hebron
Ein Gedi
42 km
TOTES MEER
Port Said
Beerscheba
El-Arish
Suez-Kanal
JORDANIEN
WADI ARABA
Ismailiya
SINAI
Mitzpeh Ramon
Suez
250 km
Eilat
Akaba
GOLF VON SUEZ
GOLF VON AKABA
ÄGYPTEN
SAUDI-ARABIEN
TIRAN
SANAFIR
Sharm el-Sheikh
0 20 40 km

engen Bande zwischen Syrien und der Sowjetunion lösten in Israel erregte Diskussionen darüber aus, ob man überhaupt gegen einen Staat zu Felde ziehen könne, hinter dem drohend die Unterstützung durch eine Weltmacht stand. Die Mehrheit war jedoch der Auffassung, falls der Feldzug zu einem raschen Ende gebracht werden könne, sei eine sowjetische Intervention praktisch unmöglich; und danach würde die Sowjetunion durch amerikanischen Druck von aktivem Eingreifen abgehalten werden. Die israelische Luftwaffe, der kein syrischer Gegner in der Luft gegenüberstand, verwandelte sich jetzt in eine fliegende Artillerie, um die syrischen Feuerstellungen unter Beschuß zu nehmen. Am Freitag, dem 9. Juni, erhielten die israelischen Streitkräfte frühmorgens die Genehmigung, die Golanhöhen zu stürmen. Die Verluste waren hoch. Die Geländevorteile lagen ausschließlich auf syrischer Seite. Die Israelis mußten bergaufwärts ausgebaute Stellungen angreifen, die schon von Natur aus außerordentlich günstig lagen. Schließlich durchbrachen die israelischen Panzer den Verteidigungsgürtel, kurz bevor sie selbst völlig erschöpft waren. Von einem israelischen Panzerbataillon waren noch ganze zwei Fahrzeuge einsatzbereit. In einer kritischen Phase wurde General Elazars Angriff von General Elad Peled unterstützt, der vom Westufer in nördlicher Richtung vorstieß, um das Gebiet von Tawfiq in Besitz zu nehmen. Am Samstag, dem 10. Juni, war Kuneitra in israelischer Hand, und die Straße nach Damaskus war offen.

Es war nie Israels Absicht gewesen, die Vorsehung (oder die Sowjetunion) durch einen Angriff auf die syrische Hauptstadt herauszufordern. Die israelischen Truppen waren durch das Tempo des syrischen Rückzugs so überrascht worden, daß sie in den Ort Kuneitra fast mit hineingezogen wurden. Trotz wütender sowjetischer Drohungen im Sicherheitsrat kam es zur einzigen Reaktion Moskaus auf der diplomatischen Bühne, als der sowjetische Botschafter am Samstagnachmittag den Außenminister aufsuchte und den Abbruch der diplomatischen Beziehungen zwischen Israel und der Sowjetunion erklärte. Diesem Beispiel folgten Polen, die Tschechoslowakei, Ungarn, Bulgarien und Jugoslawien.

Nun, Israels gefährdete Lage hatte sich innerhalb von sechs Tagen in eine bisher noch nicht dagewesene militärische Vormachtstellung im Mittleren Osten verwandelt. Israel hatte 430 Kampfflugzeuge und 800 Panzer zerstört oder erbeutet. Die den arabischen Truppen zugefügten Verluste beliefen sich auf 15 000 Tote. Gefangengenommen wurden 5500 Offiziere und Unteroffiziere. Die eigenen Verluste beliefen sich auf 40 Flugzeuge und 676 Tote.

Eine Studie, die von Michael Howard und Robert Hunter vom *Institute for Strategic Studies* in London ausgearbeitet wurde, faßt den Feldzug in folgenden Worten zusammen:

Der dritte arabisch-israelische Krieg wird in den Militärakademien noch auf lange Zeit hinaus aufmerksam studiert werden. Ähnlich wie die Feldzüge des jüngeren Napoleon bot die Leistung der israelischen Streitkräfte – wie aus einem Lehrbuch – die Veranschaulichung aller klassischen Grundsätze der Kriegführung: Geschwindigkeit, Überraschung, Schwerpunktbildung, Sicherheit, Nachrichten über die Feindlage, Angriffsgeist – und vor allem Ausbildung und Durchhaltewillen. Die Flieger werden mit Genugtuung feststellen, wie die israelische Luftwaffe zur Erringung der Luftherrschaft durch Vernichtung der feindlichen Fliegerverbände eingesetzt wurde, um dann in die Bodenkämpfe einzugreifen, indem sie die Verbindungslinien des Feindes unterbrach, den Angriff der Bodentruppen unterstützte und schließlich in die Verfolgungsschlachten eingriff. Man wird die Wendigkeit des Führungsapparats untersuchen und junge Offiziere darauf hinweisen, welche Rolle die selbständige Entschlußfassung auf allen Befehlsebenen gespielt hat. Modern orientierte Militärs werden feststellen, wie die Israelis diese Perfektion erreichten, ohne formales Exerzieren und Kasernenhofatmosphäre. Taktiker werden mit Nachdruck auf die Tatsache hinweisen, wie wichtig es ist, bei Nacht ebenso wirkungsvoll Bewegungen ausführen und kämpfen zu können wie bei Tage. Und vor allem wird man sehen, in wie hohem Maße Israel einen Grundsatz beachtet hat, der in wenigen militärischen Lehrbüchern erscheint, dessen Mißachtung aber gefährlich sein kann: der Clausewitzsche Grundsatz des politischen Zusammenhangs, über den sich die Engländer im Jahre 1956 mit so verheerenden Folgen hinweggesetzt hatten. Das israelische Oberkommando wußte, daß es nicht in einem politischen Vakuum operierte. Es ging von der Annahme aus, es würde drei Tage Zeit haben, seinen Auftrag zu erfüllen, bevor der Druck von außen eine Feuereinstellung erzwingen würde.«

Diese nüchterne Analyse wird hier deshalb zitiert, weil es jedem Israeli und überhaupt jedem Juden schwerfällt, über den Sechs-Tage-Krieg zu schreiben, ohne den eigenen Gefühlen freien Lauf zu lassen. Nasser und Heykal hatten geschrieben, falls es zum Kriege käme, würden die eigentlichen Ursachen – wie die Blockade der Straße von Tiran und die syrischen Überfälle auf den Golanhöhen – von viel weitreichenderen Konsequenzen überschattet werden. Dies stimmte. Hätte Israel verloren, wäre die Geschichte einer Nation zu Ende gegangen. Umgekehrt mußte ein israelischer Sieg die Umstände verändern, unter denen sich Israel und die arabischen Völker in den kommenden Jahren gegenüberstehen würden. Israel hatte ein Gebiet von 68573 Quadratkilometern, das sich vorher in arabischer Hand befunden hatte, besetzt: 1150 Quadratkilometer auf den Golanhöhen, 5879 Quadratkilometer in Judäa und Samaria, 363 Quadratkilometer im Gazastreifen und 61171 Quadratkilometer auf der Sinaihalbinsel. Noch unerwarteter waren die politischen Erfolge, die dem militärischen Triumph folgten – unerwartet deshalb, weil die Araber in der politischen Arena gegenüber Israel eine noch wesentlich größere Überlegenheit besessen hatten als auf dem Schlachtfeld. Mit ihren vierzehn unabhängigen Staaten, dem riesigen Territorium, den enormen Bo-

denschätzen und ihrem großen Gewicht auf der Waage der Weltstrategie mußten sie mit Sicherheit damit gerechnet haben, daß sie auf diplomatischem Wege die im Kriege erlittenen Verluste wieder ausgleichen würden. Warum sollten sich die Jahre 1956–1957 nicht wiederholen? Auch damals hatte Israel einen militärischen Sieg davongetragen, dieser war aber zunichte gemacht worden durch einen arabischen Gegenangriff auf politischer Ebene – mit Unterstützung der Großmächte.
Diesmal sollte es anders sein: Unmittelbar nach dem Krieg definierten beide Seiten klar ihre politischen Ziele. Die arabischen Staaten würden versuchen, einen vollständigen israelischen Abzug zu erreichen, ohne dafür den teuren Preis des Friedens und der Anerkennung zu bezahlen. Israel seinerseits würde sich der traumatischen Erfahrungen von 1956 erinnern: Diesmal würde es an seinen Bodengewinnen festhalten – nicht, um sie zu verewigen, sondern um sie in eine friedliche Regelung der staatlichen Beziehungen im Mittleren Osten umzumünzen, gegründet auf der Vorstellung eines gesicherten Israel mit verteidigungsfähigen Grenzen; diese Regelung mußte innerhalb des Rahmens eines Friedensvertrages ausgehandelt werden. Zur Erreichung dieses Zieles war es jedoch wichtigste und dringendste Aufgabe, zu verhindern, daß die Welt Druck auf Israel ausübte, um es zum totalen und bedingungslosen Abzug aus den gewonnenen Gebieten zu zwingen. Israel durchlebte in jenen ersten Junitagen derartig strahlende militärische Erfolge, daß sich die Öffentlichkeit dort kaum der ersten diplomatischen Erfolge bewußt wurde – am 14. Juni wurde im Sicherheitsrat der sowjetische Antrag auf Aufrechterhaltung des Waffenstillstands und Rückzug in die früheren Stellungen niedergestimmt. Diesmal gelang es Israel, amerikanische und westliche Unterstützung für einen Waffenstillstand zu gewinnen, der sich auf die in den Kämpfen erreichten Positionen bezog und nicht mit der Aufforderung zum Abzug verknüpft war.

Die Entwicklung zum Kriege hatte fast etwas Beiläufiges an sich gehabt. Einige Historiker werden die Auffassung vertreten, daß die Blockade der Straße von Tiran seine eigentliche »Ursache« war. Andere werden die Entscheidung der syrischen Regierung herausstellen, den schwelenden Konflikt durch terroristische Infiltration zu heller Flamme zu entfachen. Alle werden der Sowjetunion eine wichtige Rolle zuschreiben, weil sie Ägypten zur Mobilisierung der Streitkräfte und zur Ausübung starken Druckes auf Israel im Süden angeregt habe. Wahrheit ist, daß alle diese Umstände nur die letzten, auslösenden Funken gewesen sind. Historische Ereignisse sind in einem größeren Rahmen zu sehen. Man muß den Krieg von 1967, ebenso wie seine beiden Vorgänger, im Zusammenhang mit der totalen Feindschaft sehen, die die arabische Politik gegen Israel kennzeichnete. Solange diese intensive Spannung bestand, blieb die eigentliche Auslösung der Feinseligkeiten eine Frage des Zufalls und des jeweiligen Zeitpunkts. Die Weltkriege wurden nicht durch Sarajewo und Danzig »verursacht«, sondern durch die internationalen Bindungen und Emotionen, aus denen sie sich entwickelten. In ähnlicher Weise mußte früher oder später ein arabisch-israelischer Krieg aus jener wilden Zusammenballung von Kriegslüsternheit, Feindschaft und Nichtanerkennung ausbrechen. Ein so wütender Haß läßt sich nicht eindämmen. Er wurde durch die trügerische Version genährt, Israel sei kein Teil des Mittleren Ostens, weder in der Vergangenheit noch in der Gegenwart und Zukunft. Angefacht und schließlich in Brand gesetzt wurde dieser Haß durch eine charismatische Arroganz und die prahlerischen Reden, die von den arabischen Massen wahrscheinlich ernster genommen wurden als von Nasser selbst. Kurz gesagt, der Mittlere Osten war von Ideen und Emotionen so übervoll, daß es jederzeit zu einer Explosion kommen konnte. Der Krieg wurde nicht durch ein einziges, isoliertes Ereignis verursacht, sondern vielmehr dadurch, daß man Israel seine historische Bedeutung und seine Souveränität absprach.

Über Nassers Abenteuerlust hinaus muß man die Einstellung der Mächte und der Vereinten Nationen berücksichtigen, um zu begreifen, wie es zum Kriege kommen konnte. Nasser hatte ein feines Empfinden für internationale Situationen. Als er Israels Isolierung und die zögernde Haltung der Westmächte feststellte, spielte diese Entdeckung eine wesentliche Rolle, um ihn zu immer kühneren Ambitionen zu veranlassen. Hand in Hand hiermit ging sein Vertrauen auf sowjetische Unterstützung.

Bei der Untersuchung der Ereignisse des Jahres 1967 tritt Moskau in jeder wichtigen Phase in den Zyklus des Kausalzusammenhanges ein. Die Sowjetunion hatte den arabischen Staaten eine militärische Ausrüstung geliefert, die diesen eine unbesiegbare Überlegenheit zu geben schien. Sie hatte alle Bemühungen blockiert, die Waffenstillstandslinien als endgültige Grenzziehung formell anzuerkennen. Sie hatte durch ihr Veto Israel den Eintritt in den Sicherheitsrat verwehrt, um auf diese Weise aus diesem Instrument einen Tummelplatz arabischer Kriegslüsternheit zu machen. Sie hatte es den Vereinten Nationen praktisch unmöglich gemacht, als Garant der Sicherheit im Mittleren Osten wirksam zu werden. Im Hinblick auf die Erfahrungen des Jahres 1956 hatte sich Ägypten darauf verlassen, daß Moskau eine bewaffnete Intervention der Westmächte neutralisieren würde. Die arabischen Führer waren überzeugt, daß es die sowjetische Drohung und nicht amerikanischer Druck gewesen war, der zum Fehlschlag der britischen und französischen Intervention beim Suezfeldzug von 1956 geführt hatte. Jetzt verließen sie sich darauf, daß ihnen Moskau einen noch kühneren Dienst erweisen würde – nämlich si-

cherzustellen, daß die Vereinigten Staaten militärisch nicht intervenieren würden, ganz gleichgültig, wie stark dadurch die Glaubwürdigkeit ihrer vertraglichen Verpflichtungen verletzt werden würde. Am 29. Mai hatte Nasser öffentlich erklärt, sein Kriegsminister Shams ed-din Badran habe von Premierminister Kossygin die Mitteilung erhalten, daß die Sowjetunion »uns auf dem Schlachtfeld unterstützen und nicht zulassen wird, daß sich irgendeine andere Macht einmischt, bis die Lage von 1956 wiederhergestellt ist«. Diese Version, die nie dementiert worden ist, unterstreicht die Verantwortlichkeit der Sowjetunion für Nassers Entschluß, die Blockade über Akaba zu verhängen. Es besteht kein Grund zur Annahme, daß die Sowjetunion Nassers Entschluß zur Blockade jemals mißbilligt habe. Es ist möglich, daß die UdSSR Nasser von Anfang an geraten hat, diesen schicksalsschweren Schritt zu tun. Sobald der Entschluß aber gefaßt war und der Himmel daraufhin nicht einstürzte, mag Moskau sich vielleicht gedacht haben, ein festes Auftreten Moskaus würde Nasser in seinen Erfolgen bestätigen, Israel zum Nachgeben zwingen und die Vereinigten Staaten veranlassen, trotz Präsident Johnsons Mißvergnügen, Nassers *fait accompli* zu akzeptieren. Es war zur damaligen Zeit ganz klar, daß die Sowjetunion davon überzeugt war, Israel sei schwach, in einer Falle gefangen und gelähmt. Als der sowjetische Botschafter in Kairo Nasser am 3. Juni sagte, er könne sich darauf verlassen, daß Israel keinen Widerstand leisten werde, gab er damit Moskaus Lagebeurteilung getreu wieder. Denn schließlich war Israel von seinen Freunden verlassen, von Feinden umringt, vom Sicherheitsrat betrogen und in den Augen der Sowjets im Inneren zerrissen und militärisch unterlegen. Der Wille zum Widerstand entspringt gewöhnlich nicht Verhältnissen solcher Art. Die verächtliche Einschätzung Israels durch die Sowjetunion bis 1967 war durch nichts zu ändern. Russische Diplomaten und Agenten hatten Israel zwei Jahrzehnte hindurch durchstreift, dabei mehr und mehr erfahren – und immer weniger begriffen. In der sowjetischen Vorstellungswelt ist Israel klein, wegen seiner geographischen Lage nicht zu verteidigen, von auswärtigen Kräften abhängig, zur eigenen Beschlußfassung unfähig und – schließlich und endlich – jüdisch.
So war der Krieg von 1967 weitgehend ein Kind sowjetischer Fehlbeurteilungen. Die Araber, die eigentlich Nutznießer der sowjetischen Protektion hätten sein sollen, wurden deren Opfer. Die Moskauer Politik hatte die Araber zum Krieg geradezu provoziert; dies hieß aber nicht, daß die Sowjetunion auch sichergestellt hätte, daß sie ihn gewinnen würden; Moskau ging nicht einmal das Risiko ein, ihnen dabei zu helfen, das Verlorene nach dem Krieg zurückzugewinnen. Als die arabischen Regierungen und Armeen ihre Ohnmacht bewiesen hatten, beschränkte sich die Sowjetunion auf politische und propagandistische Unterstützung.

Die sowjetische Diplomatie, der man kühles, vorausschauendes Rechnen nachsagt, beging hier viele Fehler. Vor allem überschätzten die sowjetischen Führer den Nutzen, den sie aus einem Schutz des syrischen Regimes vor den Folgen seiner »revolutionären« Aktivität ziehen konnten. Sie benahmen sich so, als ob ein israelischer Schlag gegen Syrien das internationale sowjetische System in seinen Grundfesten erschüttern würde. Dies erwies sich später als völlig unrichtig. Ebenso war die sowjetische Unterrichtung Kairos über einen unmittelbar bevorstehenden israelischen Vorstoß auf Damaskus entscheidend dafür, Ägypten zu unheilvollen Abenteuern zu ermuntern.

Nach der Verhängung der Blockade von Tiran hat die Sowjetführung deren Konsequenzen nicht bis ins letzte Detail untersucht. Und schließlich ist die Sowjetunion – und dies war von entscheidender Bedeutung – einer Fehlbeurteilung des militärischen Verhältnisses Ägypten–Israel zum Opfer gefallen. Sie glaubte, daß es Israel ohne Verbündete nicht gelingen würde, den Einschließungsring zu durchbrechen, und daß ein arabischer Sieg sicher sei, falls Israel es dennoch versuchen sollte.

Durch diese Fehleinschätzung der Lage erlitt die Sowjetunion einen Rückschlag in ihren globalen Interessen und in ihrem Prestige. Alles schien ihr Dogma widerlegt zu haben. »Fortschrittliche« arabische Staaten wurden durch ein »reaktionäres« Israel aus dem Felde geschlagen. Kostgänger und Verbündete Moskaus wurden durch einen kleinen Staat besiegt, der in sowjetischen Augen nichts als eine Marionette des westlichen Imperialismus war. Und der Stolz auf die sowjetischen Waffen wurde durch die stümperhafte Art gedämpft, mit der die Ägypter und Syrer sie einsetzten. Die gewaltigste Investition an Mühen und technischem Know-how, die von der Sowjetunion außerhalb ihrer europäischen Einflußsphäre je gemacht worden war, wurde in einer einzigen Woche vergeudet. Der sowjetischen Macht und ihrem Realismus würde man hinfort in aller Welt mit geringerer Ehrerbietung begegnen. Um das Image der UdSSR als zuverlässiger Bündnispartner zu pflegen, stellte Moskau hastig die arabischen Armeen und Luftwaffenverbände wieder auf und stationierte Tausende von Experten auf ägyptischem und syrischem Boden. Aber der Nimbus russischer Machtfülle und Majestät hat seither in der Welt nicht mehr den hellen Glanz wie ehedem.

Die Vereinigten Staaten hatten eine glücklichere Hand als die Sowjetunion, was die Reaktion auf die Entwicklung der Krise anbelangt. Aber auch Washington wurde in vielen Phasen der Ereignisse überrascht. Die Vereinigten Staaten hatten sich so an periodisch wiederkehrende Zusammenstöße an der Waffenstillstandsgrenze gewöhnt, daß sie einfach nicht mehr daran glaubten, irgendein solcher Zwischenfall könne das ganze Gebäude zum Einsturz bringen. Als Nasser zwischen dem 14. und 16. Mai seine Truppen auf der Sinaihalbinsel zusammenzog, erklärten amerikanische Regierungsvertreter mit Nachdruck, es handle sich um nichts anderes als eine Demonstration der Stärke zugunsten Syriens. Die ersten amerikanischen Erklärungen in Washington und im Sicherheitsrat wirkten beschwichtigend und routinemäßig. Man gab sich nicht die Mühe, die amerikanische Mißbilligung über Nassers Entschluß zur Ausweisung der UNO-Truppe zu verschleiern. Und am 23. Mai bezeichnete Präsident Johnson Nassers Blockade rundheraus als »illegal und möglicherweise verhängnisvoll für die Sache des Friedens«. Der Präsident fügte dann hinzu, daß »sich die Vereinigten Staaten für die politische Unabhängigkeit und territoriale Unverletzlichkeit aller Nationen in diesem Gebiet einsetzen werden«. Doch eine ganze Woche hindurch bestand die amerikanische Unterstützung hauptsächlich darin, Israel zum Stillhalten zu ermahnen.

Dieser Rat sollte weitreichende Folgen haben. Dadurch, daß Washington Israel laufend durch diplomatische Noten zur Mäßigung aufforderte, mußte es eine ernste Verantwortung übernehmen, falls sich im Laufe der folgenden Tage und Wochen keine Lösung ergeben sollte. Der dringende Appell zur Zurückhaltung war wahrscheinlich in gewissem Sinne eine Frage der Gewohnheit. Die Großmächte reagieren im allgemeinen spontan auf internationale Krisen. Sogar als Amerikas eigene nationale Sicherheit in der Kubakrise von 1963 auf dem Spiel stand, hatten Präsident Kennedy und seine Berater zunächst tief Atem geholt und auf Zeitgewinn gespielt. Doch muß man die eigentlichen Motive für die amerikanische Mahnung an Israel, sich zurückzuhalten, in den amerikanisch-sowjetischen Beziehungen suchen. Das wahre Ausmaß des sowjetischen Hilfeversprechens an Ägypten ist weder in Washington noch in Jerusalem oder andernorts jemals in vollem Umfang und präzise analysiert worden. Könnte nicht ein israelischer Versuch, die Straße von Tiran zu öffnen, die Sowjets zum militärischen Eingreifen auf der Seite Ägyptens veranlassen? Wenn ja, würden die Vereinigten Staaten vor einem bedenklichen Dilemma stehen. Sie konnten dann entweder Israel zu Hilfe kommen und dadurch eine Konfrontation mit Moskau im Weltmaßstab riskieren, oder sie konnten Israel seinem Schicksal überlassen und dadurch in der ganzen Welt die Glaubwürdigkeit amerikanischer Hilfeversprechen untergraben. Beide Eventualitäten waren ein Alptraum. Die Vereinigten Staaten ließen sich auf nichts dergleichen ein, sondern versuchten, Zeit zu gewinnen, um die wahren sowjetischen Absichten zu klären. In Washington hatte man wahrscheinlich nicht begriffen, daß eine Großmacht, die eine kleine Nation auffordert, sich nicht für die Verteidigung ihrer lebenswichtigen Interessen einzusetzen, eine schwerere moralische Last auf sich lädt, als wenn sie eine solche Aufforderung gar nicht erst ausgesprochen hätte.

Sobald Präsident Johnson Israel gebeten hatte, das Ergebnis weiterer Konsultationen abzuwarten, waren die Vereinigten Staaten so tief in die Krise verwickelt, wie es während der ganzen Suezkrise von 1956 nie der Fall gewesen war. Und während ein Tag nach dem anderen verstrich, wurde die amerikanische Zwangslage immer ernster.
In den Jahren seit 1957 waren die konkreten amerikanischen Verpflichtungen hinsichtlich der Straße von Tiran offiziell fast in Vergessenheit geraten. Am 24. Mai schrieb ein führender amerikanischer Pressekommentator: »Die verantwortliche Staatsmaschinerie ist eifrig dabei, Entscheidungen zu fällen, und merkt gar nicht, daß bereits vor zehn Jahren eine grundlegende Entscheidung getroffen worden ist.« Konsultationen mit Präsident Johnson und die israelische Anrufung der Garantien von 1957 vertieften die amerikanische Besorgnis in hohem Maße. Denn es war erst das zweite oder dritte Mal seit dem Ende des Zweiten Weltkrieges, daß die Gültigkeit amerikanischer Hilfeversprechen auf die Probe gestellt wurde. Zweifellos meinte es Präsident Johnson ehrlich, als er am 26. Mai und in noch unmißverständlicherer Form am 28. Mai seinen Wunsch bekundete, alle erforderlichen Maßnahmen zur Öffnung der Straße von Tiran zu ergreifen. Der Gedanke, Nasser könne unter dem Druck der Weltöffentlichkeit zum Rückzug gezwungen werden, schien zunächst in westlichen Augen keineswegs absurd. Ägypten war schließlich keine bedeutende Militärmacht. Und die Vereinigten Staaten, Großbritannien und ihre Freunde besaßen praktisch die absolute Herrschaft in den Gewässern des Roten Meeres. Die Sowjetunion lag, strategisch betrachtet, weit entfernt und hielt sich politisch zurück. Und wenn die Weltmächte mit Israel zusammen die Blockade gewaltsam durchbrochen hätten, würde die Demütigung Nassers vielleicht dynamische Ergebnisse in der arabischen Welt und in Ägypten selbst gezeitigt haben. Vielleicht wäre sogar das ganze Nassersche Regime gestürzt worden. Die Unverletzlichkeit internationaler Vereinbarungen wäre erneut bestätigt und die Vorherrschaft der Westmächte auf den Wasserstraßen des Mittleren Ostens auf eindrucksvolle Weise unter Beweis gestellt worden. Diese mutigen Gedanken mögen in den Köpfen von Präsident Johnson und Premierminister Wilson zwischen dem 24. und 28. Mai eine Rolle gespielt haben. Doch bei näherem Hinsehen schienen ihnen die möglichen Konsequenzen immer weniger einladend zu werden. Aus Gründen der Außen- und Innenpolitik wünschten die Vereinigten Staaten, sich bei ihrem Handeln in gewissem Umfang auf die UNO-Unterstützung verlassen zu können; und dem Sicherheitsrat war bereits das Rückgrat gebrochen. Auch war wenig Hilfe von den amerikanischen Verbündeten außerhalb der Vereinten Nationen zu erwarten. Nur wenige waren bereit, sich einem internationalen Geleitzug in der Straße von Tiran anzuschließen oder auch nur die De-

klaration über die Freiheit der Schiffahrt zu unterzeichnen. In den Vereinigten Staaten schrak der Kongreß vor jeder militärischen Intervention, wie begrenzt sie auch sein mochte, zurück, solange sie nicht drei Bedingungen erfüllte: Sie mußte multilateral sein; sie mußte vom Kongreß ausdrücklich genehmigt sein; und es mußte erwiesen sein, daß es keinen anderen Weg zur Lösung des Problems gab und daß Israels Existenz tatsächlich bedroht war. Die amerikanische Regierung überzeugte sich und den Kongreß, daß Israel fähig war, sich allein wirksam zu verteidigen.
Der Unterschied zwischen 1967 und 1956 lag darin, daß Israel diesmal den Präsidenten der Vereinigten Staaten zu dem Eingeständnis bringen konnte, Israel sei das Opfer ägyptischer Aggression geworden. Doch während die Tage dahingingen, trat eine immer breiter werdende Kluft zwischen den Zeitplänen in Washington und Tel Aviv auf. Anfang Juni machte sich Israel größere Sorgen über die arabischen Truppenzusammenziehungen an drei Fronten als über die Blockade von Tiran. So schwierig es auch sein mag, sich dieser Ängste heute noch im Lichte der späteren militärischen Erfolge zu erinnern, so fürchteten die Israelis tatsächlich, bald einem arabischen Überraschungsangriff ausgeliefert zu sein, der durchaus eine vernichtende Wirkung haben konnte. Und je mehr sich die Zwangslage Israels verschlimmerte, desto mehr nahm die amerikanische Bereitschaft zu handeln ab. Um den 3. und 4. Juni herum hoffte die Regierung in Washington wahrscheinlich insgeheim, Israel würde sich bei seinem Hilfeersuchen an die Vereinigten Staaten auf einen Appell um politische Unterstützung beschränken und nichts verlangen, was eine amerikanische militärische Intervention hätte auslösen müssen. Als es klar wurde, daß dies die israelische Politik war, begannen die Herzen in Amerika und Israel wieder im Gleichklang zu schlagen, und diese Harmonie vertiefte sich noch, als die Ergebnisse des Krieges bekannt wurden.
Präsident Johnsons Schwierigkeiten vor dem Krieg wurden gleichzeitig durch eine zunehmend vorsichtigere Zurückhaltung in London begleitet. Außenminister George Brown hatte auf die Nachricht von Nassers Blokkade mit einem Wutausbruch à la Palmerston reagiert. Man sah ihn direkt, wie er an Deck eines Flugzeugträgers in rechtschaffenem Trotz die Straße von Tiran hinauffuhr. Der einzige Jammer war nur, daß er keinen Flugzeugträger in der Nähe dieser Gewässer hatte. Gegen Ende der dritten Maiwoche scheinen im britischen Kabinett Stimmen laut geworden zu sein, die fragten, ob das Vereinigte Königreich überhaupt noch in der Lage sei, in heroischer Pose zur Fortsetzung alter Sitten und Gebräuche aufzutrumpfen. Die Feststellung, daß die nächsten britischen Streitkräfte weit entfernt stationiert waren, beleuchtete den ungeheuren Wandel, der sich seit den Tagen vollzogen hatte, da Großbritannien noch eine dominierende Stellung im Mittleren Osten einnahm.

Als sich Präsident Johnson und Premierminister Wilson am 2. Juni in Washington trafen, wäre es jedenfalls menschlich durchaus verständlich gewesen, wenn sie sich offen oder mit einem Augenzwinkern gefragt hätten, ob es denn wirklich so katastrophale Folgen für Israel haben würde, wenn es mit seinen Problemen allein fertig werden müsse. Es gehört zu den Paradoxien unserer Zeit, daß kleine Länder bei der Verteidigung ihrer eigenen Interessen oft größere Beweglichkeit und Elastizität an den Tag legen als größere Mächte, die stets gebannt auf die mögliche Reaktion des anderen und auf die Gefahr einer möglichen Katastrophe blicken.

Von allen Beteiligten des Dramas von 1967 agierte keiner so unberechenbar wie Frankreich. Sicherlich, eine gewisse Zurückhaltung gegenüber Israel war in Paris schon vorher zu beobachten gewesen. Aber nichts traf Israel so unvorbereitet wie der Schock, der sein Selbstvertrauen und seine Gefühlswelt zwischen dem 24. Mai und dem Ausbruch der Feindseligkeiten erschütterte. Schließlich war das feierliche französische Versprechen von 1957, die israelischen Schiffahrtsrechte in der Straße von Tiran zu unterstützen, nie widerrufen oder auch nur in Frage gestellt worden, noch hatte Frankreich die Motive oder Ergebnisse des israelischen Widerstandes gegenüber dem syrischen Terrorismus während der Luftkämpfe am 7. April oder danach kritisiert. Die sieben Jahre andauernden Waffenlieferungen an Israel nach dem Algerienkrieg hatten die meisten Israelis davon überzeugt, daß das französische Interesse an Israel von Dauer sein würde und nicht nur eine Folge momentaner Umstände war. Israel glaubte, daß es nicht nur deshalb mit Frankreich aufs engste verbunden war, weil beide Länder in der Vergangenheit einen gemeinsamen Gegner gehabt hatten, sondern weil sie in der Gegenwart den gleichen Idealen und Interessen folgten.
Der Zusammenbruch dieser israelischen Hoffnungen war ein starker Anreiz für Nasser, weiter auf einen Krieg hinzusteuern. Zunächst gab de Gaulles Haltung die Sicherheit, daß der Westen nicht gemeinsam handeln würde. Er zerstörte ferner alle Aussichten darauf, daß die anglo-amerikanische Schiffahrtserklärung ein internationales Dokument werden könnte. Und das von Frankreich gegen Israel verhängte Waffenembargo mußte auf Nasser höchst ermutigend gewirkt haben, als er das Für und Wider seiner Abenteuerlust gegeneinander abwägte. Hier war ein greifbarer Fingerzeig darauf, daß ein geschwächtes Israel ihm eines Tages ausgeliefert sein würde. Das Embargo machte den Israelis unmißverständlich klar, daß sie den Gipfel ihrer militärischen Stärke bereits erreicht hatten und daß sich die Waage zu ihren Ungunsten neigen würde, da die arabischen Staaten weiterhin Waffen erhielten, während Israels Hauptlieferant alle weiteren Lieferungen einstellte. Man darf nicht vergessen, daß

General de Gaulle sein Embargo gegen Israel vor und nicht nach dem Kriegsausbruch verhängte. Es läßt sich deshalb nicht als »Reaktion« auf den bewaffneten israelischen Widerstand auslegen. Als das Embargo in Israel am 3. Juni bekannt wurde, war der Krieg so gut wie unvermeidlich geworden. Aber das Embargo trug andererseits auch dazu bei, Einstimmigkeit im israelischen Kabinett zugunsten des bewaffneten Widerstandes zu schaffen. Frankreich hatte am 3. Juni deutlich gemacht, daß die Zeit künftig gegen Israel arbeiten würde. Dieser Umstand schnitt alle sonstigen Argumente für ein weiteres Stillhalten ab. Kurz gesagt, Präsident de Gaulle hatte Israel vor die Alternative gestellt: »Jetzt oder nie.« In diesem Falle konnte die Antwort nur »jetzt« lauten. Der französische Entschluß, Israel isoliert und in einer verzweifelten Lage allein zu lassen, gehört zu den wichtigsten Ursachen des Sechs-Tage-Krieges.
Der Wandel in de Gaulles Einstellung ist nie überzeugend erklärt worden. Gewiß suchte die französische Politik – befreit vom algerischen Konflikt – nach einer Möglichkeit, die Sympathien der arabischen Welt zurückzugewinnen. Aber der tiefere Grund für Frankreichs neue Politik lag wahrscheinlich außerhalb des Mittleren Ostens. Es war für de Gaulle ein politisches Axiom, daß »westliche Lösungen« nicht mehr durchführbar seien und daß man sowjetische Unterstützung für die Heilung aller Schäden gewinnen müsse, die im Laufe des 20. Jahrhunderts aufgetreten seien. Er war wohl überzeugt, im Interesse des internationalen Gleichgewichts müsse sich Frankreich auf die sowjetische Seite schlagen. Er mag auch voller Unbehagen auf die Möglichkeit eines nuklearen Konflikts geblickt haben, der sich aus den Engagements ergeben könne, die Washington und Moskau bezüglich Israel und der arabischen Staaten eingegangen waren. Als er sagte: *»Ne faîtes pas la guerre«*, klangen seine Worte nicht rechthaberisch oder autoritär, sondern voll ängstlicher Sorge. Er dachte dabei nicht nur an einen lokalen Krieg.

Hauptopfer der Ereignisse, die sich im Sommer 1967 abspielten, waren die Vereinten Nationen. Es ist schwer zu sagen, wer den Vereinten Nationen größeren Schaden zufügt – diejenigen, die glauben, die UNO sei alles, oder diejenigen, die sie für nichts halten. In der Bewährungsprobe von Konflikten wie denen in Vietnam, Biafra, der Tschechoslowakei und in Pakistan konnten sich die Skeptiker eher bestätigt fühlen als die hoffnungsfrohen Anhänger. Aber sogar diejenigen, die sich über das tatsächliche Gewicht der Vereinten Nationen am reserviertesten gezeigt hatten, hätten nie die erniedrigende Abdankung, wie sie tatsächlich eintrat, vorhersehen können. Das Schauspiel einer fügsamen UNO, die ihre Flagge auf der Sinaihalbinsel niederholt, um Platz für Ägyptens bevorstehenden Krieg zu machen; die taktlose Überheblichkeit, mit der Nasser den Generalsekretär U Thant bei dessen Besuch abfahren ließ; und vor allem das Fiasko der Sitzungen des Sicherheitsrates in New York – all dies bezeichnet den Tiefpunkt, den die Vereinten Nationen in den ersten beiden Jahrzehnten ihres Daseins erreicht hatten. Im Laufe der Zeit wurde es immer unwahrscheinlicher, daß sie eine bestimmende Rolle in einem Gebiet spielen würden, das sie in der entscheidenden Stunde den Wechselfällen des Krieges überantwortet hatten.

Nicht zu unterschätzen ist das Drama, das sich in den Monaten Mai und Juni 1967 im Gefühlsleben der Israelis abspielte. Das Stimmungsbarometer durchlief in den ersten drei Wochen der Ungewißheit verschiedene Stufen. Am Anfang waren weder die militärischen Dispositionen noch die Stimmung im Lande auf den Entscheidungskampf eingestellt. Es ist zweifelhaft, ob irgendeine andere Nation jemals so schnell aus relativer Ruhe in einen verzweifelten Kampf auf Leben und Tod hinübergewechselt ist. In den Wochen danach haben die Sowjetunion und die arabischen Regierungen, verblüfft durch den wilden Schwung des israelischen Widerstandes, die Theorie konstruiert, Israel habe das alles mit Vorbedacht geplant. Man argumentierte, daß der Krieg, da er für Israel einen so vorteilhaften Verlauf genommen habe, von vornherein gewollt war.

Nichts liegt der Wahrheit ferner. Eine der wenigen tröstlichen Tatsachen in der modernen Geschichte ist die, daß Kriege oft von denen gewonnen werden, die sie am meisten abzuwenden versucht haben. Das Fehlen jeglichen israelischen Vorsatzes läßt sich durch viele Beweise belegen. Erstens hatte Israel nicht mobilisiert. Nasser selbst sagte am 26. Mai: »Wir haben Aufklärungsflüge über Israel durchgeführt: Nicht eine einzige Brigade steht uns gegenüber.« Dieses außerordentliche Zugeständnis spricht nicht für die Theorie, eine israelische Eroberung der Sinaihalbinsel sei geplant oder auch nur in Erwägung gezogen worden. Tatsache ist, daß bis zu den allerletzten Maitagen auf der israelischen Seite ein relatives Kräftevakuum gegenüber Ägypten bestand.

Dann kannte man Israels ernsthaftes, aber vergebliches Bemühen, die UNO-Truppen in ihren ursprünglichen Positionen zu belassen. Als dieser Versuch fehlschlug, wollte Israel wenigstens sicherstellen, daß Sharm el-Sheikh nicht unter ägyptische Kontrolle geriet. Und schließlich war Israel bereit, Präsident Johnson hinreichend Gelegenheit zu lassen, die Schwierigkeiten zu überwinden, denen er sich bei der Koordinierung einer Aktion auf internationaler Ebene gegenübersah. Nicht eine dieser Tatsachen ließe sich erklären, wenn man nicht von der Annahme ausgeht, Israel sei bis zum Ende willens gewesen, Nasser einen gewissen Spielraum zum Rückzug zu geben. Auch die sich häufenden mündlichen Warnungen israelischer Regierungssprecher an die Adresse Syriens Mitte Mai

machen die Annahme, Israel habe den Krieg gewollt, eher unwahrscheinlich als wahrscheinlich. Wenn Tel Aviv wirklich den Sturz des Regimes am 17. Mai mit kriegerischen Mitteln gewollt hätte, wäre es kaum so töricht gewesen, die Wachsamkeit dort wenige Tage vorher durch Reden aufzuputschen, deren Hauptakzent auf Syrien lag.
Aber schlüssiger als alle anderen Beweise war die durch General Bull am 5. Juni an König Hussein gesandte Botschaft, mit der ihm die Gelegenheit geboten wurde, sein Königreich vor einer schweren Niederlage zu bewahren, die nach Auffassung beider Seiten unabwendbar war. Israel wußte, daß es die Altstadt von Jerusalem und den größten Teil Cisjordaniens im Kriegsfall würde besetzen können. In Eschkols Botschaft hieß es, daß eine Vermeidung des Krieges ein Ziel sei, das auch einen schwerwiegenden Verzicht wert wäre. Man kommt der Wahrheit näher, wenn man annimmt, daß sich die arabische Führung gegen Ende Mai den Kopf durch taktische Erfolge hatte benebeln lassen. Die Situation war, wie Heykal sie damals beschrieb:

»Israel muß jetzt antworten, es muß zuschlagen. Wir müssen darauf vorbereitet sein und die Auswirkungen dieses Schlages so klein wie möglich halten. Israel hat seine Macht zum Tragen gebracht und seine Ziele in dieser Phase erreicht, ohne zu den Waffen zu greifen. Israel hat aber keine andere Wahl, als Waffengewalt anzuwenden. Dies bedeutet, daß die Logik der schicksalhaften Konfrontation zwischen Ägypten, das durch die Macht der Massen in der arabischen Welt gestärkt ist, und Israel, das auf die Illusion amerikanischer Stärke baut, uns diktiert, daß Ägypten nach all dem bisher Erreichten abwarten muß, auch wenn es dabei auf einen Schlag wartet. Ich sage, daß Israel zu den Waffen greifen muß. Ich sage, daß ein bewaffneter Konflikt zwischen der VAR und Israel unvermeidlich ist.«

Der französische Philosoph und Historiker Taine hat geschrieben: »Aggressor ist derjenige, der den Krieg unvermeidlich macht.« Ägypten hatte nach seinem eigenen Eingeständnis eine Situation geschaffen, in der »ein bewaffneter Konflikt zwischen der VAR und Israel unvermeidlich geworden war«. Das Resultat war, daß Israel Anfang Juni dem Sieg in einem Kampf entgegeneilte, den nicht ein einziger Israeli drei oder vier Wochen vorher am Horizont hatte auftauchen sehen. Der Übergang von der Gefahr zum Triumph vollzog sich zu rasch, als daß man sein ganzes Ausmaß sofort hätte ermessen können. Als die Armeen nach Hause zurückkehrten, waren die Israelis von der Wucht der Veränderungen überwältigt, die sich in ihrem Dasein vollzogen hatten. Hinfort würde Israel der Geschichte in einer anderen Haltung ins Auge blicken: Zukunftsaussichten und Gefahren hatten einen größeren Rahmen erhalten.

11 Die neue Ära 1967–1972

Was hatten wir durch den Sieg gewonnen? Alles, was wir ohne ihn verloren hätten.

Es war Israels goldener Sommer. Die Aussichten auf Frieden und Sicherheit waren zwar noch dunkel, würden aber sicher nicht wieder einen solchen Tiefstand erreichen wie Anfang Juni. Nach sechs Tagen des Kämpfens waren die Bevölkerungszentren Israels von den arabischen Streitkräften durch einen Landgürtel getrennt, der dreimal so groß war wie ganz Israel vor dem Krieg. Der Gegner war nicht nur in weite Ferne zurückgeworfen, er war auch seiner militärischen Stärke beraubt. Eine lange Zeit würde vergehen, bevor die arabischen Regierungen ihre bewaffneten Streitkräfte wieder würden aufbauen können. Ihren Kampfgeist zurückzugewinnen, würde noch länger dauern.

Das Problem der israelischen Diplomatie im Sommer 1967 bestand darin, unter allen Umständen zu vermeiden, daß der Sieg verlorenging, sobald er errungen war. Die arabischen Staaten und die Sowjetunion bemühten sich nach Kräften, Israel das Gewonnene wieder abzunehmen. Ihr Ziel war es, Israel zum Rückzug auf die alten Waffenstillstandslinien zu zwingen, und zwar ohne Abschluß eines Friedensvertrages und ohne Verhandlungen über gesicherte Grenzen. In der UNO-Vollversammlung lehnte die israelische Regierung die Annahme dieser Vorschläge ab. Israels Absicht war es, die Waffenstillstandslinien so lange aufrechtzuerhalten, bis sie mit Hilfe von Friedensverträgen auf dem Verhandlungswege durch eine dauerhafte Grenzziehung ersetzt würden. Die früheren Waffenstillstandslinien waren schließlich von den arabischen Regierungen und allen Nationen der Welt als provisorisch anerkannt worden; ihr endgültiger Verlauf war von einem Friedensvertrag abhängig gemacht worden. Fast zwei Jahrzehnte hindurch hatten die arabischen Staaten diesen Linien den Charakter echter Grenzen abgesprochen. Der Geist des Waffenstillstands war durch die arabische Kriegserklärung und die Blokkade vom Mai und Juni 1967 aufs schwerste erschüttert worden. Außerdem weckte die Landkarte vom 4. Juni 1967 mit der Umzingelung Israels schreckliche Erinnerungen in den Herzen aller Israelis. Die Vorstellung, syrische Truppen könnten wieder auf den Golanhöhen erscheinen, eine arabische Regierung könnte wieder in Ostjerusalem auftreten und Sharm el-Sheikh ohne den Schutz israelischer Truppen sein, war ihnen aufgrund persönlicher Erfahrungen und bei ihrem angeborenen Instinkt für Sicherheit zutiefst zuwider. Die ganze Nation war entschlossen, nie wieder an den Rand des Abgrunds zurückzukehren; das nächste Mal war es vielleicht nicht mehr möglich, der Katastrophe zu entgehen. Die Debatte in der Sondersitzung der Vollversammlung gestaltete sich zu einem Ereignis von solchem Ernst und einer so scharfen Analyse der Lage, wie man es bei den Vereinten Nationen seit vielen Jahren nicht mehr erlebt hatte. Sie begann mit einem heftigen sowjetischen Angriff. Die Sowjets ignorierten völlig die angestauten Provokationen, die der israelischen Aktion vorangegangen waren, und beschuldigten Israel »heimtückischer« Aggression, ja verlangten sogar, daß Israel Wiedergutmachung an die arabischen Staaten zahle – vermutlich um die Finger zu heilen, die sie sich bei dem Versuch, uns zu erwürgen, verbrannt hatten. Die israelische Erwiderung gab den Sowjets die alleinige Verantwortung: »Sie sind hier nicht als Ankläger erschienen, sondern als das legitime Objekt internationaler Kritik für die Rolle, die Sie in den düsteren Vorgängen gespielt haben, die schließlich zum Kriege führten.« Israel verteidigte seine Aktion vom 5. Juni uneingeschränkt: »Nie sind bewaffnete Streitkräfte in einer gerechteren Sache zum Einsatz gekommen.« Ich stellte die Aktion in dieselbe Kategorie wie »die Verteidigung von Stalingrad gegen das deutsche Heer«, »die Vertreibung der Hitlerschen Bombenflugzeuge vom britischen Himmel« und den »Aufstand des Warschauer Gettos«. Es war offenkundig, daß diese weithergeholten Vergleiche in der Weltöffentlichkeit auf Zustimmung stießen und daß diesmal die allgemeine Stimmung für Israel sprach.

Am stärksten setzten sich die Vereinigten Staaten für Israel ein. Am Vormittag des 19. Juni hatte Präsident Johnson eine Rundfunkansprache gehalten, die deutlich auf die Sondersitzung der Vollversammlung abzielte, an der teilzunehmen er sich geweigert hatte: Er wolle das Prestige seines Amtes nicht für eine Sache verschwenden, die er für eine reine sowjetische Propagandaaktion halte. Er rief dazu auf, die alten Waffenstillstandslinien aufzugeben und nie mehr auf sie zurückzukommen. Er gab zu, ein Rückzug müsse stattfinden, aber auf gesicherte Grenzen, nicht auf »fragwürdige und oft verletzte Waffenstillstandslinien«. Er betonte, daß die Nationen, die im Mittleren Osten miteinander leben müßten, sich zusammensetzen sollten, um die Bedingungen ihrer Koexistenz gemeinsam auszuarbeiten. Er setzte sich für die ungehinderte Nutzung der internationalen Wasserstraßen und eine gerechte Regelung des Flüchtlingsproblems ein. Der ganze Tenor der Rede war in die Zukunft weisend, nicht restaurativ. Der Widerstand gegen den sowjetisch-arabischen Feldzug dehnte sich bis nach Europa, Lateinamerika und den größten Teil von Afrika aus. Es wurde offenkundig, daß die Sowjetunion durch die Einberufung einer so spektakulären diplomatischen Versammlung und durch den Einsatz ihres ganzen Prestiges einer ernsten Fehlbeurteilung zum Opfer gefallen war. In Wirklichkeit hatte der militärische Erfolg Israels in der ganzen Welt Erleichterung ausgelöst: Der Versuch, die israelische Aktion zu verurteilen, war ein peinlicher Fehler. Man erinnerte sich noch zu gut an Nassers prahlerische Siegesreden und seine Drohungen, Israel zu »vernichten«. Sein Fiasko führte zu stiller Genugtuung, die gewöhnlich den Sturz von Angebern begleitet. Den »aktiven Kriegszustand« zu verkünden und dann darüber Klage zu führen, daß das vorgesehene Opfer dieses Krieges gewagt hatte zurückzuschlagen, mußte lächerlich wirken. Es ist für einen Staatsmann viel schlimmer, der Lächerlichkeit anheimzufallen, als geschmäht zu werden.

So fielen die Anträge auf sofortigen Rückzug durch. Und das einzige, was die Vollversammlung zustande brachte, war eine Abstimmung am 4. Juli, die sich gegen die Wiedervereinigung Jerusalems aussprach. Diese war von Israel am 26. Juni vollzogen worden. Dieses seltsame Beharren auf der Teilung Jerusalems konnte jedoch nicht darüber hinwegtäuschen, daß Israel einen politischen Sieg davongetragen hatte. Die Stimmenthaltung der Vereinigten Staaten deutete klar darauf hin, daß die Ausführung der Resolution nicht erzwungen werden würde. Die Vereinten Nationen fügten dem Aktenberg »Jerusalem« lediglich einige neue Papierstöße bei. Jedesmal, wenn in der Zeit nach 1948 die Stadt belagert oder bombardiert worden war, hatten die Vereinten Nationen untätig und schweigend zugesehen. Als in der Altstadt unter jordanischer Verwaltung alle Synagogen zerstört wurden, hatten sie sich stillschweigend damit abgefunden. Doch hatten sie sich stets geweigert, alle Maßnahmen der Bevölkerung von Jerusalem, die Verwaltung der Stadt sicherzustellen oder das nationale Empfinden der Menschen zum Ausdruck zu bringen, anzuerkennen. Es war nicht zu erwarten, daß die Resolution irgendeine praktische Auswirkung haben würde. Die Trennmauern waren gefallen, und kein internationaler Beschluß konnte sie je wieder errichten.

Für die Israelis wirkte die Resolution über Jerusalem wie eine Wolke an einem strahlenden Himmel. Die wichtigste Tatsache blieb, daß sich die von Ministerpräsident Kossygin am 19. Juni eingeleitete Debatte gegen ihn selbst ausgewirkt hatte. Israel konnte sechsundvierzig Staaten dafür gewinnen, gegen alle Resolutionsentwürfe zu stimmen, die einen Rückzug ohne eine vorherige Friedensregelung forderten. Zwei Dutzend weiterer Staaten brachten ihre Mißbilligung über die sowjetisch-arabische Offensive durch Stimmenthaltung zum Ausdruck. Der Delegierte einer kleinen lateinamerikanischen Republik rief voller Begeisterung dem sowjetischen Außenminister zu: »Sie haben acht Stimmen erhalten, Mr.

Gromyko« – denn dies war überraschenderweise alles, was der sowjetisch-arabische Block an Stimmenzuwachs zusätzlich zu seinen üblichen Parteigängern hatte erreichen können.
Israels Entschlossenheit, die alte Lage nicht wiederherstellen zu lassen, wurde mit besonderer Verbissenheit in bezug auf Jerusalem aufrechterhalten. An der Klagemauer kam den Israelis die Tatsache ihres Sieges am deutlichsten zum Bewußtsein. Neunzehn Jahre hindurch hatte die jordanische Regierung den Juden den Zugang zum höchsten und verehrungswürdigsten ihrer Heiligtümer verwehrt. Sie hatte außerdem alle Gebäude in der Altstadt zerstört, die der Ausübung der jüdischen Religion dienten. In einem letzten Ausbruch von Verachtung und Bösartigkeit hatte sie die Grabsteine der auf dem Ölberg beigesetzten Juden als Pflaster für Armeelatrinen verwendet. Israel war empört über diese Mißachtung uralter Heiligtümer. Es war außerdem über die Gleichgültigkeit erstaunt, mit der die Welt über dieses Sakrileg hinweggegangen war. Unter dem jordanischen Regime war den Interessen des Islam ehrerbietiger Schutz zuteil geworden. Die Rechte der Christen wurden murrend und ziemlich beiläufig gewahrt – aber alles, was den Juden hoch und heilig war, fiel völliger Verachtung anheim. Als die israelischen Führer am 7. Juni vor die Klagemauer traten und gelobten, die Nation würde nie wieder von ihrer Wiege getrennt werden, fanden ihre Worte in den Herzen der Israelis einen starken Widerhall. Einen Monat zuvor war ein Lied mit dem Titel »Jerusalem, du Goldene« auf dem Musikfestival des Unabhängigkeitstages aus der Taufe gehoben worden. Seine sehnsuchtsvolle Melodie und die anschauliche Beschreibung der heiligen Orte und Gärten in Jerusalem wirkten zutiefst auf die Stimmung des Volkes. Einige Wochen nach dem Sechs-Tage-Krieg war aus dem Lied fast so etwas wie eine Nationalhymne geworden, die häufiger und mit größerer innerer Anteilnahme als sogar die *Hatikwah* gespielt wurde.
In Jerusalem standen die Israelis außerdem zusammen mit Arabern an den Bushaltestellen Schlange, drängten sich mit ihnen auf den Marktplätzen und besuchten sie sogar gelegentlich in Privathäusern. Bürgermeister Teddy Kollek reagierte voller Einfallsreichtum auf den Wegfall der trennenden Schranken. Das alte Mandelbaumtor, an dem die israelischen und jordanischen Sektoren von Jerusalem einst zusammentrafen, während sich die Soldaten von beiden Seiten mit finsteren Mienen gegenüberstanden, wurde abgerissen, ohne daß es jemand bedauert hätte. Zwei Jahrzehnte lang war es nur wenigen gelungen festzustellen, wer Mandelbaum eigentlich war. Das schien jetzt keine Rolle mehr zu spielen. Die Narbe, die sich nach dem Krieg von 1948 quer über das Gesicht der Stadt gezogen hatte, war verheilt. Am 12. Juli 1967 teilte Israel den Vereinten Nationen mit, es würde keine »ausschließliche Jurisdiktion oder einseitige

Verantwortung« an den Heiligen Stätten der Christenheit oder des Islam beanspruchen und sei bereit, mit den aus Traditionsgründen Beteiligten eine Regelung zu erörtern, die diesen Grundsatz in die Tat umsetzen sollte. Es war das erste Mal in der Geschichte, daß eine Regierung, die die volle Kontrolle über Jerusalem ausübte, sich mit weniger zufriedengab als der Ausübung ihrer unbeschränkten Souveränität über jeden Teil der Stadt. Alle früheren Regierungen, einschließlich derjenigen aus der neueren Zeit – Jordanien, Großbritannien und das Osmanische Reich –, hatten den Standpunkt vertreten, ihr Prestige verlange, daß die Welt ihnen die Unterhaltung und Sicherung der Heiligen Stätten voll anvertraue. Von Israel konnte man mit größerer Wahrscheinlichkeit die peinlich genaue Einhaltung dieses Grundsatzes erwarten, da es durch dessen Verletzung am meisten zu leiden gehabt hatte. Aber die Israelis fanden, daß eine Geste gegenüber Christen und Mohammedanern in der Gesamtheit der Stadt allgemeines Interesse finden würde und vielleicht sogar ein politisches Arrangement mit dem benachbarten Moslemstaat einleiten könnte.

Der Krieg und die erste Runde in den politischen Auseinandersetzungen hatten keine Gewißheit über das endgültige Ergebnis gebracht. Aber eine Konsequenz war bereits gegeben. Israel würde seinem eigenen Volk und der ganzen Welt ein neues Verständnis seiner selbst vermitteln. Es hatte Entschlußkraft und Flexibilität bewiesen. Es hatte die Eigenschaften gezeigt, die gerade unter widrigen Umständen am hellsten erstrahlen. Und es hatte sein Banner in einer Atmosphäre tiefer Sympathie in aller Welt vorangetragen. Wo immer Juden in aller Welt über die Straßen gingen, lag in ihrem Schritt ein neues Selbstvertrauen. Israel war schließlich keine Großmacht. Es würde immer klein an Ausdehnung und materieller Kraft bleiben. Sein Sieg mußte deshalb Zeugnis ablegen von einer ganz besonderen Geisteshaltung. Das Beispiel Israel mußte anderen kleinen, bedrohten und unterdrückten Ländern viel bedeuten. Der Geist moralischer Kraft ging von seinen Küsten aus und belebte die Phantasie in vielen Gebieten der Welt.

In Israel behielt man angesichts der plötzlichen Lageveränderung einen kühlen Kopf. Man war sich aber auch bewußt, daß man einen einzigartigen und erhebenden Augenblick erlebt hatte. Die psychologische Wirkung des Sieges war sehr tiefgehend gewesen. Israelis drängten sich zu Zehntausenden an der Klagemauer und am Tempelberg, um in fassungslosem Staunen die Steine zu betrachten, die ihre ruhmreiche Vergangenheit symbolisierten. Fast zwanzig Jahre lang war den Israelis und Juden auf brutale Weise der Zugung zu Ost-Jerusalem überhaupt verwehrt worden. Jetzt begannen die Israelis damit, die Synagogen in der Altstadt wiederaufzubauen. Sie kamen außerdem in arabische Städte und Dörfer auf dem Westufer des Jordan, in Judäa und Samaria, ein Gebiet, von dem sie durch den Krieg von 1948 abgeschnitten gewesen waren. Eigenartigerweise drückte sich in ihrem Auftreten Bescheidenheit, nicht Triumph, aus. Sie waren auf rührende Weise darum bemüht, irgendeine Verbindung zu den Arabern herzustellen. Die israelische Bevölkerung war zwei Jahrzehnte hindurch innerhalb der Grenzen ihres eigenen Lebensbereichs eingesperrt gewesen. Jetzt kamen sie in Kontakt mit dem Strom arabischen Lebens. Sie spürten, daß das arabische und israelische Volk, trotz aller ihrer Konflikte, einen gemeinsamen Ursprung und eine gemeinsame Bestimmung hatten. So bewegten sich israelische Besucher, zunächst noch etwas unsicher, in arabischen Städten und Dörfern, nahmen die rasch wechselnden Farben und die vielfältige Geschäftigkeit in sich auf, lauschten dem Geschrei auf den Marktplätzen und sogen die charakteristischen Gerüche von starkem Kaffee, Eselsdung, Wasserpfeifenrauch und arabischem Brot ein. All dies kam ihnen noch fremd und irgendwie unwirklich vor, aber sie reagierten mit Respekt auf den augenfälligen Beweis eines festgefügten, erdnahen Lebensstils. Diejenigen, die vor 1948 in Palästina bereits als erwachsene Männer und Frauen gelebt hatten, wußten, was es hieß, täglich an vielen Stellen in Kontakt mit dem arabischen Leben zu stehen; aber die Waffenstillstandslinie hatte Araber und Israelis in zwei feindliche Gettos gespalten. Jetzt besaß die israelische Bevölkerung genug Ellbogenfreiheit, sich bewegen zu können. Sie war ihrem Käfig entronnen. Viele Orte, die in der israelischen Geschichte einen klingenden Namen hatten – Hebron, Shechem, Shiloh –, waren ihnen zugänglich, und sie kamen zu ihnen in einer merkwürdigen Mischung von Demut und Überschwang. Aber es lag auch ein Anflug von Melancholie über ihnen. Der Sieg war ruhmreich gewesen, aber die Gefahren, die ihm vorangegangen waren, wirkten in der Erinnerung stärker nach als der eigentliche Triumph. Sie hatten einen hohen Preis gezahlt. Tod und Verstümmelung lagen wie dunkle Schatten über Hunderten von Familien. Soldaten, die vom Schlachtfeld in ihre Kibbuzim zurückgekehrt waren, äußerten sich erstaunlich freimütig über das gefühlsmäßige und moralische Dilemma, in dem sie sich befunden hatten. Einige dieser Äußerungen und Gespräche sind in einem Buch mit dem Titel *»Der Siebente Tag«* zusammengetragen worden. Es wirft ein helles Licht auf den Charakter und die Eigenschaften der israelischen Jugend. Es zerstört die bekannte, stereotype Auffassung eines unbekümmerten, oberflächlichen Pragmatismus. Die jungen Männer Israels bewiesen, daß sie einer moralischen Selbstanalyse durchaus fähig waren. Sie grübelten über den letzten Geheimnissen von Leben und Tod und machten sich Gedanken über das Problem der jüdischen Identität. Und vor allem quälten sie sich über die Vielschichtigkeit ihrer Einstellung zum arabischen Gegner. Einige dieser Unterhaltungen sind erfüllt von glühendem Nationalstolz und frei von allen Zweifeln über die Legitimität des israelischen Kampfes. Aber bei vielen spürt man das Unbehagen bei dem Gedanken, daß Juden Hunderttausende von Arabern beherrschen sollten. Fast alle empfanden Widerwillen gegen Blutvergießen und hatten quälende moralische Zweifel beim Töten – auch in Verfolg höchster nationaler Ziele, und sie hatten ein mitfühlendes Herz mit dem geschlagenen Feind. Und wenn das Gespräch auf Jerusalem kam, zeigten die weltlich orientierten israelischen Jugendlichen ein unerwartetes Feingefühl für die einigenden Erinnerungen der jüdischen Überlieferung.

Die erste Aufgabe zu Hause bestand darin, eine vernünftige Lebensordnung und Gesetzlichkeit in den neuen Gebieten zu errichten. Die Regierung wollte noch keine bindenden Verpflichtungen über die politische Zukunft der von Arabern besiedelten Gebiete eingehen. Diese sollten zunächst unter militärischer Verwaltung bleiben, und der noch vorhandene Führungsapparat in Städten und kleineren Ortschaften sollte bestehen bleiben. Israel würde die bestehenden Gesetze anwenden, wie es dem Völkerrecht entsprach. Dies hatte zur Folge, daß ein Reisender, der arabische Dörfer in Judäa und Samaria besuchte, kaum merkte, daß eine »Besetzung« überhaupt stattgefunden hatte. Die israelische Armee hielt sich unauffällig im Hintergrund, während arabische Bürgermeister und Beamte ihren Aufgaben nachgingen. Kaum einer von ihnen floh oder legte sein Amt nieder. Da die israelischen Märkte für leicht verderbliche Güter offenstanden, blühte die arabische Landwirtschaft auf.

Die palästinensischen Araber waren zum zweiten Mal in einen Krieg hineingezogen worden, der von draußen provoziert worden war, genauer gesagt: von Kairo. Sie schienen allmählich genug davon zu haben. Ihnen kam es hauptsächlich darauf an, daß es zu keinem Bruch mit ihren Lebensgewohnheiten kam. Nicht alle waren jedoch ganz frei von Panik. Die Ungewißheit, was ihnen unter einem nichtarabischen Regime bevorstand, sowie der Schock und die Gefahren des Krieges hatten gut 200000 Araber veranlaßt, vom Westufer und dem Gazastreifen auf das Ostufer des Jordan überzuwechseln. Schließlich hatten ihnen die Propagandisten erzählt, die Israelis seien wilde Tiere mit Hörnern und Schwänzen. Sie wußten, daß es im Falle eines arabischen Sieges zu einem Judenmassaker gekommen wäre. Warum sollte nicht auch das Gegenteil wahr sein? Eine ihrer Befürchtungen war die, von den anderen arabischen Ländern abgeschnitten zu sein – von einem Bruder in Beirut, einem Bankkonto in Kuwait, Schulen und Universitäten in Kairo. Als aber die israelische Militärverwaltung eine gewisse Freizügigkeit an den Tag legte und Verständnis

für ihren Wunsch zeigte, den Kontakt mit der arabischen Welt aufrechtzuerhalten, nahm die Zahl der Flüchtlinge ab.
Die israelischen Behörden verringerten die militärische Präsenz auf ein Minimum, das für die Aufrechterhaltung der öffentlichen Ordnung gerade noch ausreichte. Diese restriktive Haltung hatte eine positive Wirkung. Die meisten arabischen Schulen unterrichteten, und ein einträglicher Handel entfaltete sich. Das Gefühl des Verwurzeltseins und der Stabilität, das Erlebnis, handfeste und konkrete Interessen zu verteidigen, erzeugte unter den Arabern auf dem Westufer eine Haltung, die sich vollkommen von der der Palästinenser in Beirut und Kairo unterschied; denn diese lebten ausschließlich mit ihren Ressentiments in einer Welt marktschreierischer Schlagworte und revolutionärer Ideen. Die meisten Palästinenser, die unbelästigt und friedlich in ihren Häusern westlich des Jordan in Judäa, Samaria und sogar im Gazastreifen lebten, wollten mit den Terroristen nichts zu tun haben, die sie noch einmal zu einem Dasein voller Leid und Opfer im Kampf für Israels »Liquidierung« aufrufen wollten. Die Palästinenser westlich des Jordan glaubten nicht ernsthaft daran, daß Israel nur eine Beule sei, die aus dem arabischen Fleisch wieder herausgeschnitten werden könne. In ihren Augen war es eine stabile, wenn auch unerwünschte Realität. Und es lieferte auch keinerlei Anzeichen dafür, daß es wieder verschwinden würde.

Im innerpolitischen Leben Israels trat eine kurze Periode der Ruhe ein. Die Auseinandersetzungen der Vorkriegszeit waren zum Schweigen gekommen. Meinungsumfragen ergaben eine überwältigende Popularität der nationalen Führer, einschließlich derjenigen, die erst kurze Zeit zuvor heftigen Angriffen ausgesetzt worden waren. Die mit Fragen der Verteidigungs- und Außenpolitik betrauten Persönlichkeiten erhielten einen gewaltigen Prozentsatz zustimmender Urteile, weit über achtzig Prozent, während Ministerpräsident Eschkol in der Stille die begeisterte Bestätigung seiner politischen Entschlüsse und seiner Persönlichkeit feierte, die so oft zur Zielscheibe wütender Kritik geworden waren. Während man allgemein die Erleichterung und alle Vorteile des Sieges genoß, war man sich auch bewußt, daß der Sieg seine Grenzen hatte. Die arabischen Regierungen weigerten sich immer noch, ihn als endgültig anzuerkennen. In Israel versuchte man voller Besorgnis durch einen Blick in den politischen Zauberspiegel vorauszusagen, wie sich die Araber mit dem Problem ihrer Niederlage abfinden würden.

Es war für die Araber außerordentlich schwierig, sich auf die neue Lage einzustellen. Während einiger weniger Stunden im Juni war ihre Stimmung von höchstem Überschwang in so tiefe Niedergeschlagenheit abgesunken, daß sie über diesen Schock nie völlig würden hinwegkommen können. Nur wenige Tage vorher hatten Millionen von Arabern das Gefühl gehabt, am Rande eines noch nicht dagewesenen Triumphes zu stehen. Der Sturz war dementsprechend hart. Während ihre Flugzeuge bereits von den Flugplätzen und vom Himmel weggefegt wurden, hatten sie noch Phantasien triumphaler Siege nachgehangen. Man sagte ihnen, die arabischen Armeen hätten ungeheure Erfolge errungen. Wenige Stunden später waren die trügerischen Siegesvorstellungen in der glitzernden Luft des Nachmittags wie eine kurze Fata Morgana entschwunden. Eines Tages würden sie sich der ganzen Wahrheit in ihrer schmerzlichen Tragweite bewußt werden. Aber vorläufig taten ihre ratlosen Führer alles, um ihnen die Wahrheit vorzuenthalten. Die gesamte arabische Welt stand vor einer Niederlage, deren Stachel deshalb so schmerzlich spürbar war, weil man vorher einen ganz anderen Ablauf der Ereignisse erwartet hatte. Man ging in sich und suchte nach Gründen. Was war schiefgegangen? Wer war an dem Debakel schuld? Die Literatur über die Niederlage von 1948 war in den letzten Jahren nicht mehr gefragt gewesen. Jetzt sollte sie in neuer prägnanterer Gestalt wiedererstehen. »Ein größeres Desaster als das von 1948 hat sich ereignet«, schrieb ein ägyptischer Kommentator, »und es verlangt deshalb ein größeres Maß an Offenheit und Kritik.«

Es ist sogar für die Gegner und ausersehenen Opfer des arabischen Überfalles schwer, die Literatur über ihre Niederlage ohne innere Anteilnahme zu lesen. Die teuflischen Feinde, »Zionismus«, »Imperialismus« und »Reaktion«, spielten noch immer die Hauptrolle. Aber gemeinsam mit ihnen steht diesmal die arabische Nation selbst unter dem Scheinwerferlicht, das auf ihre eigenen Unvollkommenheiten gerichtet ist. Wir finden, daß arabische Schriftsteller und Denker ihr eigenes Volk als oberflächlich, frivol, übermäßig individualistisch, Illusionen nachhängend und unwillig, den Tatsachen ins Auge zu sehen, kurz als bar aller derjenigen Eigenschaften hinstellen, mit deren Hilfe sich die Völker gegen nationale Katastrophen zu schützen wissen. Zentralthema ist die Überzeugung, daß Fehlschläge nicht aus äußeren Umständen allein entstehen, sondern in einem viel größeren Maße aus Elementen, die sich in der arabischen Gesellschaftsstruktur befinden. Jede Gruppe hat ihre eigene, besondere Antwort auf das Rätsel ihres Versagens. Aber fast alle kehren zu dem menschlichen Problem zurück: Das Fiasko lag nicht an den arabischen Waffen, sondern an den arabischen Menschen. Wenn der Araber nicht selbst aus dem Debakel mit einer neuen Haltung und einer neuen Einstellung zum Leben hervorginge, würde es keine Wiedergeburt geben. Es handle sich nicht nur um eine Frage technischer Fähigkeiten. »Wir können keine moderne Armee aufstellen«, schreibt Jubran Chamieh, »die in der Lage wäre, in einer rückständigen Gesellschaft mit modernen Waffen umzugehen.«

Die arabische Führung nahm jetzt eine doppelzüngige Einstellung gegenüber Israel ein. Sie stellten den Feind noch immer, wie in den Karikaturen der Vorkriegszeit, als aalglattes, kraushaariges, hakennasiges Ungeheuer mit Hörnern und Schwanz dar. Aber sie besaßen jetzt außerdem einen feindseligen Respekt vor Israels Leistungen. Ja, nur durch Übernahme derselben Eigenschaften, die Israel zu seinem Erfolg verholfen hatten, würde der arabische Nationalismus jemals imstande sein, sich wieder über seinen Niedergang zu erheben. Nirgends in ihren Gedanken unternahmen die arabischen Schriftsteller den ehrlichen Versuch, sich über die Motive klarzuwerden, die Israel zum Ausbruch aus seiner Einkreisung gezwungen hatten. Unsere Aktion von 1967 wurde in phantastischer Manier so dargestellt, als habe sie nichts mit Nassers Politik vom Mai 1967 zu tun. Sie wurde einem lange geplanten, vorsätzlichen Akt »israelischer Aggression« zugeschrieben. Nach dieser sagenhaften Vorstellung hatten die israelische Regierung und die Armee Monate und Jahre nur dagesessen, bis sie – ohne besonderen Grund und ohne provoziert worden zu sein – willkürlich am 5. Juni 1967 zum militärischen Schlag ausgeholt hatten. Das arabische »Establishment« stand vor einem schwierigen Dilemma. Nahm es die Kritik hin, disqualifizierte es sich gewissermaßen selbst von dem Anspruch, weiterhin an der Macht zu bleiben, denn es gab damit zu, die arabische Führung sei entweder zu gemäßigt oder gegenüber dem Kommunismus zu nachgiebig oder zu traditionsgebunden oder nicht traditionsgebunden genug gewesen. Die arabischen Regierungen waren aus Gründen der Selbsterhaltung gezwungen, jede radikale Diagnose der arabischen Schwierigkeiten abzulehnen. Ihnen blieb nur übrig, immer wieder zu betonen, daß alles in der arabischen Führung im Grunde genommen gesund und vernünftig und daß die Niederlage auf eine zufällige Verkettung von Umständen zurückzuführen sei. Diese ließen sich ohne eine grundlegende Änderung der Politik oder des Regierungssystems wiedergutmachen. Die Araber müßten sich einfach nur besser organisieren. Den Feind solle man weiterhin mit Verachtung strafen, ihn aber trotzdem wegen seiner Fähigkeiten ernst nehmen.
So wurde das arabische Versagen im Sechs-Tage-Krieg auf historische Gründe zurückgeführt, auf Mängel in der Erziehung und sozialen Entwicklung, auf übertriebene Liebedienerei, auf den Islam – oder auf die ungenügende Beachtung der islamischen Gesetze –, auf die Verräterrolle der Imperialisten und Reaktionäre, auf die Teufeleien der Israelis – auf alles, nur nicht auf die Fehler von Gamal Abdul Nasser. Und da eine arabische militärische Niederlage durch Israel nicht in das Bild eines verachtungswürdigen, schmalbrüstigen israelischen Zwerges paßte, mußte man sie anderen Kräften zuschreiben. Mit einem in der modernen Geschichte ungewöhnlichen Zynismus erfand Nasser mit der zögernden Unterstützung

König Husseins den Mythos direkter amerikanischer und britischer Beteiligung an der Bombardierung Ägyptens. Dies führte dazu, daß Washington und London am 7. Juni 1967 ihre diplomatischen Beziehungen mit Kairo abbrachen. Der Vorwurf war so lächerlich und ungeheuerlich, daß sich sogar die Sowjetunion weigerte, ihn zu unterstützen. Man konnte die explosive Bösartigkeit dieser Lüge jedoch nicht unterschätzen. Wenn Nasser beweisen konnte, daß sich die Vereinigten Staaten und Großbritannien an einem regionalen Krieg beteiligt hatten, würde er die Sowjetunion zu einer Überprüfung ihrer eigenen Verantwortlichkeiten zwingen. Nach Nassers Auffassung war ein kurzfristiger Propagandaerfolg wichtiger, als darauf zu verzichten, die Gefahren für die gesamte Menschheit zu vergrößern.

Das ganze System der Beweisführung, das Nasser von allen Ursachen und Faktoren der Niederlage freisprach, kam in der Episode seines »Rücktritts« zum Ausdruck. Als Nasser am 9. Juni die Wahrheit über seine Niederlage erfuhr, gab er seine Bereitschaft kund, von der Leitung der Staatsgeschäfte zurückzutreten. Eine wohlorganisierte Welle von Protesten erhob sich. Einige waren zweifellos spontan. Das ägyptische Volk hatte Nasser gewissermaßen in Besitz genommen. Es war stolz auf sein Prestige. Als die Welt um die Ägypter herum zusammenbrach, mögen sie sich vielleicht gedacht haben, daß er das einzige war, was ihnen jetzt noch blieb. Man hatte auch das Gefühl, daß man sich selbst erniedrigte und kritisierte, wenn man Nasser für die Niederlage verantwortlich machte. Dazu kamen natürlich alle Möglichkeiten eines Einparteiensystems, einen starken Ausdruck der Gemeinsamkeit zu finden, ins Spiel. Die Menschenmassen auf den Straßen, Abgeordnete im Parlament, militärische Führer und andere drangen gemeinsam in Nasser, seinen Entschluß zum Rücktritt noch einmal zu überlegen. Er »beugte« sich der öffentlichen Meinung, die er selbst geschaffen und inspiriert hatte.

Aber viele Wunden blieben zurück. Wenn der Fehler schon nicht bei der politischen Führung zu suchen war, dann mußte er mit Sicherheit bei unfähigen Armeebefehlshabern liegen. Nasser wälzte die Schuld von seinen eigenen Schultern auf diejenigen von Luftmarschällen und Generalen ab, die er jetzt öffentlich vor Gericht stellte. In einer Gesellschaft, die bis zu einem gewissen Grade auf Wahrheit und Gerechtigkeit gegründet ist, hätte man das Versagen nicht in militärischer Unfähigkeit, sondern in rücksichtslosen politischen Entscheidungen gesucht. Nasser hatte gespielt und verloren. Er hatte ein israelisches Lebensinteresse verletzt, zu dessen Verteidigung Israel gelobt hatte, unter allen Umständen zu kämpfen. Er hatte keine präzise Beurteilung der Fähigkeiten und Möglichkeiten seines Gegners ausarbeiten lassen. Er hatte sich selbst und sein Volk mit der Legende hinters Licht geführt, Israel sei machtlos, wenn es nicht von den

Armeen der Großmächte unterstützt würde. Er hatte außerdem die militärischen Auswirkungen der arabischen Allianzen überschätzt. Gegen alle diese Anklagepunkte müssen wir jedoch den Umstand setzen, daß es ihm gelang, über seine Niederlage hinauszuwachsen. Er hatte im Inneren einen Erfolg errungen, trotz des militärischen und außenpolitischen Desasters.

Diese Tatsache hatte weit mehr als nur persönliche Konsequenzen. Ein neuer Führer hätte freie Hand gehabt, den Krieg zu kritisieren und dem arabischen Nationalismus den Weg zur regionalen Wiederversöhnung zu weisen. Durch das Festhalten an der alten Führungsschicht hielt das ägyptische Volk automatisch auch an deren Politik fest. So kam es denn auch, daß Nasser nach wenigen Wochen auf einem Treffen der arabischen Regierungschefs in Khartum die alten, irredentistischen Schlagworte wiederholte: »Kein Friede mit Israel; keine Anerkennung Israels; keine Verhandlungen mit Israel; kein Gebietshandel mit Israel.« Wie aus einer so kompromißlosen Haltung irgendein Friede entstehen konnte, war schwer zu begreifen. Durch seine Treue zur alten Führungsclique hatte das ägyptische Volk die Chance einer Neuorientierung seiner Politik verspielt.

In der Tat, die ersten Reaktionen des arabischen Nationalismus auf die Niederlage lauteten: Die antiisraelische Ideologie hat nicht versagt; sie ist nur nicht in ausreichendem Maße zum Tragen gekommen. Diese Doktrin wurde formuliert und von den Terroristenorganisationen, besonders der El Fatah, übernommen. Nach einigen isolierten militärischen Aktionen im Jahre 1968 und gelegentlichen spektakulären Akten der Piraterie gegen Luftfahrtgesellschaften verlegten diese Bewegungen ihren Schwerpunkt auf das politische Gebiet. Ihr Plan war der, die Vorstellung von »Palästina« auf eine solche Ebene zu heben, daß »Israel« verschwinden würde. Sie hatten vermutlich eingesehen, daß die Sympathien allgemein auf seiten Israels standen, solange der Kampf als Auseinandersetzung zwischen Israel und der arabischen Welt dargestellt wurde. Es war genug, Israels kleines Territorium mit der gewaltigen Ausdehnung Arabiens zu vergleichen, um zu der Schlußfolgerung zu kommen, daß der arabische Nationalismus eigentlich keinen Grund zur Klage hatte. Wenn aber der Gegensatz so dargestellt wurde, daß er nicht zwischen Israel und den Arabern, sondern zwischen Israel und den Palästinensern bestand, änderte sich das Bild. Alle Gewinne des arabischen Nationalismus in vierzehn Staaten außerhalb Palästinas galten als selbstverständlich, als ob sie keinen Einfluß auf die gleichen Rechte des arabischen und jüdischen Volkes auf Unabhängigkeit besäßen. Wenn die Handelnden in diesem Drama Israel und die Palästinenser waren, wurden die früheren Rollen in ihr Gegenteil verkehrt. Man konnte Israel als mächtig, gesättigt, etabliert und anerkannt hinstellen, während die Palästinenser im Gegensatz dazu enteignet waren, unzufrieden und nach Selbständigkeit strebend; vor allem war ihr Problem ungelöst. Durch diesen geschickten Schachzug erhob der arabische Nationalismus einen noch nicht dagewesenen Anspruch auf totale Selbstbestimmung. Wo immer es eine größere arabische Gemeinde gab, mußte auch ein arabischer Staat existieren, als ob das Vorhandensein so vieler arabischer Staaten noch nicht genug war, um die Tatsache zu rechtfertigen, daß sich ein paar hunderttausend Araber als Minderheit in einem nichtarabischen Lande befanden. Für die Araber – wie für kein anderes Volk – waren neunundneunzig Prozent Selbstbestimmung und Souveränität nicht adäquat. Die Araber mußten überall souverän sein; die Juden nirgends. Indem dem arabischen Image das Wort »Palästina« untergeschoben wurde, entstand Konfusion bei denjenigen, die eher geneigt waren, die Opfer als die Überlebenden der Geschichte zu unterstützen. Viele, die aus einem gewissen Gefühl von Ritterlichkeit die Sache des um seine Existenz ringenden Israel gegen die Araber gefördert hatten, fanden jetzt, daß es ihrer gefühlsmäßigen Einstellung besser entspräche, wenn sie sich für die am Boden liegenden Palästinenser, nicht für die siegreichen Israelis, einsetzten. In unserer heutigen Kultur ist eine starke Strömung gegen das bestehende »Establishment« festzustellen. Es wandte sich vom Sieger dem Besiegten zu. Israel wurde über Nacht von David in Goliath umgewandelt. Es hatte die schwere Sünde begangen, am Leben zu bleiben.

In der Sommer-Debatte 1967 hatten es die Vereinten Nationen abgelehnt, Israel auf Antrag Ägyptens zu verurteilen, weil es die Kühnheit gehabt habe, überhaupt zu existieren. Als die internationalen Diskussionen im Oktober wiederaufgenommen wurden, ging man pragmatischer und für Israel gefährlicher vor. Erstens wurden die Debatten im Sicherheitsrat und nicht in der Vollversammlung ausgetragen. Alle Diskussionen in der UNO leiden unter der Seuche dauernder Publizität, die besonders bedenklich ist, wenn es sich bei dem Konflikt um so dramatische Dinge handelt, wie im vorliegenden Falle. Im Sicherheitsrat mit seinen fünfzehn Mitgliedern gibt es höhere Barrieren gegen Demagogie und Vorurteil als bei der aus 130 Mitgliedern bestehenden Vollversammlung. Das Vetorecht wirkt abschreckend in Fällen extremer Ungereimtheiten. Und das allgemeine Ziel ist es, die übereinstimmende Auffassung aller Großmächte sicherzustellen. Israel konnte spüren, daß eine seinen Interessen zuwiderlaufende Resolution auf den Widerstand der Vereinigten Staaten stoßen würde und daß eine solche Resolution, wenn sie ohne amerikanische Zustimmung angenommen würde, keine zwingende politische Kraft besäße. Aber Israel brauchte sich nicht auf Washington allein zu verlas-

sen. Es gab mehrere andere Mitglieder, darunter Großbritannien, Kanada, Dänemark und zwei südamerikanische Staaten, die den sowjetischen Antrag auf sofortigen Rückzug ohne Friedensregelung abgelehnt hatten. Die von der arabischen Gipfelkonferenz in Khartum Mitte September angenommene Entschließung hatte die Weltmeinung entfremdet, ohne sie einzuschüchtern. Als die Debatte im Sicherheitsrat begann, kam es hauptsächlich darauf an, eine Reihe von Grundsätzen zu formulieren, auf deren Basis ein UNO-Vertreter den beiden Parteien dabei helfen konnte, zu einer Vereinbarung zu gelangen.
Als der US-Vertreter, Botschafter Goldberg, am 15. November das Rednerpult betrat, war es offenkundig, daß Israel einen größeren Durchbruch erzielt hatte. Zum ersten Mal sprach sich eine Großmacht nicht nur für eine Revolutionierung der politischen Beziehungen zwischen Israel und den arabischen Staaten, sondern auch für eine Doktrin möglicher territorialer Gebietsausgleiche aus. In seiner Analyse der Grenzfrage entwarf der US-Delegierte vor dem Sicherheitsrat mit juristischer Präzision ein Bild von der einzigartigen territorialen Situation im Mittleren Osten. Er wies darauf hin, daß es nie zu einer Vereinbarung über irgendeine Art permanenter territorialer Grenzziehung zwischen den dortigen Staaten gekommen sei, daß die Demarkationslinien des Waffenstillstands von 1949 von den Signatarmächten ausdrücklich als vorläufige, rein auf militärischen Überlegungen beruhende Linien bezeichnet worden waren und daß sie gemäß den Waffenstillstandsvereinbarungen beim Übergang zum Frieden revidiert werden konnten. Er wies ferner darauf hin, daß weder die am 4. Juni 1967 gültig gewesenen Demarkationslinien noch die Linien der Feuereinstellung, die aus dem israelischen Sieg hervorgegangen waren, als endgültige Staatsgrenzen angesehen werden könnten: »Da derartige Grenzen nicht existieren, müssen sie von den Parteien als Teil der Friedensverhandlungen festgelegt werden.«
Als die britische Delegation dem Sicherheitsrat einen Entschließungsantrag vorlegte, beruhte der Entwurf weitgehend auf dem Bedürfnis einer Neugestaltung der Verhältnisse. Er erwähnte in der Präambel zwar den Grundsatz der »Nicht-Zulässigkeit von Landerwerb mit kriegerischen Mitteln«, sagte aber nichts über die Notwendigkeit, hinter die alten Waffenstillstandslinien zurückzukehren, und er schloß auch nicht die Aushandlung neuer Grenzen auf dem Verhandlungswege aus. Der von Großbritannien am 22. November vorgelegte Resolutionsentwurf forderte hauptsächlich die Errichtung eines gerechten und dauerhaften Friedens, der auf zwei Prinzipien beruhen müsse: auf dem Rückzug aus den besetzten Gebieten und dem Verzicht auf kriegerische Aktionen, Blockade oder kriegsähnliche Handlungen. Versuche der Sowjetunion und der Araber, eine Bestimmung einzubauen, die den Rückzug aus »allen Territorien«

verlangte, wurden von den Urhebern und Parteigängern des ursprünglichen Entwurfs abgelehnt. Man unterließ es nicht nur, die Dimensionen des Rückzuges näher zu spezifizieren, sondern man erklärte auch, daß der Begriff »Friede« auch »das Recht, in Frieden innerhalb gesicherter und anerkannter Grenzen zu leben«, einschließe. Für Israel bestand eine weitere Sicherung darin, daß es die Aufgabe des UNO-Vertreters sein würde, eine »Vereinbarung« zwischen Israel und den arabischen Staaten herbeizuführen, um eine beiderseitig annehmbare Regelung zu erreichen. So war der Grundsatz einer von außen aufgezwungenen Lösung endgültig aufgegeben worden.

Die Resolution des Sicherheitsrates war notwendigerweise zweideutig, da sie sich der Unterstützung sowohl der Vereinigten Staaten als auch der Sowjetunion versichern mußte, außerdem mußten die arabischen Staaten und Israel zustimmen. Sie bedeutete für Israel aber einen gewissen Fortschritt in dreierlei Hinsicht. Erstens war der Rückzug aus den besetzten Gebieten an die Bedingung einer Friedensregelung geknüpft. Zweitens mußte der Friede die Errichtung gesicherter und anerkannter Grenzen vorsehen. Und drittens mußte diese Regelung auf dem Verhandlungswege zustande kommen und durfte nicht von außen aufgezwungen werden.

Die Frage, ob die Resolution des Sicherheitsrats vom 22. November 1967 eine Revision der Gebietsverteilung genehmigte, war in den folgenden Monaten und Jahren Gegenstand unablässiger Diskussionen. Zwei Jahre später, am 9. Dezember 1969, sagte der amerikanische Außenminister William Rogers, dessen Regierung den Begriff »gesicherte und anerkannte Grenzen« erfunden hatte:

»Die Grenzen, aus denen 1967 der Krieg begann, wurden in den Waffenstillstandsabkommen von 1949 errichtet. Sie haben die Gebiete nationaler Jurisdiktion im Mittleren Osten zwanzig Jahre hindurch festgelegt. Diese Grenzen waren Waffenstillstandslinien, keine endgültigen Staatsgrenzen. Die Rechte, Ansprüche und Positionen der Parteien wurden durch die Waffenstillstandsabkommen einer endgültigen Friedensregelung vorbehalten. Durch die Resolution des Sicherheitsrates werden diese Waffenstillstandslinien als definitive Staatsgrenzen weder bestätigt noch ausgeschlossen.«

Da die britische Regierung hinter der Resolution stand, wurde besonderes Gewicht auf die Auslegung der territorialen Bestimmungen gelegt. Gegen Ende 1968 stellte Außenminister Michael Stewart im Unterhaus fest, daß es sich bei dem in der Resolution vorgesehenen Rückzug nicht um einen Rückzug aus »allen Territorien«, sondern nur aus denjenigen handle, die jenseits derjenigen Grenzen liegen, die von den beteiligten Parteien in den Friedensverhandlungen ausgehandelt werden würden. Er wies darauf hin, daß die Auslassung des Wortes »allen« vor dem Wort »Territorien« absichtlich geschehen sei. U Thant hatte als seinen Vertreter für den Mittleren Osten den schwedischen Botschafter in Moskau, Dr. Gunnar Jarring, ernannt, der Ende Dezember 1967 dorthin abreiste. Dr. Jarring richtete sein Hauptquartier auf Zypern ein und begann mit großer Hartnäckigkeit eine schier endlose Runde politischer Gespräche in Kairo, Amman und Jerusalem, mit gelegentlichen Besuchen in Beirut und New York. Zwischen Dezember 1967 und Dezember 1968 besuchte er Jerusalem zweiundzwanzigmal, um sich mit dem Außenminister zu besprechen. Die Auffassungen, die er von israelischer Seite hörte, waren: Zur Erreichung einer Friedensregelung müsse der Grundsatz der Vereinbarung vollen Ausdruck finden. Und eine Vereinbarung über alle in der UNO-Resolution enthaltenen Elemente könne durch direkte Verhandlungen zwischen den betroffenen Parteien erreicht werden. Israel schlug deshalb vor, Dr. Jarring möge Vertreter der jeweiligen Regierungen zusammenrufen. Es legte außerdem eine »Friedensnote« vor, die alle politischen und territorialen Probleme enthielt, die in den Verhandlungen zur Sprache kommen müßten. Jordanien und Ägypten lehnten diese Vorschläge ab. Sie wollten weder Verhandlungen noch detaillierte Diskussionen. Sie vertraten den Standpunkt, daß Israel seine Truppen abziehen müsse, bevor irgend etwas getan werden könne. Zwischen März und Mai 1968 unternahm Dr. Jarring den gezielten Versuch, eine Konferenz der Parteien unter seinem Vorsitz zustande zu bringen, und zwar nach den Verfahrensregeln, denen man in den Waffenstillstandsverhandlungen auf Rhodos im Jahre 1949 gefolgt war. Dieser Vorschlag wurde von Ägypten im März 1968 mit Nachdruck und etwas zögernder von Jordanien abgelehnt, das es, aus welchen Gründen auch immer, für notwendig hielt, der ägyptischen Führung zu folgen. Durch das Fehlen direkter Kontakte unter Jarrings Vorsitz sank die Mission zu einer öffentlichen Darstellung der gegenseitigen Positionen herab, was nur dazu diente, die breite Kluft zwischen dem arabischen und israelischen Standpunkt zu betonen. Nasser erläuterte die ägyptische Auffassung am 23. Juli 1968 folgendermaßen: »Die folgenden Grundsätze der ägyptischen Politik sind unveränderlich: Keine Verhandlungen mit Israel. Kein Friede mit Israel. Keine Anerkennung Israels. Keine Transaktionen werden auf Kosten der palästinensischen Gebiete oder des palästinensischen Volkes gemacht werden.«

Ägypten vertrat den Standpunkt, daß sich Israel zunächst zurückziehen müsse und dann an einer Diskussion über Friedensfragen teilnehmen könne. Der israelische Standpunkt wurde vom Außenminister in einer Rede vor der Vollversammlung der Vereinten Nationen am 8. Oktober 1968 dargelegt. Die Hauptbestandteile waren: die Errichtung des Friedens; die Errichtung gesicherter und anerkannter Grenzen aufgrund gegenseitiger Vereinbarungen; ein Sonderstatus für die Heiligen Stätten von Jerusalem; eine ausdrückliche Erklärung, die den Konflikt als endgültig beendet bezeichnet. – Aus dieser Erklärung ging eindeutig hervor, wie es zehn Monate später noch detaillierter formuliert werden sollte, daß sich die israelischen Streitkräfte von den gegenwärtigen Linien auf jene Grenze zurückziehen würden, die durch eine ausgehandelte Vereinbarung mit den arabischen Staaten festgelegt worden ist. Im April 1969 prüfte Dr. Jarring erneut die beiderseitigen Positionen, indem er um Beantwortung eines besonderen Fragebogens bat. Es lag auf der Hand, daß Ägypten und Jordanien einerseits sowie Israel andererseits in ihren Standpunkten so weit entfernt waren wie eh und je.

Dr. Jarring stellte jetzt seine regelmäßigen Besuche in den Hauptstädten des Mittleren Ostens ein. In der Zwischenzeit hatten sich die Vereinigten Staaten bereit erklärt, mit der Sowjetunion, Großbritannien und Frankreich in Vier-Mächte-Gespräche bei den Vereinten Nationen einzutreten. Es schien keineswegs leichter zu sein, zu einer Vereinbarung zwischen den Vereinigten Staaten und der Sowjetunion als zu einer zwischen Israel und Ägypten zu kommen. Die Sowjetunion identifizierte sich blind mit der arabischen Politik, während sich die Vereinigten Staaten nicht in gleicher Weise an alle israelischen Positionen gebunden fühlten. In der Grenzfrage steuerte Washington auf eine weniger einschneidende Revision der früheren Grenzziehung hin, als es Israel für seine Sicherheit als wesentlich erachtete. Andererseits hielten die USA an drei wichtigen Prinzipien fest: Es sollte zu keinem Rückzug aus den Waffenstillstandslinien ohne vorherige Friedensregelung kommen. Der Friede sollte zwischen den beteiligten Parteien ausgehandelt und nicht von außen diktiert werden. Und es sollte zu Verhandlungen über die Grenzziehung und nicht zu einer bloßen Wiederherstellung der früheren Waffenstillstandslinien kommen.

Im Sommer 1969 vollzog sich die Arbeit der vier Mächte unter der nicht gerade vielversprechenden Begleitmusik des Kanonendonners; denn im März desselben Jahres hatte Präsident Nasser öffentlich die Feuereinstellung für hinfällig erklärt und den sogenannten »Abnutzungskrieg« begonnen. Während fast täglich schwere Kämpfe zwischen der ägyptischen Artillerie und der israelischen Luftwaffe zu beiden Seiten des Suez-Kanals ausgetragen wurden, führte man parallel dazu weitere Überfälle vom Osten her über den Jordan und von den Golanhöhen durch. Und wenn sich auch nicht ganze Armeen in Bewegung setzten, so hielten doch die pausenlosen Übergriffe der El Fatah und anderer Terrororganisationen das Feuer am Brennen. Nasser verließ sich offenbar ganz auf militärische Erfolge und darauf, daß eine Lösung von den Großmächten diktiert werden würde. Die Lage im August 1970 war dem Ausbruch eines neuen

Krieges näher als auch nur dem geringsten Schritt in Richtung auf einen dauerhaften Frieden.

Es wurde in späteren Jahren Mode zu sagen, daß am Morgen des Sieges jedermann in Israel geglaubt hatte, der Friede stehe nahe bevor. Daran kann ich mich nicht erinnern, noch geht dies aus den Akten hervor. Israel hatte keine arabischen Hauptstädte besetzt, keine Regierungen gestürzt. Es konnte nicht, wie die siegreichen Alliierten im Zweiten Weltkrieg, die Führer der Gegenseite in Eisenbahnabteile oder an Deck von Flugzeugträgern bringen und sie anweisen, alles zu unterschreiben, was ihnen diktiert wurde. Es konnte, wenn notwendig, ihnen seine eigenen Sicherheitsvorstellungen diktieren, aber es konnte keinen Frieden erzwingen. Hier besaßen sie noch immer ein wirksames Vetorecht. Im Sommer 1967 bestand größere Sorge vor einem internationalen Druck auf Rückkehr zu den alten Linien als ernsthafte Hoffnung auf einen Verhandlungsfrieden. Und trotzdem war die Hoffnung auf Frieden größer als zuvor. Israel hatte noch einige Trümpfe in der Hand. Es besaß etwas, was seine Nachbarn sehr gerne haben wollten. Es konnte ihnen erhebliche Gebietsteile zurückerstatten, falls sie ihm Frieden, Sicherheit und eine auf dem Verhandlungswege zustande gekommene endgültige Grenzregelung geben würden.
Daß die arabisch-israelischen Beziehungen nicht immer von rabiater Feindschaft gekennzeichnet sein müßten, wurde Israel zuerst angesichts der Kontakte mit den Arabern in den neugewonnenen Gebieten bewußt. Bis Mitte 1969 waren die meisten Industrieunternehmen auf dem Westufer in vollem Schwung. Israelische Exporte flossen in die Landesteile unter israelischer Verwaltung, während der Verkauf der dort erzeugten Waren an Länder außerhalb der Region mit israelischer Unterstützung aufblühte. Die israelische Verwaltung arbeitete mit der »United Nations Relief and Works Agency« zusammen, um die Bedürfnisse der arabischen Flüchtlinge zu befriedigen. Der Handelsaustausch zwischen Israelis und palästinensischen Arabern hatte tiefe, symbolische Auswirkungen. Angesichts der Schlagworte von Feindschaft und Rache zeugten Tausende von Israelis und Arabern auf dem Westufer des Jordan, die in normalem und ertragreichem Kontakt miteinander standen, vom Bestehen einer grundlegenden Interessengemeinschaft. Mehr als alles andere verlieh diese neue Realität der Idee des Friedens einen greifbaren Aspekt. Es waren aber auch negative Kräfte am Werk. Während Bauern und Arbeiter aus der Fülle neuer Kontakte Gewinne zogen, fand sich die arabische Intelligenz, Beamte und ehemalige jordanische Regierungsangestellte ihrer früheren Stellungen beraubt. Die arabischen Intellektuellen bildeten ein Reservoir mürrischer Unzufriedenheit. Wesentlich ernster war die Tätigkeit der El Fatah und anderer Terrororganisationen, die in höchsten

Alarmzustand versetzt waren, weil sich aus der Koexistenz zweier Völker, die der Krieg von 1948 voneinander getrennt und der Konflikt von 1967 wieder zusammengeführt hatte, ein Friede entwickeln könne. Demonstrationen, Terroranschläge, Streiks und Mordfälle häuften sich. Die Israelis reagierten darauf mit der Verhängung von Ausgangssperren und gelegentlich mit der strafweisen Zerstörung von Schlupfwinkeln der Terroristen. Trotz Geschreis in verschiedenen Bereichen der israelischen Presse wurde die Todesstrafe vermieden. Da El Fatah und andere Terrororganisationen feststellten, daß sie in den neuen Verwaltungsgebieten unerwünscht waren, richteten sie den Schwerpunkt ihrer Angriffe auf das israelische Staatsgebiet von vor 1967. Ihre Verluste waren hoch, die Zahl der gefangengenommenen Terroristen noch höher. Es war ihnen gelungen, einige Schwerpunkte physischer Unsicherheit in wenigen Teilen Israels zu schaffen, die für Angriffe über die Waffenstillstandslinie hinweg zugänglich waren, hauptsächlich im Jordantal zwischen Beisan und dem See Genezareth sowie später in den israelischen Ortschaften nahe der libanesischen Grenze. Einige israelische Reaktionen, wie zum Beispiel die gegen das Dorf Karameh am 21. März 1968, verursachten unerwartete israelische Verluste und feindselige Reaktionen in der übrigen Welt. Aber es stellte sich bald heraus, daß Israels Existenz durch Terroristenbewegungen nicht bedroht werden konnte. Bedroht war nicht Israel als Staat, sondern der einzelne Israeli, dessen tragisches Geschick ihn zufällig in die Nähe eines Granatwerfergeschosses oder einer Bombe brachte, die an Bushaltestellen, auf Marktplätzen, in Bauerndörfern oder Universitätscafés geworfen wurden. Die El Fatah verwendete in ihrer Propaganda zunehmend revolutionäre Schlagwörter. Sie versuchte stets auf unauffällige Weise sicherzustellen, daß ihre Gegner Kinder in Schulbussen, Studenten auf dem Universitätsgelände oder Arbeiter und Hausfrauen in Supermärkten waren. El Fatah und die Palästinensische Befreiungsorganisation hatten eine Vorliebe für den Kampf gegen verwundbare Ziele wie beispielsweise Reisende in unbewaffneten Flugzeugen. Die palästinensischen Terrorbewegungen handelten unter dem Vorwand, ihre Lage sei mit der der Mau-Mau-Bewegung in Kenia oder der FLN in Algerien zu vergleichen. Dies war eine glatte Lüge. Die FLN hatte die Franzosen aus Algerien vertrieben. Die Mau-Mau hatte mitgeholfen, Großbritannien aus Kenia hinauszumanövrieren. Sie hatte nicht die Franzosen aus Frankreich oder die Briten aus dem Vereinigten Königreich vertrieben. In Israel versuchten die kleinen palästinensischen Organisationen, Israelis aus Israel zu vertreiben. Sie operierten nicht gegen »Siedler«, die ihre Heimat hinter sich hatten, sondern gegen eine anerkannte und festverwurzelte Nation, die nirgendwo sonst zu Hause war und die nicht die Absicht hatte, sich je wieder entwurzeln zu lassen. Die El Fatah rief zum offenen Wider-

stand gegen das jordanische Regime auf und hetzte den Libanon gegen Israel auf. Dies war ein tragischer Umstand, denn es war den libanesischen Regierungen bis jetzt gelungen, sich aus drei arabischen Kriegen herauszuhalten. Der Libanon hatte eine Sonderstellung, die von Israel aus guten Gründen respektiert wurde. Er ist natürlich ein Teil der arabischen Welt. Aber er ist gekennzeichnet durch eine besondere Verbundenheit mit dem Christentum und der mediterranen Kultur. Im Libanon verstanden viele, daß nicht die Existenz Israels, sondern die des Libanon in seiner wirklichen und historischen Gestalt auf dem Spiele stand.
Es erwies sich schließlich, daß es sich bei der El Fatah nicht so sehr um ein Instrument des Kriegs, sondern um ein Hindernis für den Frieden handelte. Enttäuscht in ihrer Hoffnung, Israels Dasein entscheidend gefährden oder in den unter israelischer Verwaltung stehenden Gebieten einen Zustand dauernder Unruhe schaffen zu können, hielt die El Fatah Ausschau nach spektakulären Terroraktionen im Ausland. In den Jahren 1969 und 1970 machten Flugzeugentführungen und Bombenexplosionen in israelischen Büros Schlagzeilen in der Presse. Ihre Sache fand Unterstützung bei Teilen der »Neuen Linken« und bei anderen, die gewichtige Gründe für den neuen »progressiven« Antisemitismus gefunden zu haben glaubten, der den Juden zwar das Recht einräumt, als Einzelperson existieren zu dürfen, andererseits aber der Auffassung ist, daß das Recht zur Errichtung eines Staates mit eigener Kultur den nichtjüdischen Nationen vorbehalten bleiben müsse. Alle palästinensischen Organisationen, und besonders die El Fatah, arbeiteten aktiv im »Palästinensischen Nationalrat« mit, der im Juli 1968 in Kairo zusammentrat, um den »Palästinensischen Nationalbund« umzugliedern, der im Mai 1964 gegründet worden war. Ziel war es, die »Rechte der Palästinenser« dergestalt zu kodifizieren, daß Israel als souveräner Staat aus dem ganzen Mittleren Osten ausgeschlossen wurde. Die wesentlichen Grundsätze dieser Charta waren:

In dem palästinensischen Staat werden nur Juden, die vor 1917 in Palästina gelebt haben, als Staatsbürger anerkannt (Artikel VI).
Nur die palästinensischen Araber besitzen das Recht auf Selbstbestimmung, und das gesamte Land gehört ihnen (Artikel IX und XXI).
Kriegshandlungen gegen Israel sind legal, während Israels Selbstverteidigung illegal ist (Artikel XVIII).

In Artikel V werden die »Palästinenser« als diejenigen »arabischen Bürger definiert, die bis 1947 ständig in Palästina lebten, gleichgültig, ob sie vertrieben wurden oder blieben. Jeder, der nach diesem Zeitpunkt innerhalb Palästinas oder außerhalb geboren ist und einen palästinensischen Araber zum Vater hat, ist Palästinenser.« Die Urheber dieses Textes waren also

bereit, eine Handvoll Juden, die ihren Wohnsitz in Palästina bis auf 1917 zurückverfolgen konnten, zu »akzeptieren«. In dem Bemühen, sich in der Weltmeinung in ein günstigeres Licht zu setzen, waren einige Mitarbeiter der palästinensischen Organisationen manchmal sogar bereit, auf dem Kompromißwege auch diejenigen Juden zu »akzeptieren«, die vor 1948 dort gelebt hatten. Da diese nur etwa 650000 zählten, sah auch die »mildeste« palästinensische Definition vor, daß etwa zwei Millionen Juden aus Israel ausgewiesen, enteignet oder mit anderen Methoden, über die man sich unschwer ein Bild machen konnte, »erledigt« werden würden.
Aus den palästinensischen Organisationen gingen zwei Führerpersönlichkeiten hervor, deren Namen außerhalb der arabischen Welt weithin gefeiert werden sollten. Der eine war Yassar Arafat, Führer der El Fatah. Es fehlte ihm an persönlicher Würde und Beredsamkeit, aber er erfreute sich des wichtigsten Vorteils, den sich ein Politiker nur wünschen kann: einen unausstehlichen Vorgänger. Verglichen mit Shukeiry schien er zur Erleichterung der ganzen Welt ein ernster, wenn auch in gewissem Ausmaß fanatischer Mann zu sein. Dieses Bild beruhte auf Illusionen, denn bei näherer Untersuchung erwies er sich als ein zwar stiller, aber dafür um so heimtückischerer Mensch. Monströser war der Führer der Palästinensischen Befreiungsorganisation, Dr. George Habash. In seinen Ideen vereinigten sich mittelalterliche arabische Militanz und moderne marxistische Phraseologie. Er lehnte verächtlich »weichliche« Kompromisse wie den Sicherheitsratsbeschluß von 1967 ab, der auf Israels Souveränität und Recht auf Sicherheit basierte, und nahm statt dessen seine Anhänger in Schutz, die Zivilflugzeuge auf dem Boden und in der Luft in Brand setzten und dabei willkürlich Männer, Frauen und Kinder töteten.
An einem Tage im März 1970 standen wir vor zwanzig Särgen, die die symbolischen Überreste von Zivilpersonen enthielten, die von Dr. Habashs Verbrechern in einem Schweizer Flugzeug ermordet worden waren. Schmerz und Tränen von hundert Verwandten, die von Kummer übermannt waren, erfüllten ganz Jerusalem. Wir konnten die Anwesenheit des dämonischen Doktors förmlich über uns spüren und brauchten uns keine Illusionen über unser Schicksal zu machen, wenn aus »Israel« jemals ein »Palästina« werden sollte. Derselbe Gedanke kam uns, als wir mit ansehen mußten, wie unsere Kinder im Mai 1970 unter dem Jubel von Dr. Habash in einem Schulbus bei Avivim verbrannten und dann später beim Blutbad in Lod, als sechsundzwanzig Luftreisende, hauptsächlich Puertoricaner, von einer Gruppe japanischer Fanatiker, die im Solde der Palästinensischen Befreiungsorganisation standen, auf dem Flugplatz mit Maschinengewehren niedergemäht wurden. Ein tödliches Übel zog durch die Welt, und wie in den dreißiger Jahren war das jüdische Volk die Zielscheibe seines Wütens.

Anfang 1970 war es offenkundig geworden, daß Nasser unter seinem »Abnutzungskrieg« mehr zu leiden hatte, als er anderen Schaden zufügen konnte. Als Folge der Artillerieduelle über dem Suez-Kanal blieben die israelischen Stellungen intakt, während die Ölraffinerien und Wohngebiete von Ismailia, Suez und Port Taufiq in Mitleidenschaft gezogen wurden. Nassers Wahl war schwer: Er konnte sein Dilemma entweder dadurch lösen, daß er Frieden schloß, oder dadurch, daß er seine kriegerische Haltung mit sowjetischer Hilfe fortsetzte. Er entschloß sich für die Fortsetzung des Krieges. Auf seine Bitte hin setzten die Sowjets ihre Hilfeleistungen fort. Den SA-2-Luftabwehrraketen folgten SA-3-Raketen. Waffensysteme mit einer so komplizierten Elektronik waren bislang im Mittleren Osten nicht gesehen worden. Und ihre Lieferung an Ägypten zog Tausende sowjetischer Berater, Techniker und Militärpersonen nach. Im April 1970 kam es zu einer unheilverkündenden Entwicklung, die der ganzen Welt einen Schock versetzte. Sowjetische Flugzeugführer wurden aktiv in der ägyptischen Luftverteidigung eingesetzt. Die Möglichkeit kriegerischer Zusammenstöße zwischen israelischen und sowjetischen Kräften erregte in aller Welt höchste Besorgnis. Besonders die Vereinigten Staaten standen vor einem Dilemma. Falls sie Israel der Sowjetunion auf Gedeih und Verderb auslieferten, wurde die Glaubwürdigkeit amerikanischer Hilfeversprechen gegenüber anderen Staaten in der Welt unterminiert. Da die amerikanische Sicherheit auf dem Abschreckungseffekt ihrer Bündnisse und Partnerschaften beruhte, waren Israels Friede und Sicherheit zu einer Voraussetzung für die Sicherheit und den Frieden vieler anderer Nationen und besonders der Vereinigten Staaten geworden. Dieses Thema fand in den Erklärungen und in der Politik von Präsident Nixon wachsende Anerkennung. Er setzte sich für die Doktrin eines Kräftegleichgewichts ein und traf die nötigen Maßnahmen, um Israel militärisch zu stärken. Ende 1970 bat er den amerikanischen Kongreß um Freigabe von 500 Millionen Dollar, kurz darauf um weitere 300 Millionen Dollar, um einen Teil der Rüstungslieferungen zu finanzieren, die die Vereinigten Staaten in dem Jahr Israel zur Verfügung gestellt hatten.
Die Wahl, vor die sich die USA durch die sowjetische Präsenz in Ägypten gestellt sahen, war so wenig einladend, daß Washington alles tat, um es nicht zum Äußersten kommen zu lassen. Die Verantwortlichkeit für Israel aufzugeben, war undenkbar; sie jedoch bis zur letzten Konsequenz zu erfüllen, würde eine Konfrontation der Großmächte auslösen. Nur wenn die Kämpfe über dem Kanal aufhörten, würden die USA entlastet. Die Wiedereinführung der Feuereinstellung war deshalb ein Hauptanliegen der internationalen Politik geworden. Im Sommer 1970 wurde die Eskalation des Konflikts durch eine erfolgreiche diplomatische Initiative der Vereinigten Staaten zum Stillstand gebracht. Am 19. Juni wandte sich der

amerikanische Außenminister Rogers an Israel, Jordanien und die VAR mit einem Drei-Punkte-Vorschlag. Sie wurden aufgefordert, Vertreter zu ernennen, um mit Botschafter Jarring die Errichtung eines gerechten und dauerhaften Friedens zu erörtern, den Sicherheitsratsbeschluß von 1967 anzunehmen und den Beschluß des Sicherheitsrats zur Feuereinstellung von 1967 wenigstens neunzig Tage einzuhalten. Diese Initiative brachte neue Bewegung in die gesamte mittelöstliche Szene. Auf der einen Seite standen die Fanatiker, die sich jeglichen Verhandlungen mit Israel oder der Anerkennung seiner Existenz widersetzten. Auf der anderen Seite waren diejenigen, die grollend zugeben mußten, daß die alten Schlagworte ihren Inhalt verloren hatten und der Mittlere Osten künftig ohne Israel nicht mehr denkbar sei. Von den Nachbarstaaten blieb Syrien bei seiner intransigenten Haltung und wurde darin von entfernter liegenden arabischen Staaten unterstützt, die aufgrund ihrer geographischen Lage imstande waren, ohne allzu große Risiken eine mutige Haltung an den Tag zu legen. Aber weder Ägypten noch Jordanien konnten es sich leisten, auf einer so starren Einstellung zu beharren.

Bei der Vorbereitung seiner Antwort mußte Präsident Nasser gewußt haben, daß sein Abnutzungskrieg fehlgeschlagen war. Er hatte die Vereinigten Staaten nicht dazu bringen können, das militärische Gleichgewicht durch ein Embargo gegenüber Israel zugunsten der Sowjets zu verschieben. Die Phantom-Staffeln, deren Kauf 1968 von Ministerpräsident Eschkol mit Präsident Johnson ausgehandelt worden war, wurden später zum Gegenstand von Gesprächen zwischen Präsident Nixon und Ministerpräsidentin Golda Meir. Im September 1969 trafen die ersten Maschinen ein und spielten einige Monate später eine entscheidende Rolle bei der Abwehr ägyptischer Artillerieüberfälle und bei der Durchführung von Vergeltungseinsätzen tief im ägyptischen Hinterland.

Ägypten und Jordanien akzeptierten die amerikanische Initiative. Nicht aus militärischer Schwäche heraus machte sich die israelische Regierung längere Zeit Gedanken, wie sie reagieren solle. Die Annahme der amerikanischen Initiative würde Schwierigkeiten verursachen. Es würde zu einem Kompromiß zwischen den Prinzipien kommen, an denen Israel bisher mit Hartnäckigkeit festgehalten hatte. Die vorgeschlagenen Verhandlungen würden indirekt sein, wenigstens in ihrer Anfangsphase. Und die Feuereinstellung sollte temporär sein, mit dem Ergebnis, daß wahrscheinlich jede Verlängerung den Arabern mit Konzessionen abgekauft werden müßte. Diese Nachteile wurden jedoch nach Ansicht der Mehrheit durch die dringende Notwendigkeit aufgewogen, einen Dialog in Gang zu setzen. Und das israelische Kabinett mußte bei seiner Antwort auch auf mögliche Rückwirkungen in den Vereinigten Staaten Rücksicht nehmen. Zum ersten Mal in der Geschichte Israels trat eine Großmacht für die Aufrechterhaltung der Stärke Israels sowie für den politischen Abschreckungscharakter einer Intervention von außen ein. Eine negative israelische Reaktion würde in großen Teilen der Welt nicht nur als Abkehr von Israels traditioneller Verhandlungsbereitschaft gewertet werden. Sie würde außerdem die Vereinbarung gefährden, aufgrund derer amerikanische Rüstungslieferungen hereinkamen. Hinzu kam, daß eine Feuereinstellung, auch eine vorübergehende, nicht nur für Ägypten, sondern auch für Israel Vorteile bot, da die täglichen Verlustziffern in der Bevölkerung zunehmende Kritik auslösten. Infolgedessen akzeptierte das israelische Kabinett am 4. August 1970 die amerikanische Initiative und erklärte sich bereit, Vertreter zu ernennen, die unter dem Vorsitz Botschafter Jarrings zusammentreten und die Errichtung eines gerechten und dauerhaften Friedens im Einklang mit dem Beschluß des Sicherheitsrates erörtern sollten.

Diese Entscheidung lief auf die Ablehnung des Programms hinaus, das von dem Herut-Führer Menachem Begin und seinen Kollegen mit viel Geschick und Beharrlichkeit verfolgt worden war. Für sie war ein Friedensvertrag nur dann annehmbar, wenn es von vornherein klar war, daß das in israelischer Hand befindliche Gebiet, wenigstens auf dem Westufer des Jordan, bei Israel verbleiben würde. Die meisten Israelis hegten Zweifel, ob sich ein Friede ohne territorialen Kompromiß erreichen lasse. Außerdem gefiel ihnen die Aussicht nicht, daß Israel nicht mehr ein vornehmlich jüdischer Staat sein würde, sondern eine binationale Einheit mit einem arabischen Bevölkerungsanteil von 1 500 000 Menschen, die in Anbetracht ihrer relativ hohen Geburtenrate mit Sicherheit noch anwachsen würde. Der Beschluß, den amerikanischen Vorschlag anzunehmen, führte zu tiefen prinzipiellen Auseinandersetzungen, wie sie die israelische Regierung seit 1967 nicht mehr erlebt hatte. Begin verließ mit seiner Gruppe von sechs Ministern die Koalition, nahm seinen Sitz auf der Oppositionsbank ein und beendete damit die Zeit der großen Koalition.

Im August 1970 stellten sich viele Beobachter die Frage, ob der Mittlere Osten am Vorabend einer neuen, hoffnungsvollen Entwicklung stehe. Anstelle militärischer Eskalation und einer politischen Sackgasse hatten sich Israel und seine unmittelbaren Nachbarn in drei Punkten geeinigt. Es gab eine Feuereinstellung, eine gemeinsame Formel der Grundsätze, auf denen Friedensverhandlungen gegründet sein sollten, und Einigung über Verfahrensfragen. Niemand war einfältig genug zu glauben, daß diese Vorzeichen ausreichen würden, um einen endgültigen Frieden zu verkünden. Die grundlegende Divergenz in den Auffassungen der Parteien blieb in voller Stärke bestehen. Israel forderte vollständigen Frieden mit substantiellem, aber nicht totalem Truppenabzug. Die arabischen Staaten forderten totalen Abzug ohne totalen Frieden.

In der Tat, die bescheidenen Hoffnungen des Sommers waren bald verflogen. Zu Beginn der Vereinbarung über die Feuereinstellung begann Ägypten, Raketen in Zonen zu verlegen, in denen sie nach der Vereinbarung nicht eingesetzt werden durften. Diese Verletzung des Abkommens wurde mit Sicherheit von der Sowjetunion gedeckt. Kairo hatte Israels Einverständnis mit der Feuereinstellung dazu benutzt, sich einen unrechtmäßigen militärischen Vorteil zu verschaffen. Israel machte sich außerdem über die politischen und psychologischen Auswirkungen des ägyptischen Schrittes Sorge. In Jerusalem stellte man sich die Frage, ob es überhaupt einen Sinn habe, zu einer neuen Vereinbarung mit Ägypten zu gelangen, wenn das bestehende Abkommen bereits in so offenkundiger Weise verletzt wurde. Die Glaubwürdigkeit Ägyptens als eines Verhandlungspartners war in Frage gestellt. Das israelische Kabinett beschloß einstimmig, die Gespräche mit Ägypten so lange auszusetzen, bis westlich der Feuereinstellungslinie die bisherige Lage wiederhergestellt war. Parallel dazu und gleichlautend riefen die Vereinigten Staaten die Sowjetunion dazu auf, für eine »Richtigstellung« der Verhältnisse in der Stillhaltezone zu sorgen. Washington enthielt sich nicht jeglichen Druckes, Israel zur Fortsetzung der Verhandlungen unter einschüchternden Bedingungen zu zwingen. Es beschleunigte und erhöhte die Waffenlieferungen an Israel, um das Gleichgewicht wiederherzustellen. Im September 1970, als Ministerpräsidentin Meir Präsident Nixon in Washington besuchte, wurde die Gemeinsamkeit der Interessen und Ansichten zwischen den beiden Ländern besonders betont. Moskau und Kairo hatten unbeabsichtigt dabei mitgeholfen, Washington und Jerusalem enger aneinander zu binden, obwohl die Politik beider Länder nicht ganz identisch war.

In den letzten Monaten des Jahres 1970 folgten dramatische Veränderungen in einem solchen Tempo aufeinander, wie es sogar in der Geschichte des Mittleren Ostens ungewöhnlich ist. Ein wilder Bürgerkrieg brach in Jordanien aus, wo arabische Terroristen unter Führung der El Fatah die Herrschaft über das Königreich an sich zu reißen versuchten. Nicht in der Lage, dem Gegenangriff der königstreuen Armee zu widerstehen, wandten sich die Terroristen um Hilfe an Syrien. In der dritten Septemberwoche 1970 fielen syrische Truppen bei Irbid in Jordanien ein. Aller Wahrscheinlichkeit nach würden sie in südlicher Richtung vorstoßen, um die jordanische Regierung zu stürzen und ein Regime zu errichten, das sich aus den Terroristen zusammensetzen würde. Dies hätte natürlich eine negative Auswirkung auf Israels Sicherheit gehabt: Es hätte aber darüber hinaus zur Errichtung eines neuen Zentrums sowjetischen Einflusses in einem Teil der arabischen Welt geführt, wo bisher stets westlicher Einfluß vorherrschend gewesen war. Dies wäre eine unannehmbare Verschiebung des internationalen Gleichgewichts vom Standpunkt der Vereinigten Staaten gewesen. Israel und die Vereinigten Staaten ließen – ohne militärische Schritte zu unternehmen – Syrien und die Sowjetunion wissen, daß jeder Versuch, die Macht in Jordanien an sich zu reißen, nach ihrer Auffassung schwerwiegende Folgen haben könne. Diese Warnungen, im Verein mit unerwartet wirkungsvollen Gegenangriffen der Luftwaffe König Husseins, veranlaßten die syrischen Truppen, sich ohne Rücksicht auf Prestige zurückzuziehen. Die jordanische Regierung hatte diese Krise erfolgreich überstanden, und Ruf und Stärke der Terrororganisationen hatten eine erhebliche Einbuße erlitten.

Die arabischen Regierungschefs eröffneten jetzt eine ganze Reihe von Zusammenkünften, wie sie es vor Krisensituationen immer zu tun pflegen. Am 28. September 1970, ein paar Tage nach einer Konferenz, die den Bruch zwischen Syrien und Jordanien kitten sollte, erlag Präsident Nasser einem Herzinfarkt. Die Nachricht seines Todes stürzte das ägyptische Volk und die ganze arabische Welt in tiefe Trauer. In Israel kam es zu einer seltsamen Reaktion, da man sich hier an seinen Gegner gewöhnt hatte und nicht recht wußte, wie das Leben ohne ihn aussehen würde. Man glaubte, daß eine neue Führung möglicherweise, wenn auch nicht sicher, neue Zukunftsaussichten eröffnen würde. Gamal Abdul Nasser hatte seine Führungslaufbahn im Jahre 1952 inmitten allgemeiner Zustimmung begonnen, die von den meisten Ländern in der Welt, einschließlich Israels, Besitz ergriff. Seine ständigen Aussagen über nationale Befreiung, wirtschaftliche Entwicklung und eine Verstaatlichung des Suez-Kanals, die den internationalen Interessen dienen würde, schienen eine neue Epoche in der arabischen Politik einzuleiten. Alle diese hochgesteckten Ziele wurden jedoch durch seine unversöhnliche Feindschaft zu Israel zunichte gemacht. Da er, auf sich allein gestellt, dieser seiner Feindseligkeit keinen wirkungsvollen Ausdruck verleihen konnte, geriet er in zunehmendem Maße unter die politische und schließlich militärische Kontrolle der Sowjetunion. Er hatte die althergebrachte dominierende Stellung Englands und Frankreichs beendet, nur um eine noch mächtigere und hartnäckigere imperialistische Macht ins Land zu lassen. Der Krieg gegen Israel hatte Nasser außerdem von seinem Sozialprogramm abgelenkt. Innerhalb von zweiundzwanzig Jahren sollten die Staaten des Mittleren Ostens zwanzig Milliarden Dollar für Kriegszwecke ausgeben. Das Gebiet konnte seine Hilfsquellen nicht gleichzeitig hierfür und für seine Wirtschaftsentwicklung mobilisieren. Nur Israel mit seiner komplizierten Wirtschaftsstruktur und ständigen partnerschaftlichen Verbindung zum Weltjudentum war in der Lage gewesen, die Verteidigungslasten mit einem permanenten Wirtschaftsaufschwung zu verbinden.

In Wirklichkeit hatte Nasser durch die Betonung der antiisraelischen Tendenzen in seinem Programm seine würdigeren Vorhaben zum Scheitern verurteilt. Aber über diese Fehlleistung hinaus hatte er etwas erreicht, was sich rein verstandesmäßig nicht ausdrücken läßt. Kein arabischer Führer seiner Generation, und nur wenige in der arabischen Geschichte, hatten Millionen Menschen im eigenen Land und in ganz Arabien derartig nachhaltig fasziniert. Nach jedem Fehlschlag und jeder Niederlage schien seine Popularität noch zu wachsen. Seine Gestalt hatte einen Symbolgehalt gewonnen, der ihn über die Notwendigkeit, erfolgreich zu sein, hinaushob. Das arabische Volk gewährte ihm eine Nachsicht, wie sie anderen Politikern kaum jemals zuteil wird. Es verzieh ihm und bejubelte ihn darum fast noch mehr, daß er einen Krieg verloren hatte, für den er ganz allein verantwortlich war. Als sich die erste Welle der Trauer zu legen begann, sah es so aus, als ob sich aus einem Wechsel in der Führung Möglichkeiten für eine Neuorientierung ergeben könnten. Nassers Nachfolger als Präsident, Anwar Sadat, konnte nie hoffen, ihn auf dem Parkett der internationalen Diplomatie voll ersetzen zu können. Vielleicht würde er es nicht einmal versuchen. Aber es schien sich für ihn und seine Kollegen eine Chance zu eröffnen, mit dem toten Führer auf dem Gebiet sozialer und wirtschaftlicher Fragen in Wettstreit zu treten, die Nasser vernachlässigt hatte. Zum ersten Mal seit Anfang der fünfziger Jahre hörte man in Ägypten vorsichtige Stimmen, die darauf hinwiesen, daß die Priorität im Leben der Nation nicht auf einen Krieg mit Israel gerichtet sein dürfe, sondern dem Kampf gegen die Rückständigkeit gewidmet sein müsse, die das ägyptische Volk zu Armut und Schwäche verdammt habe. Als das Jahr 1970 zu Ende ging, würde es sich herausstellen, ob der Dialog an die Stelle der Polemik getreten war oder ob sich die Welt mit einem anscheinend endlosen Patt im Mittleren Osten abfinden müsse. Anfang des Jahres lud die israelische Regierung Dr. Jarring nach Jerusalem ein und erläuterte ihm die Prinzipien, aufgrund deren ein Friede erreicht und gesichert werden könne. Die Ägypter reagierten unnachgiebig, aber solange der Dialog fortgesetzt wurde, bestand immer noch Hoffnung. Eine militärische Lösung war ganz offensichtlich nicht zu erreichen: Es bestand die Chance, die arabische Führung könnte begreifen, daß sie sich in Zukunft – eine Alternativlösung gab es nicht – zwangsweise zu einem Friedensschluß mit Israel würde bereit finden müssen.

1967 war ein revolutionäres Jahr, nicht nur für Israel, sondern für das jüdische Volk in aller Welt. Der Erfolg israelischer Waffen und das arabische Unvermögen, in der internationalen Arena einen politischen Sieg davonzutragen, verliehen allen Juden die tröstliche Vorstellung, einen festen Platz in der Geschichte zu haben. In den Vereinigten Staaten traten Tausende aus einer verängstigten Anonymität heraus, um ihre Verbundenheit mit dem jüdischen Schicksal zu bekunden. Viele assimilierte Juden im Westen, die sich bisher die allergrößte Mühe gegeben hatten, den Abstand zwischen sich selbst und Israel zu betonen, spendeten plötzlich große Summen für Organisationen, die sich die Solidarität mit Israel auf ihre Fahnen geschrieben hatten. Es kam plötzlich zu einer Art jüdischer »Mode« in den großen Metropolen des Westens. Mit dem jüdischen Schicksal identifiziert zu werden verschaffte jetzt ein gewisses Prestige. »*It's in to be Jewish*«, lautete ein beliebtes Lied in den Nachtklubs. Die Einwanderung junger Juden aus dem Westen nach Israel zeigte eine deutliche Zunahme, auch wenn sie in Wirklichkeit noch gering war. Das Gefühl, die jüdische Identität sei trotz allem von großer Bedeutung, kam den unterdrückten Judengemeinden in aller Welt plötzlich ganz klar zu Bewußtsein. In der Sowjetunion entstand im Leben der Juden eine starke Spannung. Das eintönige und düstere Leben, das die sowjetischen Juden führen mußten, stand in deutlichem Gegensatz zur Stärke und zu dem Stolz, die das jüdische Leben sonst auszeichneten. Hinzu kam, daß das sowjetische Judentum in einem Lande lebte, dessen Regierung zur Vorhut der Feindschaft gegen Israel geworden war und deshalb der Erhaltung des Judentums überhaupt ablehnend gegenüberstand.

Zu Beginn des Jahres 1971 lebten etwa drei Millionen Juden in der Sowjetunion. Offiziell wurden sie als anerkannte Minderheit betrachtet. Aber sie genossen nicht die Privilegien und Rechte anderer nationaler Minderheiten. Es gab keine jüdischen Schulen und Theater. Ihren einzigen Ausdruck fand die jüdische Identität in den hundert Synagogen, die es noch gab. Es gab keine zentral gesteuerte Religionsgemeinschaft und keine Institutionen, die den verstreuten religiösen Gemeinden irgendein koordiniertes Bewußtsein hätten geben können. Nur selten konnte man Matzen zum Osterfest kaufen, und alles hebräisch Geschriebene galt als verdächtig und feindlich, als ob sich die Erbsünde selbst in der Sprache manifestiere. Die schmale Grenze zwischen Antizionismus und antisemitischem Vorurteil wurde an vielen Stellen durchbrochen. In seinem Buch »*Ostorozhno – sionism*« (»Vorsicht – Zionismus«), 1969 durch den Verlag für politische Literatur in Moskau veröffentlicht, bezeichnete Jurij Iwanow »die internationale jüdische Bourgeoisie« und die »herrschenden Kreise Israels« als Feind Nr. 1. Der Rest diese Traktats war voller Ausdrücke, die unmittelbar den »*Protokollen der Weisen von Zion*« entnommen waren. In der offiziellen sowjetischen Presse und im Rundfunk wurde dieses Buch mit Lobhudeleien überhäuft. Gerichtsverfahren wegen »Wirtschaftsverbrechen« schienen übrigens immer gegen jüdische Angeklagte stattzufinden. Alles, was das Judentum hochhielt, sowohl in der historischen Vergangenheit als auch in der Wirklichkeit der Gegenwart, war offiziellen Schmähungen ausgesetzt.

Dies war nichts Neues. Neu war nach 1967 nicht die sowjetische Einstellung, sondern die Reaktion der Juden. Der alte Fatalismus und die Gefügigkeit waren einem aufbegehrenden Mut gewichen. Tausende strömten während der hohen Feiertage in die Moskauer Große Synagoge. Gewiß lag für die meisten von ihnen die Attraktion nicht in der religiösen Zeremonie, sondern in der Gelegenheit, mit anderen Juden einen Gruß herzlicher, aber schweigender Solidarität auszutauschen. Die sowjetischen Juden erhielten auch durch das wachsende internationale Interesse an ihrer Sache neuen Auftrieb. 1970 war das Problem ans Tageslicht getreten und stand seither unverrückbar im Blickpunkt der Welt. Bewegenden Ausdruck fanden die Gefühle der sowjetischen Juden im November 1969, als achtzehn jüdische Familien aus Georgien eine Petition an die Menschenrechtskommission der UNO veröffentlichten. Ihre Bitte war mit Würde und ehrlicher Leidenschaft formuliert. Sie betonten, gegenüber der Sowjetunion keine feindlichen Gefühle zu hegen. Sie wünschten ihr nur Gutes. Aber historische Erinnerungen und nationale Emotionen machten sie zu Angehörigen eines anderen Volkes, dessen Heimstatt in weiter Ferne lag. Sie baten um nichts anderes, als sich mit jenem Volk in seiner freiheitlichen Atmosphäre vereinigen zu dürfen. Sie sagten, daß eine Stimme der Geschichte aus sechs Millionen Gräbern zu ihnen spreche.
Sympathiekundgebungen für dieses bewegende Dokument kamen aus allen Teilen der Welt. In Jerusalem drückte die Knesset in einer Sondersitzung ihre Solidarität mit den sowjetischen Juden aus. Diese Stimmung erhielt einen düsteren Akzent, als am Weihnachtstage 1970 bekannt wurde, daß zwei Juden zum Tode und sieben weitere zu langjährigen Freiheitsstrafen verurteilt worden waren, weil sie angeblich die Entführung eines sowjetischen Flugzeugs von Leningrad nach Finnland geplant hatten, um anschließend nach Israel auszuwandern. Die Angeklagten wurden nicht wegen der Ausführung dieses Verbrechens, sondern wegen des Versuchs bestraft. Sie hatten keinem Menschen oder irgendeiner Sache Schaden zugefügt. Unter diesen Umständen verursachten der Geheimprozeß und die schweren Strafen einen Proteststurm in aller Welt. Regierungen, Parlamente, Führer religiöser Organisationen, Gewerkschaften, Schriftsteller und sogar kommunistische Parteien in Europa setzten sich für eine Umwandlung der Urteile und eine realistischere Annahme des Rechtes der Juden auf Verlassen der Sowjetunion ein. Das Ausmaß der Proteste war so gewaltig, daß es die sowjetischen Behörden für angebracht hielten, nachzugeben. Die besonders schweren Urteile wurden in leichtere Strafen umgewandelt; damit waren die Sowjets je-

doch noch nicht von den eigentlichen Sorgen befreit. Was sich in der Weltmeinung entzündet hatte, war nicht nur ein humanitäres Mitgefühl mit den Opfern einer grausamen Justiz, sondern die Vermutung, daß das Nationalgefühl der sowjetischen Juden auf unmenschliche Weise unterdrückt wurde.

Einige hundert Sowjetjuden waren seit 1967 in Israel eingetroffen. Staatsmänner aus dem Westen wiesen bei ihren Besuchen in Moskau häufig darauf hin, daß eine Revision der sowjetischen Einstellung gegenüber dem Judentum wesentlich sei, falls die Sowjetunion ihre Beziehungen mit der freien Welt verbessern wolle. Die Kraft des jüdischen Durchhaltewillens hat nie einen lebhafteren Ausdruck gefunden als in dem Anwachsen der Bewegung für die Emanzipierung der sowjetischen Juden. Immerhin waren bereits 54 Jahre seit der Errichtung des kommunistischen Regimes vergangen. Fast diese ganze Zeit hindurch hatten die Juden wegen der Unterdrückungsmaßnahmen ihrer kulturellen und nationalen Identität keinen Ausdruck verleihen können. Zwei Generationen waren innerhalb einer Welt kommunistischer Dogmen und unbewiesener Behauptungen herangewachsen, die dem sowjetischen Judentum seine eigene Nationalstaatlichkeit abzusprechen suchen. Die zionistische Idee hatte nie einen größeren Sieg errungen als gerade in Rußland, denn nirgendwo sonst mußte sie sich über so viele Umstände hinwegsetzen, die sie zu Fall bringen wollten.

Ende 1970 rangierte die Frage, was mit den sowjetischen Juden geschehen sollte, ganz oben auf der Stufenleiter der Schwierigkeiten, denen sich die Sowjetpolitik gegenübersah. Sie weiterhin zu unterdrücken und an der Ausreise zu hindern würde sich nachteilig auf die Weltmeinung auswirken. Sie alle gehen zu lassen hieße, die Idee einer geschlossenen Gesellschaft zu kompromittieren und die sowjetisch-arabischen Beziehungen schwer zu belasten. Man entschied sich für einen Mittelweg. Den Wünschen des sowjetischen Judentums kam man wenigstens so weit entgegen, daß ihm ein gewisses Ventil geboten wurde. Dies war jedoch nicht genug, um den Gedanken der »geschlossenen Gesellschaft« zu beeinträchtigen oder ernste Schwierigkeiten für das sowjetisch-arabische Verhältnis heraufzubeschwören. Trotzdem wanderten viele tausend Sowjetjuden in den Jahren 1971 und 1972 nach Israel aus. Einer der Lieblingsträume Israels kam seiner Erfüllung näher.

Die Zeit nach 1967 war tragisch für die kleinen jüdischen Gemeinden, die in arabischen Ländern zurückgeblieben waren. Einige der großen Gemeinden hatten das Problem ihrer Entfremdung vom Arabertum dadurch gelöst, daß sie nach Israel auswanderten – aus dem Irak und Jemen Anfang der fünfziger Jahre und aus Ägypten in der Krise nach dem Sinaifeldzug von 1956. Die wenigen Tausend, die zurückgeblieben waren, wurden zur Zielscheibe arabischer Feindseligkeit, die sich nicht die Mühe machte, zwischen ihrer Frontstellung gegen Israel und einem umfassenden Antisemitismus zu unterscheiden. Nach Auffassung der Araber bildete der Zionismus die zentrale Bewegung im Judentum; deshalb bedeutete ihre Opposition gegenüber dem Zionismus in Wirklichkeit die Unterdrückung aller Versuche, zu einem jüdischen Selbstverständnis zu gelangen. Anfang 1969 horchte die Welt auf, als neun irakische Juden öffentlich gehängt wurden, und zwar unter brutalen Umständen auf dem »Platz der Unabhängigkeit« in Bagdad. Es kam zu zahlreichen und starken internationalen Protesten. Hunderte ägyptischer Juden waren in der Folge des Sechs-Tage-Krieges in Konzentrationslagern festgehalten worden, während die Juden Syriens besonders wütenden Verfolgungen ausgesetzt waren, was dem Stil der syrischen Innen- und Außenpolitik entsprach. Aber die Hinrichtungen im Irak waren die übelsten von allen Ausschreitungen. Und Ende 1969 trat in Paris ein einflußreiches Komitee unter der Präsidentschaft von Alain Poher, dem Präsidenten des französischen Senats und ehemaligen Präsidentschaftskandidaten, unter Teilnahme vieler führender Persönlichkeiten aus Wissenschaft und Literatur zusammen, das in dem begeisterten Ausruf gipfelte: »Laß mein Volk ziehen.« Bei der ägyptischen Regierung kam es zu gewissen Erfolgen. Einige Internierte konnten das Land verlassen. Und später verstanden es auch die Juden im Irak, ihre Flucht irgendwie zu organisieren. Doch in Syrien blieb die Judenverfolgung, von nur unbedeutenden Erleichterungen einmal abgesehen, noch 1972 bestehen. Die Weltmeinung war aber nicht völlig machtlos. Wenn vor 1967 die Lage dieser winzigen Gemeinden hoffnungslos und verloren erschienen war, so bestand jetzt die Hoffnung, daß ihre Befreiung vielleicht nur noch eine Frage der Zeit war.

Seit 1967 behandelten die Schlagzeilen der Presse, wenn von Israel die Rede war, hauptsächlich den bewaffneten Konflikt und die politischen Auseinandersetzungen. Dies war nur natürlich. Der Vorrang des Krieges und der Diplomatie überschattete eine Entwicklung, die sich als sehr viel bedeutsamer erweisen konnte. Die arabischen Gegner Israels hegten die geringe Hoffnung, sie könnten – wenn sie schon keinen entscheidenden militärischen oder politischen Sieg erringen konnten – Israel wenigstens von internationaler Unterstützung abschneiden und das Land in aller Welt wie einen Aussätzigen boykottieren lassen. Die Gefahr war gegeben. Ein Israel, vom Hauptstrom des internationalen Lebens getrennt, würde große Schwierigkeiten haben, sein Dasein zu sichern. Es hätte mit Sicherheit seine Eigenart verloren. Es war deshalb wichtig zu beweisen, daß Israel auch unter Belagerungsverhältnissen nicht nur überleben, sondern sogar wachsen konnte. Wenn Israel sich durch die feindselige Haltung seiner Nachbarn so weit hätte in die Enge treiben und lähmen lassen, daß es sich um nichts anderes hätte kümmern können als um die militärische Verteidigung, so hätte es aufgehört, Israel in der tieferen Bedeutung des Wortes zu sein. Die charakteristische Dynamik israelischen Lebens ist ständiges Wachstum. Ein Israel, das kein Land urbar macht, nicht pflanzt, sät, baut, ländliche und städtische Siedlungen errichtet, sein Erziehungssystem erweitert, neue Hilfsquellen in Wissenschaft und Technik erschließt, hätte den Elan verloren, der ihm eine Sonderstellung im Leben seiner Zeit verschaffte. Nach fünf Jahren versuchter Abschnürung zeigte sich der Erfolg. Israel hatte eine Wachstumsrate erzielt, die das Wort »Abschnürung« als Beschreibung seines Zustandes gegenstandslos machte. Zwischen 1967 und 1972 war die jüdische Bevölkerung von 2383600 auf 2650000 angewachsen. Die Exporte waren von 554453000 auf über eine Milliarde Dollar gestiegen. Das Bruttosozialprodukt, das 1967 11,972 Millionen israelische Pfund betragen hatte, war 1971 auf 22 Millionen angestiegen. Auf militärischem Gebiet stellte Israel eine eindrucksvollere Macht dar als im Jahre 1967, da es seinen Siegeszug erlebt hatte. Die Verbindungen des Weltjudentums mit Israel waren leidenschaftlicher geworden. Und daß Israel vom Rest der Welt nicht getrennt werden konnte, ging schon aus der Tatsache hervor, daß 1972 Tourismus und Pilgerfahrten einen neuen Höhepunkt erreichten: Etwa 750000 Menschen besuchten Israel, von denen nur die Hälfte Juden waren. Nichts konnte Israel offenbar von seinen Hilfsquellen in der jüdischen Welt trennen. Die demokratischen Einrichtungen der Nation setzten die Arbeit mit dem üblichen Schwung fort, und der Rhythmus sozialen Fortschritts war intensiv. Dies war vielleicht Israels bemerkenswerteste Leistung in den Nachkriegsjahren. Israel war eine kämpfende Nation gewesen. Es war aber nicht zu einem Kriegerstaat geworden. Wenn die arabischen Regierungen über ihre Grenzen hinausblickten, mußten sie in Augenblicken der Vernunft begriffen haben, daß sie nur wenig Einfluß auf die Vorgänge nehmen konnten, die Israel von Jahr zu Jahr stärker werden ließen.

Mit dem Tode Levi Eschkols im Februar 1969 hatte eine neue Phase in der Führung des Landes begonnen. Sein ruhiges Temperament stand in starkem Gegensatz zu den spektakulären Ereignissen, die zu dirigieren und unter Kontrolle zu halten er berufen war. Viele Führer des Zionismus und Judentums waren eindrucksvoller und vielseitiger gewesen. Aber keiner hatte Verantwortung wie er zu tragen, und keiner hatte zu seinen eigenen Lebzeiten so ungeheuere Veränderungen gefeiert. Er hatte die Arbeiterbewegung geeint, eine Leistung, die seinem berühmteren Vorgänger nicht gelungen war. Er hatte das Staatsschiff in Zeiten überragen-

der militärischer Erfolge gesteuert. Und er hatte mit angesehen, wie sich seine Nation in Jerusalem mit ihren eigenen Ursprüngen wieder vereinigen konnte. Nach dem Kriege war es fast zwei Jahre lang ständig zu politischen Kämpfen gekommen, an deren Ende Israels Positionen intakt geblieben waren und die noch immer die Hoffnung auf eine sicherere Zukunft berechtigt erscheinen ließen. Seine Gegner und Rivalen konnten ihm seine Erfolge nur schwer verzeihen. Er gab nie vor, alle diese Ereignisse allein veranlaßt zu haben. Aber es ist klar, daß er allein im Falle des Mißerfolgs die Verantwortung zu tragen gehabt hätte. Die Toleranz, mit der er seine Führerrolle spielte, kam dem freien Spiel der Kräfte zugute. Seine innere Abneigung gegen übertriebene Reglementierungen lockte die in der Gemeinschaft schlummernden Energien hervor. In einer Atmosphäre der Harmonie fühlte er sich besonders wohl. Er hatte wenig Zeit oder auch Talent, sich abstrakten Begriffen zu widmen. Seine knorrigen Bauernhände waren fest im Boden praktischer Arbeit verankert. Der Wirtschaftsaufschwung, den er und sein Finanzminister Pinchas Sapir zustande gebracht hatten, bildete die Grundlage, auf der sich Iraels militärische Stärke und politische Stabilität aufbauen ließen. Als er im Februar 1969 plötzlich starb, hatte die jüdische Welt das Gefühl, ein guter Geist sei hinweggetragen worden, und im Laufe der folgenden Monate fanden seine Qualitäten eine immer tiefere Würdigung.
Es bestand die Gefahr, daß es zu einer schädlichen Auseinandersetzung um die Nachfolge kommen würde. Man stand weitgehend auf dem Standpunkt, daß die Arbeiterpartei durch einen Wettkampf zwischen dem Verteidigungsminister Moshe Dayan und dem Arbeitsminister und späteren Stellvertretenden Ministerpräsidenten Yigal Allon zerrissen werden könnte. Beide hatten dem Lande während der militärischen Auseinandersetzungen ihren Stempel aufgedrückt, bevor sie ihre Energien dem politischen Leben zuwandten. Aber viele zweifelten, ob es wirklich nur um diese beiden Persönlichkeiten ging. Die israelische Arbeiterpartei war eine Föderation, deren Mitte in der Mapai-Partei verankert war, während zwei kleinere Flügelgruppen von denjenigen gebildet wurden, die sich in den ersten beiden Jahrzehnten von ihr getrennt hatten. Allon gehörte zur Achdut-Ha'avodah-Gruppe, die deutlich eine Minderheit innrhalb des Lagers der Arbeiterpartei darstellte, und Dayan repräsentierte die Rafi-Partei, die trotz Ben Gurions Führung und seiner eigenen Beteiligung auf dem Höhepunkt ihres Kampfes um die Macht nur 10 der 120 Sitze in der Knesset erringen konnte. Die Masse der Partei, festgefügt, vorsichtig, pragmatisch, schien wenig geneigt, ihr Erbe einer dieser beiden Gruppen anzuvertrauen, die erst wenige Jahre zuvor ihre Hauptgegner gewesen waren. Innerhalb weniger Wochen nach Eschkols Tod wurde dieses Problem durch die Wahl von Golda Meir zur Ministerpräsi-

dentin gelöst, die vor einigen Jahren aus Gesundheitsgründen vom Amte des Außenministers zurückgetreten war. Die Last der neuen Verantwortung schien neue Energien in ihr freizusetzen. Israel besaß auf diese Weise eine Führerpersönlichkeit, die im eigenen Lande über unbestrittene Autorität und in der Außenpolitik über großes Prestige verfügte. Frau Meirs unbeugsame Persönlichkeit verlieh dem militärischen und politischen Kampf der Nation neue Dimensionen. Ihre erste Enttäuschung war das Auseinanderfallen der nationalen Koalition, aber sie gewann ein Vertrauensvotum der Wählerschaft im November 1969, und Anfang 1971 verfügte ihr Kabinett noch immer über eine ansehnliche Mehrheit.

Das neue Kabinett schlug einen Mittelweg ein. Es versuchte hartnäckig, aber nicht dogmatisch zu sein. Ebenso wie ihre Vorgänger glaubte Golda Meir nicht, daß Israels Territorialstruktur der einzig wichtige Faktor sei. In dieser Hinsicht war sie keine Romantikerin. Die Aufrechterhaltung des jüdischen Charakters in ihrem Lande schien ihr wesentlicher zu sein als alles andere. Unter ihrer Führung erklärte Israel zum ersten Mal klar und deutlich, es sei bereit, den Grundsatz des Truppenabzugs zu akzeptieren, um anerkannte und auf dem Verhandlungswege vereinbarte Grenzen sicherzustellen. Aber ihre Regierung war entschlossen, es hierbei unter keinen Umständen zu einem »Ausverkauf« kommen zu lassen. Vom Dezember 1969 an widersetzte sie sich entschieden einem Plan, der auf ihren größten Freund – die Vereinigten Staaten – zurückging. Dieser sah nur einige »unwesentliche« Veränderungen der früheren Grenzziehung gegenüber Jordanien und keine Berichtigung der Grenze mit Ägypten vor. Das Schicksal der besetzten Gebiete war immer noch Hauptthema der internationalen Kontroverse. Die Bewegung »Groß-Israel«, kurz nach dem Sechs-Tage-Krieg im Jahre 1967 gegründet, drängte auf den Verbleib aller Gebiete, insbesondere der gesamten Region auf dem Westufer des Jordan. Die Wahlergebnisse von 1969 gaben der Arbeiterpartei wegen ihrer differenzierteren Behandlung der Grenzfrage eine Mehrheit. Das Parteiprogramm ließ erkennen, daß Israel in Friedensverhandlungen eintreten würde und sich dabei auf gewisse kritische Punkte wie die Golanhöhen, Sharm el-Sheikh mit seinen Zugängen und den Gazastreifen konzentrieren und eine Formel suchen werde, um den Jordan als »Sicherheitsgrenze« zu erhalten, ohne jedoch die hauptsächlich von Arabern bewohnten Gebiete Israel einzuverleiben. Diese Liste israelischer Verhandlungspositionen wurde nicht als Ultimatum hingestellt. Sie ließ den größten Teil der besetzten Gebiete auf der Sinaihalbinsel und dem Westufer unberührt und gab den Israelis genügend Verhandlungsspielraum. Im März 1971 sagte Frau Meir der Londoner *Times*, sie und ihre Kollegen bestünden nicht wie Gahal und die religiösen Parteien darauf, bei einer Friedensregelung das gesamte Gebiet westlich des Jordan für Israel behalten zu wollen.

Die Furcht, Israel könnte sein kulturelles und nationales Wesen verlieren, gehörte zu den Motiven, die viele Israelis davon abhielten, sich für das Programm eines »Groß-Israel« einzusetzen, denn dieses hätte Israel innerhalb von ein oder zwei Generationen in eine Art arabischen Staat mit einer einflußreichen jüdischen Minderheit verwandelt. Der Teilungsplan war nach 1967 von seinen Anhängern nicht nur als ein politisch notwendiger Kompromiß unterstützt worden, sondern als Verteidigung israelischer Eigenstaatlichkeit gegen das überwältigende Gewicht der umliegenden arabischen Staaten. Unterstützung fand in weiten Kreisen eine vom Stellvertretenden Ministerpräsidenten Yigal Allon ausgearbeitete Formel für eine Lösung des israelisch-jordanisch-palästinensischen Problems. Allons Plan sah Gebietsveränderungen vor, die sich hauptsächlich auf den bevölkerungsarmen Teil des Jordantales bezogen und den größten Teil der Palästinenser in Judäa und Samaria einem souveränen arabischen Staat östlich des Jordan zuschlugen. Sogar dieser Kompromiß wurde von den Arabern abgelehnt, so daß er weder im israelischen Kabinett noch in der Knesset jemals zur Abstimmung gelangte. Vieles wies jedoch darauf hin, daß dieser Grundsatz allgemeine Zustimmung fände, falls die Araber auf ihn eingingen.

Israels politische Haltung war im August 1970 auf die Erreichung dreier Ziele ausgerichtet: die Wiedereinführung der Feuereinstellung an der ägyptischen Front; die Verbesserung der internationalen Beziehungen Israels, besonders mit den Vereinigten Staaten; und eine neuerliche Erkundung aller Aussichten für eine Friedensregelung im Rahmen der Jarring-Mission. Bei Betrachtung der Lage im Sommer 1972 konnte Israel insofern zufrieden sein, als die ersten beiden Ziele erreicht worden waren. Abgesehen von gelegentlichen kleineren Luftzwischenfällen war es nach dem August 1970 zu keinen Zusammenstößen zwischen ägyptischen und israelischen Truppen gekommen. Präsident Sadat stieß zwar immer noch finstere Drohungen über einen bevorstehenden Krieg aus, doch besaß er gewöhnlich den Mut und die Reife, die Fehler übereilter Aktionen zu vermeiden, die sein Vorgänger 1967 begangen hatte.

In der Atmosphäre einer länger anhaltenden Feuereinstellung wurde Israels außenpolitische Lage allmählich weniger umstritten. Bemerkenswert war die Verbesserung der Beziehungen zu den Vereinigten Staaten. Schon 1969 hatte Präsident Nixon erklärt, daß »die Zeit vorüber sei, da die Großmächte kleineren Ländern zu diktieren pflegten, wie diese ihre Zukunft einschließlich ihrer lebenswichtigen Interessen zu regeln hätten«. Er verteidigte den Grundsatz des Verzichts auf Gewaltanwendung gegen sowjetischen und französischen Druck während der Vier-Mächte-

Gespräche und bei seinem »Gipfeltreffen« mit der Sowjetunion im Mai 1972. Seine Regierung traf mit Billigung und Unterstützung beider Parteien des Kongresses die notwendigen Maßnahmen, um die sowjetische Wiederbewaffnung Ägyptens durch größere Waffenlieferungen – darunter Phantom-Flugzeuge – an Israel auszugleichen. In den Jahren 1971 und 1972 genehmigte der amerikanische Kongreß umfangreiche, von Präsident Nixon verlangte Kredite, um Israel in die Lage zu versetzen, die erforderlichen Kaufverträge ohne schwerwiegende wirtschaftliche und finanzielle Rückwirkungen abzuschließen.
Die Annahme der Feuereinstellung und der amerikanischen Friedensinitiative durch Israel verschaffte ihm Erleichterung auf anderen Gebieten seiner internationalen Beziehungen. Die Haltung der westeuropäischen Staaten war – im Gegensatz zu Frankreich – gewöhnlich durch Rücksichtnahme auf die wesentlichen Interessen Israels gekennzeichnet gewesen. Zwischen 1970 und 1971 hatte sich hier jedoch eine gewisse Zurückhaltung bemerkbar gemacht. Europa reagierte im allgemeinen empfindlicher als Amerika auf wirtschaftlichen Druck von arabischer Seite. Und es gab dort keine jüdische Gemeinde von ausreichender Stärke, um auf die politische Meinungsbildung Einfluß nehmen zu können. Die Kämpfe am Suez-Kanal hatten in europäischen Ohren einen unheilvolleren Klang als auf anderen Kontinenten. 1971 hätte eine französische Initiative unter den sechs Mitgliedern der Europäischen Wirtschaftsgemeinschaft (Frankreich, Italien, Bundesrepublik Deutschland, Belgien, Holland und Luxemburg) beinahe zu einer einheitlichen Stellungnahme für einen vollständigen Truppenabzug innerhalb des Rahmens einer Friedensregelung geführt. Es gelang Israel, seine Auffassungen zur Geltung zu bringen, als der Waffenstillstand stabil blieb und die meisten Außenminister der Mitgliedsstaaten des Gemeinsamen Marktes Israel besuchten. Israels erklärte Bereitschaft zu territorialen Kompromissen war ein wesentliches Element in jeder Verständigung mit Europa. Im Jahre 1972 schienen die Vereinbarungen über Berlin und über die neue europäische Nachkriegsstruktur zwei Bestandteilen der israelischen Politik zusätzliches Gewicht zu verleihen: der Bedeutung direkter Verhandlungen und der Legitimität territorialer Veränderungen beim Übergang vom Krieg zum Frieden.
Israel hatte zwar keine wesentlichen Erfolge bei seinem Bemühen, das Verhältnis zu Frankreich zu verbessern, doch gelang es ihm, bei anderen europäischen Staaten eine ausgewogenere Einstellung gegenüber den mittelöstlichen Problemen zu erzielen. Großbritannien, das es 1971 abgelehnt hatte, Chieftain-Panzer an Israel zu verkaufen, dementierte 1972 nicht seine Absicht, Unterseeboote zu liefern. Rumänien, das als einziges osteuropäisches kommunistisches Land seine Beziehungen zu Israel im Juni 1967 nicht abgebrochen hatte, erhob 1969 seine Gesandtschaft in den

Rang einer Botschaft und wurde im Mai 1972 offiziell von Ministerpräsidentin Golda Meir besucht. Die Organisation Afrikanischer Staaten, in der Araber und Mohammedaner stark vertreten sind, nahm gewöhnlich antiisraelische Resolutionen an; aber mit Ausnahme von Uganda machte keiner dieser Staaten nennenswerte Abstriche in der praktischen Zusammenarbeit mit Israel. Als vier afrikanische Präsidenten Israel im November 1971 besuchten, veröffentlichten sie einen Bericht, aus dem volle Anerkennung für Israels Wunsch nach Frieden und eine positive Einstellung zu einigen Aspekten der israelischen Politik sprach. Und Ägypten, Mitglied der OAU und der afrikanischen Völkerfamilie, konnte antiisraelische Beschlüsse nur auf solchen afrikanischen Konferenzen erreichen, wo die Araber dominierten und Israel gar nicht teilnahm.

Der fünfte Jahrestag des Sechs-Tage-Krieges wurde am 5. Juni 1972 in Israel gefeiert. Die Bilanz zeigte eine beträchtliche Verbesserung gegenüber 1970. Zwei Jahre zuvor war am Suez-Kanal noch keine Feuereinstellung in Kraft getreten. Ungeheure Mengen von Sprengstoff wurden – mit hohen Menschenverlusten auf beiden Seiten – zwischen ägyptischer Artillerie und israelischen Flugzeugen gegeneinander eingesetzt. Die Welt hatte damals ständig unter dem Alptraum einer Ausweitung des Krieges durch die Teilnahme sowjetischen Personals gelebt. Der arabische Radikalismus befand sich im Wachsen, besonders im Jahre 1970, als die Terrororganisationen einige Flugzeugentführungen mit Erfolg in Szene setzten. In der Welt wurden immer wieder Zweifel laut, ob Israel das Kräftegleichgewicht würde aufrechterhalten können, da über den amerikanischen Rüstungslieferungen stets ein großes Fragezeichen stand. Dann gab es andere, die der Meinung waren, Israel würde – selbst bei Aufrechterhaltung seiner politischen und militärischen Positionen – nicht in der Lage sein, seine bisherige Wachstumsrate beizubehalten.
Zwei Jahre danach war die Feuereinstellung trotz sporadischer Zusammenstöße immer noch in Kraft. Infolgedessen hatte sich die Gefahr einer Einmischung der Großmächte verringert, besonders nach der Moskauer Gipfelkonferenz. Die Terrororganisationen hatten in Jordanien eine Niederlage einstecken müssen. Im Libanon war ihre Stellung geschwächt, und in den besetzten Gebieten sowie im eigentlichen Israel fehlte ihnen jeglicher Einfluß. Sie hatten auch weniger Resonanz in der Bevölkerung, und die arabischen Regierungen fühlten sich nicht mehr verpflichtet, vor ihren Einschüchterungsversuchen zu kapitulieren. Trotz des ausdrücklichen Vetos der El Fatah und der Palästinensischen Befreiungsorganisation waren in Judäa und Samaria unter großer Beteiligung der Bevölkerung Gemeindewahlen durchgeführt worden. Der Erfolg unserer Politik der »offenen Brücken« und die Vervielfachung von Kontakten zwischen Is-

raelis und Arabern hatten dazu beigetragen, die anomale Atmosphäre zu entgiften. Man hatte angesichts der amerikanischen Unterstützung, die entschlossener als zuvor geworden war, größeres Vertrauen in Israels Fähigkeit, das Kräftegleichgewicht aufrechtzuerhalten. In Israel selbst bewies das Wachstum des Bruttosozialprodukts sowie das Ansteigen der Exporte, des Tourismus, der Bauvorhaben der privaten und öffentlichen Hand und nicht zuletzt der scharfe Anstieg der Einwandererzahlen, daß man der Strategie der Abnutzung mit Erfolg begegnet war.
Angesichts dieser Errungenschaften müssen wir aber auch das Fehlen jeglichen Fortschritts in Richtung auf eine Friedensregelung bedenken. Im Februar 1971 entstand eine kurzfristige Aufregung, als sich Ägypten in einer Mitteilung an Dr. Jarring bereit erklärte, »in Friedensverhandlungen mit Israel einzutreten«. Diese neue Terminologie wurde in Jerusalem begrüßt. Es wurde jedoch erkannt, daß der Wert dieser Erklärung durch Einschränkungen auf anderen Gebieten wieder aufgehoben wurde, weil Präsident Sadat die volle Wiederherstellung der alten Waffenstillstandslinien forderte und mit Israel über Territorialfragen nicht verhandeln wollte. Er verwendete außerdem bezüglich der Schiffahrt im Roten Meer und im Suez-Kanal Ausdrücke, die den Formulierungen entsprachen, unter denen Ägypten seine Blockade über diese Wasserstraßen in der Vergangenheit verhängt hatte. Im Laufe weiterer Wochen wurde es klar, daß der Ausdruck »Friedensverhandlungen« wahrscheinlich nur ein Manöver gewesen war. Ägypten war bereit, ein Abkommen mit Israel zu schließen, vorausgesetzt, daß es den gesamten Vertragstext, einschließlich der Grenzbestimmungen, selbst abfassen konnte.
Dr. Jarring ersuchte Israel, sich von vornherein mit dem Vorschlag zum Rückzug auf die frühere internationale Grenze einverstanden zu erklären. Die israelische Regierung lehnte dieses Ansinnen einstimmig ab. Es hätte unter anderem jede Lösung bezüglich Sharm el-Sheikh ausgeschlossen, das ständig unter ägyptischer Militärkontrolle geblieben wäre. Es hätte Israel außerdem von jeglichen Veränderungen zu seinen Gunsten im militärischen oder gebietsmäßigen Gleichgewicht ausgeschlossen, wenn man die dadurch entstandene Lage mit den Verhältnissen unter den alten Waffenstillstandsverhältnissen vergleicht. Israel bedauerte, daß sich Dr. Jarring dazu bereit gefunden hatte, sich in seinen Auffassungen völlig mit den Positionen einer der beiden Parteien zu identifizieren. Nach israelischer Ansicht hätten der ägyptische Antrag auf völligen Rückzug und die israelische Forderung nach einem Verhandlungsfrieden gleichgewichtig auf den Tisch gelegt werden müssen, während es dann Sache der Verhandlungspartner gewesen wäre, einen Ausgleich zu finden. Dr. Jarrings Memorandum vom Februar folgte eine lange Zeit, in der alle Gespräche festgefahren waren. Im November 1971 versuchten vier afrikanische Prä-

sidenten, Jarrings Mission wiederzubeleben, indem sie anregten, die von Israel und Ägypten auf ihr eigenes Memorandum erteilten Antworten könnten als ausreichend angesehen werden, um eine Wiederaufnahme der Mission zu rechtfertigen. Als aber die Vollversammlung zusammentrat, zog ihre Mehrheit, einschließlich vieler afrikanischer Staaten, das Februar-Memorandum Dr. Jarrings der staatsmännischen Weisheit afrikanischer Präsidenten vor. Die UNO-Vollversammlung schien eine Vorliebe für festgefahrene Situationen und eine Abneigung gegen pragmatische Lösungen zu haben.
Dies soll nicht heißen, daß Israel seine Bemühungen aufgegeben hätte, neue Wege zu einem Dialog zu finden. Europäische und andere Außenminister reisten zwischen Jerusalem und Kairo hin und her, um die jeweiligen Positionen zu klären. Israelische Führer hatten das Gefühl, wenn einmal die Geschichte der Friedensbemühungen geschrieben werden sollte, würde sich herausstellen, daß Israel nicht eine einzige Gelegenheit versäumt hatte, mit den arabischen Führern in einen klärenden Kontakt zu kommen.
Während dieser Zeitspanne begann man in Israel und in der übrigen Welt Zweifel daran zu hegen, ob sich ein Übergang vom völligen Stillstand der Verhandlungen zum totalen Frieden in einem einzigen, ehrgeizigen Sprung erreichen ließe. Es schien wahrscheinlicher, daß der Fortschritt in einzelnen Phasen kommen würde. Falls dies zutraf, lag es auf der Hand, daß die erste Phase ein Auseinanderrücken am Suez-Kanal sein mußte, wo internationale Interessen im weitesten Sinne auf dem Spiele standen. Die Vereinigten Staaten versuchten im Einvernehmen mit Kairo und Jerusalem die Aussichten hierfür zu sondieren. Ägypten würde greifbare Vorteile von der Öffnung des Kanals unter seiner eigenen Verwaltung erzielen. Gleichzeitig käme das ägyptische Zivilleben am Kanalufer ohne Verzicht auf Ägyptens Positionen bezüglich einer endgültigen Regelung wieder in Gang. Es bestand die Hoffnung, daß Kairo trotz seiner anfänglichen Ablehnung einen kleinen Schritt vorwärts für besser halten würde als gar keinen.
Während der Druck des Krieges und die politischen Auseinandersetzungen nachließen, traten einige latente Spannungen in der israelischen Gesellschaft an die Oberfläche. Dies kam in mancherlei Dingen zum Ausdruck. Allenthalben gab es wachsende Meinungsverschiedenheiten. Es entstand plötzlich die Tendenz, bohrende Fragen zu stellen, Skepsis über routinemäßige Antworten an den Tag zu legen und den Gedanken zurückzuweisen, äußere Gefahren gäben den Menschen das Recht, den Unvollkommenheiten zu Hause mit Gleichgültigkeit oder Apathie entgegenzutreten. Einige Beobachter in Israel und anderenorts hielten dies für ein Zeichen von Schwäche und Gefahr. Verlor Israel das besondere Zu-

sammengehörigkeitsgefühl, die Disziplin und innere Einigkeit, die ihm dabei geholfen hatten, so viele schwere Prüfungen zu überstehen? Konnten seine Gegner Trost und neue Hoffnung aus dem Aufbegehren und den Zweifeln ziehen, die sich der Nation bemächtigt hatten, als die Jahre des Waffenstillstandes und der scheinbaren Normalität dahingingen?
Die Frage erhob sich im Zusammenhang mit dauernden Arbeitskonflikten, bei denen Regierung und Histadrut durch eine Reihe wilder Streiks in Verlegenheit gebracht wurden. Einige lebenswichtige Bereiche des öffentlichen Lebens wie Krankenhäuser und Flugplätze wurden aufgrund anscheinend belangloser Forderungen lahmgelegt. Das soziale Unbehagen fand seinen Ausdruck in Straßenkrawallen mit völkischem Hintergrund. Da trat sogar eine Bewegung auf, die sich »Schwarzer Panther« nannte und gegen die Armut protestierte. Außerdem stieß die Regierung im Jahre 1970 in ihrer Außenpolitik auf Widerstand, und zwar nicht, wie zuvor, durch die Ultrakonservativen, die sie für zu weich hielten, sondern durch Professoren, Studenten und Schüler, die sich Sorgen machten, daß sie bei der Suche nach Frieden nicht beharrlich genug vorgehe. Wenn eine nicht genehmigte militärische Aktion zur Vertreibung Tausender von Beduinen bei Rafah führte, ging die Protestwelle von den Kibbuzim aus, die sich über die willkürliche Behandlung ihrer Nachbarn beschwerten. Unregelmäßigkeiten in einer regierungseigenen Ölgesellschaft wurden durch eine Kommission unter Leitung eines Obersten Richters untersucht. Aber die öffentliche Meinung war für eine noch schärfere Kritik als sie aus dem Bericht der Kommission hervorging.
Die weltliche Gemeinschaft wurde zunehmend beunruhigt über die Einschränkungen, die aus dem religiösen Status quo entstanden. Ein Versuch, Fernsehübertragungen am Freitag zu verbieten, wurde vor Gericht abgelehnt. Man ärgerte sich über die konservative Einstellung der Rabbiner, weil sie eine Lösung akuter menschlicher Probleme verhinderten, die sich aus der starren Auslegung des Personenrechts ergaben, beispielsweise die Weigerung, uneheliche Kinder zu trauen. Die Arbeiterpartei stand diesen freiheitlichen Trends wohlwollend gegenüber, hatte sich aber bei der Aufnahme der Nationalen Religionspartei in die Koalition zur Beibehaltung des Status quo verpflichtet. Diese Partei verfolgte in allen Fragen der nationalen Sicherheit eine nüchterne und gemäßigte Linie; deshalb war die Partnerschaft mit ihr ein Gewinn, für den es sich lohnte, in weniger wichtigen Fragen einen Preis zu zahlen. Innerhalb der Arbeiterpartei spiegelte sich das Generationsproblem wider in der Forderung nach dauernden Diskussionen und weniger Entscheidungen von oben. Einwanderer aus Nordafrika protestierten gegen Maßnahmen, die den neuangekommenen sowjetischen Juden ihrer Meinung nach übertrieben günstige Möglichkeiten einräumten. Junge Ehepaare fragten, warum

neuen Emigranten sofort Unterkünfte zugewiesen würden, während sie selbst – als in Israel geborene Bürger – Monate und Jahre warten müßten. In der hebräischen literarischen Bewegung und in Teilen der Presse erregte man sich allen Ernstes darüber, ob den unter israelischer Oberhoheit lebenden Arabern auch wirklich genug Gerechtigkeit widerfahre.
Es war natürlich leicht, sich über diese Fälle von Unzufriedenheit zu beunruhigen. Es war immer israelische Tradition gewesen, vor den Wahlen darüber zu debattieren, wer die Leitung der Staatsgeschäfte übernehmen solle, danach aber alle Entscheidungen und Verordnungen gefügig hinzunehmen. Der gegen das Establishment gerichtete Trend war neu und für einige höchst unbehaglich. Bei eingehender Betrachtung kann diese Unruhe jedoch als Zeichen der Vitalität und nicht als Krankheitssymptom angesehen werden. Vieles war übertrieben, und in den meisten Fällen tat man der Regierung unrecht. Das starke Wachstum der Wirtschaft und die noch nicht dagewesene Ausdehnung der sozialen Dienstleistungen zeugten von dem zunehmenden Nachdruck, den die israelische Regierung in ihrer Planung diesen Fragen zukommen ließ. Die wachsame und fordernde Einstellung der Öffentlichkeit gegenüber ihren offiziellen Vertretern hatte einen stimulierenden, nicht narkotisierenden Effekt. Die Loyalität der Wähler gegenüber ihren gewählten Vertretern blieb höher als in jedem anderen freien Land. Sie forderte aber eine Erklärung und Versicherung über die Tüchtigkeit und Integrität der nationalen und lokalen Führer. Die Geschichte zeigt, daß diejenigen menschlichen Gesellschaften besonders anpassungsfähig und dauerhaft sind, die auch andere Meinungen zu Wort kommen lassen. Die israelische Gesellschaft scheint nur dann wie aus einem einzigen Block gehauen zu sein, wenn sie vor schweren äußeren Gefahren steht. Sie ist aber im Grunde eine vielschichtige turbulente, verfeinerte Gemeinschaft, die der althergebrachten Autorität mit Skepsis begegnet und eher geneigt ist, durch lebhafte Debatten zu einem Ausgleich der Meinungen zu kommen.
Man könnte mit demselben Recht von Israel wie von den alten Griechen sagen, daß »dieses Volk geboren wurde, um selbst nicht zu ruhen und anderen keine Ruhe zu geben«. Die Außenwelt, ob sie nun fasziniert war oder sich über Israel empörte, konnte nicht umhin, das Besondere im israelischen Leben anzuerkennen. Inmitten vieler Beweise von Nihilismus und Gärung in der zeitgenössischen Kultur war Israel immer noch eine Nation, in der die bejahende Einstellung zum Leben mehr zählte als der Protest. Und es gab eines, das alle Israelis verstanden: Die Menschheit hat nur die Wahl zwischen Unternehmungsgeist und Dekadenz. Manchmal glaubten sie schier zu verzweifeln unter dem Druck der Not und der Ungewißheit. Und dann schien es, als ob sogar der Sieg nicht mehr gewesen sei als der Traum eines Sommers. Aber in Augenblicken nüchterner

Vernunft erinnerten sie sich der Vergangenheit und gaben eine feste Antwort auf die Frage, die allen zu schaffen machte: »Was haben wir durch den Sieg gewonnen?« Die Antwort lautete: »Alles, was wir ohne ihn verloren hätten. Alles – Heimat, Leben, Ehre, Ziel und Bestimmung, die sich unsere Väter bewahrt hatten und die diese israelische Generation erneuern konnte.« Als der fünfundzwanzigste Jahrestag näherrückte, konnten die Israelis spüren, daß sie ihr dreifaches Ziel nicht verraten hatten: den grundlegenden Interessen des jüdischen Volkes zu dienen, sein Vermächtnis zu bewahren und seine Zukunft zu garantieren.

12 Das Jüngste Gericht. Oktober 1973

> Sein oder nicht sein – das ist nicht die Frage. Wir alle wollen sein. Aber *wie* sein und wie *nicht* sein, das ist die eigentliche Frage.
>
> *Abraham Heschel*

Es gab im Jahre 1972 und noch im größten Teil des Jahres 1973 gute Gründe dafür, den Ausbruch eines neuen Krieges für unwahrscheinlich zu halten. Ägypten war offenbar zu schwach, um durch militärisches Vorgehen auch nur begrenzte Vorteile gewinnen zu können; und seine Beziehungen zur Sowjetunion hatten sich verschlechtert. Es konnte zwar noch auf die volle diplomatische Unterstützung Moskaus rechnen, aber bei den sowjetischen Militärlieferungen, so groß sie mengenmäßig auch sein mochten, schien immer gerade jenes Kriegsgerät zu fehlen, das Ägypten eine echte Offensivkraft hätte geben können. Gleichzeitig wurde die 15 000 Mann starke sowjetische Militär-»Gesandtschaft« eher zur Last als zu einer wirklichen Hilfe. Sie verlieh der Regierung Präsident Sadats in den Augen der westlichen, nicht-kommunistischen Länder ein zweifelhaftes Image. Sie belastete außerdem Ägyptens Stellung in Afrika, wo die Hinnahme einer nicht-afrikanischen militärischen Präsenz dem Hauptziel der afrikanischen Befreiungsbewegungen eher zuwiderlief. Sowjetische Offiziere auf den Straßen und in den Klubs der ägyptischen Städte riefen zudem Erinnerungen an die britische Okkupation wach, die Ägypten schon so lange aus dem Bewußtsein zu drängen versuchte. Alles in allem wurde der ägyptische Nationalstolz ohne angemessenen Ausgleich auf anderen Gebieten gekränkt.

Diese inneren Spannungen kamen explosionsartig in dem Freudentaumel zum Ausdruck, der Ägypten im Juli 1972 ergriff, als Präsident Sadat den Abzug des sowjetischen Militärpersonals von ägyptischem Boden anordnete. Paradoxerweise wurde das in Ägypten herrschende Gefühl der Erleichterung auch von den meisten Israelis geteilt, nach deren Ansicht sich Sadat eine gefühlsbetonte Genugtuung um den Preis der eigenen strategischen und politischen Stärke eingehandelt hatte. In Israel herrschte der Eindruck vor, daß die am Suezkanal eingesetzten ägyptischen Streitkräfte nach dem Abzug der sowjetischen Offiziere, die in der Kommandostruktur eine große Rolle gespielt hatten, geschwächt würden. Und ohne die sowjetische Präsenz erschien Ägypten auch als politischer Gegner weniger überzeugend. Moskau war verärgert und reagierte auf Sadats plötzliche und demütigende Initiative mit der Drosselung von Materiallieferungen, besonders auf dem Ersatzteilsektor und bei neuem Gerät. Sadat hatte sogar die amerikanisch-israelischen Beziehungen außerordentlich positiv beeinflußt. Solange sowjetische Soldaten in der Nähe des Suezkanals stationiert waren, hatte immer die Gefahr bestanden, daß sich ein ägyptisch-israelischer Zusammenprall zu einer sowjetisch-israelischen Konfrontation hätte entwickeln können. In einem solchen Falle hätten sich die Vereinigten Staaten ernste Gedanken über ihre für die Sicherheit Israels übernommenen Verpflichtungen und über die Aufrechterhaltung des internationalen Gleichgewichts im Mittleren Osten machen müssen. Im Sommer 1970, als sowjetische Piloten Flüge zur Unterstützung äyptischer Heeresverbände durchführten, gingen die Lichter im Pentagon zu Washington die ganze Nacht nicht aus. Die arabisch-israelische Auseinandersetzung konnte offensichtlich nicht als ein rein regional begrenzter Zwist abgetan werden: Es handelte sich, nach Präsident Nixons ominösen Worten, um ein Pulverfaß. An dieser Diagnose konnten auch die Israelis nicht ohne weiteres vorbeigehen, und man fürchtete in Israel, Washington könne, um sich einer globalen Bedrohung zu entziehen, auf eine rasche Regelung drängen.

Und jetzt hatte Sadat diesen Alptraum durch seine eigene Handlungsweise beseitigt. Nach Abzug der sowjetischen Truppen schien das Pulverfaß entschärft; es blieb höchstens noch auf regionaler Ebene gefährlich. Von amerikanischer Seite wurde praktisch kein Druck mehr auf Israel ausgeübt. Regierungssprecher in Washington sprachen von einer arabisch-israelischen Friedensregelung als von einem fernen Ziel, dem man sich in kleinen, vorsichtigen Schritten nähern müsse. Sie machten sich beinahe den israelischen Standpunkt zu eigen, daß, falls Ägypten keine andere Wahl mehr bliebe, Sadat lieber an den Verhandlungstisch kommen als einen Krieg riskieren würde.

Drei Jahre später sollten all diese vernünftigen Annahmen in Flammen aufgehen. Israel sollte einen Schock erleiden, der nicht nur aus der Widerlegung seiner eigenen Lagebeurteilung, sondern auch aus dem Zusammenbruch seiner inneren Haltung resultierte. Die Israelis hatten zwischen dem Waffenstillstand von 1970 und dem Krieg von 1973 drei Jahre hindurch in einem fast unbegrenzten Selbstvertrauen dahingelebt. Gewiß, die arabischen Staaten konnten politische Siege in internationalen Gremien gewinnen. Sie konnten bei Ländern, die mit Israel freundschaftliche Beziehungen unterhielten, ab und zu ein gewisses Nachgeben gegenüber arabischen Forderungen erreichen. Als die Energieknappheit drohte, konnten die arabischen Länder damit rechnen, daß sich europäische oder afrikanische Regierungen bei Israel für den totalen Rückzug von den im Jahre 1967 festgelegten Waffenstillstandslinien einsetzen würden. Aber dies war für die Araber nur ein schwacher Trost, verglichen mit der harten Tatsache, daß auf Israel im internationalen Maßstab kein echter Druck zum Rückzug aus diesen Gebieten ausgeübt wurde. Die Vereinigten Staaten vertraten jetzt die Auffassung, daß jeder derartige Rückzug von einem Verhandlungsfrieden abhängen müsse; sogar die Sowjetunion, der es darauf ankam, eine Détente mit den Vereinigten Staaten zu erreichen, tat nur wenig, um ihre nach außen verkündete Solidarität mit den Arabern in einen wirksamen Druck auf Israel umzusetzen. So gewannen also die Araber ihre Triumphe auf den Rednertribünen, während Israel in den besetzten Gebieten immer fester Fuß faßte. Es kam zu einer immer engeren sozialen und menschlichen Zusammenarbeit zwischen der israelischen Bevölkerung und den palästinensischen Arabern auf dem Westufer des Jordan. Unter dem Schutz der Armee entwickelte die israelische Regierung ein Programm zur Ölförderung im Westteil der Sinai-Halbinsel, errichtete auf dem Ostufer des Kanals die anscheinend uneinnehmbaren Befestigungen von Bar-Lev und richtete sich auf länger dauernde Bemühungen ein, die Araber dadurch an den Verhandlungstisch zu bringen, daß sie sich allen anderen Lösungsmöglichkeiten, sei es nun Krieg oder eine erzwungene Regelung, widersetzten.

Die politische Aktivität war fast völlig zum Erliegen gekommen. Die Vier-Mächte-Gespräche bei den Vereinten Nationen, die zu Beginn bei vielen Israelis große Besorgnisse ausgelöst hatten, schliefen ein. Die Jarring-Mission verzichtete auch nach außen hin auf jeden Anschein besonderer Aktivität. Und was nach arabischer Auffassung das schlimmste war: die Gipfeltreffen zwischen den Vereinigten Staaten und der Sowjetunion in den Jahren 1972 und 1973 ließen höchstens noch andeutungsweise erkennen, daß sich die beiden Supermächte mit dem Mittleren Osten gedanklich überhaupt noch beschäftigten. Die arabischen Führer hatten guten Grund zu der Befürchtung, daß ihre Sache mehr oder weniger in Vergessenheit geraten war.

In diesen Jahren der Stagnation gab es Zeiten, da der Krieg gegen Israel weniger durch das Verhalten der arabischen Armeen als vielmehr durch Terroraktionen zum Ausdruck kam. Die palästinensischen Revolutionäre waren der Meinung, daß sich die arabischen Regierungen ihrer geopolitischen Stärke nicht in ausreichendem Maße bedient hatten, um das Palästina-Problem im internationalen Bewußtsein wachzuhalten. Dieses Gefühl versetzte sie in einen Zustand der Verzweiflung und stachelte sie zum Handeln an. Die arabischen Regierungen glichen ihrerseits ihre militärische Untätigkeit dadurch aus, daß sie den Terroristen die aktive Rolle in dem Konflikt überließen. Israel hatte starke Schutzmaßnahmen in den besetzten Gebieten ergriffen: und die an Israel angrenzenden Länder waren gegenüber jeder bewaffneten Reaktion so empfindlich, daß sie oft zögerten, terroristische Überfälle von ihrem Staatsgebiet aus zuzulassen. Infolgedessen verlegten die Terroristen ihre Hauptaktivität in Gebiete außerhalb des Mittleren Ostens, insbesondere nach Europa. Immer wieder wurde die öffentliche Meinung von Terrorakten schockiert, die oft spektakulär und gefährlich, in ihrer Wirkung aber nicht entscheidend waren. In Bangkok wurde die israelische Botschaft vorübergehend besetzt. Amerikanische Diplomaten wurden in Khartum brutal ermordet. Auf den Flugplätzen von Athen und Rom verübten arabische Terroristen Gewalttaten. In New York, Washington und auf Zypern kam es zu Entführungen und Mordtaten; und im September 1972 wurde die zivilisierte Menschheit durch die kaltblütige Niedermetzelung von elf israelischen Sportlern unter dem Schutz der olympischen Flagge bei den Spielen in München zutiefst erschüttert. Auf Veranlassung der Vereinigten Staaten und des Generalsekretärs der Vereinten Nationen kam es zu einer kurzen internationalen Debatte. Aber die Araber und Sowjets verfügten in der UNO über genügend Stimmen, um jede wirksame internationale Aktion gegen diese neuen Formen des Terrors und der Piraterie zu verhindern.

Der Kampf gegen den Terror nahm im israelischen Bewußtsein einen so breiten Raum ein, daß die grundlegenderen Probleme der nationalen Sicherheit in der Öffentlichkeit nur unzureichende Beachtung fanden. Bei manchen Israelis schien sich die Überzeugung festgesetzt zu haben, daß ihre nationale Existenz in erster Linie von den Handgranaten und Maschinenpistolen der Saboteure und weniger von den Panzerkräften und Kampfflugzeugen bedroht war, die in aller Stille auf ägyptischem und syrischem Gebiet zum Einsatz zusammengezogen wurden. So gesehen mag gerade die Intensität der israelischen Abwehrmaßnahmen gegen den arabischen Terror zu einer Schwächung der eigentlichen Sicherheitsvorkehrungen geführt haben, denn man ging in Israel von einer falschen Reihenfolge der Prioritäten aus. In der politischen Arena trug, wenn man von dem Überfall in München absieht, die Auseinandersetzung mit den Terroristen wenig dazu bei, Israels Position zu stärken. Die israelischen Gegenmaßnahmen schossen sogar gelegentlich über das angestrebte Ziel hinaus. Ein libysches Passagierflugzeug wurde von israelischen Truppen auf der Sinaihalbinsel unter erheblichen Verlusten an Menschenleben abgeschossen, weil man von der Annahme ausging – die sich später als falsch herausstellte –, daß sich die Maschine auf einer selbstmörderischen Sabotagemission gegen Israel befand. Im Sommer 1973 zwang die israelische Luftwaffe ein libanesisches Zivilflugzeug zur Landung in Israel, und zwar aufgrund der irrigen Annahme, daß sich George Habash, der für einige der schlimmsten terroristischen Greueltaten gegen Israel verantwortlich war, als Passagier an Bord befinde. Als sich herausstellte, daß Habash nicht in der Maschine saß, geriet Israel in ein ausgesprochenes

Dilemma. Schließlich hatten israelische Vertreter bei vielen internationalen Diskussionen führend darauf hingewirkt, strenge gesetzliche Maßnahmen auf globaler Ebene gegen die Gefährdung des zivilen Luftverkehrs durchzusetzen. Es war auch nicht einzusehen, was für einen Sinn die Festnahme von Habash gehabt hätte, da man ihm doch nur Gelegenheit gegeben hätte, vor Gericht seine palästinensischen Doktrinen in alle Welt hinauszuposaunen.

Diese Aktion war offensichtlich ein schwerer Fehler. Aber der Kampf gegen den Terror zeitigte auch seine Erfolge. So griffen beispielsweise israelische Kommandos eine Führungsgruppe arabischer Terroristen im Herzen von Beirut an.

Die Araber konnten sich stets der internationalen Verurteilung israelischer Gegenmaßnahmen gegen den Terror versichern, während die Terrorakte selbst nur selten kritisiert wurden. Als arabische Terrorakte immer häufiger auf europäischem Boden stattfanden, wurde klar, daß viele Europäer in den Jahren des Wohlstandes jeden Sinn für die Verteidigung ihrer Gesetze, ihrer Sicherheit und Zivilisation gegen diese neue Form des internationalen Terrors verloren hatten. Manchmal wurden arabische Terroristen vor oder nach Erreichen ihres Zieles gefaßt, und zwar meistens aufgrund der Initiative der israelischen Sicherheitsdienste. In den meisten Fällen wurden sie jedoch schon bald nach ihrer Verurteilung wieder freigelassen oder im Austausch gegen ein entführtes europäisches Flugzeug wieder auf freien Fuß gesetzt. Infolgedessen konnte jeder in Europa tätige arabische Terrorist damit rechnen, schon relativ bald aus der Haft entlassen zu werden. Es bestand, speziell in Kreisen, die sich »fortschrittlich« nannten, außerdem die Tendenz, die allgemeine Verurteilung terroristischer Methoden mit einer gewissen Hochachtung vor den politischen Zielen der Verbrecher zu verbinden. Dies war die Zeit, in der man oft eine gewisse Nachsicht gegenüber Gewalttaten an den Tag legte. Es war irgendwie in Mode gekommen, sich vorzustellen, daß irgendein Verbrecher, der Männer, Frauen und Kinder umbrachte, durch irgendeine höhere Zielsetzung motiviert sein mußte.

Während sich die israelischen Sicherheitsbehörden mit voller Aufmerksamkeit dem Kampf gegen den Terror verschrieben hatten, hielten sie an der optimistischen Auffassung fest, Israel sei gegen jede unmittelbare militärische Bedrohung immun. Der Gedanke, Israel sei vor größeren kriegerischen Verwicklungen sicher, hatte sich derartig festgesetzt, daß man sich im Jahr 1973 vor allem mit innenpolitischen Problemen befaßte. Bei den Wahlen zum Histadrut spielten Löhne, Preise und soziale Spannungen die Hauptrolle. Anfang 1972 wurde Präsident Zalman Schasar als Präsident Israels von Professor Ephraim Katzir, einem bedeutenden Biochemiker, abgelöst. Katzir war eine führende Persönlichkeit im wissenschaftlichen Leben Israels. Seine Wahl spiegelte den neueren Trend im israelischen Geistesleben wider, der sich auch in dem stärkeren weltlichen Widerstand gegen die Einschränkungen äußerte, die durch traditionsbedingte religiöse Gesetze der Freiheit des einzelnen auferlegt waren. In den größeren politischen Parteien wies der Trend auf den Pluralismus, die Vielschichtigkeit und das Aufbegehren gegen traditionelle Schlagworte. Die festgefügte Disziplin, mit der die israelischen Parteien in den ersten zwei Jahrzehnten ihre Stellung behauptet hatten, wurde nicht mehr beachtet. In den israelischen Parteien verlegte man sich sowohl darauf, die Führungsgarnitur zu kritisieren als auch sie wiederzuwählen.

In den ersten Monaten des Jahres 1973 wurde die fünfundzwanzigste Wiederkehr des israelischen Unabhängigkeitstages zu Hause und in aller Welt begeistert gefeiert. Israels Leistungen auf dem Gebiet der militärischen, wirtschaftlichen und kulturellen Entwicklung fanden auf der ganzen Welt ein anerkennendes Echo. Wo immer man Israel nicht unter dem Gesichtspunkt der gegenwärtigen politischen Krise betrachtete, sondern im Hinblick auf das Bemühen einer ganzen Generation, der geschichtlichen Entwicklung des Judentums eine neue Richtung zu verleihen, waren die Lobesbekundungen einhellig. Trotz gelegentlicher Terrorakte und einiger negativer Abstimmungsergebnisse in internationalen Gremien gaben sich die meisten Israelis im Sommer 1973 einer gewissen Selbstzufriedenheit hin.

Da die israelische Bevölkerung keiner unmittelbaren Gefährdung ausgesetzt schien, die sie gezwungen hätte, näher zusammenzurücken, verschärfte sich die politische Debatte im Innern, und die Unterscheidungen zwischen Tauben und Falken wurden immer deutlicher. Einige Führer warnten vor der bestehenden Euphorie. Ihrer Meinung nach sollte die israelische Diplomatie nicht darauf hinarbeiten, die gegenwärtige Lage zu verewigen, sondern versuchen, sie durch Verhandlungen zu verändern. Daraus folgerte, daß sich Israel nicht auf eine willkürliche Annektierung von Gebieten oder die fatalistische Hinnahme oder gar gefährliche Verherrlichung des *status quo* einlassen sollte. Während einer wichtigen Debatte im Sekretariat der Arbeiterpartei im November 1972 warnten einige Minister davor, die durch den Krieg von 1967 geschaffene Lage als dauerhaft anzusehen. Einige von ihnen übten Kritik an Versuchen, auf dem Westufer des Jordan und anderenorts durch Landkäufe und verstärkte Besiedlung bewohnter Gebiete durch Juden »Tatsachen zu schaffen«. Dies waren jedoch nicht die einzigen Stimmen, die man in Israel hören konnte. Die vom Verteidigungsminister Moshe Dayan und anderen lautstark vertretene Auffassung lief darauf hinaus, daß eine endgültige Regelung ein fernes Ziel sei, der Friede *de facto* erreicht sei und daß nur ein Narr oder Heuchler an die Chance eines Verhandlungsfriedens mit verbesserten Grenzen für Israel glauben könne. Nach Meinung dieser Leute sollte die israelische Beherrschung der Gebiete westlich des Jordans als Endlösung angesehen werden. Der israelischen Okkupation einen provisorischen Charakter zuschreiben zu wollen, galt sogar als unvereinbar mit dem bibeltreuen Denken.

Die Unterschiede zwischen diesem neuen Trend in der Arbeiterpartei und den Auffassungen der militanten Opposition (Gahal) waren nicht immer leicht zu definieren. Beide verließen sich auf Lagebeurteilungen des Geheimen Nachrichtendienstes, aus denen hervorging, daß Israel über die militärische Stärke verfüge, sich unbegrenzt in allen neuen Gebieten zu halten. Diese Beurteilung fand allgemeinen Widerhall; nach dem Sechs-Tage-Krieg bestand die Tendenz, die führende Generalität zu verherrlichen. Ende 1973 waren sieben der Generale des Sechs-Tage-Kriegs in den politischen Parteien des Landes fest verwurzelt. Es war gang und gäbe geworden, daß sich Generale bei Wahlen auf nationaler oder Bezirksebene als führende Kandidaten aufstellen ließen. Die Armee war nicht nur zum Verteidigungsschild der Nation, sondern auch zum Maßstab aller normativen Werte Israels geworden.

Es gab aber innerhalb und außerhalb der Regierung auch Kreise, denen angesichts dieses übertriebenen Selbstvertrauens, wie es in der israelischen Publizistik zum Ausdruck kam, nicht ganz wohl zumute war. Es bestanden aber keine greifbaren Anhaltspunkte, um diesen Optimismus zu widerlegen. Als sich die israelischen Streitkräfte zu einer Operation in Beirut entschlossen, lief alles wie am Schnürchen. Als im Sommer 1973 israelische Flugzeuge auf einen syrischen Luftwaffenverband stießen, fanden es alle nur natürlich, daß nicht weniger als 13 syrische Flugzeuge abgeschossen wurden und nur ein einziges israelisches Flugzeug verlorenging. Der Sechs-Tage-Krieg hatte das Bild israelischer Stärke und arabischer Schwäche geprägt. Nichts hatte seither diese festgefügte Vorstellung wesentlich verändert, und ihre psychologischen Wirkungen waren im israelischen Lebensstil deutlich erkennbar.

Sie trugen hauptsächlich dazu bei, die offiziell gültige These, derzufolge die Waffenstillstandslinien provisorischen Charakter hätten und bei einer Friedensregelung geändert werden müßten, zu unterminieren. Ein in der Führungsspitze der Arbeiterpartei entworfener Arbeitsplan, der für die unter israelischer Verwaltung stehenden Gebiete in den Jahren 1973–77 Gültigkeit haben sollte, hatte sich keine besonders weitreichenden Ziele gesetzt. Es kam darauf an, eine Formel zu finden, die sowohl für Verteidigungsminister Dayan als auch für Finanzminister Sapir akzeptabel war. Aber die knappen Formulierungen Minister Galilis enthielten keinen Hinweis darauf, daß das Weiterbestehen der israelischen Besetzung in den nächsten vier Jahren durch irgendeine Friedensregelung gefährdet werden könnte. Einige israelische Führungspersönlichkeiten sprachen auch in mündlichen Äußerungen nicht einmal mehr von der Möglichkeit einer Friedensregelung, derzufolge dann manche besetzten Gebiete geräumt werden müßten. Verteidigungsminister Moshe Dayan setzte sich öffentlich und mit allem Nachdruck dafür ein, daß auf der Sinaihalbinsel eine große Stadt mit einem für Hochseeschiffe geeigneten Hafen gegründet und in den unter israelischer Verwaltung stehenden Gebieten Land an Juden verkauft werden solle. Im August 1973 eröffnete er den Wahlfeldzug mit der Erklärung, es komme für Israel jetzt hauptsächlich darauf an, durch intensive Entwicklung der besetzten Gebiete eine neue Landkarte zu schaffen. Im Juli 1973 verlieh General Rabin der Auffassung vieler Israelis Ausdruck, als er schrieb, daß die gegenwärtige Grenzziehung Israel der Notwendigkeit enthebe, seine Reserven zu mobilisieren, auch wenn es zu arabischen Truppenzusammenziehungen käme. Hiermit wurde die Nicht-Mobilisierung der Reserven zu einer Doktrin erhoben, denn man war allgemein der Meinung, daß die Waffenstillstandslinien an sich bereits einen Abschreckungscharakter besäßen.

Als Mitte September 1973 die Generalversammlung der Vereinten Nationen in New York zusammentrat, führte Dr. Henry Kissinger, der gerade zum amerikanischen Außenminister ernannt worden war, Gespräche mit den Außenministern von Ägypten und Israel; er legte beiden nahe, nach den israelischen Wahlen im Oktober nach New York zu kommen, um mit ihm zu besprechen, auf welche Weise neue Verhandlungen eingeleitet werden könnten. Dies war die erste konkrete diplomatische Initiative seit vielen Monaten. Es ist interessant, sich zu überlegen, was alles hätte geschehen können, falls diese Initiative einige Monate früher gekommen wäre.

Doch war Anfang Oktober in Israel noch immer der Krieg gegen die Terroristen Hauptthema und keineswegs die Bedrohung durch die regulären arabischen Streitkräfte. Am 1. Oktober hielt die israelische Ministerpräsidentin Golda Meir eine Rede vor dem Europarat in Straßburg. Am nächsten Tag reiste sie nach Wien weiter, um Bundeskanzler Kreisky zur Zurücknahme der Entscheidung über die Schließung des jüdischen Durchgangslagers bei Schönau zu bewegen. Arabische Terroristen hatten sowjetische Juden auf der Fahrt zu diesem Lager überfallen, und als sich die österreichische Regierung daraufhin bereit erklärte, das Lager zu schließen, hatte man in Israel und anderenorts den Eindruck, daß dieser Beschluß einer neuerlichen Kapitulation vor der verbrecherischen Willkür gleichkam. Am 4. Oktober führte der Auswärtige Ausschuß der Knesset eine vier Stunden währende Debatte zu dieser Frage durch. In den Zeitungen desselben Tages erschienen unter großen Schlagzeilen mehrere Berichte über ägyptische und syrische Truppenkonzentrationen, aber weder die Regierung noch die Vertreter der Opposition in dem Ausschuß hielten es für nötig, den Berichten Beachtung zu schenken. Schließlich hatte es auch schon früher Truppenkonzentrationen gegeben. Die militärische Aktivität auf der anderen Seite des Suezkanals wurde vom israelischen Nachrichtendienst mit den jedes Jahr stattfindenden Manövern erklärt, während man für die Bewegungen im Norden von der Annahme ausging, Syrien fürchte einen israelischen Angriff. Man brauchte nichts weiter zu tun, als Damaskus zu warnen und gleichzeitig zu beruhigen und andererseits die ägyptischen Manöver mit professioneller Wachsamkeit zu verfolgen.

In dieser Atmosphäre schickten sich die Israelis an, den Versöhnungstag zu begehen. In keinem Festtagskalender einer anderen Nation gibt es ein dem Jom Kippur vergleichbares Fest. Das gesamte öffentliche Leben im Lande kommt zum Stillstand, während das Volk in sich geht und in die Synagogen strömt. Auch die abgeklärtesten Geister werden von der feierlichen Stimmung und der Besinnlichkeit erfaßt. Die meisten Soldaten, sofern sie nicht unabkömmlich sind, können damit rechnen, am Versöhnungsfest mit ihren Familien vereint zu sein. Fernsehen und Rundfunk stellen ihre Sendungen ein, und man sieht kaum ein Fahrzeug auf den Straßen.

Trotzdem hatten die Truppenkonzentrationen eine gewisse Unruhe ausgelöst. Die Ministerpräsidentin traf sich am 3. Oktober mit den Ministern Allon, Dayan und Galili zu Beratungen. Über die ägyptischen und syrischen Truppenbewegungen jenseits der Waffenstillstandslinien bestanden keinerlei Meinungsunterschiede. Alles hing von deren Deutung ab, und hier wirkte die von den Militärs abgegebene Beurteilung auf die vier Minister durchaus beruhigend. Jedenfalls gingen sie wieder auseinander, ohne die Einberufung von Reservisten zu beschließen. Dasselbe Ergebnis brachte eine Ministerratssitzung am 5. Oktober. Der Verteidigungsminister, der die militärische Verantwortung trug, stellte keinen Antrag auf Einberufung der Reservisten, weil er, wie er später erklärte, einfach nicht an einen Kriegsausbruch glaubte und der Meinung war, daß eine israelische Mobilmachung negative Reaktionen auf internationaler Ebene auslösen würde. Es war zwar bekannt, daß sowjetische Offiziere Syrien in aller Eile verließen, aber man konnte diese Tatsache auch so deuten, daß Syrien, ähnlich wie Ägypten, zu dem Schluß gekommen war, auf die Anwesenheit sowjetischen Militärpersonals verzichten zu können. Daß auf Ministerebene eine gewisse Besorgnis herrschte, kam lediglich in der Anweisung zum Ausdruck, alle Minister sollten sich, falls erforderlich, auch am Jom Kippur für dringende Beratungen zur Verfügung halten.

In den frühen Morgenstunden des 6. Oktober wurden abmildernde Bewertungen weggefegt. Um 4 Uhr früh trafen in Israel untrügliche und höchst konkrete Hinweise ein, die nur eine einzige Schlußfolgerung zuließen: Ägypten und Syrien planten, noch im Laufe dieses Tages einen massiven Luft- und Panzerangriff zu beginnen. Ägypten wollte Brückenköpfe auf dem Ostufer des Kanals errichten, Syrien die Golanhöhen überrennen.

Die sowjetischen Militärberater reisten aus Syrien ab, und an der ägyptischen Front erwiesen sich die »Manöver« als Vorbereitung für einen bewaffneten Überfall.

Die Ministerpräsidentin rief den amerikanischen Botschafter zu sich, und in New York wurde der Außenminister bei Tagesanbruch mit der unglaublichen Nachricht geweckt, ein Großangriff sei so gut wie sicher. Erst am Vortag hatte er die Weisung erhalten, der amerikanischen Regierung den Text israelischer Geheimdienst-Berichte zu übermitteln, aus denen hervorging, daß ein Krieg »wenig wahrscheinlich« sei.

Als die israelische Führung zu der Überzeugung gelangte, daß der Kriegsausbruch unmittelbar bevorstehe, waren die Würfel bereits gefallen, und es war viel zu spät, um eine wirksame internationale Intervention zum Tragen zu bringen. Während die israelische Regierung noch darüber nachdachte, ob Syrien seine Aktionen mit Ägypten zeitlich abstimmen würde, wurde um 14 Uhr jeder Zweifel beseitigt. Ägypten hatte mit Angriffsoperationen über den Suezkanal hinweg begonnen, und Syrien war auf den Golanhöhen weit vorgedrungen. Bei Tagesende waren ägyptische Hubschrauber mit Kommandotruppen an Bord an verschiedenen strategisch wichtigen Punkten gelandet. Mittels zahlreicher Boote und Behelfsbrücken waren die Ägypter dabei, 70000 Mann und 1000 Panzer über den Kanal zu bringen. Die meisten Forts der Bar-Lev-Linie waren unter schweren israelischen Verlusten gefallen. Im Norden waren 40000 Syrer mit 800 Panzern im Gebiet der Golanhöhen weit vorgedrungen.

Aber dies bedeutete noch nicht das Ende der Überraschung. Israel sollte jetzt einige der schwersten Tage seiner Geschichte erleben. Die israelische Verteidigungsdoktrin basierte auf der dogmatischen Vorstellung, daß, falls es zum Kriege käme, ein ägyptischer Angriff über den Kanal hinweg einem Selbstmord gleichkäme. Er würde in ein oder zwei Tagen mit erheblichen Verlusten für die Ägypter zurückgeschlagen werden. Hierdurch würde Israels Abschreckungsstärke nur noch erhöht werden. Bei Bekanntwerden der ägyptischen und syrischen Invasion begann man auf der ganzen Welt, in Erinnerung an die Ereignisse von 1967, zu spekulieren, ob der israelische Sieg drei oder sechs Tage benötigen würde.

Geschichte, so ist einmal definiert worden, ist »die Wissenschaft von Ereignissen, die sich nie wiederholen«, und es sollte nicht zu einer Neuauflage der Geschichte von 1967 kommen. Während in Israel die Mobilmachung in größter Eile vor sich ging, erzielten die ägyptischen und

syrischen Kräfte unerwartet große Geländegewinne. Die auf der ägyptischen Front eingesetzten neuen sowjetischen Flugabwehrraketen waren so hoch entwickelt, daß sie Israels Kampfflugzeuge zu Dutzenden abschossen. Nicht weniger als 50 wurden allein in den ersten drei Tagen vernichtet. Die israelischen Panzerverluste waren sogar noch erheblicher: Die mit neuen sowjetischen Panzerabwehrraketen ausgerüstete ägyptische Infanterie versetzte Israels Panzerkräften einen schweren Schlag, bevor diese zu einem Großangriff auf den ägyptischen Brückenkopf antreten konnten. Gleichzeitig drohten die Syrer von den Golanhöhen in das schwer zu verteidigende Jordantal hinunterzustoßen.
Israel hatte ebenso wie die übrige Welt die Schwierigkeiten überschätzt, denen Ägypten beim Übergang über den Suezkanal ausgesetzt sein würde. Die ägyptischen Streitkräfte hatten sich die Jahre des Wartens mit Erfolg zunutze gemacht. Sie waren in der Verwendung von Brückengerät ausgebildet worden und konnten jetzt, nach zahllosen amphibischen Übungen, den Kanal überqueren und sich auf dem Ostufer festsetzen. Außerdem operierten sie unter dem Schutz eines Raketenschildes, der Israels Luftüberlegenheit praktisch neutralisierte. Israel verfolgte das Ziel, die ägyptischen Kräfte weiter ostwärts in die Sinaiwüste hineinzulocken und sie dadurch von ihren Raketenbasen zu entfernen; nur dann konnten Gegenangriffe aus der Luft mit Erfolg durchgeführt werden. Aber die ägyptische Führung hatte seit 1967 viel dazugelernt; sie beschloß, zunächst an den erzielten Geländegewinnen festzuhalten und keine großräumigen Operationen einzuleiten.
Als das israelische Kabinett mit der militärischen Führung am dritten Kriegstag die Lage beurteilte, befand sich das Land in einer Situation, die noch vor einer Woche jedem Israeli völlig unmöglich erschienen wäre. Führende Persönlichkeiten der Regierung und der Generalstabschef erklärten zwar mit großen Nachdruck, daß ein triumphaler Sieg unmittelbar bevorstehe. Dies aber änderte nichts an der nüchternen Tatsache, daß die erste Runde an den Gegner gegangen war. Die ägyptischen Truppen hatten ihre Stellungen auf dem Ostufer des Kanals derartig verstärken können, daß sie nicht mehr zurückgeworfen werden konnten. Die Panzerverluste auf israelischer Seite waren so schwer, daß nur noch das äußerste Minimum für das nationale Überleben vorhanden war. Dasselbe galt für die Luftwaffe. Auf den Golanhöhen war die Lage in den beiden ersten Tagen sogar noch ernster als auf der Sinaihalbinsel. Nach Ende der Kampfhandlungen besuchten viele Israelis das umkämpfte Gebiet, um einen Blick auf die wenigen Kilometer zu werfen, die, falls sie von den syrischen Truppen noch hätten bezwungen werden können, den israelischen Staat und jeden seiner Bürger in akute Lebensgefahr gebracht hätten. Seit 1948 waren viele Israelis noch nicht von einer so eiskalten Angst ergriffen

worden. Man beschloß, die Existenz des ägyptischen Brückenkopfes einstweilen hinzunehmen und den Schwerpunkt auf das Zurückwerfen der Syrer zu legen. Für viele Israelis hatte die Schlacht am Suezkanal einen viel dramatischeren Charakter; aber sie fand schließlich an die hundert Kilometer von der nächsten israelischen Siedlung entfernt statt. Andererseits waren die syrischen Truppen, wenn sie nur ein wenig weiter vorrückten, in der Lage, die Städte Safed und Haifa anzugreifen. Am Ende des vierten Kriegstages konnten die inzwischen durch irakische und jordanische Einheiten verstärkten Syrer unter empfindlichen israelischen Verlusten zurückgeworfen werden. Nach Stabilisierung der Lage im Norden gingen die israelischen Kampfflugzeuge und Panzer daran, weitere Angriffe der Ägypter auf dem Ostufer des Kanals aufzufangen.

Das Gefühl, daß sich das Blatt zugunsten der Araber gewendet haben könnte, führte zu scharfen Reaktionen in der ganzen Welt. Europa dachte mehr an die Interessen des Augenblicks als daran, zu einer Beruhigung der Lage im Mittleren Osten beizutragen. Die meisten Länder gingen unter Führung von England und Frankreich zu einer Politik des Disengagements und Embargos über. Wirtschaftliche Interessen hatten in Europa schon seit längerer Zeit das Gefühl für strategische Notwendigkeiten überlagert. Europa besaß zwar wirtschaftliche Stärke, aber nur geringe Macht. Das NATO-Bündnis zählte wenig, und es bestand praktisch keinerlei Solidarität mit Amerika, das sich bemühte, ein Gleichgewicht der Kräfte aufrechtzuerhalten und das weitere Vorgehen der Sowjets im Mittleren Osten, das natürlich auch zu einer Beherrschung Europas führen müßte, zu verhindern. In einigen Ländern, einschließlich Großbritanniens, ging man in der Furcht vor einer Verschlechterung der Beziehungen zu den arabischen Staaten sogar so weit, daß Verträge über die Lieferung von Munition und Ersatzteilen an Israel gebrochen wurden.

Angesichts der Größenordnung des ägyptischen und israelischen Kriegspotentials spielten nur noch die beiden Supermächte eine entscheidende Rolle. Die Sowjets lieferten auf dem Luftwege Kriegsmaterial an Ägypten und Syrien, und in der Nacht zum 13. Oktober begannen die Vereinigten Staaten, die israelischen Streitkräfte durch einen großangelegten Airlift zu stärken. 67 amerikanische Transportmaschinen befanden sich gleichzeitig auf dem Weg von Washington nach Israel; tagelang landeten sie in Abständen von einer halben Stunde auf dem Flugplatz Lod. Israel hatte noch nie so viel Nutzen aus einer treuen Bundesgenossenschaft ziehen können.

Mit dieser Hilfe und moralischer Unterstützung konnte sich Israel rasch von den anfänglichen Rückschlägen erholen. Der Wendepunkt kam am 14. Oktober, dem neunten Kriegstag. Der Versuch starker ägyptischer Kräfte, in Richtung Osten tiefer auf die Sinaihalbinsel vorzustoßen,

wurde mit dem Verlust von 200 ägyptischen Panzern zurückgeschlagen. Die israelische Marine griff den ägyptischen Marinestützpunkt bei Ras A'rib im Golf von Suez an und versenkte 25 ägyptische Schiffe. Außerdem verbesserten israelische Verbände ihre Stellungen gegenüber syrischen und irakischen Truppen im Norden.
Der 16. Oktober brachte die entscheidende Kriegsphase. Ein israelischer Stoßtrupp unter General Ariel Sharon überschritt den Kanal nördlich des Großen Bittersees und drang in das eigentliche Ägypten vor. Die Ägypter glaubten zunächst, es handele sich eher um eine Ablenkungsoperation als um einen entscheidenden strategischen Wandel im Gesamtverlauf des Krieges. Sie hätten keinen größeren Irrtum begehen können. Binnen einer Woche hatte sich der »Stoßtrupp« General Sharons zu einer beachtlichen Streitmacht auf dem Westufer des Kanals mit Zehntausenden von Soldaten und Hunderten von Panzerfahrzeugen entwickelt. Die Stadt Suez wurde eingeschlossen, Ismailia bedroht, und Kairo lag weniger als hundert Kilometer entfernt. Israelische Truppen beherrschten die Straßenverbindung von der Hauptstadt in die Kanalzone. Die 3. ägyptische Armee war eingekesselt und drohte durch Hunger zur Kapitulation gezwungen zu werden, falls es nicht zu einer Feuereinstellung kam.
Die ägyptische Regierung und ihre militärische Führung reagierten auf das Vordringen israelischer Verbände nur zögernd. Tagelang gaben sie sich noch der Euphorie eines vermeintlichen Sieges hin. Als die israelischen Truppen ihre Stellungen schräg zur Hauptstraße von Kairo in der Kanalzone bezogen, begann sich auch ihre Kampfmoral wieder zu heben. General Sharon und General Adan erweiterten ihren ursprünglichen Brückenkopf zu einem weitgespannten Bogen. Die Beziehungen zwischen den israelischen Generalen wurden turbulent; einige von ihnen benahmen sich in der Hitze des Gefechts, als ob sie sich bereits jetzt wie in den später veröffentlichten Memoiren mit Vorwürfen überhäufen müßten. Aber daß es überhaupt zu diesem Wettstreit um den Siegeslorbeer kam, zeigte deutlich, daß man wieder von Erfolgen berichten konnte. General David Elazar, der Generalstabschef, war durch den arabischen Überfall zunächst überrascht worden; aber jetzt faßte er seine Armeen zu einem raschen und glänzenden Gegenschlag zusammen. General Bar-Lev trat von seinem Kabinettsposten als Handelsminister zurück, um in das Chaos auf der Sinaihalbinsel und den Golanhöhen Ordnung zu bringen.
Das Kabinett, das unter der besonnenen Führung von Frau Meir fast ununterbrochen tagte, konnte jetzt aus einer Position der Stärke handeln. Die schreckliche Erinnerung an die ersten Kriegstage sollte zwar erneut erwachen, als die Waffen ruhten, aber zunächst galt es zu entscheiden, wie weit Israel auf dem Westufer des Kanals und auf Damaskus vorrücken sollte.

An diesem Punkte kam das Verhalten der Großmächte ins Spiel. Wir werden wahrscheinlich nie mit Sicherheit erfahren, ob die Sowjetunion Kairo und Damaskus tatsächlich dazu ermuntert hatte, den gemeinsamen Angriff am 6. Oktober zu beginnen. Aber die sowjetische Führung war über die arabischen Kriegspläne voll unterrichtet. Mehrere Monate hindurch war in sowjetischen Erklärungen immer wieder der Satz erschienen, daß die Araber zur Rückgewinnung der verlorenen Gebiete »mit allen Mitteln« berechtigt seien. Als sich die sowjetischen Militärberater am 4. und 5. Oktober aus Damaskus zurückzogen, mußten sie gewußt haben, daß der Krieg unmittelbar bevorstand. Moskau mag ebenso wie die übrige Welt durchaus der Ansicht gewesen sein, daß ein arabischer Angriff kaum eine Chance haben würde, das eigentliche Kriegsziel zu erreichen. Aber wenn damit nur die Meinung erschüttert würde, daß der *status quo* von Dauer sein könne, wäre dies allein schon ein lohnendes Ergebnis. Die Vereinigten Staaten würden sich auf jeden Fall in einer prekären Lage befinden.

Inzwischen befanden sich die Vereinigten Staaten in einem Zustand interner Meinungsverschiedenheiten, die der in Israel herrschenden Verwirrung beinahe gleichkamen. Der amerikanische Nachrichtendienst hatte noch am 5. Oktober – wie auch sein israelisches Gegenstück – die Lage so beurteilt, als stehe kein ägyptisch-syrischer Angriff bevor. Als am 6. Oktober die Feindseligkeiten ausbrachen, war man in Washington der Meinung, daß Israel den Angriff in wenigen Tagen zurückschlagen würde. Die von der israelischen Regierung eintreffenden zuversichtlichen Nachrichten bestärkte Amerika noch in diesem Glauben. Aber es wurde bald klar, daß die israelische Armee ihren Triumph von 1967 nicht wiederholen würde. Israel lief nicht nur Gefahr, einige seiner Positionen an der Waffenstillstandslinie zu verlieren, sondern es sah auch kurze Zeit so aus, daß seine Bevölkerungszentren feindlichen Angriffen ausgesetzt sein würden. In Washington übernahm der Außenminister Dr. Henry Kissinger mit Entschlossenheit die Leitung der amerikanischen Außenpolitik. Er war der Überzeugung, daß eine israelische Niederlage für Amerika vom Standpunkt des Gleichgewichts der Kräfte und der amerikanischen Verpflichtungen unannehmbar sei; sie würde außerdem jeglichen Anreiz für eine Feuereinstellung oder spätere Verhandlungen zunichte machen. Er übernahm persönlich die Leitung der Luftbrücke nach Israel und setzte sich dabei über viele technische und bürokratische Hindernisse hinweg, bis sich die gewaltige Armada am 13. Oktober nach Israel in Bewegung setzen konnte. Israel war auf diese Weise imstande, seine Stellungen zu halten und in der folgenden Woche zum Gegenangriff überzugehen.

In den ersten 12 Tagen des Krieges hatte Ägypten jeden Gedanken an eine Feuereinstellung als feindselige Torheit von sich gewiesen. Der Sicher-

heitsrat der Vereinten Nationen war seit dem ersten Montag des Krieges (8. Oktober) sporadisch und ohne irgendwelche Ergebnisse zusammengetreten. Später hatte Außenminister Kissinger bei der sowjetischen und israelischen Regierung die Möglichkeiten einer Feuereinstellung in den gegenwärtigen Stellungen sondiert. In Israel machte sich eine gewisse Erschöpfung bemerkbar, und der israelische Außenminister, der Kissinger am 13. Oktober aufsuchte, erhielt aus Jerusalem die dringende Weisung, einen derartigen Vorschlag nicht abzulehnen, auch wenn dadurch die Existenz des ägyptischen Brückenkopfes und die Anwesenheit syrischer Truppen in einem kleinen Winkel der Golanhöhen akzeptiert werden müßten. Die britische Regierung wurde von Washington aufgefordert, eine Resolution im Sicherheitsrat vorzuschlagen. Als London aber von der ablehnenden Haltung Sadats erfuhr, beugte sich die britische Regierung den ägyptischen Wünschen und zog sich dadurch das Mißfallen ihres amerikanischen Verbündeten zu. Zwei Tage später brauchte Israel, das sich auf Kissingers Luftbrücke verlassen konnte, nicht mehr auf das frühzeitige Zustandekommen einer Feuereinstellung zu drängen. Mit Ausnahme des ägyptischen Brückenkopfes waren alle arabischen Geländegewinne beseitigt, und die israelischen Truppen befanden sich überall mit ihrem gewohnten Elan auf dem Vormarsch.
Der sowjetische Ministerpräsident Alexej Kossygin hielt sich seit dem 8. Oktober in Kairo auf; bei der Betrachtung des militärischen Lagebildes mußte sich die sowjetische Führung darüber klar sein, daß eine Niederlage bevorstand. Falls der Krieg in vollem Gange blieb, würde Damaskus bedroht, die ägyptische 3. Armee zur Übergabe gezwungen und die israelischen Geschütze in Kairo zu hören sein. Was bliebe dann vom Ruf der Sowjetunion als eines zuverlässigen Bundesgenossen übrig? Die ägyptischen Anfangserfolge wären durch eine endgültige Niederlage zunichte gemacht, und Israel hätte seine Stellung behauptet. Ein weiteres Ergebnis wäre eine starke Zunahme des amerikanischen Prestiges. Die Führer im Kreml haben eventuell sogar gefürchtet, ihre eigene Stellung könne erschüttert werden. Die Schlußfolgerung war klar. Entweder mußte die Sowjetunion das Risiko einer Intervention zugunsten von Ägypten und Syrien eingehen und dadurch ihre Politik der Détente aufgeben, oder sie mußte durch diplomatischen Druck versuchen, eine sofortige Feuereinstellung herbeizuführen. Unter dem Eindruck derartiger dringend notwendiger Konzessionen ersuchte Breschnew die Vereinigten Staaten um ein unverzügliches Gespräch auf hoher Ebene. Dr. Kissinger machte sich in der Nacht zum 19. Oktober auf den Weg nach Moskau, während israelische Truppenverbände auf syrischem und ägyptischem Gebiet weiter vordrangen.
Das amerikanische Interesse an der Feuereinstellung war zwar weniger

dringend, aber dennoch durchaus überzeugend. Es bestand die Möglichkeit, daß sich die israelischen Kräfte, falls sie sich Damaskus oder Kairo zu sehr nähern sollten, einer direkten sowjetischen Intervention aussetzen könnten. Hierdurch würde ein amerikanischer Alptraum Wirklichkeit werden; aus einem lokalen Konflikt käme es zu einer Konfrontation der Großmächte. Gequält von den Erinnerungen an Vietnam und unter dem Eindruck innerpolitischer Probleme scheute die amerikanische Diplomatie davor zurück, einer Fortsetzung des Krieges zuzustimmen. Man hegte die Überzeugung, daß, falls die Ergebnisse der Kriegshandlungen keinen entscheidenden Charakter annahmen, die Aussichten auf einen Verhandlungsfrieden steigen würden. Zwischen 1967 und 1973 waren weder das Selbstvertrauen in Ägypten noch die Besorgnisse in Israel stark genug gewesen, um einen Anreiz zur Eröffnung von Verhandlungen zu bieten. Im Oktober 1973 war die Lage ausgeglichener. Israel hatte zwar Geländegewinne erzielt, aber nichts konnte die Tatsache ungeschehen machen, daß ägyptische Truppen den Kanal überschritten, die Bar-Lev-Linie überrannt, einen starken Brückenkopf errichtet und diesen gegen hartnäckige Angriffe gehalten hatten. Dies waren unerwartete Erfolge. Falls Ägypten Verhandlungen wünschte, brauchte es nicht mehr als gedemütigter Verlierer an den Verhandlungstisch zu treten. Während Israel auf der einen Seite Gelände gewonnen hatte, waren auf der anderen Seite Tausende junger Männer gefallen, unter ihnen ein großer Teil von Offizieren, die ihre Einheiten im Kampf geführt oder ihre Phantom- oder Skyhawk-Maschinen über einem dichten Wald von Raketenabschußbasen geflogen hatten. Falls die Kämpfe weitergingen, wäre jeder zusätzliche Geländegewinn nur ein schwacher Trost für den weiteren Verlust an Menschenleben. Außerdem wurde Israels politische Lage immer schwieriger. Bis Mitte Oktober hatten fast alle afrikanischen Länder die Beziehungen zu Israel abgebrochen. Das letzte Dutzend, zu dem viele der bedeutendsten afrikanischen Staaten gehörten, hatte dem arabischen Druck in dem Augenblick nachgegeben, als die israelischen Truppen tief in afrikanisches Gebiet vorstießen. In diesem Punkt war das afrikanische Zusammengehörigkeitsgefühl stärker als alle Bemühungen, eine afrikanisch-israelische Allianz zustande zu bringen. Europäische Staaten fürchteten, daß die Araber, durch eine neuerliche Niederlage aufgebracht, mit der einzigen Waffe, die ihnen blieb, Rache nehmen könnten: mit der Erdrosselung der westlichen Industrien durch die Einstellung der Öllieferungen. So wurde die Möglichkeit, die 3. Armee zur Kapitulation zu zwingen, nach israelischen Vorstellungen mit Rücksicht auf politische Gefahren in der Schwebe gelassen. Israel hatte aus Erfahrung gelernt, daß ein militärischer Sieg solange fragwürdig blieb, als er nicht durch politische Erfolge bestätigt werden konnte. Falls ein überwältigender militä-

rischer Erfolg lediglich in eine politische Sackgasse führte, behielt er einen bitteren Nachgeschmack. Als die dritte Oktoberwoche anbrach, sehnten sich viele Israelis nicht so sehr nach einer Fortsetzung der Kämpfe, als vielmehr auf etwas, das sich allen israelischen Träumen und Anstrengungen bis dahin entzogen hatte: eine Friedenskonferenz, die der Konfliktsituation für alle Zukunft ein eindeutiges Ende bereiten würde. Unterschiedliche und teilweise sogar gegensätzliche Interessen führten Amerika, die Sowjetunion, Ägypten und Israel in dem gemeinsamen Wunsch nach einer baldigen Feuereinstellung zusammen.
Die amerikanisch-sowjetische Begegnung in Moskau wurde am 20. Oktober unter wenig glücklichen Umständen eröffnet. Die Sowjetunion verlangte von Amerika die Mitwirkung bei einem Waffenstillstand, bei dem sich Israel verpflichten sollte, alle im Jahre 1967 und danach besetzten Gebiete zu räumen. Die Sowjetunion war nicht bereit, ihre Forderungen nach diesem Rückzug mit einer Aufforderung zur Eröffnung von Verhandlungen zu verbinden. Unterstützt durch weitere israelische Erfolge scheint Dr. Kissinger den ganzen Tag über fest bei seinen Auffassungen beharrt zu haben. In einer jener plötzlichen Kehrtwendungen, denen nur eine totalitäre Diplomatie fähig ist, warfen die Kremlführer am nächsten Tage plötzlich das Steuer herum. Am Abend waren sie bereit, eine Feuereinstellung *in situ* zu akzeptieren, obwohl sie wußten, daß hierdurch die israelischen Geländegewinne an beiden Fronten als bestehende Tatsachen hingenommen wurden. Sie waren außerdem bereit, für die Aufnahme von Verhandlungen zwischen Israel und den arabischen Staaten zur Erreichung eines dauerhaften Friedens einzutreten. In jener Nacht erlebte der Sicherheitsrat der Vereinten Nationen das ungewöhnliche Schauspiel einer gemeinsamen amerikanisch-sowjetischen Initiative, durch die Ägypten, Israel und Syrien aufgefordert wurden, das Feuer einzustellen und in den während des Konflikts erreichten Stellungen zu verharren. Als Kissinger am 23. Oktober in Israel landete, hatte der Sicherheitsrat seine Resolution Nr. 338 angenommen. Diese forderte nicht nur zur Feuereinstellung auf, sondern verlangte außerdem, daß »sofort und im Zuge mit der Feuereinstellung Verhandlungen zwischen den Beteiligten eröffnet werden sollten, um einen gerechten und dauerhaften Frieden im Osten herbeizuführen«.
Die Kriegswoge rollte jedoch, wie üblich, aus eigener Kraft zunächst noch weiter. Am 24. Oktober war die Feuereinstellung noch nicht in Kraft. Israelische Truppenverbände standen jetzt auf allen wesentlichen Verbindungslinien zwischen Kairo und dem Kanal. Der gesamte Nachschub für die 3. Armee war von Israel abhängig. Im Norden hatte Israel über die Golanhöhen hinaus einen tiefen Angriffskeil bis auf 40 Kilometer vor Damaskus vorgetrieben. 2000 arabische Panzer waren vernichtet worden,

und auf beiden Seiten waren Hunderte von Gefangenen gemacht worden. Die israelischen Verluste betrugen über 2500, also über viermal soviel wie im Krieg von 1967. Die Feuereinstellung löste in der Öffentlichkeit ein spontanes Gefühl der Erleichterung aus.

Und trotzdem herrschte während der ersten Tage nach dem Zusammentreten des Sicherheitsrates eine fast noch größere Spannung als in den schlimmsten Zeiten des Krieges. An der ägyptisch-israelischen Front war noch keine wirkliche Ruhe eingekehrt, auch gab es noch keine von beiden Seiten akzeptierte Festlegung des Frontverlaufs. Die eingeschlossene 3. Armee befand sich in großen Schwierigkeiten. In der Stadt Suez befanden sich Hunderte ägyptischer Verwundete ohne Versorgung, während es der Bevölkerung an den wichtigsten Nahrungsmitteln fehlte. Und als die Sowjetunion Israel aufforderte, den Einschließungsring um die 3. Armee zu öffnen, lehnte Israel ab. Die Sowjetunion schlug den Vereinigten Staaten vor, daß entweder beide Großmächte intervenieren sollten, sonst würde die Sowjetunion allein handeln.

Diese Drohung einer sowjetischen militärischen Intervention wirkte wie ein dunkler Schatten. Am 24. Oktober standen Präsident Nixon und Außenminister Kissinger vor besonders schwierigen Überlegungen. Eine Möglichkeit wäre gewesen, dem sowjetischen Druck nachzugeben und Israel zu zwingen, einem vollen Rückzug auf die Linien vor 1967 zuzustimmen. Dies wäre jedoch einer amerikanischen Kapitulation gleichgekommen. Eine weitere Möglichkeit bestand darin, der sowjetischen Drohung durch den Vorschlag einer gemeinsamen Aktion zur Erreichung einer politischen Lösung zu begegnen. Dieser Weg konnte jedoch nur dann Erfolg haben, wenn die Gefahr einer sowjetischen Intervention gebannt wurde. Um dies zu erreichen, ordnete Präsident Nixon umfangreiche amerikanische Truppenbewegungen auf der ganzen Welt, speziell im Mittelmeerraum, an. Seit der Kubakrise 14 Jahre zuvor war noch kein derartig kühner Entschluß gefaßt worden. Auch dieses Mal erregte er ebensoviel Beunruhigung in Amerika wie in der Sowjetunion. Amerikas europäische Verbündete waren an der Entschlußfassung nicht beteiligt worden, was zu einer neuerlichen Belastung des westlichen Bündnisses führte. Aber der wagemutige Schritt wurde belohnt. Die Sowjetunion zog die Drohung eines militärischen Eingreifens praktisch zurück und gab sich mit der Entsendung einer UNO-Truppe, die sich aus Kontingenten der kleineren und mittleren Mächte zusammensetzen sollte, zufrieden. Sie schloß sich außerdem der amerikanischen Forderung nach Verhandlungen zur Erarbeitung einer Friedensregelung an.

Es ist nicht wahr, daß der Oktoberkrieg Israel nur Opfer und keine politischen Vorteile gebracht hätte. Fast sieben Jahre hindurch hatte Ägypten jegliche Verhandlungen mit Israel über einen Friedensschluß oder auch nur eine Zwischenlösung abgelehnt, solange sich Israel nicht zum vollen Rückzug aus den besetzten Gebieten verpflichtete. Jetzt akzeptierte Ägypten Verhandlungen mit Israel nicht nur auf der Grundlage der Waffenstillstandslinien von 1967, sondern auch unter Einschluß weiter, von Israel besetzter Gebiete westlich des Kanals.

Mit dem Inkrafttreten der Waffenruhe war der Weg zur Truppenentflechtung offen. Dahinter eröffneten sich vielversprechende Möglichkeiten für einen Verhandlungsfrieden. Anfang November schlugen die Vereinigten Staaten die Einberufung einer Friedenskonferenz in Genf unter Teilnahme von Israel, Jordanien, Ägypten und Syrien vor; den Vorsitz sollten die Vereinigten Staaten und die Sowjetunion übernehmen, der Generalsekretär der Vereinten Nationen sollte die Einberufung der Konferenz veranlassen. Dies war alles ganz schön und gut – aber alle wußten, daß die Waffenruhe noch vor Beginn der Konferenz jederzeit gebrochen werden konnte. Vorverhandlungen mußten deshalb sofort beginnen. Aufgrund Dr. Kissingers unermüdlicher Vermittlungstätigkeit trafen sich ägyptische und israelische Offiziere am 8. November 1973 beim Kilometerstein 101 auf der Straße von Kairo nach Suez. Als die israelischen und ägyptischen Generale beim Beginn ihrer Gespräche einen formellen Händedruck austauschten, wurde das israelische Volk von einer Woge innerer Erregung ergriffen. Gewiß, es handelte sich nur um militärische Gespräche, wie sie auch früher oft unter dem Waffenstillstandsregime stattgefunden hatten; aber jetzt bestand wenigstens eine Möglichkeit, daß sie sich zu politischen Verhandlungen ausweiten würden. Am 11. November wurde von den Militärs bei Kilometer 101 eine Sechs-Punkte-Vereinbarung unterzeichnet, die eine Festlegung des Verlaufs der Waffenstillstandslinien, das Einverständnis für den Einsatz einer UNO-Truppe und den Austausch von Kriegsgefangenen auf beiden Seiten vorsah.

Sechs Wochen später, am 21. Dezember, trat die Genfer Friedenskonferenz in besonders feierlicher Form zusammen. An ihr nahmen der Generalsekretär der Vereinten Nationen als Vorsitzender, sowie die Außenminister der Vereinigten Staaten, der Sowjetunion, Ägyptens, Israels und Jordaniens teil. Syrien blieb abwesend und verharrte in feindseligem Schweigen. Man hatte den Eindruck, daß die Regierung in Damaskus lieber die dauernde Besetzung syrischen Territoriums hinnehmen würde, als sich dem verhaßten Zwang zu beugen, neben Israel am Verhandlungstisch zu sitzen.

Es ist auch heute noch nicht sicher, welche Ergebnisse die Genfer Konferenz zeitigen wird; aber die Geschichte wird den 21. Dezember 1973 als einen möglichen Wendepunkt verzeichnen. Die arabischen Staaten und Israel hatten ihren Konflikt zwar noch nicht aus der Welt geschafft, aber

sie hatten ihn wenigstens von der militärischen Ebene auf die diplomatische Bühne verlagert. Die Anwesenheit der beiden Supermächte und des Generalsekretärs der Vereinten Nationen ließ außerdem erkennen, daß beide Seiten für eine Annäherung auf die Hilfe Dritter angewiesen waren. Es kann kein Zweifel darüber bestehen, daß das Zustandekommen der Konferenz allein schon einen moralischen Sieg für Israel bedeutete. Denn die Israelis hatten immer eine Begegnung mit den Arabern auf dem üblichen internationalen Parkett angestrebt. Auch wenn die Atmosphäre noch voller Argwohn und von einer gewissen Kälte gekennzeichnet war, saß man doch im selben Raum und besprach Themen von beiderseitigem Interesse. Ägypten wurde sogar von radikalen arabischen Regierungen angegriffen, weil es sich zu Gesprächen über eine Koexistenz und einen späteren Frieden bereitgefunden hatte. Alle diese Dinge kamen in der Resolution 338 des Sicherheitsrats zum Ausdruck, nach deren Gesichtspunkten die Genfer Konferenz abgehalten wurde. Nach den ersten Erklärungen, die von vielen Millionen auf der ganzen Welt aufmerksam verfolgt wurden, beschlossen die fünf Außenminister auf der ersten Arbeitssitzung, der Truppenentflechtung die erste Priorität einzuräumen.
Drei Wochen später, am 18. Januar 1974, wurde ein ägyptisch-israelisches Truppenentflechtungsabkommen von den israelischen und ägyptischen Staatschefs bei Kilometer 101 unterzeichnet. Es war mit Hilfe einer neuartigen diplomatischen Technik zustande gekommen. Der amerikanische Außenminister Kissinger war über eine Woche zwischen Kairo und Jerusalem hin und her gereist und hatte Angebote, Korrekturen, Entwürfe und Kompromißvorschläge von einer Seite zur anderen transportiert. Das Truppenentflechtungsabkommen wurde aus dem Zusammenspiel von vier politischen Richtungen geboren. Ägypten kam es vor allem auf den Rückzug der israelischen Streitkräfte aus Suez und Ismailia an, weil es sich von dem Stigma der Anwesenheit fremder Truppen auf seinem Staatsgebiet befreien wollte. Außerdem war es unerläßlich für die Kampfmoral der ägyptischen Armee und deshalb auch für die Stabilität des Regimes, daß die 3. Armee aus der demütigenden Abhängigkeit von der Versorgung durch die Israelis erlöst wurde. Für Israel sah die Lage auf der Landkarte nicht schlecht aus; israelische Truppen waren viele Kilometer auf der Westseite des Kanals in ägyptisches Gebiet vorgestoßen. Gebietsmäßig bedeutete dies mehr als nur einen Ausgleich für den Verlust eines schmalen Streifens auf dem Ostufer. Aber Israels Position ließ sich nicht in Kilometern messen. Die israelischen Streitkräfte waren zwar keinem direkten Angriff mehr ausgesetzt, litten aber unter einer von Tag zu Tag größer werdenden Abnutzung. Das wirtschaftliche und öffentliche Leben in Israel war fast völlig zum Erliegen gekommen, weil ein großer Teil der arbeitenden Bevölkerung in Gegenden eingesetzt war, die mit Is-

raels zionistischer Bestimmung nichts zu tun hatten. Vor allem hatte man das Gefühl, daß die Feindseligkeiten jeden Augenblick wieder ausbrechen konnten. Weder von Ägypten noch von der Sowjetunion konnte erwartet werden, daß sie einem auch nur vorübergehenden Verbleib Israels so weit westlich zustimmen würden. Unter diesen Umständen war Israels politische Position auf lange Sicht gesehen unhaltbar. Israel konnte zu seinen eigentlichen Aufgaben solange nicht zurückkehren, als es in den Linien von Oktober 1973 blieb.

Da die bestehende Situation für alle Beteiligten untragbar war, könnte man mit Recht fragen, warum es denn so schwierig gewesen ist, ein von allen Seiten akzeptiertes Maß an Entflechtung zu erreichen. Die Antwort liegt auch hier in der besonderen Psychologie des arabisch-israelischen Konflikts, in dem jede Seite ihren Erfolg nicht an dem eigenen Gewinn, sondern an dem Schaden mißt, den sie dem Gegner zufügt. Vor diesem Hintergrund wurde Kissingers Erfolg, eine Vereinbarung über das Auseinanderrücken der ägyptischen und israelischen Truppen zu erreichen, verständlicherweise als erstes reales Anzeichen für einen politischen Fortschritt seit dem Ende des Sechs-Tage-Krieges begrüßt. Allein das Schauspiel der Unterzeichnung verlieh dem Gedanken einer arabisch-israelischen Verständigung, die bislang nur ein Traum gewesen war, ein gewisses Maß an Glaubwürdigkeit.

Die Vereinbarung vom 18. Januar führte dazu, daß sich die israelischen Truppen aus allen ihren Stellungen westlich des Kanals auf eine etwa 23 Kilometer von Suez entfernte Linie auf der Sinaihalbinsel zurückzogen, während die Wasserstraße und die Befestigungen der Bar-Lev-Linie in ägyptischer Hand blieben. Eine vom Sicherheitsrat entsandte UNO-Truppe, 7000 Mann stark, wurde in einem 5 bis 10 Kilometer breiten Streifen zwischen den beiden Parteien eingesetzt. Besonders bedeutsam war, daß beide Seiten ihre Truppenstärke drastisch verringerten. Ägypten ließ nur 34 Panzer und ein paar Dutzend Geschütze auf einem Gebiet, in das es vorher unter schweren Opfern über 700 Panzer und eine vergleichbare Anzahl von Geschützen vorgetrieben hatte. In ihren vordersten Stellungen behielten Israel und Ägypten jeweils nicht mehr als 8000 Mann. Die Lage war eindeutig entschärft worden. Die gefährliche Nachbarschaft starker Armeen, über denen die Interessen der Supermächte wachten, war durch eine Vereinbarung ersetzt worden, die einer beiderseitigen Abrüstung gleichkam.

Sowohl in Ägypten als auch in Israel wurde das Abkommen von Extremisten stark angegriffen. Das ägyptische Oberkommando war über die Räumung seines Brückenkopfes wenig glücklich. In Israel rief die Tatsache, daß sich israelische Soldaten zum erstenmal freiwillig aus Stellungen zurückzogen, die sie erobert hatten, tiefe Besorgnis in der Öffentlichkeit

hervor; hierdurch wurden die viel größeren Vorteile des Abkommens fast übersehen. Aber trotz aller Meinungsverschiedenheiten im Lande gelang es der israelischen Regierung, ein Vertrauensvotum in der Knesset und die allmählich zunehmende Unterstützung durch die öffentliche Meinung zu erringen. Die Nation war der Kriege müde geworden; sie hatte erkannt, daß auch die spektakulärsten Siege nur neue Probleme schufen, die oft noch größer waren als diejenigen, die man hatte lösen wollen.
Auch die arabische Welt war geteilt. Libyen, Irak und Syrien betrachteten jedes Abkommen mit Israel als eine Verletzung ihrer extremen politischen Ideologie. Besonders in Damaskus war das Dilemma deutlich spürbar. Syrien war an der Seite Ägyptens in den Krieg gezogen und hatte schwere Verluste erlitten, ohne auf der anderen Seite irgendwelche Erfolge verzeichnen zu können. Ägypten löste sich aus dem israelischen Würgegriff, während israelische Truppen weiterhin nur 40 Kilometer vor Damaskus standen und jenseits der Golanhöhen im Besitz eines großen Frontkeils blieben. Syrien war empört darüber, daß Ägypten aus eigenen nationalen Interessen dieser Regelung zugestimmt hatte, ohne die arabische Solidarität im erforderlichen Umfang zu berücksichtigen.
Die Vereinigten Staaten und Israel gingen sofort daran, diese Emotionen durch Einleitung von Verhandlungen über eine syrisch-israelische Truppenentflechtung in konstruktive Bahnen zu leiten. Am Morgen der israelischen Wahlen, die am 31. Dezember 1973 abgehalten wurden, flog Verteidigungsminister Moshe Dayan nach Washington, um diesen Prozeß in Gang zu bringen. Nach vielen anderen diplomatischen Begegnungen begann im April die operative Phase. Inzwischen war klar geworden, daß Israel seine erweiterte militärische Stellung auf den Golanhöhen wahrscheinlich ebensowenig würde halten können, wie jene, die auf der Westseite des Suezkanals gelegen hatte. Es bestand keine Hoffnung auf eine dauerhafte Waffenruhe, sondern vielmehr die Gefahr einer Eskalation und eventuell sogar einer Intervention durch die Großmächte. Die Schwierigkeiten waren hier wesentlich größer als in den ägyptisch-israelischen Verhandlungen. Seit dem Aufstieg des Ba'ath-Regimes hatte Syrien der allgemeinen antiisraelischen Haltung der arabischen Staaten seinen eigenen unbeugsamen Stempel aufgedrückt. Es hatte sich rundweg geweigert, die legitime Existenz Israels anzuerkennen. Damaskus war bemüht, mit peinlicher Sorgfalt auch solche Kontakte zu vermeiden, die für seine eigenen Interessen lebenswichtig gewesen wären. Als ob diese Schwierigkeiten noch nicht genug gewesen wären, gab sich jetzt auch die Sowjetunion, die das Auseinanderrücken der Ägypter und Israelis begrüßt hatte, in höchstem Maße empört. Die diplomatischen Erfolge Kissingers hatten die breite Kluft zwischen dem amerikanischen und sowjetischen Ansehen im Mittleren Osten verdeutlicht. Während die sowjetische Führung untätig

in Moskau saß, eilte der amerikanische Außenminister im Mittleren Osten von einem Ort zum anderen, stärkte Israels Position und eröffnete gleichzeitig in den arabischen Hauptstädten neue Wege zur Hebung des amerikanischen Prestiges. Ägypten, das einst unter sowjetischer Knechtschaft gestanden hatte, befreite sich jetzt aus seiner alten Abhängigkeit. Präsident Sadat legte ein beinahe überschwengliches Interesse und eine besondere Hochachtung für die Vereinigten Staaten und ihren Außenminister an den Tag. Dr. Kissinger wurde in Assuan von der ägyptischen Regierung begeistert empfangen, obgleich sie den Damm und das gesamte Kriegsmaterial der Sowjetunion und nicht den Vereinigten Staaten verdankte. Dieses Paradoxon erbitterte den Kreml. Daß die Vereinigten Staaten die Initiative an sich gerissen hatten, untergrub die sowjetische Position nicht nur in den arabischen Ländern, sondern auch in allen anderen Entwicklungsländern. Falls es Kissinger gelang, die amerikanischen Beziehungen zu Damaskus in demselben Maße zu verbessern, wie es in Kairo geschehen war, würde der sowjetische Einfluß in der arabischen Welt nur noch auf den Irak und Südjemen beschränkt sein.
Die Sowjets erlitten einen weiteren Rückschlag, als das von den arabischen Staaten im November verhängte Ölembargo unter dem Eindruck einer erfolgreichen amerikanischen Diplomatie zusammenbrach. Einige Wochen hindurch war das Wirtschaftsleben in mehreren europäischen Ländern stark in Mitleidenschaft gezogen worden, während die amerikanische Öffentlichkeit in ihrem vom Wohlstand geprägten Lebensstil noch nicht dagewesene Einschränkungen hinnehmen mußte. Treibstoff für Automobile war teuer und nicht leicht zu beschaffen. Aber das Embargo konnte nicht lange dauern; schließlich mußten die Förderländer ihr Öl ebenso dringend verkaufen, wie die Verbraucherländer es einkaufen mußten; und im März wurde das Embargo aufgehoben. Ebenso wie viele andere Waffen, hatte es als Drohung eine größere Wirkung gehabt, als in der Wirklichkeit. Die Sowjetunion hatte durch Kissinger in jeder Hinsicht das Nachsehen, aber sie konnte sich nicht mit einer untergeordneten Rolle zufriedengeben. Man konnte natürlich einwenden, daß sich die Sowjets dieses Dilemma weitgehend selbst zuzuschreiben hatten. Moskau hatte keine ausgewogene Politik verfolgt und sich geweigert, diplomatische Beziehungen mit Israel aufzunehmen; dadurch hatte es sich selbst der Handlungsfreiheit beraubt, die von den Vereinigten Staaten mit so viel Geschick genutzt worden war. Jeder, der Außenminister Gromyko kannte, konnte sich nur schwer vorstellen, daß dieser mit Dr. Kissinger in dessen ausgedehnten Reiseplänen wetteifern würde. Wenn aber die Sowjetunion Israel auch nur ein Mindestmaß an Entgegenkommen gezeigt hätte, wären auch ihr gewisse diplomatische Erfolge nicht versagt geblieben.

Es war offensichtlich, daß die Erreichung einer syrisch-israelischen Entflechtung größere Anstrengungen und Mühen erfordern würde, als für das Zustandekommen der ägyptisch-israelischen Vereinbarungen nötig gewesen waren. Im Mai 1974 bot die israelische Regierung den Rückzug aus dem im Oktober besetzten, vorspringenden Frontteil und sogar die Räumung einiger Positionen, wie beispielsweise Kuneitra, auf den Golanhöhen an. Dies war das erste Mal, daß die von Israel im Jahre 1967 erreichten Linien freiwillig und ohne den Druck militärischer Erfolge auf arabischer Seite zurückgesteckt wurden. Diese Zugeständnisse waren so groß, daß die israelische Regierung zu Hause in Schwierigkeiten geriet, aber nicht groß genug, um den Appetit der arabischen Führer zu stillen. Wieder pendelte Kissinger unermüdlich zwischen den beiden Hauptstädten hin und her – diesmal vier Wochen lang. Am 27. Mai 1974 wurde eine Übereinkunft erzielt: Der Krieg von 1973 war an beiden Fronten zu Ende.

Die Lage, vor die sich Israel gestellt sah, unterschied sich jetzt grundlegend von der Situation, wie sie seit 1967 bestanden hatte. Es war klar, daß der Weg zum Frieden nicht in einem raschen Übergang vom toten Punkt zu einer vertraglichen Regelung, sondern mehr in einer langsamen, schrittweisen Entwicklung gesucht werden mußte, bei der jedes einzelne Zugeständnis durch ein entsprechendes Maß an friedlicher Koexistenz aufgewogen werden mußte. Falls dieser Trend beibehalten werden konnte, würde der Mittlere Osten wahrscheinlich noch immer nicht den Anbruch einer neuen Ära feiern können, aber es konnte sich aus der beiderseitigen Verkrampfung lösen und einen neuen Realismus entwickeln. Aber auch diese Aussichten konnten jederzeit durch syrische Gewaltakte im Norden oder durch Überfälle von Terroristen, die von Basen im Libanon aus operierten, zunichte gemacht werden. Den Israelis wurde im Mai 1974 der widersprüchliche Charakter ihrer Situation deutlich vor Augen geführt. Während sich Dr. Kissinger noch im Zuge seiner Friedensbemühungen auf dem Wege zwischen Damaskus und Jerusalem befand, überfiel eine Gruppe arabischer Terroristen das Dorf Maalot an Israels Nordgrenze, tötete einen Mann, seine schwangere Frau und ihren Sohn, erschoß einen Säugling in der Wiege, entführte eine Gruppe von 90 Schulkindern und ermordete schließlich 20 von ihnen, bevor sie selbst von israelischen Sicherheitsstreitkräften erschossen wurde. Am 14. Juni 1974 wurden drei Frauen im Kibbuz Shamir im Golangebiet von Terroristen umgebracht. Zehn Tage später wurden eine Frau und ihre zwei kleinen Kinder von palästinensischen Terroristen in Naharia kaltblütig und brutal ermordet. Das jüdische Volk, durch Israel kollektiv vertreten, war noch immer die Zielscheibe eines wütenden Hasses, wie ihn die Menschheit seit langer Zeit nicht mehr erlebt hatte. Auch wenn sich

ein Interessenausgleich zwischen den souveränen Staaten dieses Gebietes erreichen ließ, konnten alle Friedensaussichten durch die verbrecherischen Aktionen der palästinensischen Terroristen, die auf internationaler Ebene eine gewisse Duldung erfuhren, vereitelt werden.
Das Oktoberdrama zeitigte eine Wandlung in Position und Politik der vier Hauptbeteiligten – der Araber und Israel, der Sowjetunion und der Vereinigten Staaten. Einige Wochen nach dem Eintreten der Waffenruhe war es zu einem neuen Gleichgewicht sowohl im Verhältnis der Großmächte untereinander als auch in den arabisch-israelischen Beziehungen gekommen. Amerika hatte die Sowjetunion an Ansehen und in der Fähigkeit, bestimmenden Einfluß auf den Ablauf der Ereignisse zu nehmen, weit überflügelt. Die amerikanische Diplomatie konnte ein erstaunliches Paradoxon feiern: Auf der Höhe ihrer militärischen, wirtschaftlichen und politischen Unterstützung für Israel hatten die Vereinigten Staaten ein Höchstmaß an Einfluß und freundschaftlichen Gefühlen in der arabischen Welt gewonnen. Im Zuge der internationalen Diplomatie im arabisch-israelischen Konflikt hatte stets der Grundsatz gegolten, daß in dem Maße, wie eine fremde Regierung ihre Hilfe für Israel verstärkte, ihr Ansehen bei den Arabern absank. Jetzt hatte Washington gezeigt, daß die beste Methode zur Stärkung des Einflusses in den arabischen Staaten darin bestand, die eigene Position in Israel zu festigen. Die arabischen Staaten waren beeindruckt von den Erfolgen der amerikanischen Außenpolitik, der es gelungen war, die Feuereinstellung, die Sechs-Punkte-Vereinbarung, die Einberufung der Genfer Konferenz und die Entflechtungsabkommen mit Ägypten und Syrien zustande zu bringen. Alle diese Vereinbarungen sollten dazu dienen, der wirtschaftlichen Entwicklung ein größeres Gewicht als militärische Überlegungen zu geben. Die Vereinigten Staaten konnten Ägypten wirtschaftliche Hilfe für die Öffnung des Suezkanals und Syrien gewisse Zusagen für die Rückführung der Zivilbevölkerung nach Kuneitra und in andere Dörfer in Aussicht stellen. Auch dies stärkte die Rolle der Vereinigten Staaten: Die Sowjetunion besaß im Mittleren Osten als Garant wirtschaftlichen Fortschritts keinen guten Ruf.
Die Vereinigten Staaten gewannen außerdem objektive Vorteile aus ihrer eigenen Stärke und Flexibilität. Diese wurden zusätzlich noch durch die Originalität und den Einfallsreichtum erhöht, mit denen Dr. Kissinger die amerikanische Machtfülle zum Einsatz brachte. Die Sowjetunion hatte sich auf das plötzlich zutage tretende amerikanische Übergewicht noch nicht eingestellt. Die Sowjetunion war uneingeschränkt für die arabische Politik eingetreten, und die arabischen Armeen waren von sowjetischen Kriegslieferungen in entscheidendem Maße abhängig. Wie konnte es unter diesen Umständen geschehen, daß Amerika und nicht Rußland den arabischen Hoffnungen neuen Auftrieb gibt?

Diese Frage legte man sich in Moskau und an anderer Stelle mit echter Verwunderung vor. Es ist schwer zu glauben, daß eine Macht irgendwo anders als im Mittleren Osten in so kurzer Zeit einen so steilen Anstieg ihres Prestiges erzielen könnte. Der Besuch Präsident Nixons in den arabischen Hauptstädten und in Israel Anfang Juni verlieh der neuen amerikanischen Stellung augenfälligen Ausdruck. Millionen von Ägyptern, Syrern, Israelis und Saudis strömten zusammen, um einem amerikanischen Präsidenten ihren Respekt zu bezeugen, den das amerikanische Volk im Begriffe war, aus seinem Amt zu verjagen. Die arabischen Staaten und Israel, die sich in einer außerordentlich schwierigen Lage befanden, machten sich die amerikanischen Wertmaßstäbe uneingeschränkt zu eigen.
Die Vereinigten Staaten besaßen die Möglichkeit, eine entscheidende Rolle bei der Versöhnung im Mittleren Osten zu spielen. Die Sowjets hatten zwar formell an der Unterzeichnung des syrisch-israelischen Entflechtungsabkommens teilgenommen, aber man konnte die sowjetische Behauptung, Moskau habe bei den Verhandlungen eine gleich große oder sogar beherrschende Rolle gespielt, wohl kaum ernst nehmen. Während die amerikanische Außenpolitik von einem Erfolg zum anderen fortschritt, traten alle potentiellen Rivalen – der UNO-Beauftragte Dr. Jarring, die Europäische Gemeinschaft, die blockfreien Staaten – bescheiden in den Hintergrund. Die entscheidende Frage lautete jetzt, ob es den Vereinigten Staaten gelingen würde, ihre guten Dienste zur Herstellung eines dauerhaften Friedens ebenso wirkungsvoll zum Einsatz zu bringen wie vorher bei ihrer Vermittlungstätigkeit zur Beendigung des Krieges. Der Sowjetunion blieb dabei nur ein geringer Trost. Sie konnte zwar auf den relativen Erfolg ihrer Waffen verweisen und von der Erkenntnis ausgehen, daß der arabische Überfall vom 6. Oktober die verfahrene Lage aus der Sackgasse herausgeführt und den Weg für eine Friedensregelung geebnet habe, an der die Sowjetunion unmittelbaren Anteil haben würde. Aber auf der anderen Seite standen Sadats starke Bedenken gegenüber Moskau und der Verlust der unangefochtenen sowjetischen Position in Damaskus. Das Bemühen um eine Détente wirkte sich dämpfend auf die sowjetischen Ambitionen aus. Moskau konnte in der arabischen Welt Vorteile nur durch eine militante Politik erreichen, die aber Amerika und Europa auf den Plan rufen mußte. Das Ergebnis war ein unbefriedigender Kompromiß. Die sowjetische Politik war zu einseitig, um auf Israel und den Westen Eindruck zu machen, und nicht einseitig genug, um Begeisterung bei den Arabern auszulösen.
Noch drastischer waren die Auswirkungen des Krieges auf die unmittelbar Beteiligten. Die Militärhistoriker werden uns sagen, daß die Araber nach ein paar Tagen militärischer Erfolge zum Rückzug gezwungen wur-

den und eine Niederlage erlitten, während sich Israel von den ersten Rückschlägen erholte und einen eindeutigen Sieg errang. Es bestand aber keine Harmonie zwischen den Realitäten und den von ihnen erzeugten psychologischen Reaktionen. Noch Monate nach dem Krieg dachten die Araber nur an ihre Anfangserfolge und vergaßen ihre schließliche Niederlage. In Israel erlebten wir eine genau entgegengesetzte Reaktion: die Nation machte sich endlose Gedanken über die ersten Tage der höchsten Gefahr und weigerte sich einfach, die nachfolgende Errettung aus der Not ins Blickfeld zu rücken. So feierten die Araber ihre Niederlage, während die Israelis ihrem Sieg nachtrauerten.

Im großen und ganzen entsprach die Weltmeinung den arabischen und israelischen Legenden. Die Araber wurden von erstaunlichen Anwandlungen des Stolzes und des Selbstlobs ergriffen. Die Demütigungen von 1967 waren ausgemerzt; das arabische Militär war nicht mehr automatisch die Zielscheibe allgemeinen Spottes. Erinnerungen an kriegerische Taten aus der arabischen Frühgeschichte fanden nach dem Oktoberkrieg in Dichtkunst und Presseveröffentlichungen der Araber ihren Niederschlag. An die Stelle des stereotypen Schlagworts von der arabischen Stümperhaftigkeit trat die Verherrlichung arabischer Ruhmestaten.

Unter dem Eindruck ihrer militärischen Anfangserfolge begannen die arabischen Regierungen, ihre politische und wirtschaftliche Stärke zu zeigen. Waren sie denn nicht Gebieter über einen großen Teil der Ölreserven, deren viele Industriestaaten dringend bedurften? Spielten ihre 19 souveränen Staaten auf dem Gebiet der parlamentarischen Diplomatie nicht eine unanfechtbare und oft entscheidende Rolle? Bildeten ihre riesigen finanziellen Reserven nicht ein Symbol der Macht in einer Welt, die vom Zerfall der Währungssysteme bedroht war? Wo immer Araber auftraten – in Europa, in Amerika oder in Japan –, erzählten sie von ihren militärischen Leistungen, stießen sie Drohungen aus, boten sie ihr Öl an oder drosselten sie den Export, nahmen sie gewaltige Investitionen im Westen vor und schienen gegenüber den Tagen vor dem Oktoberkrieg plötzlich um mehrere Zentimeter gewachsen. Es lag nichts Ungewöhnliches mehr in der Tatsache, daß Sadat Truppenteile besichtigte oder mit dem vollen Gepränge des Feldmarschalls seinen Einzug im Parlament hielt.

Man könnte sagen, daß der arabische Jubel beinahe ebenso übertrieben war wie die noch vor wenigen Monaten zu beobachtende Niedergeschlagenheit. Die Araber sind in ihren Meinungs- und Gefühlsäußerungen meistens direkt, leidenschaftlich und von verstandesmäßigen Überlegungen ungehemmt. Das großspurige Auftreten arabischer Herrscher und Ölminister stieß bei den Opfern ihrer erpresserischen Ölpolitik auf Ablehnung. Das neuerwachte Selbstvertrauen hatte aber auch eine positive

Seite. Die von dem Gefühl der Unterlegenheit und Erniedrigung befreiten arabischen Regierungen konnten es sich jetzt leisten, an den Verhandlungstisch zu treten, und zwar unter Bedingungen, die noch vor kurzem für unmöglich gehalten worden wären. Bei all ihrem Hochmut hatten sie Verhandlungen dringend nötig. Sie fühlten sich zwar durch die Art, wie der Krieg begonnen hatte, in Hochstimmung versetzt, konnten aber ebensowenig vergessen, wie er geendet hatte. Er war in einer Weise ausgetragen worden, die den Arabern zunächst alle Vorteile beließ. Die arabischen Armeen hatten das Überraschungsmoment, die Initiative und die Möglichkeit des Zusammenspiels der Kräfte auf ihrer Seite gehabt; sie hatten neue Raketen zur Wirkung bringen können, bis ein Gegenmittel gefunden worden war. Und trotzdem standen dann bei Ende der Kampfhandlungen die israelischen Armeen dichter vor ihren Hauptstädten als je zuvor. Sie konnten durchaus ausrechnen, daß es, wenn so das optimale Ergebnis militärischer Aktionen aussah, vielleicht doch klüger wäre, auf eine politische Auseinandersetzung umzuschalten, in der die Araber schließlich nicht minder große Vorteile für sich zu verbuchen hatten. Dies war eine der Berechnungen, die Anwar Sadat in Ägypten und Hafez Assad in Syrien zur Logik des Auseinanderrückens führte. Sie hatten zwar die Hoffnung auf Rückgewinnung aller im Jahre 1967 verlorenen Gebiete nicht aufgegeben, aber die Erfahrungen von sieben Jahren hatten ihnen gezeigt, daß militärische Aktionen keine wesentlichen territorialen Gewinne einbrachten.

Alles in allem barg das neue arabische Image sowohl Chancen als auch Gefahren. Die Chance lag in einer ausgewogeneren, gelasseneren und weniger neurotisch bestimmten Betrachtung ihrer eigenen Zukunft. Die Gefahr bestand darin, daß sie sich in eine Arroganz hineinsteigern könnten, die dem Unglück vorangeht – »Hochmut kommt vor dem Fall«. Einige arabische Führer schienen sowohl Israels Stärke als auch die Voraussetzungen eines globalen Gleichgewichts zu unterschätzen, das gegen jedes neue militärische Abenteuer sprach. Die arabische Machtfülle wurde jedes Jahr größer, aber dem Traum, Israel zu schlagen, standen zwei Faktoren entgegen: Israel war, obwohl klein, wahrscheinlich der mächtigste Kleinstaat in der Geschichte. Falls die arabischen Führer erneut auf die militärische Karte setzten, mußten sie gewaltige Opfer einkalkulieren. Außerdem würden sie die Aussicht auf wirtschaftliche Entwicklung verlieren, die ihnen nur die Zusammenwirkung mit den Vereinigten Staaten gewährleistete. Während der Verhandlungen zur Truppenentflechtung konnte man den Worten von Präsident Sadat und gelegentlich auch von Präsident Assad Hinweise darauf entnehmen, daß eine Fortsetzung des Krieges, so nachteilig auch dieser für Israel sein mochte, auch den arabischen Staaten viel Kummer und Enttäuschung einbringen würde. Die

Idee von Verhandlungen hatte sich noch nicht durchgesetzt, aber sie war nicht mehr so in Mißkredit wie zuvor. Die Entflechtungsabkommen gaben den arabischen Regierungen einen Vorgeschmack von den Vorteilen, die sie aus Verhandlungen ziehen konnten.

Der Krieg hatte zu einem geistigen Wandel geführt, der in Israel noch deutlicher als anderenorts zu spüren war. Innerhalb weniger Tage war die Welt, in der die Israelis vor Jom Kippur 1973 gelebt hatten, zu einer fernen Erinnerung geworden – unwirklich und irgendwie verlockend. Die Nation war zur völligen Neuordnung nicht nur ihrer Politik, sondern auch ihrer Begriffswelt aufgerufen. Nichts schien der Vergangenheit mehr anzugehören als die Vorbilder und Schlagwörter der Zeit seit 1967. Im Mittelpunkt der nationalen Erinnerungen hatte sich nicht der Endsieg, sondern die anfängliche Überraschung und die Gefahr festgesetzt. Die wenigen Tage, in denen Israel an den Rand einer tödlichen Gefahr geraten war, machten den Menschen noch immer zu schaffen; hier kam auch die heilende Wirkung der Zeit nicht zum Tragen. Die Erinnerung rief immer wieder neue Schocks hervor, die im Laufe der Monate nur noch stärker zu werden schienen.

Die Luft schwirrte von Fragen: Was war schiefgegangen? Warum hatten diejenigen, deren Aufgabe es gewesen wäre, den Ausbruch des Krieges nicht voraussehen können? Und warum waren die Eindringlinge nicht, wie es die ganze Welt erwartet hatte, innerhalb weniger Tage zurückgeworfen worden? Warum hatte man die Verteidigungsstellungen am Suezkanal nur so leicht mit – angeblich – etwa 480 Mann besetzt, von denen nur 250 voll ausgebildet waren? Warum konnten die ägyptischen Truppen das berühmte Wasserhindernis ohne Schwierigkeiten überwinden? Was war wirklich wahr an dem Gerede über Betriebsstoff- und Munitionsmangel, über Panzer und Brücken, die sich nicht an der richtigen Stelle befunden haben sollen, an entscheidenden Zeitverlusten bei der Durchgabe von Alarmnachrichten und Befehlen, an der ungenügenden Vorbereitung israelischer Truppen, als ägyptische und syrische Truppen ihre Befestigungsanlagen berannten? Wie ließ sich dieses Bild allgemeiner Nachlässigkeit mit dem legendären Ruf der israelischen Streitkräfte vereinbaren? Waren dies tatsächlich israelische Soldaten, die uns vom Fernsehschirm in tiefster Niedergeschlagenheit und Verwirrung anblickten, oder war dies alles nur ein schreckliches Hirngespinst? Falls Israels Existenz, wie Ministerpräsidentin Golda Meir sagte, einige Tage hindurch ernsthaft in Frage gestellt war, wie paßte dies zu all den offiziellen Prophezeiungen, daß eine arabische Armee beim Angriff auf Israel innerhalb weniger Stunden vernichtet werden würde? Was war mit General Rabins These, nach der die Waffenstillstandslinien am Suezkanal, am Jordan und auf den Golanhöhen Israel der Notwendigkeit enthoben, seine Reservi-

sten zu mobilisieren, um arabischen Truppenkonzentrationen zu begegnen? Warum hatte man die Reservisten nicht schon am 1., 2. oder 3. Oktober eingezogen, als die vier Minister, die sich damals zu Beratungen versammelt hatten, von arabischen Truppenkonzentrationen erfuhren? Wie konnte die Bar-Lev-Linie überhaupt verteidigt werden, wenn sie derartig unzureichend besetzt war? War es nicht so, als konstruiere man einen großartigen Panzerschrank und ließe ihn dann offenstehen? Wer trug hierfür die Schuld, und was war getan worden, um die Verantwortlichkeiten genau festzulegen und die Konsequenzen zu ziehen?
Diese zornigen Fragen versengten das Land wie eine Feuersbrunst. Dahinter lag der Gram vaterlos gewordener Familien und anderer, die vermißte Söhne zu beklagen hatten. Solches war auch schon früher geschehen; aber diesmal glaubte man nicht, daß der Krieg unvermeidlich gewesen sei oder daß er, da er nun einmal ausbrach, den rechten Verlauf genommen habe. Die allgemeine Erregung wurde noch zusätzlich durch die politische Opposition, durch Protestbewegungen, durch Studentenorganisationen und durch einfache Bürger geschürt, die sich vor dem Krieg nur wenig für Politik interessiert hatten und jetzt ihre Grundsätze erschüttert sahen. Die meisten Israelis hatten jahrelang die Autorität der Obrigkeit mehr oder weniger widerspruchslos hingenommen. Sie hatten sich besonders auf den strahlenden Ruhm des Verteidigungsministers Moshe Dayan verlassen. Man hatte viele seiner exzentrischen Einfälle geduldig ertragen, weil man das Gefühl hatte, bei Nacht ruhig schlafen zu können, wenn er das Ruder in der Hand hielt. Jetzt war dieser Mythos erschüttert. Schließlich hatte er die Einberufung der Reservisten noch am Vormittag des 6. Oktober als überflüssig bezeichnet. Wie war eine solche Fehlbeurteilung möglich gewesen? Es herrschte ganz allgemein die Überzeugung, daß das nationale Ansehen gelitten habe und niemand zur Verantwortung gezogen worden sei. Zielscheibe des öffentlichen Zorns waren abwechselnd das »Establishment«, die Regierung und die Minister, die persönlich Anfang Oktober am Ruder waren, als Entscheidungen getroffen oder nicht getroffen wurden. Aber die Kritik konzentrierte sich hauptsächlich auf die Ministerpräsidentin Golda Meir und noch eindeutiger auf Moshe Dayan. Die Ernüchterung war um so größer, als man ihn früher verherrlicht hatte. Als noch nach Monaten keine Entlassungen oder Rücktritte aufgrund der Kriegsführung erfolgt waren, wurde die Unruhe unüberhörbar. Das Kabinett setzte am 18. November eine Untersuchungskommission unter dem Vorsitz des Präsidenten des Obersten Gerichts Dr. Agranat ein; ihr erster Bericht erschien aber erst fünf Monate später. Inzwischen nahm die Erregung in der Öffentlichkeit zu. Im Dezember 1973 hatte Golda Meirs Mannschaft ein zweites Mandat von den Wählern errungen, wenn auch mit einer geringeren Mehrheit. Den-

noch konnte Frau Meir ein neues Kabinett bilden; es bestand aus ihren früheren Kollegen, enthielt aber zusätzlich acht neue Minister, einschließlich der Generale Rabin und Yariv, die neu im parlamentarischen Leben waren. Die Truppenentflechtungsgespräche mit Ägypten waren in vollem Gange, und es bestand für die Regierung von Frau Meir durchaus die Möglichkeit, bei ihrer veränderten Zusammensetzung noch weitere vier Jahre im Amt zu bleiben.

Ihre Chancen sanken jedoch auf den Nullpunkt, als der Bericht der Agranat-Kommission im April veröffentlicht wurde. Die detaillierte Darstellung rief bei den Israelis die Erinnerung an die Atmosphäre des vergangenen Oktober wach. Eine traurige Geschichte von Selbstgefälligkeit und Sorglosigkeit in der Zeit vor dem Krieg und in dessen Anfangsphase trat zutage. Die Kommission verlangte den Rücktritt des Generalstabschefs, des Chefs des militärischen Nachrichtendienstes und dreier hoher Offiziere; aber er entlastete den Verteidigungsminister, der für die Mentalität und den Führungsstil des Oberkommandos verantwortlich gewesen war. Die Öffentlichkeit war nicht bereit, diese Entscheidung hinzunehmen, denn diese schien den Grundsatz der parlamentarischen Verantwortlichkeit außer acht zu lassen. Die Tatsache, daß der Generalstabschef für alle Aktionen verantwortlich gemacht wurde, die er mit Wissen seines Ministers unternommen hatte, war zu unfair, um überzeugend zu wirken. Die Forderung nach dem Rücktritt weiterer Minister wurde lauter. Die Atmosphäre des allgemeinen Mißtrauens wurde schließlich so unerträglich, daß sie auch Frau Meir trotz ihres Stehvermögens in die Knie zwang. Am 11. April trat sie plötzlich zurück und stürzte damit das Land in einen Zustand innerer Wirren. Die Arbeiterpartei war auf einen Kampf um die Nachfolge völlig unvorbereitet. Frau Meir hatte schließlich erst vor wenigen Wochen eine offenbar starke Koalitionsregierung gebildet. Die Öffentlichkeit suchte in ihrem Zorn nach Führerpersönlichkeiten, die mit dem Oktoberkrieg nichts zu tun gehabt hatten. Auch denjenigen, deren Handlungsweise keinen Anlaß zu Beanstandungen bot, wurde für ihre Teilnahme am Oktoberkrieg keine Entlastung gewährt. Als zum Beispiel ein neuer Verteidigungsminister gesucht wurde, rief man nicht nach General Bar-Lev, den jeder unparteiische Historiker als den Hauptverantwortlichen für die Wiederherstellung der Lage an der Süd- und Nordfront anerkennen wird. Es kam zu einem Kopf-an-Kopf-Rennen zwischen Shimon Peres, der vollkommen mit den Auffassungen und Maßnahmen Moshe Dayans identifiziert worden war, und General Rabin, der während des Oktoberkrieges keine verantwortliche Stellung bekleidet hatte. Zwischen diesen beiden mußte das Zentralkomitee der Arbeiterpartei im April bei der Suche nach einem neuen Ministerpräsidenten entscheiden. Rabin sicherte sich die Nominierung mit knapper Mehrheit. Ende Mai bildete er eine Koalition mit Peres als seinem Verteidigungsminister, aber ohne Beteiligung der Religiösen Partei und mit Unterstützung von nur 61 Stimmen der 120 Mitglieder der Knesset. Ungelöst war die Frage, ob es einer Regierung, die auf die Unterstützung der halben Wählerschaft verzichten mußte und der außerdem einige der einflußreichsten Persönlichkeiten in der Arbeiterpartei fehlten, gelingen könnte, die Nation durch schwere Entscheidungen und vielleicht sogar durch neue Kampfhandlungen hindurchzuführen. Es schien offenbar keinerlei Zusammenhang zwischen den internationalen Notwendigkeiten und innerpolitischen Lösungen zu bestehen. Nach einem ganzen Jahr von Wahlkämpfen, Koalitionsbemühungen und Ringen um Führungspositionen schien das Ergebnis fragwürdig und von zweifelhafter Dauer zu sein. Gegen Ende des Sommers 1974 hatte man allgemein das Gefühl, daß die israelische Demokratie noch keine überzeugende Antwort auf die dringenden Probleme der Nation gefunden hatte.

Die Regierung Rabin wäre in einer aussichtslosen Lage gewesen, wenn sie von ihrer Vorgängerin nicht ein wichtiges Vermächtnis übernommen hätte: Die Truppenentflechtungsabkommen mit Ägypten und Syrien hatten zwar ein Wiederaufleben des Krieges verhindert, allein jedoch noch keinen gesicherten Frieden herbeigeführt. Für den Rest des Jahres 1974 waren die politischen Aussichten widersprüchlich; es konnte sowohl zu einem erneuten Aufflammen des Konflikts als auch zu echten Verhandlungen kommen. Es gab keine dritte Möglichkeit. Eine Verlängerung des Schwebezustands war nicht länger tragbar.

Es hat manchmal den Anschein, als könne Israel nicht mehr allein über seine Zukunft entscheiden. Die Großmächte, die Araber und die Ölstaaten verfolgten alle ihre eigenen Interessen. Und dennoch wird viel von Israels eigener Politik und von seiner Fähigkeit abhängen, sie richtig zum Tragen zu bringen. Aber zunächst einmal wird es notwendig sein, sich von den Illusionen zu lösen, die die öffentliche Meinung nach dem Sechs-Tage-Krieg bestimmt haben. Hierzu gehört die Illusion, daß der Junikrieg ein echtes oder dauerhaftes Gleichgewicht der Kräfte hervorgebracht habe; die Illusion, daß Israel auf unabsehbare Zeit weite Gebiete unter Kontrolle halten könne, obgleich dies über seine Kräfte geht; die Illusion, daß die Sicherheit oder Unsicherheit einer Grenze lediglich von ihrem Verlauf, nicht aber von der Einstellung und den Verpflichtungen der Anrainer auf beiden Seiten abhänge; die Illusion, daß eine Feuereinstellung aus einem diplomatischen Vakuum hervorgehen könne; die Illusion, daß man aus einer verfahrenen Lage mit einem einzigen Schritt zu endgültigen Lösungen gelangen könne. Überdies wird die Erinnerung daran, daß sich Ägypten systematisch auf den Angriff vorbereitet und einige seiner Kriegsziele erreicht hat, als Warnung vor der Vorstellung von arabischer Unfähigkeit dienen. Die allgemeine Stimmung in Israel nach dem Jom-Kippur-Krieg ist sehr viel trostloser und gedrückter gewesen als nach dem Junikrieg von 1967. Aber die Not führt den Menschen oft zu sich selbst, und Israel sieht der unsicheren Zukunft jetzt in einem Klima größerer Glaubwürdigkeit und innerer Wahrhaftigkeit entgegen. Die typischen israelischen Eigenschaften, Zuversicht, Spannkraft, Hartnäckigkeit, Einfallsreichtum und die Fähigkeit, sich von Rückschlägen zu erholen, sind nicht verschwunden. Sie haben sich in den entscheidenden Phasen des Krieges bewährt; sie werden auch in der noch weiter andauernden Suche nach Frieden und Sicherheit eine entscheidende Rolle spielen. Das Ziel der israelischen Streitkräfte ist es gewesen, ihren Feinden die Möglichkeit zu nehmen, einen neuen Krieg zu führen, das Ziel der Diplomatie, ihnen die Lust an einem neuen Kampf zu nehmen. Abschrekkung und die Kunst zu überzeugen, haben in ein harmonisches Verhältnis zueinander gebracht werden müssen. In all den Jahren seiner Existenz hat Israel noch nie vor einer so schwierigen wie lockenden Aufgabe gestanden.

Register

Jewish Agency 15 f., 34 f., 36, 40, 48, 69, 72 f., 92, 217

Ergänzte Textausgabe
Droemersche Verlagsanstalt Th. Knaur Nachf.
München/Zürich

Titel der Originalausgabe
»My Country, The Story of modern Israel«
Erschienen bei Weidenfeld & Nicolson Ltd. London

Ins Deutsche übertragen von Karl Otto von Czernicki
Umschlaggestaltung Atelier Blaumeiser
Umschlagfoto Thomas Höpker
Satz IBV Lichtsatz KG, Berlin
Druck und Bindung Ebner, Ulm
Printed in Germany
ISBN 3-426-00406-2

1.–18. Tausend September 1975
19.–22. Tausend Oktober 1977

Über dieses Buch

Mit seinem Buch »Dies ist mein Volk« hat Abba Eban einen glänzenden Kommentar zur Geschichte der Juden geschrieben. In diesem Werk gibt er einen Überblick über die Entwicklung des Staates Israel von seinen Anfängen im Jahre 1948 bis in die allerjüngste Zeit nach dem Jom-Kippur-Krieg.
Aus der Sicht des Politikers, der die entscheidenden historischen Schritte seines Landes selbst mitverantwortet hat, beschreibt Abba Eban mit großem Engagement die Geschichte des jungen Staates Israel, dessen Werden von Anbeginn durch den Kampf um Sicherheit und Frieden bestimmt worden ist. Er schildert das Drama der Masseneinwanderungen und die Verschmelzung der Ankömmlinge aus fast allen Ländern der Erde zu einer einheitlichen Gesellschaft; die Belastungen in der Wirtschaftskrise und die allmähliche Konsolidierung; die Bestrebungen, der neuen Nation ein Gepräge zu geben, und die Spannungen und Terrorakte während der israelischen Kriege.
Von besonderer Prägnanz ist Ebans Analyse der jüngsten politischen Situation. Er untersucht die Ursachen für die trügerische Sicherheit, in der sich Israel nach dem siegreichen Juni-Krieg wähnte, und zeigt, wie der verlustreiche Jom-Kippur-Krieg, der die Nation in eine große Krise stürzte, eine Neuorientierung notwendig macht. Aber er erläutert auch, wie trotz der militärischen Einbußen und der seit der Ölkrise schwierigen weltpolitischen Position Israel vielleicht zum ersten Mal in seiner Geschichte die Chance hat, durch Verhandlungen mit seinen Nachbarvölkern einen dauerhaften Frieden zu erreichen.